메이로쿠잡지明六雜誌

【중】

메이로쿠잡지 【총】明六雜誌 中

1판 1쇄 발행   2025년 3월 27일
—

편저자 ｜ 메이로쿠샤 동인
역주자 ｜ 김도형·박삼헌·박은영
발행인 ｜ 이방원
—

발행처 ｜ 세창출판사
　　　　신고번호·제1990-000013호 ｜ 주소·서울 서대문구 경기대로 58 경기빌딩 602호
　　　　전화·02-723-8660 ｜ 팩스·02-720-4579
　　　　http://www.sechangpub.co.kr ｜ e-mail: edit@sechangpub.co.kr
—

ISBN　979-11-6684-362-4　94910
　　　　979-11-6684-360-0 (세트)
—

이 번역서는 2016년 대한민국 교육부와 한국연구재단의 지원을 받아 수행된 연구임 (NRF-2016S1A5A7019019).

메이로쿠잡지 明六雜誌

제14호~제28호

The Translation and Annotation of "Meiroku Zasshi"

【중】

메이로쿠샤 동인 편저

김도형·박삼헌·박은영 역주

세창출판사

해제

『메이로쿠잡지明六雜誌』는 1874년(메이지 7) 4월 2일 창간호를 시작으로 1875년(메이지 8) 11월 14일 정간 시까지 모두 43호가 발행된 잡지다. 이 잡지는 1873년(메이지 6) 7월에 미국에서 귀국한 주미대리공사 모리 아리노리森有礼가 유럽과 미국에서의 체험을 기초로, 일본의 교육개혁을 목표로 하여 같은 해 8월에 동지들과 함께 설립한 학술결사 메이로쿠샤明六社가 만들어지면서 시작되었다고 말할 수 있다. 메이지 유신 이후 근대국가 건설을 위해 국민 전체의 지적 수준 향상과 그것을 위한 교육개선의 필요를 통감한 모리는 해외의 학회에서 학자 및 지식인들과 교류한 경험을 바탕으로 일본 지식인들의 고립성과 폐쇄성을 타파하고, 지식인 간의 학문적 교류를 촉진하기 위해 학술결사를 설립하려고 했던 것이다. 모리가 귀국 후 이 메이로쿠샤의 설립을 위해 어떤 활동을 벌였는지는 메이로쿠샤 회원 중 하나였던 니시무라 시게키西村茂樹 만년의 회고록을 통해 엿볼 수 있다.

미국에서 학자는 각기 배우는 바에 따라서 학사를 일으킴으로써 서로 학술을 연구하고, 또 강담講談을 나누면서 세상 사람들을 이롭게 합니다. 우리 나라의 학자는 모두 고립되어 서로 왕래가 없으므로 세상에 도움 되는 일이 매우 적습니다. 저는 우리 나라의 학자도 저 나라의 학자들처럼 서로 학사學社를 만들어 모이고 강구講究하기를 희망합니다. 또 우리 나라 근년 국민 도덕의 쇠퇴함이 그 바닥을 모를 지경이니, 이를 구제할 것은 노학사老學士 이외에 또 누가 있겠습니까. 그러므로 지금 먼저 모임을 만들어 학문의 높은 진전을 도모하고 도덕의 모범을 세우고자 합니다.[1]

모리의 상담을 받은 니시무라는 "내가 그 일의 마땅함을 찬성하니, 이로써 두 사람이 서로 의논하여 도하의 명가들을 모을 것을 약속"한다고 응답했다. 여기에서 말하는 '도하의 명가'에는 후쿠자와 유키치福澤諭吉, 나카무라 마사나오中村正直, 가토 히로유키加藤弘之, 쓰다 마미치津田真道, 니시 아마네西周, 미쓰쿠리 슈헤이箕作秋坪 등의 이름이 거론되었고, 이렇게 니시무라의 소개로 모리의 구상이 사람들에게 전달되면서 일본 최초의 '학술결사'가 설립되었다는 것이다. 다만 이 회고는 니시무라 본인의 입장인 만큼, 본인이 구성원을 모으는 중심적 역할을 했으며 특히 "도덕의 모범을 세우고자" 한다는 식으로 모리가 이야기했다는 내용은 그대로 받아들이기에는 의문이 남는다. 유교도덕을 중심으로 한 국민 만들기의 기획은 만년의 니시무라가 가장 힘을 쏟았던 필생의 작업이었던 점에서 위회고록의 관점은 당시 니시무라의 주관이 들어갔을 가능성을 배제하기어렵고, 무엇보다 두 사람은 1885년 모리가 문부대신을 맡았을 때 도덕교육의 방식을 두고 유교 중심의 전통적 방식으로 할지, 서양의 근대윤리학 방식으로 할지를 두고 대립했던 사이라는 점을 생각하면 더욱 그렇다.

1   니시무라 시게키, 『往事錄』, 1905.

또 이 결사는 모리의 니시무라 방문(1873년 7월)으로부터 거의 한 달 이내에 첫 모임(8월 21일)을 가졌는데, 이 결사의 성원들은 이미 '도하의 명가'들로서 각자의 분야에서 활동하던 지식인들이었던 만큼, 위 제안만으로 즉각 모임이 이루어졌다는 것도 쉽사리 이해하기 어렵다. 도리어 생각해 볼 만한 것은 위 성원들 다수가 특히 막부의 연구기관인 가이세이쇼開成所에서 이미 활발한 교류가 있는 인물들이었다는 점이다. 즉 막부가 1856년에 설치한 서양연구기관 반쇼시라베쇼蕃書調所에 당시 일본의 서양 연구자들이 모여들었고, 이것이 이후 가이세이쇼로 개편되는 가운데 네덜란드, 영국, 프랑스, 독일 등 각종 서양의 정치, 제도 관련 지식들을 흡수하며 학문적 역량을 축적하고 교류하는 네트워크가 만들어졌으며, 이들이 서양의 학문을 연구하고 보급하고자 하는 의지를 이미 품고 있던 상황에서 모리의 제안과 니시무라의 소개가 뒷받침되어 빠르게 모임이 이루어졌다고 생각하는 편이 보다 타당하게 여겨진다.

이렇게 결성된 모임은 매월 1-2차례 정도의 정기집회를 가졌고, 이 모임이 1873년에 발족했기 때문에 메이지 6년明治六年(메이지 로쿠넨)에서 따 메이로쿠샤라는 이름을 붙이게 되었다. 모임 설립의 목적은 「메이로쿠샤제규明六社制規」[2]에 따르면 "우리 나라의 교육을 진보시키기 위해 뜻이 있는 자들이 회동하여 그 수단을 상의함"에 있다고 밝히고 있는데, 여기에서 회동 이외에 '교육의 진보'라는 목적을 위해 '수단을 상의'한다는 점에 주목할 필요가 있다. 이들 대부분은 자신들이 학습한 내용을 널리 세상에 알리고 지식을 보급하는 것으로 세상의 진보를 가져올 수 있다고 믿는 낙관론자들이었다. 이 시대 서양에는 자연과학적 지식을 확대하고

2　　「메이로쿠샤제규明六社制規」, 1873.

그것을 사회에 적용하여 '문명'을 '진보'시킬 수 있다고 믿는 낙관주의적 목적론이 유행하였고, 그것이 서양의 문명을 표준으로 하는 것이었던 만큼, 그것을 일본에서 가능케 하는 데 필요한 지식과 방법은 무엇인지가 이들 지식인의 최대 관심사였다. 그것은 흔히 '문명개화'라는 단어로 표현되었으며, 이 단어 자체가 메이로쿠샤의 지식인들이 공통적으로 공유하고 추진하는 목표가 되어 있었다고 말해도 좋을 것이다.

메이로쿠샤 지식인들이 그 '교육의 진보'를 위해 지식을 보급한다는 목표를 달성하기 위한 수단으로서 추진했던 것은 크게 두 가지였는데, 그중 하나는 '연설회 개최'였고, 다른 하나는 '잡지의 발행'이었다. 실제 잡지의 창간호가 모임 결성으로부터 반년 남짓한 기간이 지난 이듬해인 1874년 4월 2일에 발행되었던 것을 보면 이 잡지는 모임의 결성과 동시에 구상되고 추진되었던 것으로 볼 수 있을 것이다.

이런 결사의 목적은 잡지 제1호의 권두사에서도 동일하게 표명되고 있다.

최근 우리는 모여서 사리를 논하거나 새로 들은 것을 이야기하고 학업을 연마하며 정신을 맑게 하고 있다. 거기에서 나눈 이야기를 필기한 것들이 쌓여서 책을 만들 만큼이 되었으니, 이를 출판하여 뜻을 함께할 여러 동지와 나누고자 한다. 보잘것없는 소책자이긴 하나, 여러 사람을 위해 지식을 알리는 데 조금이나마 도움이 된다면 더없이 기쁠 것이다.

이런 동일한 목적을 공유한 성원들이 스스로 획득한 지식을 사람들에게 소개하고 보급함으로써 이른바 '문명개화'를 촉진하는 수단으로 삼고

자 했던 것인데, 그러나 목적과 수단은 공유되었을지언정, 그 '문명개화'의 내용에 대해서는 다양한 이견이 제시될 수밖에 없었고, 이런 논의의 다양성과 논쟁이 분출되었던 것이 이 잡지의 특징이 되었다. 그렇기 때문에 이 잡지는 어떤 단일한 논의나 의도를 가진 것으로 읽어 내기보다는, 그 안에 어떤 종류의, 얼마나 다양한 '문명'의 궁리들이 존재했는지를 읽어 내는 방식으로 접근하는 것이 보다 유효한 독해법이 될 것이다. 가령 야마무로 신이치山室信一와 같은 연구자는 거기에서 수행되었던 논의들을 카테고리별로 분류하여 결사結社, 존이尊異, 상의商議, 논총論叢, 직분職分, 세무世務, 신의信疑, 친시고험親試考驗, 과학科學, 욕망欲望, 교법敎法, 문명文明이라는 내용으로 이루어지고 있고, 이것들이 당시 일본에 부족하였던 것을 보충하거나 구습을 타파하고자 하는 목적으로 제시된 것들이라고 분석했는데,[3] 이것은 당시 일본에서 펼쳐진 '문명개화'의 내용 그 자체였다고 말해도 무리는 아닐 것이다.

또 이 잡지에는 당대 일본뿐 아니라 서양에서 유행하던 지식이나 사상들이 다채롭게 소개되고 있어서, 우리에게 현재 '상식'이나 '교양'으로 정착해 있는 지식의 기원과 전파의 양상을 살펴보는 데 흥미로운 단서들을 제공해 준다. 가령 칸트, 밀, 몽테스키외, 홉스, 루소, 기조, 버클, 버크, 블룬칠리, 스펜서 등 다양한 시간대와 공간의 사상가들이 이 잡지 안에서 혼재되어 소개되고 있는데, 다만 그 소개되는 정도와 방식 역시 그것을 소개하는 학자의 역량에 따라 천차만별이어서 실제 자신의 의도를 완전히 대변하는 인물로서 서양의 학자를 끌어들여 소개하고 있는 경우가 있는가 하면, 막상 자신의 의도와는 다른 효과를 초래하여 이후에 이

---

3   야마무로 신이치, 「『明六雜誌』の思想世界」, 『明六雜誌』(下), 岩波書店, 2009, 447~517쪽.

를 다시 부정하게 되는 경우도 존재하는 등, 그 지식의 전파양상 자체가 매우 흥미롭게 펼쳐지고 있었다는 점도 주목할 만하다.

앞에서 언급한 다양성과 논쟁의 분출이 전개되는 양상을 잠시 살펴보자. 가령 이 잡지의 제1호의 첫 번째 기사 제목은 「서양 글자로 국어를 표기하자」(니시 아마네)였고, 두 번째 기사 제목은 「개화의 정도에 따라 문자를 개량해야 한다」(니시무라 시게키)였다. 히라가나 표기를 알파벳으로 대체하자는 이 대담한 주장은 사실 메이로쿠샤의 발기인이었던 모리가 미국에 체류할 때 발간한 자신의 저서 *Education in Japan*(1872)에서 언급했던 것으로, 다가오는 시대에 일본어가 문명의 언어로 적합하지 않은 만큼 인민의 교육을 위해서는 영어를 모국어로 하자는 내용이었다. 모리의 소위 '영어공용화론'은 이후 많은 비판을 받았는데, 이에 관한 니시 자신의 주장을 잡지 창간호의 첫 번째 기사로 싣고, 그 반대 논의를 함께 게재하였다는 것은 이 잡지가 지향하였던 문명개화의 대담함과 포부를 보여 주기에 충분했다고 말할 수 있을 것이다. 이 논의는 여기에서 끝나지 않고, 이후 제7호에서 시미즈 우사부로의 히라가나 전용론[4]이나 제10호 사카타니 시로시의 논의[5]로 이어지기도 하고, 이후 잡지 바깥에서도 수많은 논쟁을 일으켜 이후 한자와 히라가나를 섞어 쓰는 일본어의 '국어' 형태가 정착되는 데까지 연결되는 거대한 지적, 학술적 흐름의 일단을 구성한 것이었다.

또 제3호에서는 인민계몽의 수단으로 기독교를 선택하여 보급할 것을 제안[6]하는 쓰다 마미치津田真道와, 표트르 대제의 유훈遺訓을 소개하면

---

4   시미즈 우사부로, 「히라가나의 설」, 『메이로쿠잡지』 제7호 6.

5   사카타니 시로시, 「질의일칙」, 『메이로쿠잡지』 제10호 4.

서 "세상에서 성행하는 선한 종교를 선택하여 이에 따르고, 우리 지식을 밝히"[7]면서 기독교를 넘어서야 할 것을 주장하는 스기 고지杉亨二가 직접 서로를 호명하지는 않지만 다른 입장의 논의를 전개하고 있다. 쓰다가 제기한 종교를 교화의 수단으로 이용할지 어떨지의 문제는, 니시의 「종교론」[8]과 거기에 대한 가시와라 다카아키柏原孝章의 「종교론 의문」[9]의 논쟁으로 이어졌으며, 이 외에도 가토 히로유키의 「미국의 정치와 종교」[10]나 쓰다와 니시의 논의를 이은 모리의 번역 기사 「종교」,[11] 그리고 나카무라의 「인민의 성질을 개조하는 것에 대한 설」[12] 등으로 활발하게 이어진다. 이러한 논의는 당시 일본의 사상적, 문화적 지형 안에서 서양의 'religion' 개념을 이해하고 수용하는 문제가 얼마나 까다로운 것이었으며, 이후 천황제의 강화와 함께 그 배경으로 후퇴할 수밖에 없었던 일본의 독특한 '종교' 개념 성립을 이해하는 데 필요한 단서들을 제공해 준다.

이 외에도 잡지가 간행되는 내내 여성문제, 민선의원 설립 문제, 외국인의 일본 거주 및 여행 문제, 타자와의 공존 문제 등등 다양한 당대의 주제들에 대한 회원 간 직간접적인 논쟁들이 잡지의 정간 때까지 계속되었다.

이렇듯 잡지 자체도 이미 이름이 널리 알려진 지식인들 다수가 참가

6   쓰다 마미치, 「개화를 진전시킬 방법에 대해 논하다」, 『메이로쿠잡지』 제3호 5.
7   스기 고지, 「러시아 표트르 대제의 유훈」, 『메이로쿠잡지』 제3호 4.
8   니시 아마네, 「종교론」, 『메이로쿠잡지』 제4호 4, 제5호 2, 제6호 2, 제8호 5, 제9호 3, 제12호 1.
9   가시와바라 다카아키, 「종교론 의문」, 『메이로쿠잡지』 제29호 3, 제30호 3.
10 가토 히로유키, 「미국의 정치와 종교」, 『메이로쿠잡지』 제5호 5, 제6호 3, 제13호 1.
11 모리 아리노리, 「종교」, 『메이로쿠잡지』 제6호 4.
12 나카무라 마사나오, 「인민의 성질을 개조하는 것에 대한 설」, 『메이로쿠잡지』 제30호 4.

했던 데다, 이런 논쟁의 양상이 잡지를 통해 전개되었을 때 독자들은 더욱 많은 관심을 가졌으며, 그런 만큼 판매도 호조였고 영향력도 적지 않았다. 당시 각종 신문의 투서란에는 메이로쿠샤의 연설 활동 및 잡지 내용과 관련한 의견들이 등장하였고, 잡지의 판매 수익 역시 제법 이문을 남길 정도가 되어서 실제 메이로쿠샤 회의의 결산보고 이후에 회원들 간에 연설 장소로서 건물을 얻는 등의 운영구상 등이 논의되기도 할 정도였다.[13] 이렇듯 회원들의 논쟁이 전개되고 이를 통해 다양한 지식과 정보를 제공하는 장으로 활용되었던 이 잡지는, 애초에 내세웠던 지식의 보급과 전파, 이를 통한 교육의 보급이라는 목적을 충실히 달성해 가고 있었던 것으로 보인다.

그러나 이 잡지는 흥행이나 목적의 달성과는 별개로, 불과 1년 반 정도의 기간밖에 존속하지 못했다. 여기에는 1875년(메이지 8) 이후 본격화한 메이지 정부의 언론단속 강화 움직임이 영향을 준 사실을 부정하기 어렵다. 메이지 정부는 1874년(메이지 7)에 나온 민선의원 설립 논쟁을 계기로 격화되고 있던 소위 '자유민권운동'과 언론의 움직임을 억누를 필요를 느꼈고, 그 결과로 6월 28일 「참방률讒謗律」과 「신문지조례新聞紙條例」를 발포하게 되었다. 이를 두고 회원들 사이의, 특히 『메이로쿠잡지』의 기사들에 나타나는 '정치논의'를 둘러싼 입장의 차이가 표면화하게 된다. 그러나 이 문제는 사실 정부의 언론정책 변화 이전에 이 '결사society'의 성

---

13   모리 아리노리, 「메이로쿠샤 제1년 차 역원 개선(役員改選)에 대한 연설」, 『메이로쿠잡지』 제30호 1. 여기에서 나온 보고에 따르면 메이로쿠샤의 1년 수입액은 잡지 판매, 헌금, 이자를 합하여 717엔 65센 7린, 지출액은 식비, 인쇄비 등을 합하여 262엔 17센 6린으로 상당한 흑자를 보고 있었다. 또 이 수입액 중 잡지 판매 수입은 632엔 82센 5린으로, 전체 수입액의 약 88%가량을 차지하고 있었음이 확인된다.

격을 둘러싼 정체성의 문제, 나아가 당시 일본 내 '문명개화'의 내용을 둘러싼 첨예한 입장 차이와 갈등에서 야기된 것이라고 보는 편이 타당하다.

앞서 언급한 잡지상에서 벌어진 '논쟁' 가운데 가장 유명한, 그리고 결사의 정체성과 연관된 것은 잡지 제2호에서 전개된 이른바 '학자직분논쟁'이라고 일컬어지는 논전이었다. 이것은 흔히 지식인의 민간활동 참여를 강조한 후쿠자와 유키치와 관직에 있으면서 메이로쿠샤에 참여하고 있던 다른 성원 간의 갈등에서 비롯된 것이었다. 이미 저술가, 번역가, 언론인, 교육자로 크게 성공했던 후쿠자와가, 관직에 있으면서 민간에 대한 지식보급 및 교육활동에 종사하려고 했던 회원들을 베스트셀러 저서 『학문의 권장(学問のすすめ)』의 「학자의 직분을 논함(学者の職分を論ず)」이라는 제목의 논설에서 은연중에 비판하면서부터 논쟁은 촉발되었다. 그런데 여기서 흥미로운 점 하나는, 원래 후쿠자와의 이 논설은 『메이로쿠잡지』 제2호에 동인들의 반론과 함께 실리기로 예정된 기사였다는 점이다. 이에 대해 당시 회장을 맡고 있던 모리 아리노리는 『메이로쿠잡지』 제2호 속표지에 아래와 같은 글을 적어 두었다.

후쿠자와 선생의 '학자직분론'은 게이오기주쿠慶應義塾에서 출판한 『학문의 권장』 제4편에 나온다. 이것은 선생이 이 모임을 위해서 저술한 것으로, 원래 이 잡지에 실어야 하지만 이미 출판되었으므로 여기에는 싣지 않는다. 독자들께서는 본론과 함께 읽어 보시기 바란다.

이 글에는 모리의 후쿠자와에 대한 섭섭함이 묻어 나온다. 이 모임의 동인들, 이를 두고 함께 글을 싣기로 한 약속, 이제 막 시작한 잡지의 홍

행 등 여러 가지를 생각했을 때, 후쿠자와의 처사는 그다지 유쾌한 일이
아니었을 것이기 때문이다. 게다가 문제는 그 내용에 있었다.

> 지금 우리로부터 사립私立의 실례를 보이고, 인간의 사업은 홀로 정부
> 의 임무가 아니라 학자는 학자로서 민간에서 일을 수행해야 한다. …
> 학술 이하 세 가지도 스스로 그 소유에 귀속하여 국민의 힘과 정부의
> 힘을 상호 간에 균형을 맞춤으로써 전국의 독립을 유지해야 한다.[14]

후쿠자와가 동 시기 '지식인'을 비판한 배경에는 또 후쿠자와의 '일신
독립하여 일국 독립한다'는 유명한 명제가 있다. 이런 지식인에 대한 입
장 차이 이외에도 여기에서는 학문의 자립적 가치(사립)와 학자의 역할이
정부와 균형을 맞출 정도의 인민을 만들어 내는 일에 관여하는 것임을
분명히 언급하고 있다. 여기에서 후쿠자와가 강조한 '학문의 자립'과 그
것을 위한 학자의 역할이라는 것은, 사실 당시로서는 매우 앞서 나간 이
야기였던 것도 사실이다.

애초에 일본은 무관 중심의 사회로, 메이지 시대 이전에 지식인들 즉
'유자儒者'는 사회적으로 그다지 영향력을 가지는 존재가 아니었다. 조선
이나 중국의 유학자들이 위정자이자 때로는 조정에 대한 비판자일 수 있
었던 것에 비한다면, 일본의 지식인이 하는 역할은 미미한 것이었다고
말할 수 있을 것이다. 와타나베 히로시渡辺浩의 논의[15]에 따르면 다도가나
꽃꽂이 전문가와 같은 특수한 직업적 예능인과 견주어지는 그런 존재였

---

14   후쿠자와 유키치, 『学問のすすめ』, 福澤諭吉全集 第三巻, 岩波書店, 1971, 53쪽.
15   와타나베 히로시, 『東アジアの王権と思想』, 1997, 13쪽.

다. 몇몇 특수한 사례를 제외하면 지식인이 정치에 관여하는 경우는 극히 드물었고, 비판한다고 해도 어디까지나 나랏일을 근심하고 걱정하는 차원의 충정 어린 조언일 뿐, 정권 자체의 모순을 적극적으로 지적하는 사례는 거의 없었다고 해도 과언이 아닐 것이다. 그것은 위정자의 '교양'일 수는 있지만, 애초에 그것을 이념으로 하는 정치는 거의 불가능했다. 후쿠자와는 맹렬한 유교 비판으로 유명하지만, 거기에는 이러한 '무기력한 지식인'에 대한 비판의식도 존재했다고 말할 수 있다.

> 고래 세상의 유자나 한학자 등이 말한 것은 떠받들고 귀히 여길 만한 것이 아니다. 고래 한학자 가운데 집안을 잘 다스리는 자도 적고, 와카和歌를 잘하거나 상업을 잘하는 조닌町人도 드물다. … 필경 그 학문이 실로 멀어서 일용日用에 맞지 않는 증거이다. 그렇다면 지금 이러한 실없는 학문은 우선 뒤로 돌리고, 오직 인간 보통의 일용에 가까운 실학에 힘써야 한다.[16]

미국에서 이미 민간 교육의 중요성과 효과를 직접 보고 돌아온 후쿠자와에게 '관官'에 얽매여 있는 전통적인 지식인의 형태는 세상을 문명으로 나아가게 하는 데 그다지 미덥지 못한 존재였을 것이다. 그래서 그는 '사립'의 중요성을 강조하고, 관으로부터의 지식의 독립, 나아가 국가에 얽매이지 않는 자유로운 '지식'의 독립과 활성화야말로 문명개화로 나아가는 첩경이라고 생각했다. 이를 위해서는 기존 지식인들이 추구하던 유학이나 한학이 아닌 새로운 지식, 즉 '실학'에 힘써야 하며, 자신의 동료

---

16   후쿠자와 유키치, 『学問のすすめ』, 福澤諭吉全集 第三巻, 岩波書店, 1971, 30쪽.

들, 즉 메이로쿠샤 회원들이 '관'에 몸을 담고 있는 한 이런 지식의 추구는 불가능하다고 보았던 것이다. "정부는 여전한 전제의 정부, 인민은 여전한 무기력의 우민일 뿐"이라고 개탄하며, "인민의 기풍을 일신하고 세상의 문명을 진전시키기 위해서는, 지금의 양학자류에게도 역시 의뢰할 수 없"[17]다고 단정한 후쿠자와는, 정부로부터 독립한 '학자의 직분'을 명확화하고, '외부로부터의 자극'으로서의 역할, 즉 비판자로서의 지식인의 역할을 온전히 함으로써 구 막부 이래의 침체한 '기풍'의 쇄신이 도모되며, 진정한 문명화가 달성된다고 제언했던 것이다.

하지만 이런 후쿠자와의 논의에 대해 여타 메이로쿠샤 회원들은 반론을 제기했다. 가령 가토 히로유키는 다음과 같이 후쿠자와의 논의를 반박한다.

제 어리석은 견해로는 내양內養과 외자外刺가 모두 대단히 중요하지만, 요즈음과 같은 때에는 내양이 더욱 중요하다고 생각합니다. 따라서 양학자가 마땅히 그 뜻하는 바에 따라 관리가 되는 일도 반드시 불가하지는 않을 것입니다. 선생의 논의는 리버럴liberal에 해당합니다. 리버럴은 결코 불가한 것은 아닙니다. 유럽 각국이 요사이 세상에서 진보를 보완한 것은 무엇보다도 리버럴의 공입니다. 하지만 리버럴의 입장이 지나치게 된다면 국권은 마침내 쇠약해지고, 국권이 쇠약해지면 국가 또한 결코 바로 설 수 없습니다.[18]

---

17   후쿠자와 유키치, 『学問のすすめ』, 福澤諭吉全集 第三卷, 岩波書店, 1971, 49-52쪽.

18   가토 히로유키, 「후쿠자와 선생의 논의에 답하다」, 『메이로쿠잡지』 제2호 1.

가토는 일단 '내양과 외자가 모두 대단히 중요'하다며 논의의 전제는 인정하면서도, 후쿠자와가 말하는 것처럼 민간으로부터의 '외부 자극'에 역점을 두는 것은 "내양을 가볍게 여기고 외부 자극을 중시"하는 리버럴에 지나지 않는 것이라 하고, "나랏일도 민간의 일도 모두 중요하므로, 양학자가 그 재능과 학문에 따라서 어떤 이는 나랏일에 종사하고, 어떤 이는 민간에 종사하기도 하면서 치우치지 않을 수 있다"라고 주장했다. 그리고 이 가토의 반론, 즉 내양과 외부 자극은 두 가지 모두 중요하지만, 그렇다고 해서 논의가 어느 한편으로 기울어서는 안 된다는 주장은 학자가 관직에 나아가는 행위의 정당성을 역설하는 다른 논자에게도 공통되는 것이었다.

가령 모리 아리노리는 원래 정부와 인민을 도식적으로 대립시켜서 배치한 점이 후쿠자와의 오류이며 "관리도 인민이고 귀족도 인민이며 평민도 인민이다. 일본 국적에 속한 자는 한 사람도 일본 인민이 아닌 자가 없으며, 그 책임을 담당"해야 한다고 언급하고, '관'도 '민간'도 모두 인민인 이상 "관직에서 일하는 것의 공익公益이 사적으로 행하는 세상의 이로움에 미치지 못한다면, 학자는 모두 관직을 떠나고 학자 아닌 자들에게만 정부의 일을 맡겨야 비로소 세상의 이로움이 흥한다는 말이 된다"[19]라며 반론을 펼쳤다. 또 쓰다 마미치도 "국가를 인체에 비유할 수 있다. 하지만 정부는 생명력과 같고 인민은 외부의 자극과 같다고 함은 비유가 잘못된 듯하다"[20]라면서 후쿠자와가 말하는 '국가', '인민'의 신체적 비유 표현에 이론을 제기하는 형태로 "관에 있든 그렇지 않든 상관없이 각

---

19   모리 아리노리, 「학자직분론에 대하여」, 『메이로쿠잡지』 제2호 2.
20   쓰다 마미치, 「학자직분론에 대한 평」, 『메이로쿠잡지』 제2호 3.

각의 지위에 따라서 그 사람의 상황에 맞게 진력함이 마땅할 것"[21]이라고 반박했다. 니시 아마네 역시 "사람들은 장점도 취지도 모두 다르다. 그러므로 같은 양학자라 해도 정부에서 일을 돕든 민간에서 일을 성사시키든 모두 안 될 것이 없다"[22]라며 중간적 입장을 취하는 형태로 다른 논자들과 결론을 같이하고 있었다. 이들은 모두 관과 민간의 협조라는 표면상의 이유 위에서 현실론을 기반으로 학자가 관직에 나아가는 것이 정당하다는 논지를 자기 변호하듯이 전개한 점에서 일치한다.

이상과 같은 지식인론, 즉 당대 일본에서 '학자'의 역할이란 어떠해야 하는가에 대한 견해의 차이는 생각보다 큰 것이었고, 결정적으로 정부가 언론에 대한 통제를 강화하는 국면에서 '관직에 있는 자가 정치적인 사안에서 자유로이 정부를 비판할 수 있는가?'라는 치명적인 문제를 제기하게 만든 것이다.

메이로쿠샤의 초대 회장을 맡고 있던 모리 아리노리는 1875년(메이지 8) 2월의 모임에서 "지금 시대의 정치에 관해서 논하는 것 같은 일은 본래 우리가 모임을 만들 때 내세웠던 주의는 아닙니다. 또 그것은 힘만 들고 효용이 없을 뿐만 아니라, 이로 인해 어쩌면 불필요한 어려움을 초래할지도 모르는 일입니다"[23]라며 비정치적 입장을 분명히 밝힌 바 있다. 이는 당시 비등했던 정치적 논쟁을 보고 자신도 관료의 입장에서 이른바 '문명개화'를 위해 어디까지 이야기할 수 있는지 고민한 끝에 취한 입장이었을 것이다. 그러나 앞에서 살펴본 후쿠자와를 위시한 사립 중시파

21   쓰다 마미치, 「학자직분론에 대한 평」, 『메이로쿠잡지』 제2호 3.
22   니시 아마네, 「비학자직분론」, 『메이로쿠잡지』 제2호 4.
23   모리 아리노리, 「메이로쿠샤 제1년 차 역원 개선(役員改選)에 대한 연설」, 『메이로쿠잡지』 제30호 1.

와 관직에 몸을 담고 있던 몇몇 회원들 간 갈등은 1875년 9월 1일의 모임에서 결국 본격화되었다. 미쓰쿠리 슈헤이가 정치적 비판 기사를 게재할 수 없는 잡지의 성격에 대해 문제를 제기했고, 이에 정간론을 제안하면서 모리와 논쟁이 일어났다. 이를 보고 후쿠자와가 잡지의 폐간을 제안하면서, 잡지의 문제가 아닌 결사 자체의 존립에 관한 문제로까지 사안이 발전해 버린 것이다. 이 사태는 역시 '문명개화'의 보급 및 교육 수단으로서의 잡지의 효용성에 대한 문제 제기보다는, 애초에 관과 민간을 둘러싼 회원 간의 갈등, 나아가 '문명개화'란 어떻게 가능한가에 대한 회원 간의 생각의 차이가 심화하면서 야기되었다고 보아야 할 것이다. 결국 결사의 존폐를 건 중대 회의는 투표로 이어졌고, 후쿠자와의 제안에 찬성 12명, 반대 4명의 결과가 나오면서 잡지 폐간이 결정되었다. 동시에 이 결정은 단지 잡지만의 문제가 아닌, 결사 자체의 사실상 활동 정지 즉 해산이라는 방향의 결정이나 다름없었다. 찬성한 회원들은 이미 언론이 폭발적으로 증가하던 시기에 굳이 『메이로쿠잡지』에 의거하지 않고 보다 자유롭고 개별적으로, 정치적 발언의 규제 등에 구애받지 않는 공간을 선택해 활동하는 것을 선호했던 것이다. 이후 잡지는 10월과 11월에 2회를 더 발행하고 제43호로 중단되었다. 별다른 종간 표명이 없는 정간의 형태를 취한 것이었다. 메이로쿠샤의 또 하나의 수단, 즉 연설회 역시 당연히 중단되었다. 메이로쿠샤의 제안자였던 모리 아리노리는 11월에 청나라 공사로 부임했고, 이에 모임을 이끌어 갈 동력이 상실된 상태였다. 다만 모임 자체가 '해산'했는가 하면 그렇지는 않았고, 이들은 여전히 각자의 개인적 인연 등을 이어 가며 회합을 지속하고 있었다. 그리고 1879년(메이지 12) 1월에 문부성 직할 학술기관으로 설립된 도쿄학사회원東京學士會院에 메이로쿠샤의 회원들이 그대로 참가했다. 마치 민간의 메이로쿠샤가 관설 학술기관으로 모습을 바꾼 (혹은 흡수된) 형태가 되었던 것이다. 다만 거기에서는 『메이로쿠잡지』에서처럼 다채로운 영역에서의 활동은 이루어지지 않았고, 대개 '학술' 분야에서의 활동에 집중하게 되었다. 엄밀한 의미에서 민간에 대한 '지식의 보급'과 '교육'은 이루어지지 않게 되었던 것이다.

이 도쿄학사회원의 설립과는 별개로, 메이로쿠샤의 사원들은 잡지의 정간 이후 각자의 분야에서 많은 활동을 했고, 근대 일본의 학술계, 지식계에 큰 영향을 끼쳤다. 가토 히로유키는 도쿄대학 총장으로 재직하면서 자신의 제자들을 내세워 보다 '학술'에 충실한 학회를 만들고 학술지 [『東洋學藝雜誌』(1881), 『哲學會雜誌』(1887)]를 발간했으며, 대학에서 근대적 체제의 '학과' 설치와 조정에 깊이 관여했다. 모리 아리노리는 문부대신으로 학제의 개혁과 학술 내용의 서양화에 진력했고, 니시무라 시게키는 전통적인 '도덕'을 사회에 보급하고 활성화시키는 것으로 또 다른 근대 일본의 모습을 만들어 냈다. 어쩌면 이들은 아직 모든 것이 명확하지 않았던 시기에 『메이로쿠잡지』 활동을 통해 찾아낸 시행착오와 미숙함을 보완하며 자신들의 입장을 정리하고, 이후 일본의 현실을 만들어 내는 역동성을 찾았던 것이라고도 말할 수 있을 듯하다. 이 잡지에는 다양한 사람들이 참여했다. 지적 배경으로 보자면 서양학자부터 한학자까지, 연령대로 보아도 당시 27세의 모리 아리노리부터 52세의 사카타니 시로시까지, '남성'이라는 공통점 이외에는 모두 다른 환경과 입장에 처한 이들이었다. 그러나 이들은 모두 새로운 시대에 적합한 '지식'에 대한 왕성한 욕구를 지니고 있었고, 당면한 과제로서 '문명개화'라는 목표를 공유했다. 메이로쿠샤라는 모임과 그 결과물로서의 잡지는 오래 지속되지 못했지만, 그 경험과 시행착오가 이후 근대 일본의 지식계, 학술계를 구축하는 데 중요한 자양분이 되었던 것은 분명하다.

이러한 지식인들의 활동에 대해 이후 철학자 오니시 하지메大西祝는 "우리 나라 유신 이후로 십수 년간은 오직 계몽적 사조의 정신으로 돌진"[24]하였다고 평가했다. 이것이 일본에서 '계몽'이라는 단어의 첫 사용 사례이자 번역 사례[25]임을 생각하면, 앞에서 살펴본 일련의 움직임들이 근대 일본에서 전개되었던 초기 '계몽'의 양상들이며, 『메이로쿠잡지』는 이런 양상들을 생생하게 담아 전해 주고 있는 것이다.

---

24   오니시 하지메, 「啓蒙時代の精神を論ず」, 1897, 『大西祝選集 II』, 岩波書店, 2014, 486쪽.

25   오니시는 여기에서 독일어 'Aufklärung'을 기준으로 삼아 일본에서의 문명개화사조를 비교하여 '계몽시대'라고 평가하였다.

참고문헌

『메이로쿠잡지』, 1874-1875.

大久保利謙, 『明六社』, 講談社, 2007.

大西祝, 「啓蒙時代の精神を論ず」, 1897, 『大西祝選集 Ⅱ』, 岩波書店, 2014.

渡辺浩, 『東アジアの王権と思想』, 東京大学出版会, 1997.

福澤諭吉, 『福澤諭吉全集』, 第三巻, 岩波書店, 1971.

山室信一, 「『明六雑誌』の思想世界」, 『明六雑誌』(下), 岩波書店, 2009.

河野有理, 『明六雑誌の政治思想―阪谷素と「道理」の挑戦』, 東京大学出版会, 2011.

차례

전체 차례

음을 논한다 (간다 다카히라)

3. 존이설 (사카타니 시로시)

4. 인간 공공의 설 ③ (스기 고지)

제20호

1. 신문지론 (쓰다 마미치)

2. 처첩론 ④ (모리 아리노리)

3. 호설에 대한 의문 (사카타니 시로시)

4. 호설의 넓은 뜻 (사카타니 시로시)

5. 지설 ③ (니시 아마네)

제21호

1. 정대화의에 대한 연설 (후쿠자와 유키치)

2. 삼성론 (쓰다 마미치)

3. 인간 공공의 설 ④ (스기 고지)

4. 여성의 치장에 대한 의문 (사카타니 시로시)

제22호

1. 지설 ④ (니시 아마네)

2. 부부유별론 (쓰다 마미치)

3. 정교에 대한 의문 (사카타니 시로시)

4. 화학 개혁의 대략 (시미즈 우사부로)

5. 지폐인체간원록 (화폐론 첫 번째) (간다 다카
히라)

제23호

1. 내지 여행 (니시 아마네)

2. 정금외출탄식록 (화폐론 두 번째) (간다 다카
히라)

3. 서학 일반 ⑥ (나카무라 마사나오)

제24호

1. 내지여행론 (쓰다 마미치)

2. 무역개정론 (스기 고지)

제25호

1. 지설 ⑤ (니시 아마네)

2. 정교에 대한 나머지 의문 (사카타니 시로시)

3. 괴설 (쓰다 마미치)

제26호

1. 내지 여행에 관한 니시 선생의 설을 반박
한다 (후쿠자와 유키치)

2. 무역균형론 (쓰다 마미치)

3. 지폐성행망상록 (화폐론 세 번째) (간다 다카
히라)

제27호

1. 처첩론 ⑤ (모리 아리노리)

2. 민선의원 변칙론 (사카타니 시로시)

제28호

1. 민선의원 변칙론 (사카타니 시로시)

2. 정체삼종설 (상) (니시무라 시게키)

3. 정체삼종설 (하) (니시무라 시게키)

메이로쿠잡지 하권

제29호

1. 망라의원의 설 (니시 아마네)

2. 자유교역론 (니시무라 시게키)

3. 종교론 의문 ① (가시와바라 다카아키)

제30호

1. 메이로쿠샤 제1년 차 역원 개선에 대한
연설 (모리 아리노리)

2. 인재론 (쓰다 마미치)

3. 종교론 의문 ② (가시와바라 다카아키)

4. 인민의 성질을 개조하는 것에 대한 설 (나
카무라 마사나오)

제31호

1. 부부동권 유폐론 ① (가토 히로유키)

2. 부부동권 유폐론 ② (가토 히로유키)

3. 수신치국비이도론 (니시무라 시게키)

일러두기

❀

1. 본문의 각주는 역자가 독자의 이해를 위해 설명을 단 것이다.

2. 일본어 표기는 국립국어원의 표기법을 따랐다.

3. '지나'는 중국을 멸시하는 명칭이지만, 원문에서 중국과 지나
   를 혼용하고 있으므로 그대로 번역하였다.

메이로쿠
잡지

明六雜誌

메이로쿠잡지
제14호

1874년(메이지 7) 7월 간행(8월 7일)

—

1. 지설知說 ①

니시 아마네西周

지智는 인심人心의 본질의 일부로, 의意와 정情과 짝을 이룬다. 그리고 인심의 가장 높은 곳에 위치하며 그 기세가 가장 강한 부분을 점한다. 그러므로 때에 따라서 짝을 이루는 의와 정을 제압하여 복종시킨다. 이두 가지는 적어도 지의 통제를 받으며, 만약 명령에 따르지 않는다면 심군心君이 다스리는 제국이 평안할 수 없다. 도철饕餮[1]과 달기妲己[2]가 안뜰에서 제멋대로 간사하게 굴고, 왕망王莽[3]과 조조曹操는 외조外朝[4]에서 권력을 멋대로 휘두르게 될 것이다. 그리고 그 쓰임이 대단히 넓다. 대개 세상 모든 일, 즉 몸을 갖추고 사람을 만나며 천하 국가를 다스리고 사해만국

---

1 재물과 음식을 몹시 탐내는 사람. 간신, 상상 속의 흉악한 짐승이다.
2 중국 상(商)나라 마지막 왕인 주왕의 애첩. 중국 역사상 음란하고 잔인한 대표적인 독부(毒婦)로 기록된다.
3 중국 전한(前漢) 말의 정치가이며 신(新)왕조(8~24)의 건국자이다.
4 군왕(君王)이 국정(國政)을 듣는 곳이다.

을 제압하여 복종시키는 일 모두가 지를 바탕으로 하지 않는 것이 없다. 알렉산더 대왕이 그리스에서 일어나고, 카이사르가 로마에서 군림하며, 나폴레옹이 유럽을 놀라게 하고, 칭기즈 칸이 사막⁵을 떨게 만들고, 도요토미 히데요시가 조선을 뒤흔든 것과 같은 일들은 모두 전뇌前腦의 어느 부분에서 나오지 않은 것이 없다.

그리고 지가 종래 적으로써 필생 끊임없이 싸워 온 것을 이理라고 부른다. 그 전쟁을 학學이라 하고, 또 강구講究 또는 연마練磨라고도 한다. 그러므로 지가 이와 싸워서 하나의 이(一理)를 붙잡아 자기 수하에 둘 때는 그 이가 다시 지의 관할을 받아서 종국에는 지의 쓰임(用)을 받는다. 지의 싸움을 학이라 하고, 그러므로 지의 성벽을 학교라 한다. 지의 성벽을 학교라 하므로 서적, 도화圖畵, 기계 등이 모두 이를 공격하고 이를 포로로 삼으며, 이를 몰아붙이고 위축시켜 복종시키기 위한 도구이다. 이것은 마치 군인이 총포와 함선을 사용하는 것과 같은 이치이다. 이렇게 지와 이의 싸움은 밤이고 낮이고 그치지 않고, 날마다 노획한 것을 거두어 자기의 쓸모로 삼는다. 쓸 것이 많이 쌓이면 지의 소유 역시 나날이 커진다. 그러나 또한 적 중에는 이의 이름을 빌려 속이는 것이 있다. 이것을 포획하여도 이미 자신에게 이익이 되지 않을 뿐만 아니라, 도리어 이로 인해 식량을 소모하고 날카로움을 잃어버리게 되므로 잘 싸우려면 우선 진짜인지 가짜인지 구별해서 이의 이름을 빌려 속이는 것이 섞여 들지 못하게 해야 한다.

이렇게 해서 진리眞理를 붙잡아 오랫동안 겹겹이 쌓으면 지가 잠식해 가는 것이 마치 강력한 진秦나라가 6국을 침략해 들어갔던 것 정도에 그

---

5   고비사막 북방 지역을 가리킨다.

치지 않는다. 이렇게 지가 할거하는 구역을 일컬어 지식이라고 한다. 그리하여 지식은 반드시 학술이라는 무기를 만들어, 백 번 싸워 패하지 않는 효과를 반드시 거두는 것이다. 그러므로 소위 성인에서 어리석은 부부에 이르기까지, 저 지라는 것이 있다면 할거하는 땅 역시 없을 수 없다. 다만 그 크기와 넓이가 균일하지 않을 뿐이다.

이제 일상적으로 사용하는 단어로 이를 구별하자면, 지의 품질을 바탕으로 관습에 따라 여러 종류의 정해진 모습을 이루는 세 가지가 있다. 말하자면 재才, 능能, 식識이 바로 그것이다. 재는 지가 관여하는 바, 객관에 속하며, 일부의 안에 있으면서 정교함에서 시작하여 정교함에 이르는 것이다. 그러므로 재에 크고 작음이 있다고는 하나 대부분은 일부에 치우친다. 가령 시재詩才, 문재文才, 서화의 재주와 같은 것들이다. 능은 지가 관여하는 바, 주관에 속하고, 꼭 정교함에 이르는 것은 아니고 그 비슷한 데에 이른다. 가령 관리의 능, 동네 아전의 능과 같은 것들이다. 이두 가지 중 많은 경우 재는 물리를 말하고, 능은 심리를 말한다. 그렇지만 종래에 사람은 이와 같은 이의 구별을 모르고 기껏해야 본능에 따라서 이용해 왔을 뿐이다. 식은 이 두 가지와 달라서, 무릇 그 본질이 지에 바탕을 둔다고 하지만 전쟁을 거쳐서 여러 가지 많은 이(衆理)를 굴복시킨 후 거대한 경계를 나누어 점하지 않으면 성립할 수 없는 것이다.

저 재나 능 같은 것들에는 천부적인 재능이 있으니, 반드시 배양을 거치지 않더라도 조금만 연마하면 곧 쓸모 있게 된다. 천부적인 것 중에서도 또한 때로는 아주 큰 재목을 낳는 경우가 있으니, 소위 하늘이 낳은 기재奇才로, 말하자면 앞에 언급한 칭기즈 칸, 도요토미 히데요시와 같은 이들이 바로 그런 경우들이다. 다만 식에 관해서는 때때로 천부적인 경우도 있다고 하지만, 대체로 정원사가 배양하는 정원에서 나오는 일이 많다고들 한다. 모름지기 식의 내용은 주관과 객관을 합하고, 근간과 지엽의 이치를 상세히 밝히며, 부위와 전체의 분별을 분명히 하는 것이다. 그러므로 천부적인 식이 있다고 하지만, 이것은 배양의 도움을 받지 않는다면 결국 조리에 통달할 수 없을 것이다. 그렇지만 정원사의 정원에서 배양한 것이 모두 식을 갖춘 나무가 되는 것도 아니므로, 이 또한 천성으로 인한 것인지도 모르겠다.

대체로 이 세 가지는, 때로는 이를 겸비한 자가 있기도 하지만, 결코 많은 것이 아니라 아주 드물게 있으며, 또 거기에는 반드시 장단과 편승[6]이 있다. 그리고 편승과 장단, 천부와 배양의 구별이 있다고는 하지만 모두 똑같이 지에 뿌리를 둔다. 그러므로 배양에 의해서 더 늘릴 수 있다. 이와 달리 의意와 정情은 다만 왕성함과 쇠약함의 차이만 있을 뿐, 더 늘릴 수 없는 듯하다. 이것을 다르다고 한다. 대체로 성리性理의 학[7]에서는 지의 본체를 논하여 재才, 능能, 식識을 구별하매, 각각 그 적절한 적용을 논하자면 옛날 성현의 말씀에 이르기를, 현자를 높은 지위에 두고 유능한 자를 바른 직위에 앉히라고[8] 하였는데, 이를 일반적인 원리로 말하자면 식에 통달한 자가 높은 지위에 있으면서 과거에 비추어 나라 장래의 원대한 계획을 세우고, 정령政令의 방향을 단호히 결정하여 갈팡질팡하는 일 없이 현재 시책에 착수하는 방법을 정하며, 전후완급의 적당함을 얻도록 하는 것이다. 그리하여 재능 있는 자가 그 취지를 받들어 노력하

6   어느 특정 부분만 뛰어난 모양을 가리킨다.
7   여기에서는 유학의 성리학이 아닌 심리학(psychology)을 가리킨다.
8   『맹자(孟子)』 「공손추(公孫丑)」 상(上)의 "욕되게 되는 것이 싫다면 덕을 귀하게 여기고 선비를 존중하며 현명한 자를 높은 지위에 두고 능력 있는 자를 바른 직위에 앉히는 것만 한 방법이 없다[如惡之, 莫如貴德而尊士, 賢者, 在位, 能者, 在職]"에 의거한다.

고 장려하여 그 직무에 종사하면 천하가 편안할 것이 손바닥 들여다보듯이 명백하다. 만일 이러한 원리에 반反한다면 반드시 하늘의 재앙이 있을 것이다.

✿
2. 리버티Liberty설 ②

미쓰쿠리 린쇼箕作麟祥

    그리스에서는 인민 자유의 설이 일찍이 행해져서 스파르타와 같은 나라는 나라의 주권을 인민의 대리자 30명으로 구성된 의원과 '에포로스'라고 불린 다섯 명의 행정감독관에게 맡겨 장악하게 했다.[1] 왕은 다만 전쟁 시에 병사를 지휘할 권리가 있을 뿐이었다. 그렇지만 이 나라의 당시 정황을 생각해 보면, 공적인 일은 원래 말할 필요도 없거니와 인민의 사사로운 일들도 역시 정부에서 규정하여 혹은 부자나 부부의 교제에도 간섭하여 집안일을 자세히 조사하고, 혹은 인민의 등위를 구별해서 특히 그 직업을 제한하였으며, 혹은 문학을 금하거나 교육을 제한하는 데 오직 신체의 건강을 유지하는 일 한 가지로 기준을 삼았고, 혹은 사치를 금

---

1   스파르타는 리쿠르고스(Λυκοῦργος, 기원전 800?-기원전 703)의 개혁 이후에 2명의 왕과 28명의 장로로 구성된 게루시아(γερουσία)가 행정과 입법을 맡고, 이에 대해 시민 선거로 선출한 에포로스(Ἔφορος)가 찬반을 결정하는 체제를 갖추었다.

하는 가혹한 법을 두는 등 만사 모두를 정부가 간섭하지 않는 바가 없었기 때문에 '에포로스'가 정치를 행하는 것은 인민의 뜻에 따라 국무를 빈틈없이 처리하는 것이 매우 중요했다.

그러나 이 나라의 정치는 개인에 대해서 말하자면 조금도 전제정치와 다름이 없었다. 그러므로 인민을 합해서 논하자면 자유의 권리가 있는 것 같지만, 만일 이를 사람마다 나누어 논하자면 감히 자유의 권리를 얻었다고 할 수 없다. 당시 그리스 안에서 아테네는 이와 달라서, 처음으로 각 개인이 진정한 자유의 권리를 얻었다. 때문에 저 페리클레스가 페르시아와 싸워 나라를 위해 죽은 아테네인을 조문하며 쓴 글을 보면, 곧 인민이 모두 국정에 참여할 권리를 가지고 대리자를 선거하며, 또 집안일을 다스리고 기구, 의복, 음식을 갖추는 것을 모두 자기 뜻으로 행하고, 태평무사한 시대에는 오로지 문장을 닦고 지식을 계발하는 데 노력하면서, 반드시 연병체조를 주요한 의무로 삼을 필요 없이 서로 좋아하는 책을 읽고 생각하는 바를 주장하여, 자유롭지 않은 것이 전혀 없음을 알 수 있다. 그러므로 아테네의 인민은 오직 용감하며 담대하여 능히 위험을 무릅쓰면서 스스로를 돌아보지 아니할 뿐만 아니라, 그 문사文事에 익숙하고 학예를 강구하는 것이 당시 세상에서 비할 바 없었다.

아테네에도 역시 그 인민 중에 노예라고 부르는 자가 있는데, 이 사람들은 마치 혈기 넘치는 기계와 같아서 비록 자유의 권리를 가질 수 없었다고는 해도, 만약 국민이라고 칭하는 자는 서로 평등한 권리를 가지고 즉시 정치상 자유를 보장받는 것이 지금 유럽과 아시아 각국의 인민과 조금도 다르지 않았다.

그런데 그리스가 망하고 로마가 융성하면서, 그 이름은 공화정치라 하였지만 그 실질은 인민이 감히 정치상 자유를 가질 수 없었고, 정부는 다수의 권리로써 각 사람의 권리를 억제하고 사람들 일가의 사사로운 일까지도 모두 간섭하지 않는 바가 없었다. 때문에, 로마가 백전백승을 얻어 별안간 대단히 강성한 미증유의 대국을 이룩한 것을 생각해 보면, 각 사람들의 권리를 억압하고 다수의 권리를 성대하게 만든 것에 기초한 것 같지만, 이렇게 사람의 귀중한 기호를 속박하고 오로지 자유의 권리를 압제하여 부질없이 용위를 확장하는 일을 어찌 개탄할 만하다 하지 않겠는가. 일찍이 이리하여 로마는 또 간웅과 효장들이 연이어 일어나 각 세력이 욕심을 드러내서 인민을 마치 흙먼지 보듯이 하매, 국체가 마침내 일변하여 제국이 되고, 당시 자유의 권리가 완전히 종적을 감췄다. 그러자 게르만 오랑캐들이 들어와 그 나라를 침범하고, 그 인민들은 다년간 군주의 학정에 핍박당해 오그라들어 소심한 습속을 이루고 있었기 때문에 유약하여 나라를 생각하는 마음이 없고 황폐하여 적을 방어할 힘이 없었다. 결국 로마의 형세는 흙더미 무너지듯 다시 수습할 수 없게 되었고, 기원후 400년대 말에 서로마가 완전히 멸망하고 동로마는 미미하게 나마 간신히 콘스탄티노플에 남아 있게 되었다.

로마를 멸망시키고 유럽 대륙을 종횡무진하던 게르만은 원래 무식한 오랑캐였는데, 깊은 산과 호수에 살면서 수렵을 업으로 삼고 전투에 힘쓰던 차에, 군장에게 속박, 제어당하길 기꺼워하지 않고, 하늘이 내려 준 자질이 스스로 서로에게 자유의 권리를 인정했기 때문에, 이후 점차 개명의 영역으로 나아가고, 혹은 프랑스로, 혹은 이탈리아로, 혹은 게르만으로, 혹은 영국 각지에서 나라를 세우면서 그 자유의 권리를 능히 보존하며 내려와, 중고 봉건 제도의 폐해가 극에 달하자 군웅이 사방에 할거하여 점차 서로 공격하여 인민들의 생명을 보장하지 못할 때에도, 여전히 고유한 자유의 권리를 잃지 않았으며 또 1200년대에 이르러 게르만

북방의 '한제아틱 타운Hanseatic town'이라고 불리는 도시부의 인민은 모두 수장을 추선해서 각각 대도시를 세우고 서로 결속해서 자유의 정치를 행하고, 또 1400년대에 동로마가 멸망하면서 학자와 지식인들이 유럽 각지로 흩어져서 옛 그리스의 학술 및 자유의 주장을 널리 사방에 전파하였기 때문에, 그 인민들이 감히 자유의 권리를 잊지 않고 언제나 유지하려고 힘썼다. 그리하여 제후들이 강병을 소유하며 영토에 근거를 둔 자들이 점차 사라지고 봉건의 제도가 차례로 쇠퇴하게 되자 각국의 제왕들이 다시 전제정치를 행하였는데, 1600년대 말에 프랑스 왕 루이 14세는 자칭 짐은 곧 국가라고 말하면서 전제의 정치가 극에 달했다. 그러므로 그 폐단이 결국에는 인민으로 하여금 여러 해의 억압을 견디지 못하게 하여 1700년대 말에 돌연 프랑스에서 큰 난리가 일어나 인민이 오로지 자유의 주장을 부르짖게 되었고, 또 아메리카는 이보다 앞서 이미 영국의 정치에 반대하고 독립하여 나라를 세워서 인민 자유의 권리를 유지하였다. 이리하여 유럽에서는 자유의 주장을 부르짖는 자가 대개 모두 과격함에 빠져서 일을 온전히 처리할 수 없었기 때문에 영국을 제외한 나머지는 인민들이 진정으로 자유를 얻은 일이 적었다고는 해도, 요컨대 인민이 일단 그 자유를 얻고 이를 이미 오랫동안 맛보게 된다면, 설령 군주독재 전제정치를 부활시켜 옛날로 돌아가려 해도 불가능하다. 그러므로 각국이 서로 의원을 설치하여 인민의 대리자에게 입법의 권리를 위임하면, 오늘날 형세에서 생각해 볼 때, 군주의 권리가 점차로 쇠퇴하고 인민자유의 융성으로 향하게 될 것을 증명하기에 충분할 것이다.

✿
3. 화폐의 효능

스기 고지杉亨二

모든 교역하는 일에도 그 도道가 없으면 부富는 생겨나지 않는다. 무릇 구두공이 구두를 만들어서 식량 또는 일상에 필요한 물건과 바꾸려 해도 바꿀 수 없다면, 이것을 만들어도 쓸모없기 때문에 부를 이룰 수 없다. 만일 구두공이 자기가 아니면 못 만드는 물건과 바꿀 수 있다면, 구두는 비로소 부를 만들고 쓸모를 충족한다. 그렇지만 물건과 물건을 교역하는 것은 쉬운 일이 아니다. 자기가 바라는 것에 부응하고 상대방이 바라는 것에 맞추어서 직접 교역하는 사람을 찾기가 어렵기 때문이다. 누군가 구두를 바라는 사람이 있어도 구두공이 바라는 상품을 그 사람이 갖고 있지 않다면 교역할 수 없다.

가령 갑 모 씨는 목면을 짜지만 식량이 부족하다. 을 모 씨는 식량을 가졌지만 목면을 바라지 않으므로 직접 교역할 수가 없다. 그래서 갑 모 씨가 어쩔 수 없이, 을 모 씨에게 식량과 바꿀 수 있는 물건은 무엇이냐고 물으면, 책상이라면 바꿀 것이라고 답한다. 그래서 갑 모 씨는 책상을 목면과 바꿀 사람을 찾아내서 비로소 세 가지 물건이 서로 만나게 되어 갑 모 씨는 목면을 책상과 바꾸고, 식량과 바꾸어서 세 사람의 바람을 이룰 수 있게 된다. 그렇지만 갑 모 씨가 목면을 책상과 바꿀 사람을 알아서 찾는 데 쓸데없이 일을 멈추고 짬을 내어 시간을 낭비하는 해로움이 있을 것이다. 그러므로 물건과 물건을 교역하는 것은 어렵다.

그런데 또한 물품의 가격에는 비싸고 싼 것이 있어서 같지 않으니, 무릇 교역에서 가장 어렵고 근심해야 할 바이다. 만일 물품을 세세하게 잘 라서 바꾸기 편하게 한다면, 그 어려움과 근심을 면할 수 있을 것이다. 그런데 갑 모 씨가 목면을 잘라 다소의 가격을 정하면 다소의 물건을 바꾸는 데에 편리하겠지만, 갑 모 씨가 우산을 만들어서 이것을 식량과 바꾸려고 한다면 그것을 가격에 따라서 자를 수가 없고, 그렇다고 해서 우산 한 개를 모조리 그 대가로 내어도 손해이므로, 어쩔 수 없이 자기가 구하는 식량과 바꾸지 않는 것 이외에는 다른 방법이 없을 것이다. 그렇다면 자기가 항상 원하는 물품, 수량, 필요에 따라서 이것을 바꿀 수 있고, 또 자기가 만든 물품을 누가 구하는지 쉽게 알 수 있다면, 필시 교역의 어려움과 근심은 사라지고 편리해져서 더욱 부흥할 것이다.

이런 이득을 모두 갖추려면 금과 은으로 화폐를 만들어야 한다. 그러므로 화폐는 교역에 사용하는 필요물품으로, 그 효능에는 다섯 가지가 있다.

첫째, 금은의 작은 조각은 사용하거나 저장해도 소모되거나 소멸되는 일이 대단히 적다.

둘째, 금은은 쉽게 분할할 수 있다. 또 이것을 녹여서 덩어리로 만들기도 쉽다. 그렇게 해도 그 가치가 소멸되는 경우는 거의 드물다.

셋째, 금은은 운반에 편리하다. 세상의 쓰임이 나날로 왕성해지는 것도 이 때문이다.

넷째, 물건들의 가격은 즉시 바뀌지만, 금은의 가격은 바뀌는 경우가 대단히 드물다. 왜냐하면, 금은을 생산하는 것이 대단히 어렵고, 또 언제나 세상에서 통용되는 양은 많으면서 운송은 매우 편리하다. 설령 많이 나온다고 해도 신속하게 유통되므로, 세상에서 융통한 양에 비한다면 대단히 적기 때문이다.

세상에서 물건들을 교역하는 데에 금은을 사용하는 가장 큰 이유는 바로 이와 같다. 세월이 지나면서 사람들이 서서히 이를 깨닫고 서로 기꺼이 금은을 이용하여 물건들을 계산하는 습관이 생겼고, 쉽게 각 물건의 가격을 정하게 되었다.

다섯째, 세상 사람들이 물품의 가격으로 금은을 써서 교역하는 일의 편리함을 깨달으면서 교역 제일의 어려움과 근심이 사라지고 자신의 물품을 원하는 자를 찾을 길을 열어서 서로 교역을 편리하게 하니, 자연히 금은을 필요로 하며, 자기 물품을 바라는 자는 화폐로써 교환하고, 나는 또 그 화폐를 가지고 필요한 물품을 교환하여 서로가 함께 세상의 쓰임을 통하게 하는 이로움이 생겨나게 된다.

✿

4. 덴구설天狗説

쓰다 마미치津田眞道

세상 사람 사는 곳 어디에도 덴구天狗[1]는 없다. 그러면 사람이 사는 세계의 바깥, 천지간에는 덴구가 있을까? 우리 태양계 안의 혹성 중에 지구의 동물과 닮은 것이 살고 있다고 주장하는 사람이 있다. 이것은 최근 유럽의 천문학자들이 그 형상을 측량하여 추측한 것으로, 증거가 매우 명확해서 나는 이것을 의심하지 않는다. 그러나 나는 아직 소위 덴구라는 것을 보지 못하였다. 아마도 덴구의 존재를 믿으면서 구구절절 허위가 아니라며 근거도 없이 증언하는 자는 우리 대일본제국의 우민들뿐이다. 무릇 구미 각국에서는 물론, 인도와 한토漢土에도 이런 이야기가 없고, 오래전 우리 나라에도 덴구에 대한 이야기가 있다는 것을 지금까지 한 번도 들은 바 없다. 덴구라는 이름이 나온 것은 우리 일본 중고 시대[2] 이후

---

1 일본의 요괴. 주로 산속에 살며 하늘을 날아다니는 등 신통력을 갖고 있다고 한다. 붉은 얼굴에 길고 큰 코를 가진 모습으로 묘사된다.

의 일이다.

일본의 특유한 덴구의 유래를 살펴보면 요사스러운 승려들이 사람을 속이려고 한 망언에서 나온 것임에 틀림없다. 아마도 중고 시대 불교 승려들이 설법을 우리 나라에 보급할 때, 당시 어리석은 백성들이 많은 데 편승하여, 설법을 신기한 힘이 있는 것이라며 백성들을 협박하고, 불도를 믿게 하는 도구로 사용했던 데에 불과할 뿐이다. 따라서 옛날에 명승이라고 불리고 현재 여전히 부처, 보살이라고 불리는 불교 승려들은 대체로 옛날부터 사람들의 왕래가 아직 닿지 않는 큰 연못을 건너 높은 산에 올라가 수풀을 벌채하여 신령한 장소를 만들고, 마귀와 덴구 등을 수호신으로 삼아 어리석은 백성들의 믿음을 얻어서 스스로 개산상인開山上人[3]이 되고는 하였다. 이로써 우리 나라의 이름 있고 큰 산에는 대체로 사원(佛宇)이 없는 데가 없다. 또한 불교가 들어오기 전부터 하늘과 땅의 신령이 내려온 산이라고 일컬어지는 곳들도 대부분 불교 신도가 들어가 침범하지 않은 곳이 없다. 후세에 겐쿠源空,[4] 신란親鸞[5]의 신도들이 일정한 근거지를 만들고 산을 의거하지 않았음에도 여전히 개산상인이라고 부른 것은 이전 관습에 따른 호칭일 뿐이다.

지혜를 깨우친 자는 도리를 가지고 사람을 가르친다. 그렇지 않은 자는 어떨 때는 사람을 공갈하고 어떨 때는 사람을 기쁨에 젖게 한다. 극락

2 일본의 시대 구분으로 헤이안 시대[平安時代, 794-1192]를 가리키는 말. 단 시대 구분 방식에 따라 이견도 있어서, 그 이전의 나라 시대[奈良時代, 710-794]까지도 포함시켜 가리키는 경우도 있다.

3 자기 일파를 창시하는 승려를 가리킨다.

4 헤이안[平安] 말기-가마쿠라[鎌倉] 초기의 승려(1133-1212). 정토종(淨土宗)을 연 시조로 호넨[法然]이라는 방호(房号)의 명칭으로 잘 알려져 있다.

5 가마쿠라 초기의 승려(1173-1263). 호넨의 제자로 정토진종(淨土真宗)을 연 시조이다.

지옥의 설은 여기에서 생겨난다. 아직 지혜를 깨우치지 못한 자는 처음에 사람을 위협해서 조금씩 선도한다. 이것은 시기와 사정상 어쩔 수 없는 일이다. 옛 불교의 승려가 귀신을 부리고 덴구를 이용한 것도 심하게 비난할 수는 없다. 그리고 깊은 산이나 계곡, 인적이 전혀 없는 곳은 초목이 울창하게 들어서 깊숙하고 조용하여 마치 이매망량魑魅魍魎[6]이 사는 동굴에 들어서는 것 같아서, 사물의 이치를 잘 알고 있는 학자가 아니면 용감한 대장부라도 결코 무서울 것 없다는 식의 태도를 유지하지 못한다. 하물며 어리석은 백성들은 어떠하겠는가. 대저 일식과 천둥의 원리가 지금은 분명하게 밝혀졌지만, 공자 정도의 성인 또한 이를 두려워하여 몸가짐을 바꾸었는데,[7] 하물며 어리석은 백성들은 어떠하겠는가. 이러한 것을 불교의 승려들은 신통한 법력을 가진 용과 뱀[8]을 망령되게 칭하면서 천둥번개를 다루고 귀괴鬼怪와 요령妖靈을 물리치며, 혹은 산신을 꾸짖거나 마귀를 쫓는다 하여 어수룩한 사람들을 속이고 자기를 존경하며 믿고 따르도록 한다.

오즈노小角,[9] 사이초最澄,[10] 구카이空海,[11] 니치렌日蓮[12] 등이 모두 이와 같은

6　산속의 요괴와 물속의 괴물 등 온갖 도깨비, 귀신을 가리키는 말로, 특히 사람을 해치는 악한 존재를 비유하는 데 쓰인다.

7　『논어(論語)』 「향당(鄕黨)」의 "갑작스러운 천둥과 세찬 바람이 있으면 반드시 몸가짐이 바뀌었다[迅雷風烈必變]"에 의거한다.

8　불교 설화에서는 용이나 뱀이 지하세계에서 비와 구름을 자유로이 조정하는 존재로, 인간과의 교류 중에 그 초월적인 능력을 발휘하는 이야기가 자주 등장한다.

9　일본 나라 시대의 인물. 수험도(修驗道)의 개조라고 일컬어진다. 수험도란 일본 고래의 산악 신앙에 불교와 도교 등을 가미한 종교의 한 일파를 가리킨다.

10　일본 천태종의 개조이다.

11　일본 진언종(眞言宗)의 개조이다.

12　일본 일연종(日蓮宗)의 개조이다.

방법을 썼다. 그런데 소위 덴구는 요컨대 유명한 수행자, 야마부시山伏[13]가 변한 것이고, 에이잔叡山, 구라마鞍馬, 아타고愛宕, 곤피라金毘羅, 오미네大峯, 온타케御嶽, 오야마大山, 묘기妙儀, 아키바秋葉, 닛코日光[14]의 지로次郎, 다로太郎, 소조僧正, 산샤쿠보三尺坊[15] 등은 그중 가장 유명한 자들이다. 무릇 3,000년 전 영취산靈鷲山[16]에서 석가가 방편을 만드실 시기에 어찌 우리 일본의 덴구가 그 신도들의 계략으로 인해서 만들어질 것이라 생각했겠는가? 아마도 인도의 악마, 중국의 선인, 우리 나라의 덴구와 같은 것은 거의 비슷한 종류이다. 단지 선인은 담백하며 기꺼워할 만하고, 덴구와 악마는 흉악하여 싫어할 뿐이다.

현재의 후지코富士講·온타케코御嶽講[17]와 같은 백성들의 결사는 이른바 공갈에 불과한 가장 상스럽고 유치한 종교인데, 이들이 덴구와 같은 거짓말을 존경하고 따르는 것을 마냥 비난할 수는 없다. 다만 괴이한 것은 박람다식한 학자 선생이 덴구와 요정이 거짓임을 깨닫지 못하는 점이다. 그중 가장 괴이한 것이, 어떤 황학자皇學者의 무리 중에는 인간의 세상 위에 덴구의 세계가 있다고 떠들고 다니는 자들도 있다는 점이다. 이들은 오즈노, 구카이와 같은 옛사람들의 지혜를 계승한 자들인가? 아니면 천년 동안 여전히 그 안개 속에서 살고 있는 자들이란 말인가?

어느 날 동료들 모임에서 나는 이와 같은 주장을 말하였다. 어떤 친

---

13   수험도를 닦는 사람을 가리킨다.
14   신불의 영험함이 뚜렷하게 드러나는 장소로서 옛날부터 숭배되었던 산악(山嶽)들의 이름이다.
15   전설상의 불교 행자(行者)들로 후에 신격화되었다.
16   고대 인도 마가타국에 있었던 산 이름. 석가가 이곳에서 법화경을 강하였다고 하며, 예로부터 불교의 성지로 일러진다.
17   후지산富士山, 온타케산御岳山을 신성한 장소로 삼고 있는 신앙조직의 이름이다.

구는 벌떡 일어나며 "자네의 주장은 우리 나라 천년의 미혹한 마음을 떨쳐 버린 듯이 유쾌하네. 그러나 여전히 덴구들이 세상에 아직 존재하며 배회하고 있다네. 그 학문이 아직 경지에 이르지 못하였는데도 스스로는 최고의 경지에 이르렀다 말하고, 지혜가 아직 이홍장[18]에 미치지 못하였는데도 스스로를 아시아의 비스마르크[19]에 빗대며, 소위 개화하였다고 생각하는 자 중에 아직 반밖에 개화하지 못하였음에도 이미 거침없이 개화의 영역에 들어가 있다고 생각하는 부류는 모두 인간 모습을 한 일종의 덴구임이 틀림없는 듯하군"이라고 말하니, 모두가 포복절도하며 모임을 마치게 되었다. 이에 여기에 덴구설을 적어 두고자 한다.

---

18   이홍장(李鴻章, 1823-1901). 중국 청나라 말기의 정치가이자 최대 실권자이다.

19   오토 폰 비스마르크(Otto Eduard Leopold von Bismarck, 1815-1898). 독일 제국의 초대 재상. 독일 연방 통일을 이끌었던 정치가로 국민적 영웅으로 존경받았고, 강경한 정책으로 철혈 재상(Eiserner Kanzler)이란 별명으로 잘 알려져 있으며, 당시 서양 제일의 정치가로 간주되기도 했다.

메이로쿠잡지
제15호

1874년(메이지 7) 8월 간행(9월 7일)

—

✿
1. 처첩론妻妾論 ③

모리 아리노리森有礼

　도덕이 아직 분명하지 않으면 강자는 약자를 억압하고, 지식이 있는
자는 어리석은 자를 속이며, 심한 경우에는 이것을 생업으로 삼고 쾌락
으로 여기는 자까지 나온다. 야만적인 풍속을 가진 나라에서는 이것이
상례이며, 특히 참을 수 없는 것은 남편이 아내를 학대하며 부리는 모습
이다.

　○ 우리 나라의 풍속에 대해 말하자면, 부부간 교제의 도리가 아직 제
대로 행해지고 있지 않아서 사실은 남편이 거의 노예를 가진 주인과 같
고 아내는 마치 팔려 온 노예와 다르지 않다. 남편의 명령에 감히 그 옳
고 그름을 전혀 묻지 못하고 그저 명령에 따르는 것을 아내의 직분으로
삼는다. 따라서 하루 종일 분주하게 섬기고, 몸과 마음 모두 남편의 사역
에 제공하니, 거의 혼이 없는 사람과도 같다. 그런데 혹시라도 남편의 마
음에 들지 않으면 꾸짖고, 때리고, 매도하고, 발길질하는 등, 참으로 입
에 담기조차 어려운 그런 행위가 많다. 여자는 원래 인내를 그 성질로 하

기 때문에 이런 패역에도 불구하고 여전히 깊이 원한을 품지는 않는다. 그렇다고 해도 이미 몸을 허락하여 아내가 되고 목숨을 걸고 정절을 지키는 자에게 남편은 특별히 주의를 기울이지 않고, 게다가 첩을 사고 하녀를 두면서 제멋대로 자기 정욕을 휘두르면 그 아내인 자의 울분이 어떠하겠는가. 참으로 무정하고 비의하기 짝이 없다고 할 것이며, 자연법으로 이것을 다스리자면 고살故殺[1]의 중죄를 적용해도 결코 지나치게 무겁다고 말할 수 없다. 혹시 여자를 사람보다 한층 더 하등의 동물로 간주하고 남자 마음대로 자유롭게 부릴 수 있다고 하는 자도 있을지 모르지만, 그것은 야만의 풍속이며 지금 여기서 논할 가치조차 없다.

○ 부부가 혼인을 약속하고 도의를 세우면 온 마음으로 서로를 사랑하고 지키며 조금이라도 정을 남에게 옮기지 않기로 단단히 정한다. 그런데 남편인 자가 분별없이 약속을 깨고, 첩과 하녀를 두어 멋대로 굴면서 유흥가를 거닐며 정욕을 따라다닌다면, 아내인 자가 정절을 지키지 않아도 결코 그 혼인의 도리를 잃는다고는 말할 수 없다.

○ 만약 남자는 정절을 지키지 않아도 여자는 반드시 지켜야 한다면 여자는 꼭 그 남편에게 깊이 몸을 허락하고 다른 생각을 품어서도 안 된다. 그런데 남자는 이와 달리 마음대로 개, 돼지, 소, 말처럼 여러 여자와 혼인한다면, 온 마음으로 깊이 사랑하는 아내에게 갚아야 할 도리는 어찌해야 하는가. 남편이 아내에게 갚는 방법이 설령 공평하여 치우침이 없도록 해도 사실은 언제나 온 마음을 다하는 깊은 사랑으로 대하는 일이 불가능하기 때문에, 결국 상황에 따라 변덕스럽고 박정하게 대할 수

1   일시에 격정으로 생긴 살의에 의해서 사람을 죽인 것. 구 형법(1882.1.1.-1908.10.1. 시행)상의 용어이며 계획적인 모살(謀殺)과 구별해서 사용되었다.

밖에 없을 것이다. 그렇게 되면, 즉 온 마음으로 깊이 사랑하는 정의情義에 대해서 변덕과 박정함으로 갚게 되는 것이니, 남자 쪽이 도리에 어긋난다는 점은 굳이 말할 필요도 없다. 만약 도리에 어긋나도 괜찮다고 한다면, 여자가 정절을 지키지 않아도 남자는 시비를 따져서는 안 된다. 그러면 남자의 도리와 여자의 정절 모두 따지지 않아도 괜찮다는 결론으로 귀결된다.

　○ 또 만약 부부라는 명목에 실질을 부여하기 위해서는 먼저 널리 교화를 행한 이후에 여자가 분발하고 절조를 세울 때까지 기다리는 것이 가장 좋다고 한다면, 마땅히 그러한 시세를 가져오기 위해 힘쓰고 노력하지 않으면 안 된다. 공연히 이러한 말을 떠들기만 하고 실제의 효과를 보여 주지 않는다면 그 말은 단지 쓸모없을 뿐만 아니라, 개명으로 나아가는 길을 계속 방해하는 대단히 나쁜 소리가 될 것이다.

　○ 어떤 설에 따르면, 혼례를 바르게 함으로써 문명을 촉진시키고자 하면 마땅히 먼저 올바른 종교를 골라 널리 민간에 보급시키는 방법을 통해 자연스럽게 도모할 수 있다고 하였다. 혹은 인민에게 권유하여 좋은 외국인과 결혼시켜서 부부가 함께 교제하는 제대로 된 도리의 실제 사례를 보여 주는 것이 가장 좋은 방법이라고도 하였다. 대개 이런 설들은 망상에서 나온 것으로, 그다지 진지하게 고려할 만한 것은 아니지만, 그런 설이 생기는 것은 아마 우리 나라의 결혼법이 제대로 서지 않은 데다, 장래에도 결국 세우기 어려울 것이라는 우려가 있기 때문이다. 만약 정말로 이 설이 맞다면, 이것은 우리 나라에 독립된 정기正氣가 없음을 증명하는 것이며, 정기가 없는 인종에게 스스로 노력하여 문명을 이루길 기대하기보다 도리어 일절 외국인의 힘을 빌려서 만들어 내는 편이 나을 거라는 소리를 듣는 지경에 이르는 꼴이다. 대저 황국이나 신주神州를 자

칭하며 정기正氣와 의용義勇을 갖추었다 자부하는 우리 나라 인민이 이 말을 듣는다면 그 분노를 어찌 견딜 수 있겠는가?

2. 서학 일반西學一斑 ④

나카무라 마사나오中村正直

　　이런 시대(1501년에서 1600년까지, 분키文龜 원년부터 게이초慶長 5년까지)를 맞아 프랑스에 로피탈L'Hopital[1]이라는 철학자가 나타났다. 그는 재능과 덕을 갖춘 인물로, 재판관이기도 했으며 릴리저스 리버티religious liberty(종교에 대해 인민 스스로가 믿는 바에 따를 수 있는 자유의 권리)에 주목하였는데, 그 논의가 관대하고 명확하였다. 이 시기 보댕bodin[2]이라는 자 역시 종교 자유의 권리와 시빌 리버티civil liberty(인민이 뜻하는 바를 펼칠 수 있으며, 압제를 받지 않을 자유의 권리)에 주목하여 도를 지나치는 모든 개혁은 어리석은 정치로서 국가의 해를 키우는 것이라고 하였다. 이제 여기에 그 저서[3] 중 일부

1　미셸 드 로피탈(Michel de L'Hopital, 1504-1573). 프랑스의 정치가이자 대법관. 신·구교도 간의 대립 완화에 힘썼고 종교전쟁을 종식시키려 노력했으나 결과적으로 성공하지는 못했다.

2　장 보댕(Jean Bodin, 1530-1598). 프랑스의 작가, 정치가이자 사상가. 인간의 생존권과 생활체계를 신앙 문제에서 분리하고, 정치에서의 덕(德)과 신학에서의 덕을 구별, 종교로부터의 국가의 독립을 주장하였다.

를 인용하니 독자들도 그 전모를 알 수 있을 것이다.

보댕이 말하길, 무릇 사람은 세력이 점차 강해지면, 점점 사람에 대해 공정하며 편파적이지 않고, 적절하여 지나치지 않는 것이 중요하다고 하였다. 특히 군주가 인민을 대할 때 기세에 맡기고 흥에 겨워서 급속하게 변혁하고자 하면 큰 해를 낳는다. 그러므로 바젤[4]의 국회(국민이 회의하여 정치를 하는 곳)에서 로마교 비숍bishop(주교의 장)의 관할을 벗어날 때가 되었음에도, 구교를 고수하는 사제들을 갑작스레 수도원에서 몰아내려 하지 않았다. 특히 명령을 내려서, 구교를 믿는 사제가 혹시라도 죽게 되더라도 결원을 보충하도록 허락하지 않았다. 모름지기 만일 구교 신도의 믿음을 한 번에 개종시켜 없애 버리려 한다면, 신도들은 반드시 과격하게 변할 것이다. 그러므로 서서히 바꾸어서 점차 쇠퇴하여 자연스레 사라지게 되기를 꾀하였다. 과연 지혜로운 방책으로, 이후 구교가 쇠퇴하면서 신도들 역시 빠르게 신교로 개종하였다. 그런 가운데 한 사람이라도 남아서 이후에도 오랫동안 완고하게 구교를 지키면서 편안하게 살던 곳에 주거하며 자신에게 익숙한 옛 규칙과 의례를 바꾸지 않아서, 관청과 관헌에서 허용하고 그 믿음을 박탈당하지 않았던 것은 특히 대단한 일이었다 말할 수 있다. ○ 스위스에서 신교를 세울 때에 명령을 내려서 신교의 사제는 예배당의 조세 수입을 받을 수 있도록 하였다. 그렇지만 신교에 수긍하지 않는 자라도 역시 구교의 수도원에 거주할 수 있도록 했다. 단 그가 죽은 후에는 그것을 대신할 자를 선택해 결원을 보충하

---

3   보댕의 대표적인 저서 『국가론(De la Republique)』(1576)을 가리킨다.
4   바젤(Basel). 스위스 북서부의 독일과 프랑스 간 국경에 가까운 라인에 위치한 도시이다.

는 것을 허락하지 않았다. 신교가 행해진다고 해도 오직 구교만 믿으며 개종하기를 원하지 않는 자가 있을 수 있고, 또 엄격히 이를 금지하면 생업을 잃는 자도 있을 수 있었기 때문에 이렇게 관대한 명령을 내렸던 것이다.

보댕은 이어서 천하의 가장 위험한 것은 오래도록 행해진 인민의 예의, 율법, 풍속을 하루아침에 개혁하고자 하는 것이라고 하였다.

보댕은 또한 나라를 다스리는 도리는 상제께서 조화를 행하시는 큰 쓰임을 따라 해야 한다고 하였다. 만물이 나고 자라고 번성하는 것은 대단히 쉬운 것 같지만 천천히 조금씩 진행하는 것이다. 가령 수목과 같은 것은 조그마한 종자로부터 점차 싹을 틔우고 점차 가지와 잎이 뻗어 나와서 결국에는 하늘을 뒤덮는 큰 나무가 된다. 그런데 나무는 매일 나고 자라는 것이 대단히 세세하고 정밀하여 사람 눈에는 보이지 않으며 갑자기 하루아침에 생장하는 일은 결코 없다. 또 주재하시는 진신眞神께서는 도에 지나치게 급박한 것을 싫어하시므로, 겨울과 여름 사이에 봄을 두고, 여름과 겨울 사이에 가을을 두어서 이렇게 기후를 적절히 하고 급격한 변혁을 막으신다. 그 밖에도 조화의 공용을 한번 살펴보자면, 느리고 천천히 나아가지 않는 것이 없고, 중용中庸으로써 이루어지지 않는 것이 없다. 그러므로 상제의 조화를 따라서 다스리려면 이러한 모습을 모범으로 삼지 않으면 안 되는 것이라고도 하였다.

스코틀랜드에 뷰캐넌[5]이라는 유명한 학자가 1506년(고카시와바라 천황

---

5   조지 뷰캐넌(George Buchanan, 1506-1582). 스코틀랜드의 역사가, 사상가. 모든 정치권력의 원천은 국민으로, 왕의 권력은 그 원천에 의해 구속되며, 폭군에 저항하고 심지어 처벌하는 것도 합법적이라고 주장했다.

後柏原天皇,[6] 에이쇼永正[7] 3년)에 태어났다. 이 시대에는 정치의 학문이 아직 확립되지 않았는데, 뷰캐넌만이 세상 일반에 유행하는 논의와 다른 주장을 하였다. 스코틀랜드의 왕 제임스 1세[8]를 살해한 자를 잔혹한 참형에 처한 일을 논하며 말하길, '스코틀랜드 왕이 살해당한 것은 대단히 참혹하고 애석한 일이다. 그렇지만 그 범인을 처형한 방법은 더더욱 참혹하고 슬픈 일이었다. 모름지기 죄인을 벌하는 데 인자한 정이 없이 지나치게 참혹하게 처형하는 것은 악인을 징계하는 것이 아니라 도리어 사람의 죄악을 더하게 만드는 것이다. 왜냐하면, 잔혹한 형벌을 자주 행하면 이것을 볼 때마다 마음이 거기에 익숙해져서 두려워하는 마음은 점차 옅어지게 될 뿐만 아니라, 또한 악을 행하는 마음과 아픔을 견디는 마음이 모두 나고 자라게 되기 때문이다. 그러므로 공공장소에서 잔인한 형벌을 시행하면 인민은 점차 잔인한 죄악을 행하게 된다. 그러므로 중형으로 사람의 악을 금지하려는 것은 대단한 잘못'이라 말하였다. 뷰캐넌 씨의 논의가 지금 현재 정치학자들의 학설을 방불케 하는 것을 보면 탁월한 식견을 지닌 자라 할 만하다.

이하 내용은 다음 호에 싣기로 한다.

---

6   일본의 제104대 천황(생몰 1464-1526, 재위 1500-1526)이다.
7   일본의 연호. 1504년부터 1521년까지의 기간을 가리킨다.
8   스코틀랜드의 왕 제임스 1세(James I, 1394-1437)는 대귀족의 세력을 억압하는 개혁을 추진하였으나 반대파에 의해서 살해당했다.

3. 조세租税의 권한은 상하上下가 함께 관여해야(公共) 한다는 설

사카타니 시로시阪谷素

사람이 살아가는 데 덕은 뿌리이고 재화는 사소하다.[1] 덕에는 형태가 없고, 재화로 행해진다. 재화는 형태가 있으며, 천하의 물건은 모두 이것에 의거한다. 부강도 재화에 의하고 쇠망도 재화에 의하며, 싸움도 재화로 일어나고 평화도 재화로 지탱된다. 슬픔과 환희, 기쁨과 분노, 안전과 위험, 삶과 죽음에 이르기까지 천하의 일들이 모두 재화에 의하지 않은 것이 없다. 이처럼 천하의 욕망은 오직 이것으로 귀결된다. 욕망에는 공公도 있고 사私도 있다. 천하의 공적인 욕망을 자기의 사사로운 욕심으로 막지 않는다면, 곧 천하에서 사사로운 욕심은 사라지고 재리財利가 널리 퍼지면서 대업이 이루어진다. 소위 덕이 뿌리라는 말은 바로 이러한 것을 말한다. 무릇 재화에는 공유公有도 있고 사유私有도 있다. 사유는 한 사람, 한 집안에 권리가 있어서 타인이 절대로 침범할 수 없는 것으로, 침

1   『대학』 제6장 제2절의 '덕본재말(德本財末)'을 전거로 한다.

범하면 그것을 적賊이라 한다. 공유는 많은 사람이 함께 소유하는 것으로, 권리가 많은 사람에게 있어서 한 사람이나 한 집안이 절대로 침범해서는 안 된다. 침범하면 그것 역시 적賊이다.

지금 조세가 재화 가운데 가장 무겁고 크다. 또 공유물 가운데에서도 가장 무겁고 크다. 사람들의 보호를 위해서 각자가 사랑하는 사유물, 즉 타인이 절대로 침범할 수 없는 물건을 내놓고 공유물로 삼았다. 그것이 공유물이 되기 전 사유물일 때 그것을 얼마나 내놓을지 결정할 권한은 그 주인에게 있었다. 천자天子라도 이것을 침해해서는 안 되며, 반드시 보호의 이치를 명확히 밝히고 함께 의논하며 널리 생각을 도모하여 천하 공공의 욕구를 위해 얼마나 내놓을지를 정해야 한다. 그렇게 하지 않으면 강탈하는 도적이나 마찬가지인 것이다. 이미 공유한 부분을 천자에게 바치면 그것은 천자의 사유물이 된다. 관원에게 나눠 주면 그것은 관원의 사유물이 된다. 하인이나 공인工人, 상인들에게 나눠 주면 그들의 사유물이 된다. 사유물은 그 주인에게 온전히 귀속된다. 그렇지만 그것은 사유물이기 전에 공유물이던 시기가 있고, 그때 그것을 분배할 어느 정도의 권한은 사람에게 있다. 이 역시 천자라도 침해할 수는 없다. 이 또한 반드시 보호의 이치를 분명하게 밝히고 함께 의논하며 널리 생각을 도모하여 천하 공공의 욕구를 위해서 어떻게 분배할지 정해야 한다. 그렇지 않으면 이 또한 강탈하는 도적이나 마찬가지이다. 그 의미는 마치 해와 달만큼이나 명백한 것이다. 그런데 시간이 점점 지나면서 근본을 잃어버리고 도적이 되어서 위아래의 사람들 모두 그 이치를 알지 못하게 되었다. 모두 알지 못한다고 해서 명백한 이치가 사라지는 것이 아니니, 사라지지 않으면 곧 아래의 의심이 점점 생기고, 의심이 생기면 난亂이 일어나는 것이다.

일찍이 고금을 막론하고 살펴보니, 옛날의 덕이 깊고 총명한 군주와 재상들은 이러한 이치를 잘 알았다. 그러나 사람들의 지혜는 아직 개화하지 않아서 사유물을 보존할 방도를 몰랐으므로, 당분간은 군주나 스승이 낳고 기르는 방도를 가르치고 보존하는 법을 만듦으로써 각자의 소유물을 온전히 자기 것으로 만들었다. 이런 시대에는 천하의 재산의 권리가 군주에게 있었다. 재산의 권리가 군주에게 있다고는 해도, 이는 덕이 깊고 총명한 재상이 바라는 바가 아니라 어쩔 수 없이 그리하였던 것이다. 그러므로 그 마음은 괴롭고 몸은 고단하여 오랫동안 편안히 있지 못하였으니, 종종 은혜를 베풀어 남을 돕는 법전을 만들어서 환과鰥寡,[2] 고독孤獨,[3] 폐질廢疾[4] 및 가난으로 고생하는 자까지 온 마음을 써서 이들을 구하고, 이것으로도 충분치 않아서 때로는 전답에 매기는 세금을 반으로 줄이기도 했다. 그리하여 백성들은 마치 아기가 어미에게 하듯이 그 덕을 흠모하며 조금도 의심하지 않았다. 생각해 보면, 자신의 어리석음으로는 관여한다 한들 방해하는 것만 못하니, 현명한 군주나 재상에게 맡기면 온갖 해로움이 없을 것이라 하여 그렇게 했던 것이다. 바로 고대의 정치가 이러하였다. 이미 시간이 지나면서 점차 백성들 모두가 일상의 습속을 이루고 큰 피해를 입지 않으면 의심하지 않았는데, 어리석은 군주와 간악한 재상이 나오게 되자 나날이 피해가 커져 사유물조차 보호하기 어렵게 되니 돌아보며 생각하길, "위에서 가져가는 것들이 모두 내가 애써서 얻은 사유물로, 타인은 결코 침범해서는 안 되는 것들인데, 저들

---

2   늙고 배우자가 없는 사람을 가리킨다.
3   부모 없는 아이와 자식 없는 늙은이를 가리킨다.
4   불치병에 걸린 자를 가리킨다.

이 어째서 제멋대로 거짓말로 속여 억지로 빼앗는다는 말인가" 하였다. 이렇게 되면 분노와 원망이 점점 커지고 간웅이 그 틈을 타고 인덕仁德을 가장하여 보호의 방책을 제시한다. 백성들은 그자의 말에 일리가 있다고 생각하여 숭배하기 시작한다. 이것이 중세 시대의 형세로, 유럽과 아시아 여러 나라가 모두 대동소이하였다.

지금은 구미 각국에서 민간의 지혜가 개명하고 조세는 상하가 함께 관여하는 것임을 분명히 하며, 이어지거나 끊기는 왕가의 덕에 의존하지 않고 각각 뛰어난 인물들을 선거하여 사람들을 대표해 함께 의논하며 널리 생각을 도모하니, 천하의 공적 욕구는 분명해지고 사사로운 욕심은 이루어지지 않게 되었다. 재화와 덕은 그 본말이 정연해졌다. 민선의원이 바로 그것이다. 우리 나라는 본디 만고일성萬古一姓[5]의 국체를 가진 나라이다. 그런데 중세 시대에 민심에 의혹이 생겨나면서 전쟁이 자주 발생하고, 간웅이 패권을 농단한 것이 마치 다른 나라와 같았다. 이제 왕정을 유신維新하고 구미와 교통하며 저들의 장점을 취하여 인민들 또한 조세가 함께 관여하는 공공의 것임을 알게 되었다. 또 옛날 전답에 매기는 세금을 면해 준 것과 같은 일이 행해지지 않을 것임을 잘 알고 있다. 그러므로 이러한 시대를 맞이하여 옛날의 인자하고 현명한 군주와 재상의 뜻을 받들고 군주의 큰 덕이 끊임없이 계속될 수 없다는 것을 깨달으며, 백성들의 의심을 없애고 간웅의 헛된 야심을 끊어 일성대통一姓大統의 광휘를 발양하지 않는다면, 언젠가 재앙이 생겨나고 난이 일어나서 마사카도[6]나 다카우지[7]와 같은 무리가 외국에서 나타났을 때 막아 내기 어려운

---

5   '만세일계(萬世一系)'를 의미한다.
6   다이라노 마사카도[平將門, 903?~940]. 헤이안 시대 중기의 무장. 천황 가문의 후손으로

일이 생길까 은밀히 두려울 따름이다. 또 무릇 조정의 뜻은 국가를 부강하게 하고 황위를 높이는 데에 있다.

이제 함께 관여하는 공공의 조세를 분명히 실행하여 백성들의 의심을 없애고 한마음으로 군주를 경애하며, 국가의 위세를 떨치지 않는다면 자기 사유물을 보전할 수 없음을 깨닫고, 각자가 분발하고 노력하여 큰 군함 만 척을 가지고, 철도를 사방으로 통하게 하며, 애국의 마음이 나날이 왕성해지는 개명의 결실이 저 달만큼이나 성대해지기를 바라며 기다려야 한다. 그러므로 재화의 쓰임을 교묘하게 운용하는 일은 오직 조세를 상하가 함께 관여하는 공공의 것으로 하는 데에서 나온다. 유럽과 미국, 아시아 각국은 그 득과 실을 똑똑히 살펴야 할 것이다. 차이가 있다면 저들은 난이 일어나고서 생겼고, 우리는 난이 일어나기에 앞서서 위로부터 공공연히 권력을 아래에 나누어 주었다. 군주의 은덕(上德)이 분명해지고 군주의 권력은 저절로 단단해졌으니, 민선의원을 유예할 아무런 이유가 없지 않겠는가.

938년 무사시국의 국사와 군사 사이에 발생한 분쟁에 개입하게 되면서 거병하였고, 939년 마침내 스스로 '신황'이라 칭하며 독립 왕국을 건설하였으나 50여 일 만에 조정에서 보낸 토벌군과 맞서 싸우다 전사하였다. 일본 역사상 처음으로 역성혁명을 꿈꾼 인물로 평가된다.

7 아시카가 다카우지(足利尊氏, 1305-1358). 무로마치막부(室町幕府)의 초대 쇼군. 고다이고 천황과 가마쿠라막부 사이의 싸움에서 처음에는 막부 측에 섰으나 이후 유배지를 탈출한 천황이 전국에 막부 토벌의 명령을 내리자 고다이고 천황 측으로 돌아서 가마쿠라막부를 멸망시키는 데 공을 세웠다. 그러나 공경 중심의 논공행상에 대한 불만이 쌓였고 결국 자신의 야심을 실현시키기 위해 천황의 겐무 신정에 반대하며 거병하였다. 고다이고 천황을 요시노로 내쫓고 북조에 고묘 천황을 세운 다음, 스스로 무로마치막부를 세우고 쇼군의 자리에 올랐다.

✿
4. 정론 ④

쓰다 마미치

우리 나라와 지나에는 감찰하고 규탄하는 관직[1]이 있다. 이전 막부의 목관目官이 바로 그것이다. 그런데 구미 각국의 직원록을 조사해 보면 이런 종류의 관직이 없다. 그러나 저들 국가의 제도를 유심히 살펴보면 사실 갖춰져 있지 않은 것은 아니다. 단지 감찰이나 규탄과 같은 이름이 없을 뿐이다. 모름지기 정령政令의 득실을 감독하는 일은 상하 양원上下兩院, 혹은 일원一院의 특권 내지 직무로 삼는다. 죄악을 적발하고 규탄하는 일은 검사의 직무이고, 현행의 비위를 바로잡는 일은 경찰의 직무이며, 각 관청 공사의 실책을 규판하는 일은 본청 판관[2]의 직무에 속한다. 또 사세관리司稅官吏와 같이 금전을 관장하는 자는 하급 관리라고 해도 독단적

---

1   일본에서는 율령제하에서의 탄정대(彈正台), 중국에서는 수당 대의 감찰어사(監察御史), 명청 대의 도찰원(都察院) 등이 있다.

2   행정감찰관. 당시 일반적으로는 재판관을 가리킨다.

으로 일을 처리하도록 허용하지 않고, 반드시 감찰을 한 사람 붙여서 아주 조그마한 일이라도 반드시 감시하게 한다. 그러므로 저 세입과 세출의 총액 등과 같은 국가의 큰 회계는 특히 민선의원이 감독한다. 이렇게 해서 국가의 큰 회계는 세세한 제반 회계들의 합계 총액이 된다. 그러므로 큰 국가 회계상의 당부當否를 검토하여 명확히 밝히고자 하면, 반드시 우선 모든 세세한 회계 항목을 하나하나 감사하여 작은 차이라도 잘못된 것이 없도록 해야 한다. 그런데 이렇게 세세한 것들을 감사하는 것은 국가의 큰 정치를 상의하고 천하의 큰일을 논하는 의법원議法員[3]처럼 여유가 없는 곳에서는 능히 감당해 내기 어렵다. 그러므로 여러 나라가 대개 통계원統計院을 두어 제왕에게 직접 소속된 관청으로 삼고, 의법원을 대신하여 각 지방의 비용 회계에 대해 아주 작은 소수점 이하의 숫자에 이르기까지 하나하나 반복 계산 및 검사하고 정밀하게 바로잡으며, 또 보기 편한 표로 만들어서 이를 의원에 보내는 것을 일반적인 방식으로 하고 있다. 그런데 여러 나라 통계원의 사무는 우리 대장성大藏省에 설치된 검사료檢査寮[4]가 맡은 직무와 대개 동일하다고 한다. 다만 대장성에 부설된 것이 아니라 독립하여 있고, 원장의 지위는 즉 재상에 버금간다. 이것이 다른 점이고 또 국가의 큰 쓰임이 되는 이유일 것이다.

대보령大寶令[5]을 살펴보면, 대장성 안의 검사료를 방불케 하는 기구가 없다. 중국의 육전六典,[6] 회전會典[7]에서 호부戶部[8] 안에도 또한 이를 떠올리

---

3   입법부의 의원을 가리킨다.

4   1871년 8월 10일에 설치. 금곡 출납의 검사를 관장했다. 1877년 1월 11일 검사국으로 개칭하였고, 1879년 3월 5일 태정관에 설립된 회계검사원으로 이어졌다.

5   701년(다이호 원년) 제정된 율령국가의 기본법. 형부(刑部)의 친왕인 후지와라노 후히토[藤原不比等] 등에 의해서 편찬되었다.

게 하는 것이 없는 듯하다. 간관看官[9]이 조사하고 대조하는 업무에 가까운 것은 오직 이전 막부의 간조긴미야쿠勘定吟味의 직무가 가장 닮아 있다. 생각해 보면, 이것은 아라이 하쿠세키新井白石[10] 옹이 건의하여 시작되었고, 당시로서는 자못 도움이 되었지만, 후세에 들어서 긴미야쿠가 마치 부교(町奉行)[11] 소속 관리처럼 되면서 오직 부교의 눈치만 살피는 꼴이 되어 버렸다. 이런 폐단의 유래는 다름 아닌 긴미야쿠의 지위가 낮고 그 권한이 부교의 행위를 감독하기에 충분하지 못하였기 때문이니, 검사료와 같은 것이 다시 이러한 전철을 밟아서는 안 될 것이다. 그렇다면 현재의 계획을 세우는 데 태정관 직속으로 독립된 통계원을 설치하고, 유럽 여러 나라의 해당 기관의 규칙을 참작하여 규정을 정하며, 관성원사료사省院使寮司[12]와 각 부현府縣, 진대鎭台,[13] 제독부提督府,[14] 재판소, 관립학교, 국립은행 등 일체의 회계를 그 크기에 관계없이 본원으로 송치하고, 이곳에서 하나하나 반복해 계산하며 점검하매, 조그마한 차이라도 있으면 바로

6   주 대(周代)에 제정되었다고 알려진 치(治), 예(禮), 교(敎), 정(政), 형(刑), 사(事)의 여섯 종류의 법전이다.

7   각 왕조 한 대의 법제도를 정리한 법전. 명대의 『정덕회전(正德會典)』 등을 가리킨다.

8   재정을 관장하는 부서이다.

9   검사관, 감독관을 가리킨다.

10   1657-1725. 에도 시대 중기의 무사, 유학자 겸 정치가. 에도막부 제6대 쇼군인 도쿠가와 이에노부[德川家宣]의 지원하에 막강한 권한을 가지고 다양한 정치 및 경제 개혁을 추진하였다.

11   에도 시대 일본에서 막부의 직할지(直轄地), 또는 각 번에서 행정(行政)과 사법(司法)을 담당하던 관직을 가리킨다.

12   중앙관청을 가리킨다.

13   1871년 이후로 전국의 주요한 지역에 설치된 육군 군단. 1888년 사단으로 개편되었다.

14   1871년에 설치된 해군 군아(軍衙). 후에 진수부(鎭守府)로 개칭되었다.

잡아 정밀하고 분명한 표로 만들어서 이를 전국의 인민에게 명시함으로써, 우리 제국 전국의 인민들로 하여금 조정이 원래 공명정대하며 모든 관리 또한 청렴하고 결백함에 털끝만치의 사사로움도 없음을 밝히도록 한다면 이보다 좋을 수는 없다. 이로써 정부는 비로소 천하의 큰 신뢰를 얻을 수 있다. 무릇 국력이 강대하려면 민심이 하나로 화합하여야 한다. 민심이 하나로 화합하려면 만민이 정부를 신뢰해야 한다. 나는 평소에 우리 제국의 강성함을 기약하려면 국가 회계가 아주 작은 차이도 없도록 하는 데에서 시작해야 한다고 말한 바 있다. 내 평소의 말이니, 어찌 감히 사람들을 기만하려는 것이겠는가.

메이로쿠잡지
제16호

1874년(메이지 7) 8월 간행(9월 7일)

—

1. 정론 ⑤

쓰다 마미치

    지권地券[1]은 인민의 토지 사유를 분명하게 하기 위한 증권證券이다. 모름지기 이것은 송사 처리를 위해서 만든 것이 아니라 도리어 소송을 미연에 방지하고자 한 것이다. 공자께서 말씀하신 소위 송사를 없애기 위한 방법[2]으로는 이보다 나은 것이 없다. 이는 곧 지나인이 여전히 알지 못하는 바이며, 구미 각국이 여전히 행하고 있지 않은 바로서, 다만 지금 천황 폐하의 신단宸斷[3]에서 나온 것이다. 우리 대일본제국의 인민이라

---

1   1872년부터 1889년에 걸쳐 소유권을 확인하고 지조(地租)의 기준으로 삼기 위해서 정부가 토지 소유자에게 발행한 증서. 1873년 포고한 지조개정조례에서 제도화되어, 1875년 이후부터 본격적으로 발행되었다.

2   『논어(論語)』「안연(顏淵)」편의 "송사를 듣고 판결하는 것은 나도 남들과 다를 게 없겠지만 반드시 해야 할 것은 송사가 없게 하는 것이다聽訟吾猶人也. 必也使無訟乎]"라는 구절에 근거를 둠. 소송 등이 없는 정치를 행하는 것이 가장 바람직함을 주장한 말이다.

3   임금의 판결(判決), 또는 재결(裁決). 지조개정조례는 천황의 상유문(上諭文)과 함께 포고되었다.

면 어쨌든 이 한없이 크고 끝이 없는 성은에 감사해야 할 것이다. 생각건 대 우리 대일본제국의 종전 제도는 천하가 한 사람의 천하이지, 만민의 천하가 아니었다. 오야시마大八洲[4]의 토지는 모두 천황 폐하 한 사람의 소 유로, 결코 인민의 사적 소유는 없었다. 이것은 모름지기 우리 제국의 신 대神代[5] 이래로 정해져 내려온 국헌國憲이었다. 다만 구체적으로 먼 옛날 의 일이 어떠하였는지 알 방도는 없다. 중고中古 시대 구분전口分田의 법[6] 은 인구를 헤아려서 토지를 대여하는 것이었다. 이후 왕정이 어지러워 지고 무인들이 국가의 정치를 하게 되면서 구분의 법도 같이 어지러워져 없어지게 되었지만, 인민이 사사로이 전원田園을 매매하지 못하도록 금 지한 것은 여전히 남아 있었다. 우리 인민이 이런 속박에서 벗어나지 못 한 지 3천여 년이 되었던 것을, 게이오慶應[7]의 왕정복고王政復古[8]와 메이지 유신으로 지금 우리의 천황 폐하께서는 아주 오랜 기간 일찍이 없었던 영단을 내리시어, 우리 제국의 신대 이래로 고착화된 속박을 풀고 인민 에게 토지 매매의 자유를 허락하시며, 지권을 주고 각자 토지를 사유하 는 확증으로 삼게 하여, 이를 오랫동안 보호하도록 하신 이래로 천하는 만민의 천하가 되었고 더 이상 한 사람의 천하가 아니게 되었다. 우리 제 국 대일본국이 생긴 이래로 황통이 연면하여 입에 담고 염두에 두는 일 조차도 황송해해야 할 천황 폐하께서, 또한 우리 대일본제국의 토지를

---

4   일본을 가리킨다.

5   일본의 신화 시대를 가리킨다.

6   균전제(均田制)에서 매매나 세습이 허용되지 않고 국가에 반환하도록 정해진 토지
     이다.

7   일본의 연호. 1865년부터 1868년까지의 기간을 가리킨다.

8   왕정복고의 대호령(大号令)이 나온 것이 1867년(게이오 3) 음력 12월 9일의 일이었다.

사유하지 않을 것을 밝히신 것은, 진실로 우리 제국 천고의 미덕, 백세의 역사에 남아 빛바래지 않을 일로, 어찌 미미한 신하 된 자들이 그 칭송을 다할 수 있겠는가. 근래 구미 각국이 노비를 폐지한 선정善政보다도 훨씬 뛰어난 일이다. 우리 제국의 인민은 지권이 생긴 이래로 비로소 자유의 권리를 온전히 하게 되었다고 말할 수 있다.

구미 각국은 등기사무소라는 것을 설치했다. 부동산을 저당 삼아 돈을 빌릴 때, 전주錢主와 권주卷主 양쪽의 서약을 해당 관청의 장부에 기록하여 틀림없음을 증명한다. 저들 나라에서는 지권 같은 것을 만들지 않았다. 그러므로 토지를 저당 잡는 것을 보증하기 위해서 그런 법이 필요하였던 것이다. 우리 나라에서는 지권을 만들어서 토지를 저당 잡아 돈을 빌리는 자가 지권을 담보로 삼을 수 있다. 그러면 전주는 지권을 손에 쥐게 되니, 무엇보다도 분명한 물증이라 할 수 있다. 굳이 등기사무소의 장부에 기재할 필요가 없다. 그런데 우리 제국은 이미 지권이 명확하게 되어 있어서, 땅을 저당 잡아 대차하려면 해당 구호장역소區戶長役所[9]에 신청하여 호장의 보증을 얻지 않으면 전주가 저당물을 수령할 특권을 잃게 된다. 국가가 인민을 보호하는 두터움이 저 멀리 있는 구미 각국보다 더하다고 말할 수 있을 것이다. 그렇지만 과유불급이라 하였듯이, 인민을 보호하는 두터움이 지나치면 도리어 얇아지는 것이다. 생각건대, 호장의 보호를 필요로 하는 것은 지권이 발행되기 이전이라면 실로 마땅한 법이라 할 수 있다. 그렇지만 지권이 발행된 이후라면 이는 사족과 같은 것으

---

9   1872년의 대구(大區)·소구(小區)제에 따라 일반적으로 대구에서는 구장(區長), 소구에서는 호장(戶長)이 그 집무를 보는 장소를 가리킨다. 1892년에 시정촌제 시행으로 정촌역장(町村役場)으로 바뀌었다.

로, 헛되이 인민의 혼란만 늘리고 괜한 시간을 빼앗는 도구에 지나지 않을 뿐이다. 서양의 격언에 이르길, 시간은 돈이라고 하였다. 시간을 빼앗는 일은 그리 간단한 것이 아니다. 또 이에 대한 사항을 거상巨商에게 들어 보니, 상인의 돈은 군인의 탄약, 식량에 비할 만한 것으로서, 탄약과 식량이 부족한 것은 전장에서 군인이 가장 숨기고 싶어 하는 바이고, 금은 자본이 부족한 것은 교역에서 상인이 크게 감추고 싶어 하는 바이다. 그런데 이제 지권을 담보로 하여 돈을 빌려 자본을 보충할 때 꼭 이를 밝히면서 신청할 필요가 있다고 한다면, 이는 상인이 내심 꺼리는 바일 것이라고 말한다. 이 말이 과연 옳은지 여부는 알 수 없지만, 입법하는 관리 또한 이를 고려하지 않으면 안 된다. 하물며 지금 우리 천황 폐하의 뜻이 힘껏 인민의 자유를 보호하는 데에 있음은 굳이 다른 예를 끌어들여 증명할 필요도 없다. 오직 지권 발행이라는 아름다운 일 한 가지만 보아도 분명할 터인데, 입법자가 어찌 이런 뜻을 소홀히 할 수 있겠는가.

가옥에는 증서가 없다. 그러므로 이를 저당 잡아 돈을 빌릴 때에는 호장의 보호가 필요하다. 하지만 실제로 그런 일은 없다. 토지와 가옥은 모두 부동산이다. 그런데 지금 여기에는 지나치게 두껍고 저기에는 지나치게 얇아서 손실이니, 나는 이렇게 하는 이유를 도무지 알 수가 없다.

✿

2. 인간 공공公共의 설 ①

스기 고지

서양인의 설에서 말하길, 태곳적에 일남일녀一男一女가 있었다. 그들 사이에 교화交和의 정情이 생겨나면서 일찍이 자식을 낳았고, 그 자식이 다시 자식을 낳으면서 자손이 이어졌다. 처음에는 권위가 아버지에게 있었고, 이후에는 나이의 많고 적음, 현명하고 어리석음에 따라 권위가 다시 나뉘어 그 정도에 차이가 생기게 되었다. 도덕의 기본은 선과 악이 있을 뿐이었다. 상대가 행하는 일에 대해 내가 상대의 선악을 심판하지 않았고, 상대가 만일 세간의 평안과 영화를 많이 가져오면, 사람들 또한 상대를 받아들이고 점차 존중하게 되었다고 한다. 권위는 모름지기 이로부터 연유하여 나오는 것이다. 처음에는 인간이 욕심을 발산하는 일이 매우 드물었다. 바깥과 교류하는 일이 많지 않았기 때문이다. 이로부터 그 행위도 역시 대단히 조잡하고 거칠었다고 한다. 왜냐하면, 제약을 받는 장치가 갖추어지지 않았기 때문이다.

무릇 서로 간의 수요가 맞아서 이익이 생기고, 약한 사람들이 서로 도우며, 은혜를 입으면 보답하고, 자기를 극복하여 타인과 서로 친해지는 것은 사람의 성정이다. 처음에는 친족 간에 관계를 맺어 서로 보호하였다. 이후 친족이 점차 널리 퍼져 나가 나뉘면서 지족支族을 이루었다. 지족은 다시 나뉘어서 여러 부족을 이루었고, 여러 부족은 다시 군족群族을 이루면서 각각의 삶을 영위하였다. 이 시대의 사람들은 질박하고 솔직하여 서로 화목하고 먹을 것도 나누었다. 그러나 그 삶의 방식이 본디 떠돌며 사냥과 낚시를 통해 생활하는 것으로, 먹을 것이 부족해지게 되면 그 거주지를 바꾸기 위해 이동하였다. 곧 사람들이 떠도는 삶에 지치고, 무리도 역시 그 숫자가 늘어남에 따라 사냥과 낚시로는 생활을 도모하기에 충분하지 않음을 깨닫고 결국 토지에 정착하여 경작과 목축을 하게 되었다.

무릇 토착하여 목축하는 자, 농사짓는 자가 번식을 좋아하고 수확을 바라는 것은 사람이 자기를 이롭게 하는 성질로서, 이 또한 없어서는 안 되는 것이라고 한다. 만일 어떤 이가 이것을 위협하여 빼앗아 간다면 누군들 자기 일에 힘쓰기를 바랄 수 있겠는가. 이후 사람들은 위험에서 자신을 보호하고 생업에 안심하기를 바라며 상호 약속을 맺어 법을 세우고는 각자 이것을 의무로 정하여 지켰다. 또 처음에 토지를 가진 자를 지주로 삼고, 논과 들판에서 농사짓고 목축하여, 그 산물을 얻은 자는 그것을 사적으로 소유할 권리를 갖도록 하며, 사유지, 사유물이 다른 이에 의해 훼손되면 사람들이 함께 이것을 막아 주고 지켜 주는 것을 의무로 하기로 약속했다.

세상 사람들이 아직 자연의 상태에 처해 있을 때에는 한 개인의 힘으로는 충분하게 폭력을 막아 낼 수 없었다. 이후 인간 공공의 제도가 생기고, 사람들이 서로 의지함으로써 그 기세가 강해졌다. 포악한 타인을 만나면 내 자유의 일부를 줄여서 막아 내고, 공공의 안녕을 보존하며, 자신의 독립과 자유를 수호하였다. 간략히 말하자면, 타인이 나에게 억압을 가하여 강제로 복종시키려 든다면 나는 여기에 대한 항거로서 인간 공공의 권리에 따라 내 자유의 일부를 가지고 맞선다. 이는 나의 독립을 확고히 지키기 위한 것이다.

이하의 내용은 다음 글에서 이어 가기로 한다.

✿

3. 서학 일반 ⑤

나카무라 마사나오

○ 베이컨

16세기(1501년에서 1600년까지, 분키文龜 원년부터 게이초慶長 5년까지) 말 영국에 엑스페리멘탈 필로소피Experimental Philosophy(실험의 철학이라고 말하는 듯함)의 아버지라 일컬어지는 베이컨이 태어났다(우리 나라 에이로쿠永祿 4년,[1] 명나라 가정嘉靖 40년[2]). 베이컨은 탁월한 재능을 갖추었을 뿐만 아니라, 아버지는 여왕 엘리자베스[3]의 신하로, 유럽 각국의 명사들과 널리 교제할 수 있었기 때문에 식견과 학문이 방대하고 정확했다. 그는 일생 동안 심령에 관한 철학[4]에 힘을 쏟았는데, 그 공적은 크게 체질에 관한 철학[5]에

---

1   일본의 연호. 1558년부터 1570년까지의 기간을 가리킨다.
2   명나라의 연호. 1522년부터 1566년까지의 기간을 가리킨다.
3   엘리자베스 1세(Elizabeth I, 1533-1603). 잉글랜드 튜더 왕조의 여왕으로 절대왕정을 확립하였다.

서 두드러지며, 후세 사람들의 진보에 도움이 되었다.

무소쟁자無所爭子[6]가 말하길, 서양인의 주장에 따르면 모든 학문은 오직 두 가지로 크게 나눌 수 있는데, 하나는 이머티리얼 날리지 immaterial knowledge(체질이 없이도 필시 존재하는 것을 궁리하는 학문)이고 다른 하나는 머티리얼 날리지maternal knowledge(체질이 있는 것을 궁리하는 학문) 라고 말할 수 있다. 즉 형이상과 형이하의 두 항목에 지나지 않는데, 문법학文法學,[7] 의론학議論學,[8] 상제도上帝道의 학,[9] 인도人道의 학,[10] 율법학 律法學,[11] 정사학政事學[12] 등은 형이상에 속하고, 격물학格物學,[13] 백공제술 百工諸術의 학,[14] 분리학分離學,[15] 의학醫學, 농학農學 등은 형이하에 속하는 것이다. 베이컨보다 이전에 상제에 관한 도리는 루터에 의해서 널리 세상에 밝혀질 수 있었지만, 인심에 관한 철학은 억측과 상상에서 나

---

4   심리철학(Philosophy of Mind)을 가리킨다.
5   체질은 유형, 즉 가시적인 세계를 가리킨다. 자연, 물리 분야의 학문을 가리키는 듯 하다.
6   저자인 나카무라 마사나오의 호(號)로, 나카무라 자신의 견해를 덧붙여 해설하는 형 식에서 쓰이고 있다. 『논어(論語)』 「팔일(八佾)」편의 "군자는 다투는 법이 없다君子無所 爭」"라는 구절에서 가져왔다.
7   문학(literature)을 가리킨다.
8   논리학(logic)을 가리킨다.
9   신학(theology)을 가리킨다.
10   윤리학(ethics)을 가리킨다.
11   법학(jurisprudence)을 가리킨다.
12   정치학(politics)을 가리킨다.
13   물리학(physics)을 가리킨다.
14   공학 등과 같은 기술 관련 학문을 가리킨다.
15   화학(chemistry)을 가리킨다.

온 주장들뿐이어서 근거를 아직 갖지 못했었다. 베이컨의 철학은 인심의 이치를 설명한 것이었지만, 공허함에 빠지지 않고 실제 사실을 고려하고 실험하는 것을 중시하였다. 이 학설이 점점 세상에 퍼지게 되면서 사람들이 사물을 실험해 보고 깊이 궁리하는 데에 힘쓰게 되어 격물학이 날로 발전하였다. 격물학이 점점 정밀해짐에 따라 지극한 조물주의 공용功用이 점점 드러나서 무형의 진신眞神(즉 조물주)이 천지만물을 관할하신다는 것을 필연적이라고 믿게 되고, 하늘의 상을 바라고 벌을 두려워해야 한다는 것을 알게 되어 인심이 날로 선善으로 향하고 악惡에서 멀어지게 되었다.

베이컨보다 이전의 심령에 관한 철학은 공허한 이치만 있을 뿐 실증이 없었다. 마음의 본체는 어떻다느니, 마음은 전개시켜야 하니 마니, 마음은 공간과 시간에(공간은 넓고 좁음을 말하고 시간은 길고 짧음을 말함) 관계되느니 마느니, 마음이 여러 곳에 있느니 한 곳에 있느니와 같은 이전 학자들의 문제를 베이컨은 다시 언급하지 않았다. 아마도 무용불급한 이야기들은 언급을 피한 것이라 생각한다. 그의 학설에서 말하길, 사람에게는 재능이 있으나(재능은 심령의 작용이다), 금수에게는 육욕肉欲이 있을 뿐이다(육욕은 형체의 작용이다). 사람과 금수는 분명히 다른 종류인데, 옛날의 철학자들은 인심을 금수의 위에 위치하는 것으로 보아, 마치 별들 위에 태양이 있는 것이나, 모든 금속 위에 금이 위치하는 것처럼 종류는 같지만 존귀함과 비천함의 구별이 있는 것으로 말했으니, 이것은 오류라고 하였다.

베이컨은 또한 로직logic(명론明論의 법 또는 추론명리推論明理라고 번역함)의 학문에 뛰어났다. 일찍이 언어(또는 문자라고 한다)와 심사心思는 서로 대단히 큰 관계가 있다고 논하면서 말하길, 사람들은 다만 이성의 작동이 주가 되어 언어를 관리한다고들 말하는데, 내가 생각하기에는 언어가 때로는 이성 작동의 주도권을 빼앗는 경우도 종종 있다. 로크는 이에 대해서 언어의 잘못된 사용이나 불완전함으로 이성의 작동을 해치는 경우를 논한 글을 저술하였는데, 이전의 많은 학자들이 이 글을 매우 중요하게 여겼다(번역자 주,[16] 동서 간 언어의 기상氣象이 다르기 때문에 언어를 논하는 것은 번역하기 어려우므로 생략한다).

베이컨의 에틱스ethics(인도人道에 관한 학문 또는 수덕修德에 관한 학)에 관한 학문에서는 18세기(1701년부터 1800년까지, 즉 겐로쿠元祿[17] 14년부터 간세이寬政[18] 12년까지) 동안 영국에서 연구한 윤리학의 근본원리와 목적에 관해서 언급할 수 있을 만한 것이 없다. 다만 행위상에서 논해질 뿐이다. 그렇지만 풍속과 관습이 사람의 마음을 움직인다는 점을 논한 것은 가장 중요한 사항으로, 이전 학자들의 학설이 갖추지 못했던 점을 보완한 것이었다.

베이컨은 또 국정학國政學에도 뛰어났다. 다음에 인용하는 글에서 그 대강을 살펴보자.

법도法度를 세워 정치를 행하는 사람은 먼저 무엇을 위해서 법도를 정하고 정치를 하려고 하는지 그 목적을 이해하고, 그것을 언제나 마음속에 간직해야 한다. 법도를 세우는 이유는, 오직 그것이 목적을 달성하기 위한 도구이기 때문이다. 무릇 입법의 목적이란 바로 인민

16　여기에서 번역자는 나카무라이고, 나카무라의 추가설명이다.
17　일본의 연호. 1688년부터 1704년까지의 기간을 가리킨다.
18　일본의 연호. 1789년부터 1801년까지의 기간을 가리킨다.

이 안락함을 누리도록 하는 것이다. 그러면 이 목적을 달성하려면 어떻게 해야 하는가. 첫째는 인민으로 하여금 종교적이고 독실한 교육 religious and pious education(상제上帝를 믿고 천도天道를 두려워하며 그 마음을 경건하고 성실하게 하여 선행으로 나아가도록 하는 교육)을 받게 하는 것이 중요하다. 둘째는 인민으로 하여금 선량한 도덕good morals(인륜의 양규선칙良規善則)의 습속을 기르는 교육을 받도록 하는 것이 중요하다. 셋째는 잘 갖춰진 군사 제도를 두어서 설령 적국의 외환에 침범당하더라도 인민으로 하여금 베개를 높이 베고 편안히 잠들 수 있도록 하는 것이 중요하다. 넷째는 평소 도읍에서 도적이나 흉악한 살인 등의 해악이 없도록 좋은 법을 만들어서 인민을 지키는 것이 중요하다. 다섯째는 인민으로 하여금 스스로 나라에 충성하고 사랑하는 마음을 갖게 하고 정부에 순종하게 하는 것이 중요하다. 여섯째는 인민으로 하여금 재화가 풍요롭게 하고 또 나라의 창고를 충분히 채워서 사람들을 구휼하고 돕는 데 결함이 없도록 하는 것이 중요하다. ○ 위에서 말한 법률과 제도를 만들고자(立定) 하는 사람은 반드시 우선 사회질서social order[같은 무리에서 서로 가까운 이들의 서열이라고 번역한다. 인민을 종류에 따라 구별하는 서열이라고 일컫는 듯하다. 모름지기 삼라만상은 비슷한 부류끼리 모이고, 모인 것은 무리를 지어 나뉘기 마련이다.[19] 농민은 농민과 교제하며 서로 좋아하고 친하면서 마음을 같이하여 힘을 모아 농사를 번성하게 하는 데에 힘쓴다. 기술과 공예에 종사하는 자는 모두 기술업을 같이하는 자들로 서로 친하게 지내면서 기술의 발전에 힘쓰기 때문에 각자 개인의 이익을 도모하지 않고 같은 기예를 가진 자라며 서로

---

19   『주역(周易)』「계사전(繫辭傳)」 상의 "삼라만상은 같은 종류끼리 모이고, 모인 것은 무리를 지어 나누어진다[方以類聚, 物以群分]"에 의거한다.

시기하거나 경쟁하지 않는다. 각각 조합을 세우고 공동의 이익을 도모하는 일을 소사이어티라고 하기 때문에, 사회질서란 나라 안의 병兵, 농農, 공工, 상(買), 예술(術藝), 조합 등이 모두 조화를 이루어 서열과 균등을 얻는 것을 말한다], 즉 인민의 직업이 서로 조화를 이루는 서열을 두루 관찰하는 것이 중요하다. 다음으로 인민에게 공동으로 통용되는 이익을 아는 것이 중요하다. 다음으로 공정하고 지당한 법규를 알아야 한다. 다음으로 여러 나라 인민의 풍속을 알 필요가 있다. 다음으로 여러 나라의 다양한 정체를 아는 것이 중요하다. 그런 후에 법을 고안해서 만들면 대개는 공정하고 정리情理에 어긋나지 않을 것이다. ○ 그러므로 입법자는 내추럴 저스티스natural justice(양심에 존재하는 시비의 공정함)와 폴리티컬 익스피디언시political expediency(정치와 입법에서 쓰는 방편)의 두 가지 도리를 깊이 생각하고 궁리하는 것이 바람직하다. 그렇게 하면 법을 양선良善하게 세울 수 있고, 또 다음에 수정·보완할 수 있다. 또 바라건대, 그 마음속에 인민으로 하여금 안락함을 누리게 할 것을 잠시도 잊어서는 안 된다.

베이컨의 탁월한 재능과 지식, 학문은 앞에서 인용한 것을 살펴보면 알 수 있다. 그런데 다음에 적은 신법新法을 논하는 문장을 읽어 보면 그 깊은 식견과 사려에 더욱 놀라움을 금할 수 없다.

베이컨이 말하길, 옛 습관과 오래된 풍속에 집착하는 것이나 신법으로 고치는 것이나 모두 나라를 어지럽히고 해롭게 하기는 마찬가지라고 하였다. 옛것을 고쳐서 새롭게 바꾸려면 적절한 시기에 따르는 것만 한 것이 없는데, 잠잠하게 소리 없이 사람들로 하여금 자연스레 그것과 함께 바뀌도록 하는 것이다. 그렇다면 우리 역시 적절한 시기에 따라 자연스레 바뀌도록 해야 한다.

무소쟁자가 말하길, 송대에는 인종仁宗[20] 때가 가장 태평하고 무사하
였다. 소강절邵康節[21]의 시에 보면 "언제나 거리에는 아름다운 옷들이
가득하고, 도처에 선 누대에서 음악을 연주하는 소리가 들리니, 천하
가 태평하여 무사한 나날들, 끊임없이 꾀꼬리 울고 꽃이 만발하는 나
날들, 베개를 높이고 잠이 드네"라고 한 데에서도 엿볼 수 있는데, 그
렇다면 인종은 이러한 세상을 어떻게 만들었을까. 사관(史臣)의 기록
에는 인종이 공손하고 검소하며, 마음은 어질고 자비로웠으며, 또 하
늘을 두려워하고 백성을 소중히 여겼다고 그 덕을 칭송하고 있다. 무
릇 황천과 상제를 공경하였기 때문에 신독愼獨[22]의 근본이 서고, 성
정誠正[23]의 공功이 진보하였으며, 많은 평민과 백성을 소중히 여겼기
때문에, 측은지심이 깊어지고 충후忠厚한 정치가 이루어져, 마침내 이
러한 태평을 달성했던 것이다. 인종이 붕어하신 이후 그 능에 걸린 시
가 있었는데, '농사는 근심 없이 매년 언제나 풍년이매, 변방의 장수
는 세울 공이 없고 관리들은 할 일이 없네. 지난 42년이 마치 꿈에서
깬 듯하니, 봄바람이 눈물을 머금고 소릉을 스쳐 가네'라고 적혀 있었
다. 과연 관리가 총명하면 필시 쓸모없는 개혁을 하고, 급하지도 않
은 분쟁을 일삼아서 사직에 화를 미치게 하며, 사람들에게 해를 입

20   북송(北宋)의 4대 황제(재위 1022-1063)이다.
21   중국 송(宋)나라의 학자·시인. 도가사상의 영향을 받고 유교의 역철학(易哲學)을 발전
      시켜 특이한 수리철학(數理哲學)을 만들었다.
22   홀로 있을 때에도 도리(道理)에 어그러짐이 없도록 삼간다는 의미이다.
23   정성을 다하며 올바른 마음을 가진다는 의미이다.

히기 때문에, 소위 관리들이 할 일이 없다고 한 것은 인종의 덕을 아름답게 칭송한 것이었다고 말할 수 있다. 그런데 신종神宗[24] 대에 이르러서 열심히 정치를 도모하고 공을 밤낮으로 구하였기 때문에 왕안석王安石[25]과 같은 자가 신법을 행하여 천하에 흉흉한 소란을 일으켰고, 이로 인해 날마다 재난과 난리가 일어나면서 마침내 송 왕실이 쇠진하게 되었다. 베이컨이 신법으로 분갱하는 것이 나라를 어지럽히고 해롭게 하는 것이라고 한 말은 정말로 만고불변의 진리라고 할 만하다.

위에서 말한 격언과 비슷한 의미가 통하는 것을 『데 아우구멘티스 사인티아룸De Augmentis Scientiarum』[26]의 권두에 논하였다. 그 대강의 요지는 '무릇 신법을 만들고 새로운 규칙을 세우는 일은 반드시 그 토지의 습속에 따르고 인민의 정서에 맞춰야 한다. 가장 위험한 경우는 리터러리 맨literary man(독서인 또는 학자라고 번역한다)이 여기에 주의를 기울이지 않고 옛날 사람의 책에서 배워서 얻은 내용을 일단 경솔하게 정치에서 시행하는 것'이라고 말한 것은 대단히 음미해 볼 만하다고 생각한다.

---

24 북송의 6대 황제(재위 1067-1085)이다.
25 북송의 문필가이자 정치인으로, 신종에게 발탁되어 신법이라고 불리는 여러 법을 입안하여 과감한 개혁을 추진하였다. 그러나 이러한 개혁은 대지주와 대상인, 고리대업자들과 정부 내 보수파의 반발에 부딪혔고, 1074년 심한 기근 등으로 실질적으로 실패하였다.
26 프랜시스 베이컨이 1623년 발표한 서적의 이름. '학문의 존엄에 관하여'라는 의미로, 1605년에 발표한 *Advancement of Learning*을 수정·보완해 낸 것이다.

✿
4. 애적론愛敵論

니시 아마네

너를 적으로 대하는 자를 사랑하라. 이 잠언은 얼핏 보면 놀랍고 불가사의하다. 하지만 그 취지를 깊이 따져 보면, 상제께서 행하는 순선지인純善至仁의 덕이 이 말 속에 포함되어 있고, 또한 조금의 여백도 없다. 만일 상천上天의 뜻에 따라 실행하기를 원하는 자라면, 이 잠언을 도덕으로 삼고 지극지고한 법칙으로 따라야 한다. 이제 이에 대해 논해 보고자 하니, 양해를 부탁드린다.

공자께서 말씀하시기를, 덕에는 덕으로 보답하고, 원한에는 올바름으로 응대하라고 하셨다.[1] 이것은 평상시 몸가짐의 통칙通則으로, 이에 따라 처신하는 것 역시 안 될 것이 없다. 대개 남이 나의 권리를 침해할 경우, 내가 그 권리를 회복시키려는 것은 본래부터 마땅한 이치이며, 이로부터

---

[1] 『논어(論語)』「헌문(憲問)」편의 "올바름으로 원한을 갚고, 덕으로 덕을 갚아야 한다以直報怨, 以德報德"에 의거한다.

좋고 싫음, 사랑과 미움이 생겨나는 것은 사람 마음의 본성이 그렇게 하도록 하는 것이다. 그런데 마음의 본체는 기쁨과 상쾌를 마땅함으로 하고 괴로움과 답답함을 어그러짐으로 한다. 그러므로 사람이 누구를 만나 어떤 상황에 처하더라도, 모두 평소의 도리에 따라서 온순하고 평안하게 행동하며, 결코 무례하고 사납게 굴어서는 안 된다. 더군다나 사람은 태어나면서부터 이미 무리를 이루는 성질을 갖고 나지 않았는가. 사람을 대할 때는 반드시 사랑하는 성질을 가져야 한다. 그렇기 때문에 좋아하고 사랑하는 것은 마음의 온전한 본체이며, 싫어하고 미워하는 것은 이상하게 변화한 데에서 나오는 것이다. 지금 비슷한 사례를 들어 설명해 보면, 하늘에 큰바람이 불고 큰비가 내리며 태양이 흐려지는 일이 있는 것과도 같다. 이것은 원래 그럴 수밖에 없는 이치에서 생겨나 결코 없어서는 안 되는 쓰임이 있는 것이기는 하나, 하늘은 맑고 상쾌하여 빛이 비추는 것이 당연한 것과 마찬가지다. 이렇게 사람 마음이 사물을 접할 때, 좋아하고 사랑하는 것이 마땅하고, 미워하고 싫어하는 것이 이상하므로, 적을 대할 때에도 마땅함으로 대해야지 이상함으로 대해서는 안 된다. 이것이 옳은 이치이다.

그런데 다시 이에 대해 한층 자세히 설명하자면, 적으로 하는 자라는 글자를 보아야 한다. 소위 적으로 하는 자는 나와 같은 그루터기로부터 나온[2] 자이다. 그러므로 나에게 대적하는 것은 미워해야 마땅하지만, 같은 그루터기에서 나왔다는 점에서는 그 적을 사랑하지 않으면 안 된다.

---

2 적(敵)은 회의문자로 적(啇) 자와 복(攵) 자가 결합하여 만들어진 글자이다. '啇'이라는 글자는 '밑동', '뿌리'라는 의미이며, 여기에 '치다'라는 의미의 '攵' 자를 결합한 '敵'은 '원수'라는 의미를 갖는다.

소위 군자는 그 죄는 미워하되 그 사람은 미워하지 않는다는 말이 바로 이를 의미한다. 때문에, 미워하는 자는 다만 그가 저지른 행동을 미워하는 데에서 그쳐야 하며, 그 전체를 모두 미워해서는 안 된다. 국제법상 전쟁의 규칙을 보면 다른 나라 이민족(戎狄)을 무찌르는 것(殄滅)을 싸움의 목적으로 하매 생포한 포로(生擒)를 살상하고, 항복한 포로(降虜)를 죽이며, 독화살(毒箭)을 사용하고, 적을 기만하는 계략(危計)을 시행하는 것 같은 일들은 문명국가들에서 이미 하지 않고 있다. 단지 적의 힘을 좌절하게 하여 막을 뿐이다. 오늘날 서양 나라들에서 사형을 폐지하자는 주장이 있어서 종종 이것을 형법전에 싣는 나라도 있다. 또 그렇지 않더라도 사형을 줄이는 경우는 흔하다. 모름지기 사람은 본래부터 자신과 같은 그루터기에서 나온 사람을 죽일 권한이 없다. 그 미워하는 이유를 눌러 억제하는 것(扭埒)이 가능할 따름이다. 이것이 옳은 이치이다.

그런데 한층 더 이에 대해 상세히 설명하자면, 이 적으로 하는 자라는 글자를 다시 봐야 한다. 소위 적으로 하는 자란 나와 필적할 만한 자이다. 내가 이미 그와 필적할 만하다고 생각하는 것, 이것은 스스로 열등하다고 여기는 것이다. 가령 내가 그를 능가해서 한층 상회하는 자리에 있다면, 나는 필시 그가 나를 적으로 대하는 이유가 있음을 살펴서 그가 나보다 열등함을 가엾이 여기려고 할 것이다. 이는 사람들이 일상의 체험에 비추어 보면 저절로 잘 알 수 있는 것이다. 부모가 악한 자식을 대하는 것이나 군자가 소인을 대하는 것과 같다. 나에게 필적하지 않는다면 상대가 분연히 대항한들, 나는 곧 의연히 받아들이고 침범한들 응대하지 않는다. 안회[3]가 그 예에 가까울 것이다.[4] 또 보통 세상에서 스스로 임

3   안회(顔回, 기원전 521-기원전 490). 중국 춘추 시대(春秋時代) 노(魯)나라 사람으로, 공자가

협任俠[5]을 자처하며 즐거워하는 자와 같은 이들은 반드시 그 행동이 성급하고 좀스러워(屑屑鎖鎖) 그를 따르는 무리(從類)와 경중(錙銖)을 가늠할 수 없다. 그러므로 원한이나 분노(憤慍)와 같은 현상은 대부분 부녀자와 소인小人 등에게 있다 하니, 일리 있는 말이라 하겠다.

그런데 지금 이에 대해 한층 더 상세히 밝히자면, 이 적으로 하는 자라는 글자를 또다시 봐야 한다. 소위, 적으로 하는 자는 나와 관계가 가장 깊은 자이다. 진나라 사람이 월나라 사람을 대하는 것이나 호주 사람이 시베리아 사람을 대하는 것과 같은 경우[6]는 상대를 적으로 삼고 미워하려고 해도 아무런 이유가 없다. 그런데 영국과 프랑스는 서로 미워하며, 똑같이 서로를 잘난 체하며 대한다(雄視). 영국, 미국, 네덜란드, 벨기에가 서로 미워하는 것은 근본이 같으면서 나뉘었기 때문이다. 이 외에도 스페인과 포르투갈이 서로 미워하고, 스웨덴과 덴마크가 서로 미워하는 것도 마찬가지이다. 즉 형제가 재산을 다투면서, 관리가 권력을 다투면서, 학자 간에 이치를 다투면서, 동료가 일을 경쟁하면서, 상인끼리 이익을 다투면서 서로 미워하는 이러한 것들 모두가 처음 시작으로 되돌아가 그 관계를 생각해 보면, 더욱 친밀해지지 않을 수 없는 것들이었다. 그런 이유로 서로 사랑하는 관계가 아니라면 또 서로 미워할 이유가 없으니, 이로부터 미워하는 자는 사랑해야 할 이유가 있는 자인 것이다.

가장 신임했던 제자. 군자의 면모를 갖추고 공자의 가르침을 충실히 지켰다.

4 『논어(論語)』 「옹야(雍也)」편에서 공자가 안회의 성품을 설명한 말인 "노여움을 남에게 옮기지 않고, 같은 잘못을 두 번 저지르지 않는다[不遷怒, 不貳過]"에 의거한다.

5 용맹스럽고 호협한 사람을 가리킨다.

6 중국 춘추 전국 시대에 진나라와 월나라는 대단히 멀리 떨어져 서로 관여할 일이 없었다. 뒤에 나오는 호주와 시베리아 역시 멀리 떨어져 서로 간섭할 일이 없다는 비유의 의미로 쓰였다.

이 잠언은 그야말로 사람이 사람을 대할 때 중요하게 여겨야 할 말이다. 지금 이미 대인군자大人君子들께서는 마음속(襟懷)에 어떤 응어리도 남기지 않고(洒落) 조각구름 위로 모든 것을 떨쳐 버리셨으니, 우리 또한 어찌 여기에 힘쓰지 않을 수 있겠는가. 다만 이 말은 즉 도덕(謨羅爾)[7]의 요결이지, 정치(波里坨加)[8]상 법률이 의거하는 바는 아니다. 모름지기 두 가지는 함께 행해짐에 서로 어긋남이 없으니, 학자는 헷갈려서는 안 될 것이다.

7   모럴(moral)의 음차표현이다.
8   폴리티카(politica)의 음차표현. 여기에서 폴리티카는 네덜란드어로 권력, 정치를 의미한다.

메이로쿠잡지
제17호

1874년(메이지 7) 9월 간행(9월 30일)

—

✿

1. 재정 변혁의 설

간다 다카히라神田孝平

　우리 나라 종래의 재정을 생각해 보면, 사농공상 어느 업종을 불문하고 정부가 그 이익에 상당하는 세금액을 부과하고, 때가 되면 징수하여 그렇게 모은 총액을 세입이라 하며, 다시 이것을 분배함으로써 각종 정무에 필요한 비용에 충당하였다. 이것은 양입위출量入爲出이라는 오래된 방식이지만, 지금에 와서는 점차 폐해가 생겨나는 듯하다.

　먼저 그 폐해의 대강을 말해 보자면, 나랏일에 어려움이 있어 많은 출비出費를 필요로 할 때에 세입이 부족하거나, 또는 어려움이 없어 적은 비용을 필요로 할 때에 세입이 남는 경우가 있다. 또 정부는 탈세가 있는지 의심하여, 자연스레 세금을 관장하는 관리의 마음으로 매사에 지나치게 가혹한 조사를 벌이며, 남에게 위임하지도, 또 스스로 담당하지도 못한다. 이로부터 여러 중요한 정무가 막히는 경우가 많이 생겨난다. 또 정부가 혼자서 제멋대로 세칙을 변경하고, 부채를 상환하지 못할 경우에는 그 사람의 일신에 속한 모든 재산을 채권자에게 제공하는 것을 한도로

하여(身代限, しんだいかぎり)¹ 징수하는 것은 조리를 따져 보면 아직 온당치 못한 바가 있다. 또한 인민은 정부가 정한 대로 세금을 납부하기만 하면 모든 의무가 이제 끝나는 것이라고 생각하니, 정치가 마치 정부의 보증 관련 사무인 듯한 모습이 되어서 인민 대부분이 국가의 안위를 생각하지 않게 된다. 이런 일은 모두 사람들의 인심이 떠나서 흩어지고 국가의 기초가 견고하지 않게 되는 근원이다. 시급히 개정하지 않으면 안 된다.

이것을 개정하는 방법은 먼저 민선의원의 제도를 정하고, 다음으로 회계 검사의 담당부서를 설치하며, 다음으로 각 성의 관리로 하여금 이듬해의 정무 관련 비용(政費)의 견적을 내게 해서 이를 모아 정무 비용의 총액으로 삼고, 민선의원의 회의를 거쳐 그 액수를 확정하고 나라 안에 배당하여 징수해서 정무 비용으로 충당하는 것이다. 사용이 끝난 후에는 그 견적 총액과 대조하여 정산하고, 이를 다시 민선의원의 공인을 거쳐서 완성한다.

보다 상세히 논하자면, 세상의 공론公論이 민선의원에 있고 그 제도 또한 거의 분명하므로 여기에서 다시 논의할 필요는 없을 것이다. 여기에서는 다만 그 재무에 맡길 요건만 언급하고자 한다. 무릇 인민은 급료와 비용을 내서 정부를 고용하여 정치에 관한 일을 하도록 하고, 정부는 인민에게 고용되어 급료와 비용을 받아 정치에 관한 일을 한다. 그러므로 민선의원의 회의란, 인민이 정부에 이듬해의 정치에 관한 주문을 하고, 정부는 인민에게 작년도 정치에 관한 일의 결산을 한다.

그렇다면 민선의원의 회의가 중요한 사무이기는 하지만, 의원은 사람 수가 많은 것도 있고, 또 일정한 시기에 모였다가 해산하기 때문에 오로

---

1   근세 일본에 있었던 강제 집행에 의한 채무 변제 제도를 말한다.

지 정밀한 계산만을 담당하며 속속들이 들여다볼 수는 없다. 때문에 오로지 이 계산만 담당할 인원을 공평하게 뽑아서 평상시에 정부 아래에 두어 회계에 관한 사무를 관장하게 한다. 이것을 회계검사국會計檢查局[2]이라고 한다. 마치 인민을 대신해 정산하는 사람이라고도 할 수 있다.

또 정무 비용의 견적은, 먼저 각 성省의 부내部內·요사寮司·부현府縣 등에서 각 항목의 정밀한 견적을 내게 하고, 성 단위로 모아 하나의 책으로 엮어서 검사국에 보내게 한다. 검사국에서는 선례와 비교하여 늘어난 것과 줄어든 것 등의 이유를 일일이 세밀하게 확인하고, 또 각 성의 견적서를 합하여 세출 총액을 어림잡아 정하며, 여기에 국익을 위해서 예상되는 조목이 있으면 따로 더 적어 두어 회의의 참고자료로 삼는다.

회의가 열리면 의원은 각 성의 견적서를 받아서 검사국의 예상서를 참고한 후 회의를 시작하여, 각 성의 장관에게 각 조목별로 물어 따져 보아 줄여야 할 항목은 삭감하고 늘려야 할 항목은 증액하며, 폐지하거나 새롭게 만들어야 할 항목 등을 정한 다음에 이듬해 세출 총액을 확정한다.

세출 총액을 확정한 이후에는 이것을 나라 전체로 할당하여 징수해야 할 견적을 만든다. 이 견적은 의원 담당의 항목이지만, 검사국에서 그 초안을 만드는 것을 규칙으로 해야 한다. 그 순서를 보면 먼저 수출입세, 인지세, 관지수납官地收納, 조폐 이익, 광산 이익, 우편 이익, 철도 이익과 같은 것처럼 임의대로 증감할 수 없는 부분의 견적을 만들어서 세출 총액 안에서 공제하고, 다음으로 주세, 연초세, 선박세 등과 같은 전국 일

2   1871년(메이지 4)에는 대장성(大藏省)에 검사료(檢事寮)가 설치되어 있었지만, 여기에서는 공정한 선거를 통해 뽑은 독립행정기관을 설치할 것을 제안하고 있다.

반에 걸쳐서 임의대로 증감할 수 있는 상업세의 견적 액수를 다시 세출 총액에서 공제하고 그 나머지 액수를 총 부현의 등급에 따라 할당한다. 모름지기 부현의 등급은 그 호수와 인구수, 토지 면적, 지가 등을 비교해서 미리 기준을 정해 두어야 한다.

각 부와 현에서는 회의에서 할당한 액수를 그 조세의 총액으로 삼고, 현회縣會의 결의를 통해 이를 관내 각 정촌町村에 배당하고, 각 정촌에서도 마찬가지의 수속을 거쳐 정촌 안의 각호各戶에 배당하며, 각 정촌은 과세대장을 만들어 조세 징수의 근거로 삼는다.

모름지기 각 개인에게는 자기 소유의 재산이 있고 소득이 있으며 가옥이 있어서, 그 대소빈부에 따라 저절로 등급이 정해지므로, 그 등급을 미리 조사해서 세수대장稅收臺帳(元帳)을 만들어 세수 할당의 기준으로 삼는다. 각호의 등급이 정해지면 이것을 합하여 각 정촌의 등급도 정해지며, 다시 각 정촌을 합하면 물론 각 부현의 등급도 정해진다.

부현에 따라서 농민이 적고 상인이 많은 곳은 미리 상업세를 정하여 총세액 안에서 공제하고, 그 나머지를 농민에게 배당해야 한다. 또 농업과 상업이 번성하여 공업이 아직 번성하지 않은 곳은 특히 공업세를 가볍게 하고 농상업세를 더하여 공업을 고무해야 할 것이다. 모두 그 부현회의의 결정에 따라야 한다. 촌정회에서도 역시 여기에 준한다.

각호에서 거두어들인 세금을 정촌으로 모으고, 각 정촌에서 거둔 세금을 부현으로 모으며, 각 부현에서 모은 세금을 대장성大藏省[3]으로 취합

---

3 1868년 메이지유신 이후부터 2000년까지 일본의 재정 업무를 담당했던 중앙관청. 메이지유신 이후 조정의 정부 운영 자금을 조달하기 위한 기관으로 금곡출납소(金穀出納所)가 설치되었고, 이후 명칭이 몇 번 변경되었다가 1869년에 대장성으로 개명되었다. 국가 예산의 배분, 조세, 금융 행정 등 재정 정책을 실질적으로 결정하는 매우 강

한 후에 다시 대장성에서 이것을 나누어 각 성에 지급함으로써, 모든 정무 비용으로 제공하는 행위는 모두 전년도의 견적 장부를 기준으로 그 출납이 이루어져야 한다. 견적의 당해 연도가 지나 다음 해가 되면 최초 견적을 낸 해로부터 3년째는 결산의 해가 된다. 각 성에서 지불한 증서를 모아서 견적에 증감이 있으면 그 증감의 수치와 이유를 상세히 기록하여 이것을 검사국에 보내야 한다.

매년 회의가 열릴 때마다 반드시 결산 심사의 회의를 열고, 견적 액수에 차이가 있는 항목이 있으면 관계 장관이 그 이유를 분명하고 자세하게 해명해야 한다. 만일 해명이 분명하지 않으면 관계 장관은 그 책임을 면하지 못하니, 이것을 장관의 책임이라고 한다.

인민은 가급적 세금이 가볍기를 바란다. 그러므로 회의에서 정무 비용의 견적 액수를 가능한 한 줄이고, 만일 필요 비용분이 아니라면 기입하는 것을 승낙하지 않는다. 원래 정부에 저금은 없을 터이므로, 일단 특별한 일이 생길 때 견적 외의 비용을 필요로 하는 경우가 있다. 이런 때에는 임시로 회의를 열어 그 사유를 상세히 기술하며, 회의의 승낙이 있은 후에 공채증서를 발행하여 일시적으로 급한 것을 충당하고, 그 금리와 해마다 변제금의 비율은 이듬해부터 세비 견적 안에 포함시키고, 전국의 인민에게 이것을 징수한다.

국채의 법에는 이로움도 있고 해로움도 있다. 앞에서 말했듯이, 이것을 이용해서 가급적 조세를 줄이는 일이 가능하다. 이 외에도 민간에서 자본은 있는데 이자법을 행할 수 없는 자, 가령 과부나 고아, 관리, 승려

력한 권한을 가지고 있었고, 2001년 일본의 중앙부처 개편으로 재무성과 금융청으로 업무가 분할 인계될 때까지 지속되었다.

등은 공채증서를 사서 안전한 이익을 가만히 앉아서 편하게 얻을 수 있다. 민간에서 쓸 수 없는 돈이 이를 통해 활동할 수 있게 되는 것은 국채의 이로움이라 할 것이다. 정권을 가진 자가 국가의 재화를 남용하여 이것을 숨기고 권위를 부리며, 국민을 억압하여 국가전복의 큰 화를 불러일으키는 일은 국채의 해로움이라 할 것이다. 요컨대 국채는 국회의 승낙을 거치지 않으면 증감할 수 없도록 법으로 정해야 한다. 바라건대, 이렇게 한다면 부디 오래도록 그 이로움을 거두며 해로움을 피할 수 있을 것이다.

이상 논한 바는 재정 변혁에서 크게 주의해야 할 것들이다. 내가 은밀히 생각해 보건대, 이러한 법을 잘 따른다면 국가의 이익에 한도가 없을 것이다. 첫째로 정권을 가진 자가 국가의 재화를 남용하는 폐해가 없고, 인민 또한 용도가 불분명한 세금을 내지 않게 될 것이다. 국가의 재정은 대단히 투명해져서 관민이 서로 간에 털끝만치도 의심하고 시기하는 마음을 갖지 않고 서로 진심을 토로하여 민간의 일은 민간의 자유에 맡겨두어 지장이 없을 것이므로, 많은 관원을 줄일 수 있을 것이다.

이제까지 지방에 많은 관원을 필요로 하고, 정부에 엄혹하고 까다롭게 따져 살필 관리를 둔 이유는 혹시라도 세금을 피하려는 인민이 있지 않은지 의심하는 마음이 많았기 때문이라 한다.

특히 이 법이 나라에 큰 도움이 된 부분은 인민이 왕성하게 나랏일을 근심하는 마음을 갖게 하는 데에 있다. 왜냐하면, 이 일의 성패와 득실은 모두 자기의 일신상에 관련되는 것이기 때문이다. 가령 정부에서 어떤 전쟁이나 어떤 새로운 사업의 시작이 있다고 들을 때마다, 인민들이 함께 모여서 이번의 일은 의회의 승낙을 거쳤는지 아닌지, 정부가 일방적으로 단행하는 폐단은 없는지, 이 일은 과연 견적대로 행해질지 아닌지 등을 의논할 것이다. 혹시라도 이번 일이 견적대로 행해지지 않고 나라에 크게 손해를 입힐 일이라거나, 그 책임을 맡은 자가 누구라거나, 이번 일이 견적대로보다도 잘 이루어져 크게 가치가 있다든가, 누구는 크게 쓰이는 인재로 그 공로에 고마워해야 한다든가, 또 어떤 일은 정부가 사전에 인민에게 묻지 않았는데 어째서 묻지 않는지, 인민에게 묻지 않는 것은 인민들의 논의를 피하는 것이 아닌지, 정부에서 일방적으로 결정한 일은 정부에서 모든 책임을 져야 하며, 그 일의 성패가 어찌되건 인민이 관여하거나 알아야 할 이유는 없다는 등 많은 사람이 의논하게 될 것이다.

인민의 풍습이 기꺼이 나랏일을 논하게 되면 지식을 점차 깨우치고, 따라서 만국의 사정에 정통하며, 점차 급하고 중요한 사무를 깨달아서 나라를 다스릴 인재가 나오고, 국운은 더욱 융흥하게 될 것이다. 이것은 이미 문명 각국의 실천을 거쳐서 의심할 여지 없는 명확한 사실이다.

이러한 방식에 기대지 않고 달리 국운을 일으킬 방도가 있다는 이야기를 나는 아직 들어 본 바가 없다.

✿

2. 지진의 설

쓰다 마미치

지진은 재해 중 가장 잔혹한 것이다. 그 진동은 산을 무너뜨리고 강을 넘치게 하며, 땅을 찢어 놓고 집을 쓰러뜨리며, 나무를 뽑고 짐승을 죽이며 사람을 상처 입힌다. 잔혹하면서도 그 피해가 막심한 것이 지진보다 더한 것은 없다. 그러나 그 이치를 알기는 어렵다. 옛사람들은 이것을 일식이나 혜성과 마찬가지로 하늘의 진노라며 매우 두려워하였다. 그런데 지진은 하늘의 진노가 아니다. 또한 하늘이 사전에 요얼妖孼[1]을 내려서 군주에게 경고하였던 것도 아니다. 모름지기 지진이란 조물주가 이 지구를 만들 때에 생겨난 그야말로 어쩔 수 없는 현상으로, 즉 지구가 지금의 모습을 갖추고 우리가 살아가는 것을 가능하게 한 수단이었을 뿐이다.

처음 우리 지구의 상태는 커다란 하나의 공과 같은 것이었을 뿐이다. 모름지기 우리 지구는 태양의 형제로 각각 나뉘어 공을 이루었고, 뜨거

---

1   재앙이 있을 조짐, 전조. 요사스러운 귀신(이 끼치는 재앙)을 가리킨다.

운 열기를 사방으로 발산하였으니, 그것이 본래 지닌 성질이었다. 불로 이루어진 구체 바깥 면의 열기가 간신히 우주로 나가 흩어지면서 그 외부에는 점차 차갑게 식은 곳이 생겨났고, 물질이 응결하여 비로소 지각의 제1층을 이루었다. 소위 화강암 층이 바로 그것이다. 대개 모든 물건은 열이 심하면 위로 올라가 기체 상태가 되고, 열이 감소하면 냉기가 더해져 응고하여 유체가 되며, 굳으면 고체가 된다. 물이 증기가 되고 얼음이 되는 것과 같다. 이후 땅 위에 넓게 흩어져 있던 기체류가 모이고 맺혀서 구름과 안개로 서서히 합쳐져 큰비가 내리게 되었고, 홍수가 천지에 넘쳐흘러 땅을 덮고 바다가 되었다. 이때의 경황을 상상해 보면, 요임금 시대의 홍수[2]보다도 천백 배는 훨씬 더하였을 것이다.

그런데 이렇게 지각이 굳어지면서 여러 곳에 균열이 생겨났다. 그것은 가물 때에 땅이 갈라지는 이치와 같은 것으로, 즉 바닷물이 이 균열로부터 지구의 중심으로 침입하여 열기에 닿으니, 즉시 바뀌면서 끓어올라 홀연히 기체가 되었다. 기체는 물에 비하면 1700배의 공간을 점유할 필요가 있고, 천수백 배의 장력을 갖지만, 이렇게나 큰 힘을 가져도 지각에 부딪혀 방해를 받아 뛰쳐나갈 곳을 잃어버리면서, 더욱 격렬해지고 그 위력을 더하여 지각을 들어 올려 산악을 이루고, 강제로 그 꼭대기를 깨부수어 천둥번개가 난무하고 번쩍거리며 그 흔들림이 천공에 그치지 않게 되었다. 그 광경이 대단히 놀랍고 두려워할 만한 것으로, 지금의 지진이나 화산 분화의 천수백 배를 더하였을 것이다.

이와 같은 큰 변이의 광경을 거듭함이 몇천백 번이었는지 알 수 없고,

---

2   중국 고대의 제왕 요임금 시대에 일어났다고 전해지는 대홍수. 『사기(史記)』 「오제기(五帝紀)」에 나온다.

또 그사이에 몇 년을 거쳤는지도 알 수 없을 정도이고, 이로 인해서 지금 지구의 모습을 이루었으니 흔히 말하는 육해삼산일평지六海三山一平地[3](이 설명은 사실에 합당하지 않다. 서양인이 계산하여 정한 바에 따르면 해면은 지면의 3배 라고 한다)를 얻은 것이다. 이것이 대홍수 이전의 지진과 분화산설의 대강 이다. 더 상세한 설명은 지질학을 보면 알 수 있다. 현재 활동하는 분화 산은 그것이 타다 남은 것으로, 서양인은 이것을 보일러의 안전밸브에 비유한다. 지금의 지진은 그 여파일 뿐이다.

만일 지구에 이러한 대이변의 경황이 없고 단지 인력引力만 있었다면, 지구의 핵과 맨틀, 지각이 모두 완전한 원형을 띠고 핵은 구담瞿曇[4] 씨가 말한 금축金軸과 화륜火輪, 맨틀은 지륜地輪과 수륜水輪, 지각은 풍륜風輪[5]으 로 이루어지며 지면이 모두 바다로 덮여서 드러나지 않았을 것이다. 만 일 그렇다면 곧 지면상에서 생겨나는 것은 모두 물속에서 살아가는 동식 물로, 지금 지상에서 공기를 마시며 살아가는 초목과 금수는 결코 존재 할 수 없었을 것이다. 하물며 사람은 또 어떠하겠는가. 즉 지진은 조물주 가 이 지구를 조성하는 데 필요 불가결한 현상으로, 우리가 이 세상에 살 아 있는 것도 즉 지진의 덕택인 것이다. 조물주가 지진을 사용하는 것은 마치 사람이 화약을 사용하여 암석을 깨뜨리고 산을 뚫어서 도로를 만드 는 것에 비유할 수 있다.

---

3   지표면의 6할이 바다, 3할이 산지, 1할이 평지라는 속설이다.
4   출가하여 도를 이루기 전의 부처를 가리키는 말. 인도 석가(釋迦) 종족의 성(姓)인 고타 마(Gautama)의 음역이다.
5   『구사론(俱舍論)』 등에서 나오는 불교의 우주관으로, 지심[中心], 지체[皮肉], 지의[衣被]에 해당한다.

천외자天外子[6]가 이르되, 군주가 병력을 운용하는 것이 마치 조물주가 지진을 이용하는 것과 같으니, 국가는 그야말로 어쩔 수 없는 형세를 당하면, 어쩔 수 없는 사정으로 인해서 이것을 운용함으로써 국난을 제거하여 국가의 위세를 널리 떨쳐야 하고, 나라의 영광을 더할 수 있는 것이며, 그것으로 영토를 넓히고 국가의 복을 더할 수 있는 것이라 하였다. 무릇 진실로 이와 같다면 국가가 병력을 운용하는 이로움의 크기란, 조물주가 지진을 이용해서 지구를 크게 만드는 일과 같은 것이라 할 수 있다. 그렇지만 거기에서 자칫하면 여전히 수천만의 사람이 죽거나 수천만의 재산을 잃어서 국내의 재산이 없어질 우려가 있을 수 있다. 즉 전쟁의 이로움이 있기는 하지만, 그 상처가 완전히 아물어 모든 것이 예전처럼 회복되기까지 그 군주와 백성은 다시 십수 년간 어려운 생활을 겪어야 한다. 하물며 경거망동하여 멋대로 군대를 농단하고, 함부로 무력을 사용한다면 과연 어찌 될까. 대부분의 경우 나라를 무너뜨리고 일신을 망가뜨리게 될 것이다. 전쟁으로 인한 재해와 재앙을 어찌 두려워하지 않을 수 있단 말인가. 게다가 지진은 사람을 위해서 땅을 만들기라도 하는데, 병사는 본디 나라를 위해서 운용한다고 말은 하지만, 대체 무엇을 위한 기초가 되는가. 도요새와 조개는 모두 줍는 어부만 이롭게 할 뿐이며[7] 황룡이 들판에서 싸우는 것이 백제白帝의 자식에게 이로운 일이 아님을 어찌 모른다는 말인가.[8] 아아, 최근의 나폴레옹 3세는 불세출의 영웅이었으나, 함

---

6   쓰다 마미치의 호. 자기 자신을 겸양하여 일컫은 말이다.
7   『전국책(戰國策)』 「연책(燕策)」에 나오는 휼방지쟁(鷸蚌之爭). 도요새와 조개가 다투다가 다 같이 어부에게 잡힌다는 말로, 무의미한 다툼은 제3자의 이익이 된다는 비유. 휼방(鷸蚌)은 도요새와 대합을 가리킨다.

부로 병력을 움직여서 무력을 욕되게 한 재앙으로 결국 전쟁에서 패배하고 그 자신은 런던에서 객사하였다. 이것은 그 스스로가 택한 일이었을 뿐이니, 과연 누구를 원망할 수 있겠는가. 다만 가슴 아픈 것은 프랑스 3700만의 백성들로, 지금도 여전히 그 남은 피해를 받으며 고통을 면하지 못하고 있다. 이것이 교훈으로 삼을 만한 가장 가까운 사례일 것이다.

---

8 한(漢) 고조 유방이 흰 뱀으로 변하여 경거망동하던 백제(白帝)의 아들을 베었다는 고사『사기(史記)』「고조본기(高祖本紀)」에 입각하여 경거망동하거나 어리석은 다툼은 누구에게도 이익이 되지 않는다는 의미이다.

3. 지설 ②

니시 아마네

앞의 논의에서 이미 지를 발휘하여 재材가 되는 방법에 관해 논하였다. 그러므로 이제부터는 지를 발휘하여 재가 되는 형질[1]에 대해 논하고자 한다. 모름지기 지를 발휘하여 재가 되는데, 선하면 예성叡聖[2]·현명賢明·영민穎敏[3]·총혜聰慧[4] 등과 같고, 악하면 교활·걸힐桀黠[5]·간녕姦佞[6]·궤휼詭譎[7] 등과 같은 것이 된다. 그런데 이것은 모두 적극積極에 속하는 것이다. 소극消極에 속하는 것은 우愚·불초不肖·치매痴呆·애준騃蠢과 같은 것들이 있다. 이것은 모두 형질관形質觀을 말한 것이다.

1 　나타나는 방식과 그 특징을 가리킨다.
2 　덕이 훌륭하고 사리에 밝음을 가리킨다.
3 　감각, 행동 등이 날카롭고 영리함을 가리킨다.
4 　총명하고 슬기로움을 가리킨다.
5 　사납고 교활하게 영리함을 가리킨다.
6 　마음이 비뚤어지고 알랑거리는 모양을 가리킨다.
7 　간사스럽고 교묘함을 가리킨다.

어떤 이가 다음과 같이 말하였다.

지는 성리性理상에서 이미 명命을 들었다. 감히 묻건대, 모두 똑같은 지이건만 발현하면 대지大知가 되기도 하고 소지小知가 되기도 하는 것은 어째서인가.

이에 대해 내가 다음과 같이 답하였다.

소지는 즉 보통의 지식으로, 그 시야가 매우 범용하여 그 범위를 넘어서지 못하는 것이다. 가령 어떤 사람이 대단히 많은 사람이 가득 무리 지어 있는 한가운데에 서 있는 것과도 같다. 그가 보는 바가 전후좌우의 사람에 지나지 않으므로, 그가 행하는 바도 역시 앞사람을 쓰러뜨리고 뒷사람을 밀며, 왼쪽 사람과 부딪히고 오른쪽 사람을 침범하는 데에 지나지 않을 것이다. 그 많은 사람 가운데에서 좌우로 돌고 앞뒤로 나아갔다 물러섰다 하는 것은 자기 전후좌우의 사람 때문이 아니라 그 기세가 하는 일이라는 것을 알지 못한다. 이것은 한 사람이 저항한다고 해서 제어할 수 있는 바가 아닌 것이다. 대지는 곧 이에 반하는 것으로, 어느 높은 지대에 올라서서 그 아래의 많은 사람을 보는 것과 같다. 정상에서 수만 명을 동시에 보는 것이다. 그러므로 그 전후좌우에서 갈팡질팡하지 않고 마땅하게 행동한다. 그런데 이것은 시야의 좁고 넓음에 대해 말한 것일 뿐이다. 그것이 대지인 연유가 있는 것이다. 모름지기 지의 성질이란 많은 다양한 사물을 능히 관철하는 것으로, 그 예리함이 송곳과도 같다. 혹시라도 저 소극消極에 속하는 인재가 아닌 이상은, 사람들이 모두 이 예리한 성질을 갖추지 않는 자가 없다. 사람의 전뇌가 구불구불하여 약간의 크기 차이가 있다고는 하지만, 요컨대 개미굴과 높은 산만큼의 차이가 있는 것은 아니다.

그런데 그 효용이 발휘되는 데 있어 거기에 하늘과 땅만큼의 차이가 있는 것은 어째서일까. 생각하건대, 그 예리함을 사용하는 방법이 마땅한 이치를 얻었는지 그렇지 못한지의 차이가 있기 때문이다. 세상의 대지라는 것은 그 예리함을 이용하는 데 있어 자신만의 날카로운 지혜에 의존하는 것이 아니라, 많은 사람의 날카로운 지혜에 의존하며, 그 예리함이 예리하다는 것을 노출시키지 않고 힘껏 많은 사람의 예리한 지혜에 합치하는 데에 그 힘을 쏟는 것이다. 가령 강철로 된 침은 한개 한개를 쓴다면 얇은 천을 뚫는 데 지나지 않겠지만, 여러 개를 합하여 단련시켜 하나의 추봉으로 하면 이것은 목판을 뚫고 철갑을 관통할 수 있다. 모름지기 사람들의 지혜를 합하여 하나의 날카로운 칼이 되면, 구부러지지 않을 만큼 견고하고 부러지지 않을 만큼 단단하니, 능히 그 목적을 달성할 수 있게 된다. 마치 날카로운 화살촉이 단단한 갑주를 뚫는 것과 마찬가지이다. 옛날부터 화한和漢의 역대 창업군주들은 모두 사람들의 지혜를 길들여서 자기가 원하는 큰 뜻을 이룬 자가 아닌 경우가 없었다. 저들은 자기 직분을 다하여 바르게 임금의 자리에 오르고, 무위無爲로 다스린 이들로서, 그들이 행한 바가 바로 이러한 것이었다. 씨를 뿌리고 밭을 갈며 그릇을 만들고 물고기를 잡는 데에서부터[8] 제왕이 되기까지, 남과 더불어 선을

---

8   『맹자(孟子)』 「공손추(公孫丑)」 상의 순임금이 왕위에 오르기까지의 생활을 표현한 "스스로 밭 갈고, 곡식을 심으며, 그릇을 굽고 물고기를 잡으며 제왕이 되었다(自耕, 稼, 陶,

행하지 않은 경우가 없었고 자기를 버리고 남을 따랐으며,[9] 묻는 것을 좋아하고 주변의 이야기에 귀를 기울였다고 하였다.[10] 이것이 바로 대지가 아니겠는가. 즉 영웅은 남을 속이는 자에게서 술책을 빌려 일을 이룬 것이 아니다. 군사(兵)[11]는 영웅의 마음을 취해야 한다고 하였으니, 이것은 모두 지知가 큰 것이라 하겠다. 그러므로 대지라는 것은 자기의 예리함에 의존하는 것이 아니라 사람들의 예리함을 합하는 것이다.

누군가가 다시 다음과 같이 물었다.

그렇다고 한다면 세계의 지知라는 것은 바로 그대가 말한 대지에 그치는 것인가?

내가 이에 대해 다음과 같이 답하였다.

문명의 세계에 이르고 교화가 세상에 두루 퍼지는 시대가 되면 사람의 지혜도 또한 이전의 것을 넘어서 올라가니, 이것을 결구조직結構組織의 지[12]라고 한다. 결구조직의 지란 대지와 그 방향은 같지만, 기초

漁以至爲帝"에 의거한다.

9　『맹자(孟子)』「공손추(公孫丑)」상의 "순임금은 더욱 대단하여 남과 더불어 선을 행하고 자기를 버리고 남을 따랐다[大舜有大焉, 善與人同. 舍己從人]"에 의거한다.

10　『중용(中庸)』의 "순임금께서는 큰 지혜를 가지셨으니, 묻는 것을 좋아하고 주변의 이야기에 귀를 기울이셨다[舜其大知也與. 舜好問以好察邇言]"에 의거한다.

11　『육도삼략(六韜三略)』「상략(上略)」의 "무릇 군대를 통솔하는 장수라면 영웅의 마음을 잡는 데에 힘써야 한다[夫主將之法, 務攬英雄之心]"에 의거한다.

를 견고하게 하고 큰 기둥을 세워서, 이로부터 결구하고 경위와 대소, 종횡을 나누어 조직하는 것이다. 지혜를 오랜 시간 쌓고 주위 사람들의 도움을 통해 비로소 이러한 경지에 이르게 되는데, 이 지구상에서 오랜 옛날부터 지금까지 오직 유럽 문명의 인민들만이 이 결구조직의 지를 가질 수 있었다. 이것은 한때 우연히 어떤 세상에 나타나거나, 어떤 한 지역에서 일어난 것들과 같은 종류가 아니다. 이것은 모름지기 문화가 융성하고 사람들의 지혜가 뭉쳐 합하면서 하나가 된 것으로, 앞에서 말한 한 사람이 사람들의 지혜를 잘 결합할 수 있었던 경우에 비할 바가 아닌 것이다. 이로부터 오늘날 유럽 문명을 보자면, 알렉산더 대왕, 카이사르, 나폴레옹과 같은 이들이 연이어 나온 것이 아닌데, 국가는 지난 옛날의 그 어느 때보다도 융성하였다. 또 아리스토텔레스, 플라톤, 갈릴레오, 뉴턴과 같은 이들이 연달아 태어난 것이 아니지만, 학술의 정미精微함은 전례 없이 정점에 달하였다. 이것이 어찌 한 명의 성현이나 한 명의 호걸이 할 수 있는 일이었겠는가.

이제 소지로부터 결구조직의 지에 이르는 것을 직포에 비유해 보도록 하자. 소지는 단지 한 개의 지로, 아직 실과도 같다. 대지는 잘 조직한 한 필의 베와 같다. 결구조직에 이르면 이것은 바로 수를 놓은 비단인 것이다. 이것을 건물에 비유해 보자. 소지는 동굴이나 나무 위의 집과 같은 것으로 겨우 몸 하나를 보존할 수 있다. 대지는 가옥과 같아서 그 만들어진 모습이 제법 아름답다. 결구조직에 이르면 이것은 높게 지은 집, 넓고 큰 저택과도 같다. 이것을 전투에 비유하면,

12   얽히고 짜여서 구조를 갖춘 지식. 즉 체계를 갖춘 지식 또는 지식의 체계를 가리킨다.

소지는 단지 일개 용감한 장정의 싸움으로, 설령 승리한다고 해도 한 사람의 적을 꺾은 것일 뿐이다. 대지는 즉 창도 있고 검도 있으며 진陣을 잘 짠 군대와도 같다. 그렇지만 그 절도와 임기응변이 또한 다케다,[13] 우에스기,[14] 유대유兪大猷,[15] 척계광戚繼光[16] 정도에 지나지 않을 뿐이다. 결구조직의 지에 이르면 총포와 함선의 정교함이 극에 달하고, 성벽과 망루가 견고함을 더하며, 경보병과 중보병, 경기병과 중기병, 마포와 차포, 해자, 땅굴, 덫 등을 갖추고 모든 병사를 하나로 합쳐서 삼군을 한 손에 쥐듯이 통솔한다. 이것이 어찌 오래도록 쌓은 것이 아니며, 잘 이루어진 것이 아니란 말인가. 또 이것을 공업에 비유하자면, 소지는 일개 공인이 검과 톱을 도구로 제작하는 것과 같으니, 적절히 정교하기는 해도 많이 공급하기는 어렵다. 대지는 공인들 몇몇을 모아서 만드는 것으로, 당기는 자가 있고 찌르는 자가 있으며, 철을 다루는 자가 있고 구리를 다루는 자가 있으며, 옻을 다루는 자, 흙을 다루는 자가 있어 많은 장인을 온전히 갖추고 있다. 그렇지만 결구조직의 지는 곧 제조공장이다. 기기의 설비와 장치가 갖추어져 한번 움직이고 회전하면 물건이 만들어지고 공정이 끝난다. 톱밥이 날리는 모습이 마치 비가 내리는 것 같다. 이것이 결구조직의 지가 앞의 두 지와는 다른 바이다. 저 결구조직의 지를 발휘하여 학술을 이루고, 또 이 학술을 발휘하여 국가를 다스리는 방법이 되는 것에 대해서는 다음 편에서 논하고자 한다.

---

13   다케다 신겐[武田信玄]. 전국 시대의 무장이다.
14   우에스기 겐신[上杉謙信]. 전국 시대의 무장이다.
15   명나라 때의 무장으로 왜구 토벌에 공을 세웠다.
16   명나라 때의 무장으로 도적을 평정하는 데 공을 세웠다.

내가 이 글을 쓰고 나서 대단한 더위로 고생하였다. 그래서 가슴 안쪽에 아직 불편함이 남아 있는 듯하다. 생각해 보니 진덕수眞德秀,[17] 위료옹魏了翁[18]이 사수洙泗의 도道[19]를 강의하고 성리의 학문을 논하였으나, 시사時事에 도움이 되지 않았고, 진소인眞小人 또는 위군자僞君子로 지목되었다. 그리하여 그 폐해가 결국 육수부陸秀夫[20]가 『대학大學』을 애산崖山[21]에서 강의하다가 멈추기에 이르렀다. 이 일을 생각하니 눈물이 흘러 소리 내어 울었다. 이에 본편 마지막에 기록해 둔다. 1874년(메이지 7) 8월의 일이다.

---

[17] 중국 남송의 관료이자 유학자. 성리를 중시하며 유학의 재생에 노력하였다.

[18] 중국 남송의 관료이자 학자. 유학과 시사에 뛰어났다.

[19] 유학(儒學)을 가리킨다.

[20] 중국 남송의 정치가로, 마지막까지 원나라와 싸우다가 애산(崖山)에서 위왕(衛王)을 업고 바다에 투신하였다.

[21] 중국 광동성(廣東省) 신회현(新會縣) 남쪽에 있는 산. 송나라와 원나라의 마지막 전투가 있었던 곳이다.

메이로쿠잡지
제18호

1874년(메이지 7) 10월 간행(10월 25일)

—

✿
1. 서양의 개화는 서행西行한다는 설

쓰다 마미치

    구담瞿曇[1] 씨가 인도에서 일어나 법法을 시작하였고, 그 법이 동쪽으로 토번吐藩,[2] 몽고, 시베리아, 만주, 시암(暹羅),[3] 안남安南,[4] 지나, 조선을 거쳐 우리 일본에 들어왔다. 이를 불법佛法의 동점東漸이라고 한다. 아시아의 백성 태반은 이 불법에 감화받았다. 공자의 도道 역시 동쪽으로 전해져 조선을 거쳐 우리 나라에 들어왔고, 또 남쪽으로 건너가서 교지交趾,[5] 안남, 류큐琉球[6]에 이르렀다. 그 행보가 동남쪽으로 향한 것이라 말할 수 있다. 이슬람교는 아라비아에서 시작하여 하나는 서쪽으로 튀르키예에

---

1   第17호 「지진의 설」 주석 4를 참조하라.
2   원래 당송(唐宋) 시대에 서장족(西藏族)을 이르던 말. 현재의 티베트이다.
3   태국을 가리킨다.
4   인도차이나 동쪽의 한 지방으로, 원래 중국인이 베트남을 가리켜 부른 명칭이다.
5   베트남 북부 지방을 가리킨다.
6   현재의 오키나와이다.

서 아프리카 대륙 북쪽을 따라 해협을 건너 스페인으로 들어가 예수교와 싸우다가 계속 패배하고 물러나 아프리카에 머물렀고, 또 하나는 동쪽으로 가서 페르시아를 거쳐 인도로 들어가서 인도네시아 섬들에 흩어져 퍼졌다. 서양의 문화는 그 근원이 인도에서 나왔고, 예수교는 소아시아에서 일어나 그리스, 로마를 거쳐 유럽 전 지역에 유행하고 서대서양(西亞太瀛)을 넘어 남북아메리카 대륙으로 건너갔다가 다시 태평양을 넘어 일본, 지나에 도착했는데, 이따금 아시아 모든 곳으로 퍼져 나가려는 기세가 있기도 했다. 생각해 보면, 자신의 본국이자 고향인 인도·소아시아로 복귀하는 동안 지구를 일주하여 5대주에 그 빛을 널리 세상에 비추었던 것이다. 무릇 지구는 둥글다. 동점과 서행이 무슨 차이가 있겠는가. 그렇지만 모름지기 지구의 운행 이치에 입각하여 논하자면, 동점은 거슬러 가는 것이고 서행은 도리를 따라가는 것이다. 서행하는 자가 가는 앞길은 번창하고, 동점하는 자는 머뭇거리며 주저하는 것이 당연하다. 그렇다면 이슬람교가 순조롭게 서쪽으로 내려가다가 도리어 예수교에 깨진 이유는 무엇인가. 말하자면, 그 도가 예수교보다 열등하였기 때문이다.

처음 예수교가 우리 나라와 지나에 들어올 때 포르투갈에서 왔다. 그렇지만 우리 나라에서 엄하게 금지했고, 지나 국내에서도 역시 성행하지 못했다. 요새 우리 나라와 지나가 모두 구미 각국과 교제를 열면서부터 서양의 개화가 신속하게 들어왔는데, 그것은 주로 미국인들에 의해서였다. 대개 구미의 개화는 본디 하나이지 둘이 아니다. 그렇지만 유럽의 학술은 대단히 정미하고 심원하나, 미국의 문화는 아직 얕고 거칠다. 거칢에서 정밀함으로 들어가고 얕음에서 심원함으로 나아가는 것이 자연스러운 인간의 성질이다. 미국의 책은 읽기 쉽고, 미국인의 주장은 알기 쉽다. 그렇기 때문에 우리 나라와 지나의 사람들은 양학을 강구할 때 대부분 미국의 책에 의존하고, 서양의 이야기를 들을 때도 주로 미국인에 의존하는데, 이는 대개 개화의 자연스러운 흐름을 따르는 것이다. 어떤 사람이 예전에 영국공사의 서기관 사토[7] 씨에게 영국학이 대단히 일본에서 유행하고 있다고 말하였다. 사토 씨는 머리를 흔들며, 아니다, 그것은 미국학이라고 말하였다고 한다. 나는 자주 서양의 개화는 순리에 따라 서쪽으로 나아가서 결국에는 전 지구에 도달하게 될 것이라고 말하곤 한다. 대략 천 년 후에는 세상 사람들이 비로소 내 이야기가 거짓이 아님을 알게 될 것이다.

---

7   어니스트 사토(Ernest Mason Satow). 영국의 외교관. 1862년 일본에 와서 토막 세력과 주로 접촉하였고, 파크스 공사를 도와 대일 정책 형성에 공헌하였다. 1895년 주일공사로 재차 일본에 왔다.

✿
2. 국가를 가볍게 여기는 정부

가토 히로유키加藤弘之

　무릇 인민이 나랏일에 참가하여 의논하는(參議) 제도를 만들 것인지 여부는, 물론 인지개명人智開明의 깊고 얕은 정도에 따라야 하지만, 가령 인지가 아직 이 제도를 둘 정도에 이르지 못한 나라라고 해도 정부가 함부로 나랏일을 몰래 은폐하고 일부러 인민이 알지 못하게 하며 자기 마음대로 제압할 권리는 당연히 없다.

　왜냐하면, 정부의 일은 바로 인민의 일이며, 정부의 힘은 바로 인민의 힘이고, 정부의 재산은 바로 인민의 재산이며, 인민은 근본이고 정부는 말단이기 때문이다. 말단이 근본을 잊거나 말단이 근본을 제압하려고 하면, 인민이 저절로 이반離反하여 나라의 쇠망을 초래한다. 어찌 이것을 국가를 중요하게 여기는 정부라고 말할 수 있겠는가? 일찍이 프리드리히 대왕¹은 정권政權을 전횡하였는데, 이것은 아마도 어쩔 수 없는 마음에서

1　프리드리히 2세(Friedrich II, 1712-1786). 프로이센의 국왕. 강력한 대외정책을 추진하여

였지, 결코 스스로 좋아서 한 일은 아니었을 것이다. 이것이 어찌 말단이 근본을 잊거나 근본을 제압하려는 마음으로 행한 일이었겠는가? 그런데 만약 겉으로는 어쩔 수 없다는 듯한 태도를 취하면서 속으로는 근본을 제압하는 마음을 품고 일부러 인민이 나랏일을 듣지 못하게 하고 함부로 인민을 제압하려는 정부가 있다면, 나는 이것을 국가를 가볍게 여기는 정부라고 말하고자 한다.

오스트리아의 제위 상속(帝位相續)을 둘러싼 분쟁에 편승, 슐레지엔 전쟁을 일으켰다. 국민의 행복 증진을 우선한 계몽전제군주로 평가된다.

❀
3. 인간 공공의 설 ②

스기 고지

　대개 법을 세우고, 제도를 설치하며, 형벌을 정하고, 규칙을 만드는 등의 일은 모두 인간 교제에 의해서 생겨난다. 아버지가 자기 아이임을 알면 오직 그 아이의 양육이 잘되도록 힘을 쓸 것이다. 그러므로 아내는 남편에게 그 아이를 다른 아이와 특별히 구별하여 뒤섞이지 않도록 해야 한다([頭註] 아비이면서 그 자식을 알지 못하고, 아내이면서 그 자식을 뒤섞는다면 과연 인간 세상은 어떠한 모습이 될 것인가). 무릇 남성이 한 명의 여성을 아내로 맞이하고, 여성이 한 명의 남편에게 시집가서 부부간에 화목한 관계를 맺는 것은 바로 혼인의 제도로 인해서 생겨난 것이다.

　어머니는 약하기에 아버지의 힘을 의지하지 않으면 아이를 양육하기 어렵다. 아버지도 또한 어머니의 자애와 아이에 대한 세심한 수고에 의지하지 않으면 어린아이를 성장시키기 어렵다. 따라서 남녀 간의 교의는 먼저 공개적으로 혼례를 올려서 부부임을 분명히 하고, 서로 함께 아이 양육에 종사하는 것이다. 그런데 아이를 기르는 일은 오랜 시간 동안 계속되어 쉴 틈이 없기 때문에 혼인의 약속은 기한에 관계없이 일생 동안 지켜야 한다.

아버지는 평생 그 권리를 보호하고, 혹은 형제간의 불화나 다툼으로 인한 폐해를 방지하며, 또 자식 중에서 아버지를 도와서 가산을 증식시키는 자는 아버지로부터 상속을 받는 것이 당연하므로, 이를 토대로 상속의 방법을 규정하였다. 생각하건대, 이런 법은 아직 충분하지 않은 부분이 있기 때문에, 하나의 폐단을 없애면 또 하나의 폐단이 생기게 된다. 처음에 토지를 사유하는 자, 혹은 사유의 권리를 가진 자, 그 밖에 양여의 권리를 받는 자가 생기면서, 보통의 사유하는 토지를 잃어버리고 하늘이 부여한 책임에 부응하지 않는 자 또한 대단히 많아져 사유한 자는 부유해지고 사유하지 못한 자는 가난해졌다. 그리하여 가난한 자의 입장에서 보자면, 사유와 양여는 공평하거나 도리에 맞는 일이 아닌 듯 여겨질 것이다. 그리고 가난한 자는 굶어 죽고 추위로 죽는 일을 피하지 못하니, 하늘은 널리 해악을 막고 경계하는 도리에 따라 사유한 자로 하여금 사유하지 못한 자에게 직업을 갖게 함으로써 자신의 재산을 확보할 수 있게 했다. 사유하지 못한 자는 사유한 자의 일을 함으로써 도움을 주고 이익을 얻을 수 있어서 나쁜 재난을 벗어날 수 있었다.

무릇 빈부라는 것은 똑같지 않지만 서로 완전히 떨어진 것도 아니어서, 세상 사람들의 노력을 진작시키는 하나의 큰 기초이자, 인간 공공의 토대를 굳히는 반석이라고 말할 수 있다. 만약 그렇지 않다면, 누가 열심히 남을 위해서 근로하겠는가. 실로 이것이 있어야 각종 공업(百工)·예술(技藝)·농업·학술 등이 모두 망하고 없어져서 그 흔적조차 찾지 못하게 되는 일이 없을 것이다. 대개 사람들은 자기 직업을 갖고 이익을 얻는 것 이외에 달리 추구할 만한 길이 없다. 하지만 사람들이 각각 스스로 자기

거처를 만들고, 스스로 의복을 지으며, 스스로 식량을 구한다면, 인간은 즉 야만 상태로 되돌아가는 것일 뿐이다.

몇몇 학자가 빈부를 균일하게 만들어서 세상의 극한 상태를 구하자는 자급자족을 주장하며 사람들을 야만의 상태로 되돌리길 원하지만, 옛날 같은 야만적 습속과 오늘날의 그것을 비교해 보면 과연 어느 쪽이 나은 것인가. 또 만약 사람들이 야만의 상태로 되돌아간다면, 비록 자연이 만물을 낳아 기르는 이로움에 의해서 구제를 받을 경우가 적지 않다고는 하지만, 때로는 그 해로움이 더욱 심한 경우도 있을 것이다. 특히 어떤 지역 사람들이 항상 풍족하게 직업을 가지고 그 토지의 산물이나 공예품을 운수 및 교역하며 함께 생활을 영위하는 곳에서는 본디 저 야만적 습속과는 완전히 반대의 생활을 할 것이다.

어떤 자가 주장하기를, 가난한 자는 점점 가난해지고 부유한 자는 점점 부유하게 되어 행복과 불행이 서로 차이가 나는 것은 인간의 거대한 해악이다. 특히 촌락에서는 그 해악이 더욱더 심각하다고 하였다. 그리고 이것을 구할 방법은 다름 아니라 부자가 가지고 넘치는 부분을 가난한 자가 양여받아 소유하는 것과 옛날의 토지법을 부활시켜 논밭을 구획하여 각자 소유하는 것,[1] 이 두 가지는 빈부를 균일하게 만드는 데 적당한 것이며 정치의 중요한 도리를 얻은 것이라고 말하였다. 또 균전을 주장하는 자가 말하기를, 이렇게 한다면 그대는 곧 순식간에 수많은 사람을 모아서 자기 일에 힘쓰는 자들이 서로 경쟁

---

1   균전법(均田法)을 가리킨다. 485년 북위(北魏)의 효문제(孝文帝)가 창시한 토지 제도로, 농민에게 일정한 토지를 지급하여 과세하였다.

하는 것을 보게 될 것이라고도 한다. 생각건대, 이와 같은 일들이 전혀 불가능한 것만은 아니다. 유력자 가운데 그 뜻에 가담하는 자가 점점 많아져서 확고한 의지를 가지고 한다면, 이 또한 어찌 어려울 일이겠는가. 만약 어지럽고 혼란스러운 항의가 있으면, 모두의 안녕을 위할 뿐이라고 한마디만 하면 충분할 것이다. 무릇 세상일이 일대 변혁을 이룬 것은 역사상 다수의 사례가 증명한다.

✿
4. 화장火葬에 관한 의문

사카타니 시로시

　어느 날 가나책¹을 보다가, 아키노쿠니安芸国² 다카타군高田郡 요시다밋카이치吉田三日市 서쪽에서 분로쿠文祿·게이초慶長³ 때, 조선에서 데려온 진시치甚七라고 칭하는 사람의 집터에 대한 기록을 보았다. 거기에 이세伊勢라고 이름 붙인 어린아이의 무덤도 있었다. 그 동네 사람에 따르면, 이세가 요절하였기에 매년 기일에 진시치가 성묘하러 가서는, 작년에 피었던 꽃도 피고 작년에 울었던 새도 우는데, 이세 너는 왜 돌아오지 않니, 돌아오지 않니라고 되풀이하며 울어서 안타깝다고 하였다. 나도 도쿄에 잠

1　일본어의 가나[仮名] 문자로 쓰인 책이라는 의미이다.
2　옛날 일본의 지방 행정 구분이었던 료세이코쿠[令制国]의 하나로, 현재의 히로시마[広島] 근처 지역이다.
3　분로쿠[文祿]는 일본의 연호. 1593년부터 1596년까지의 기간을 가리킨다. 게이초[慶長]역시 일본의 연호. 1596년부터 1615년까지의 기간을 가리킨다. 일본에서는 임진왜란을 분로쿠·게이초의 전쟁[文祿·慶長の役]이라고 부른다.

시 머물던 중 작년 8월에 장남이 병사하였다. 올해 마침 그 무렵에 문득 이 책을 읽다가 그 슬픔을 견디기 힘들었다. 성묘하러 갈 때, 그 마음을 무어라 형언할 수가 없었다. 이후 어리석게도 땅속에 관한 일마저도 걱정거리가 되었다.

나는 원래 불법佛法을 믿지 않지만 화장이라면 좋아하는 편이다. 세상의 학자 선생들께서 부모 형제의 몸에 불을 붙이는 것은 실로 견딜 수 없는 야만의 풍속이라며 격해게들 말씀하시지만, 그 소중한 몸을 흙 속에 묻고 그 위에 장 담글 때처럼 큰 돌로 눌러서 차차 썩혀 서서히 지렁이가 먹게 하는 것은 이제 관습이기에 대수롭지 않게 견딜 수 있는 일이라는 말인가. 특히 산중에서는 늑대에게 파먹히는 일도 있다. 부귀한 사람은 석관, 주홍색 안료, 심할 경우에는 보물을 넣어서 도적이 도굴할 궁리를 하게 만드는 바보 같은 폐해도 생긴다. 또한 세월이 지나서 논밭이 되거나 홍수로 구멍이 생겨서 해골이 가래와 괭이에 부딪히고, 모래 위로 드러나는 경우도 있다. 그런데도 귀를 막고 방울을 도둑질하는 아이[4]마냥 땅속의 일이나 이후의 일은 눈에 보이지 않고 모른다고 해서 안심하고 있을 수 있는지 모르지만, 나는 보이지 않고 모르기 때문에 더더욱 불안하다. 또한 죽은 사람의 부패한 기운은 대기에 뒤섞이고 수맥에 흘러들어 남의 건강을 해친다고 들었다. 세상에 대한 배려가 없는 것이다. 자기 부모 형제를 잃었다고 해서 남에게 해가 되게 놔두는 것이 과연 참을 만한 일이라는 말인가. 그렇다고 해서 옛날처럼 골짜기에 버리기도, 강이나 바다에 흘려보내기도 어렵다. 혼은 이미 하늘로 올라갔고, 그 남은 자

---

4   『여씨춘추(呂氏春秋)』「불구론(不苟論)」의 엄이도령(掩耳盜鈴). 방울 소리가 제 귀에 들리지 않으면 남의 귀에도 들리지 않으리라고 생각하는 어리석은 생각을 말한다.

취는 부패하지 않도록 소중히 태워서 작은 독에 넣고 묻는 것이 좋다.

그러나 요사이 화장을 금지하는 제도[5]를 말하자면, 내 장남의 경우는 본디 그 깊은 취지를 받들어 큰 독에 넣고 두꺼운 소나무판으로 뚜껑을 덮어 역청을 발라 묻기는 했지만, 이 어리석은 부모의 마음이 아직까지도 편안하지 않다. 또 한여름 가난한 집의 급작스러운 장례여서 습지를 피해 가까운 절에 묻어 두었다가 곧 이장하려고 했지만, 좀처럼 힘에 겨워서 더욱더 걱정거리가 되었었다. 그래서 아아! 화장도 이전처럼 인민의 자유에 맡기면 좋겠구나! 하며 마음속으로만 생각하였다.

최근 신문에서 미국의 어떤 기인이 의술을 위하여 자기 몸을 해부한 다음, 가스를 빼내고 태워서 거름으로 만들라는 유언을 남긴 것을 보고, 이것은 기인이 아니라 사람이라면 누구나 저리할 수 있겠구나 싶어 감탄하였다. 그러나 이런 일은 유언 없이 자식들이 할 수 없으므로 일반적으로는 어렵다. 다만 미국에서는 화장에 대한 논의가 왕성하게 이뤄지고, 유럽에서도 그 논의가 분분하게 이루어진다고 한다. 과연, 화장이 없어지면 인정人情이 두터워진다고도 생각되지 않는다. 좀 더 생각해 보니, 미국에서는 이미 위와 같이 거름이 된 사람도 있었다. 또한 장지葬地는 영원하지 않으므로 집에 쌓아 두는 사람도 있다. 게다가 자기들 마음대로 이야기를 갖다 붙여서 악습이 생겨나기라도 하면 더욱 좋지 않을 것이다. 이런 일은 악습을 낳기 때문에, 어쩔 수 없이 제도를 고치기보다는 선견지명을 가지고 예전과 같이 화장과 매장의 두 가지 장례 방법을 인민의

---

5   1873년(메이지 6) 7월 18일 태정관포고 제253호. 신장제운동(神葬祭運動)을 주장하는 신토[神道] 세력에 의해서 추진되었다가, 2년 후인 1875년(메이지 8) 5월 23일 태정관포고 제89호로 해제되었다.

자유에 맡긴다면 이후로는 망설에 현혹당하지 않을 것이다. 합장이나 특장特葬도 자유롭게 해야 된다. 그중에서도 재로 한다면 묘지가 넓지 않아도 괜찮을 것이다. 너무 생각이 많아서 장지까지 영원하기를 따진다면, 가계가 끊어질 때나 또는 갑작스러운 재난 등으로 어쩔 도리가 없는 상황이 발생하면 어찌할 것인가. 어리석은 생각은 그만두자. 백魄[6]은 땅에 돌아간다고 하니, 땅이 좋을 것이다. 화장으로 하면 언젠가 시간이 흘러 전답이 되어도 해골이 밖으로 드러날 염려도 없고, 독이 깨져서 거름이 되어도 다행이라며 포기하라고 말씀드리는 뜻을 이해한다면, 사람들도 좋아하고 또 후세를 위해서도 좋을 것이다. 원래 경박한 관습으로 수고하는 쪽이나 수고를 끼치는 쪽 모두 좋지 못한 경우도 있을 것이다. 그러므로 지금은 일단 주의를 기울여 엄중하게 보호의 제도를 지켜야 한다고 생각하지만, 금지하신 제도의 깊은 뜻이 어디에 있는지를 알지 못하기에 건백서도 제출하지 않을 것이다. 고쳐지기까지는 지킬 것이다. 다만 진시치와 같은 사사로운 정은 끊기 어려우니, 이렇게 글을 지어 여러 의견을 구하는 바이다.

---

6   혼백(魂魄)에서 혼은 사람의 정신을 주재하는 양의 생기로, 사후 천상으로 올라가고, 백은 사람의 육체를 주재하는 음의 생기로, 사후 땅에 머무르게 된다고 한다.

5. 정실情實[1]에 관한 설

니시 아마네

  사람은 목석이 아니다. 정실情實이 있는데 어찌 그럴 수 있겠는가. 그렇다면 이 정실이란 본성에 뿌리를 둔 것일까? 이것은 곧 인덕仁德의 적자이며 의리義理의 사촌쯤 되는 것일까? 여성의 인仁이란 정실의 다른 이름일까? 정실은 남자도 가지고 있으니, 오직 여성만의 것은 아니리라. 정실이 일어난 것은 무릇 막말유신 시대의 성덕盛德에 해당하는 것일까? 아니면 뇌물 수수와 첩에 관한 일에 해당하는 것일까? 그렇다면 곧 소인배나 위험한 자에게 정말로 정실이 있을까? 소인배는 겉과 속이 다르고 권력에 아부하며 세력에 빌붙는다. 여기에는 무슨 정실이 있는 것일까? 그렇다면 간웅이나 사람을 속이는 자에게 정말로 정실이 있을까? 간웅은 의심이 많고 잔인하며 남을 경계하는 마음이 매우 깊은데, 여기에는 무슨 정실이 있을까? 그렇다고 한다면 강인하고 의지가 굳은 선비에게 정

---

1   사사로운 정과 개인적 사정을 의미한다.

말로 정실이 있을까? 남을 천거함에 원수라도 피하지 않고, 아는 이를 천거함에 자식을 꺼리지 않으며,[2] 직언하고 항론抗論하는 것은 무슨 정실이 있는 것일까?

생각해 보면, 정실은 과연 동방군자 나라의 풍습일까? 옛 친구는 몰락하고 나 혼자 때를 만났다면 그 친구가 재주가 없다고 해도 그를 추천하지 않을 수 없다. 친구는 사사로운 일로 나에게 덕을 쌓았으니, 자리가 생기면 나는 그를 추천하지 않을 수 없는 것이다. 옛 친구의 자제가 인연과 반원攀援[3]을 앞세워 스승이라 칭하고 문하생을 자처하니, 옛 추억을 생각하면 나 역시 이것을 고려하지 않을 수 없는 것이다. 운이 좋아 벼슬에 오를 길을 높은 관리에게 열어 주고, 의탁하면 낮은 관리에게 맡긴다. 내가 그 불초함을 알지만, 뜻을 굽히고 이렇게 할 수밖에 없다. 정성스레 충성하나 능력이 없고, 춥고 가난하나 의지할 데가 없다. 가족의 관계를 나열하며 낮은 관직의 빈자리를 요구한다. 나는 정이 있으니 가엾게 여기지 않을 수 없다. 처와 첩이 청탁을 받아 와 침실에서 말을 꺼내기 시작하면, 나는 그것이 더러운 일인 줄 알면서도 그 자리를 피할 수는 없다.

무릇 이러한 종류의 일들을 모두 정실이라고 말할 수 있을까? 누군가 말하길, 이보다 더 심한 정실도 있다고 하였다. 내가 그 사람과 정실이 있고, 그 사람은 나와 정실이 있다. 내가 누군가와 정실이 있으면 서로 기꺼워하는 일이 정실로써 이루어지고, 서로 기피하는 일도 또한 정실로

---

2   출처는 『사기(史記)』. 밖으로는 원수라도 피하지 않고 안으로는 자식도 내치지 않는다 [外擧不避仇, 內擧不避親]는 의미이다.

3   권세나 부유한 사람에게 의지하여 출세한다는 의미이다.

써 이루어지는 것이다. 정실로써 질서가 갖춰지고, 결국에는 다른 사람이 보기에는 아무런 조리도 없는 것처럼 보인다. 다만 내부에 있으면서 그 속에 들어가 비로소 기맥이 연결되어 있는 흔적을 보고 하나하나 이 또한 조리가 있음을 알 수 있다. 이것을 말로 표현할 수 없는 정실이라고 부르는 것이다. 나는 정실이라는 글자의 뜻이 언뜻 보자면 박정薄情이라는 말의 반대인 듯하지만, 그러나 자세히 들여다보자면, 즉 공정한 도의의 반대말이라고 말하고자 한다.

✿

6. 국악國樂을 진흥해야 한다는 주장

간다 다카히라

지금 우리 나라에는 개편하고 진흥해야 할 것들이 대단히 많다. 음악, 가요, 희극 등도 그런 것 중 하나이다. 이 일은 흡사 급한 일이 아닌 듯 보이기도 하지만, 서둘러 처리하지 않으면 안 되는 일이므로 빨리 손을 쓰지 않는다면 완전히 달성할 수 있을지 기약하기 어렵다.

모름지기 우리 나라의 음율音律을 보면, 이보다 더 조잡한 나라가 없다. 고대 당악唐樂[1]이 전해졌지만, 겨우 그 악보 정도에 그쳤으며 그 악장樂章은 전해지지도 않았다. 아마도 말과 소리가 통하지 않아서 그 의미를 느낄 수 없었기 때문에, 전해졌었더라도 곧 사라진 것이 아닌가 싶다.

그 후에 시라뵤시白拍子,[2] 사루가쿠猿樂[3] 등이 있었다. 완전히 갖춰진 음

---

1   당대의 중국 음악으로, 나라·헤이안 시대 초기에 일본에 전해져서 아악(雅樂)으로 합류하였다.
2   헤이안 말기부터 가마쿠라 초기에 유행하였던 가무이다.
3   고대·중세 예능의 한 종류로, 해학을 기본으로 한 가무이다.

악은 아니었지만, 우리 나라 사람이 만들었기에 당악보다는 훨씬 더 사람들의 마음에 적합하였다.

게이겐慶元 이후[4]로 여러 가지 민간음악이 생겨나고, 악기 역시 늘어나서 옛날에 비하면 한층 진보하였다고 말할 수 있다. 그렇지만 대부분이 천하고 상스러우며 외설적이어서, 군자들이 즐기기에 적합하지 않았다. 그러므로 지금의 군자들이 당악과 사루가쿠로는 즐거움을 느끼지 못하고, 민간음악은 천하고 상스러워 참을 수가 없으니, 음악에 관해서는 거의 방치되기(放擲)에 이르렀다. 나는 이것을 애석하게 여기는 바이다.

지금 음악을 진흥하려면 첫째로 음률의 학문을 강구해야 한다. 음률의 학문은 자연과학을 기초로 하고, 따로 하나의 과목을 이루며, 음에 따라서 악보를 만들어 그 악보를 가지고 고안하여 연주하는 법이다. 이 법이 중국에는 거의 그대로 있고, 서구 나라들에서는 그 정묘함이 극에 달하였다. 다만 우리 나라에서는 아직 열리지 않았으므로, 이제 이것을 강구하는 일이 우리의 결함을 보완하는 도리이다.

악기는 일본과 중국, 유럽과 아시아를 막론하고 원래 자기가 쓰기 가장 편한 것을 선택하면 그만이다.

악장에 대해서는, 외국의 것을 쓰기가 적합하지 않다. 나라 안에서 행해지는 것도 역시 아직 적당하다고 생각할 만한 것이 없다. 어쩔 수 없으므로, 간제觀世나 호쇼寶生,[5] 다케모토竹本,[6] 우타자와歌澤[7] 등, 잠시 동안은

4　에도 시대 초기의 게이초[慶長, 1596-1615]·겐나[元和, 1615-1624] 시기 이후를 가리킨다.
5　간제[觀世], 호쇼[寶生]는 모두 노가쿠[能樂]의 한 유파이다.
6　에도 시대의 대표적인 조루리[淨瑠璃] 낭송가였던 다케모토 기다유[竹本義太夫, 1651-1714]로부터 유래한 조루리의 일종인 기다유부시조루리[義太夫節淨瑠璃]를 가리킨다.
7　샤미센[三味線] 음악의 한 종류이다.

지금 사람들의 마음이 기꺼워하는 바에 따라서 약간의 취사선택을 더하며 음절을 고치면 괜찮을 것이다.

우리 나라의 악장에는 운각韻脚[8]이 없어서, 도저히 듣는 이가 감정을 크게 이끌어 내기에 부족하다. 사람들이 점차 중국이나 유럽, 아시아의 창가唱歌를 듣고 운각에 묘미가 있음을 알아내면, 그 취향을 배워서 우리 나라 말로 새로운 곡을 만드는 것 역시 어렵지 않을 것이다.

예전에 내가 외국의 기예를 채용해서 안 될 것이 없다고 말한 적이 있다. 다만 창가를 만드는 법은 외국의 것을 그대로 사용할 수는 없으므로 새로운 곡을 만들어야만 한다.

희극도 역시 바르게 고치지 않으면 안 된다. 지금의 연극은 지나치게 음탕하고 지나치게 슬프며, 너무 허튼소리가 많거나 너무 무거워서, 사람들의 마음에 해가 되는 경우가 많다. 제재를 가해야 할 것이다.

또 우리 나라의 배우는 연기하면서 노래를 부르지 않는데, 외국의 배우처럼 연기하면서 노래도 하는 편이 풍취가 있을 것이다.

사루가쿠의 교겐狂言[9]과 민간의 자방교겐茶番狂言[10]과 같은 체재는 더욱 좋을 것이다. 여기에서 한 걸음 더 나아가 음탕하고 난잡하게 흐르지 않고, 시대의 정서와 동떨어지지 않으며, 해학 속에 풍자를 담아서 시대의 폐해를 넌지시 꾸짖거나 한다면 세상의 이로움이 되는 바 또한 적지 않을 것이다.

8　글귀의 끝에 다는 운자(韻字)를 가리킨다.

9　일본의 전통 예능의 한 가지로, 사루가쿠의 해학적이거나 풍자적인 부분을 극화한 연극이다.

10　손짓·몸짓으로 좌중을 웃기는 익살극. 일상생활의 사건이나 가부키의 소재를 말이나 몸짓으로 연출하는 것으로, 에도 말기에 놀이문화로 성행하였다.

외국에서는 고명한 문인들이 서사시를 지어서 연극계에 주고, 각색을 맡아서 연출하게 하는 일도 있다고 한다. 예술계의 고아한 유희라 말할 만하다.

그리고 극장의 규모 또한 크게 키우지 않으면 안 된다. 대략 공원에 대한 법도[11]에 맞춰서 부과금을 걷거나, 또는 뜻있는 명사의 기부금 등을 가지고 도회지마다 장려하고, 웅장한 공회당을 건축하여 서민들이 함께 즐길 곳으로 삼으며, 위로는 황상皇上에서 아래로는 평민에 이르기까지 함께 놀고 기뻐하는 장소로 만든다면 가장 훌륭한 일일 것이다.

요컨대, 음악은 사람들과 함께하는 것이 가장 좋으니, 적어도 사람들이 즐기는 곳을 기준으로 삼아 개정하면 어찌 진흥의 길이 없다 하겠는가. 오직 재주와 뜻과 여력이 있는 자가 만들고 유도하는 일만 남아 있을 뿐이다.

덧붙이는 말

스모(角力戲)는 우리 나라 사람들 다수가 좋아하지만, 야만의 추풍을 면치 못한다 할 것이다. 무릇 사람 된 자라면 지혜로써 다뤄야 할 것이다. 힘으로 다투는 것은 금수의 부류가 할 짓이다. 사람으로 하여금 금수들이 할 짓을 시키면서, 이것을 보고 즐거워하는 것 또한 인류가 할 짓이 아니다. 일단 금지하면 그 무리의 낭패도 있을 것이니, 조금씩 폐업시켜 간다면 될 것이다.

---

11   1873년(메이지 6) 1월 15일에 나온 태정관달 제16호 공원 설립. 공원부지는 종래대로 면세지로 하였으나, 유지 및 관리에 필요한 자금은 부과금이나 기부금에 기댈 수밖에 없었다.

메이로쿠잡지
제19호

1874년(메이지 7) 10월 간행(11월 4일)

—

✿
1. 비밀秘密에 관한 설

이런 제목을 달면 그 주된 논의가 어떠한 것인지를 막론하고 사람들의 심리, 즉 알고자 하는 본성을 자극하여 보려 하고 들으려 하며, 그 비밀이 무엇인지 알고자 하는 의사意思를 갖게 만드는 것이 마치 간지러운 데를 반드시 긁어 줘야 하는 것과 비슷하다. 설령 처음에 얼핏 보고는 읽을 만한 것이 아님을 안다고 해도, 어리석고 무책임한 사람이 아닌 이상은 뜻을 거두지 못하는 게 사람의 본성이다. 그러므로 비밀이라는 두 글자는 도리어 사람의 호기심을 강하게 자극해서 한층 더 주의를 기울이게 만든다.

옛날 사람들은 일찍부터 비밀스러운 계략을 행하는 경우가 있었다. 약에는 가전家傳이나 기방奇方[1]이 있고, 창검의 기술에는 비전秘傳이 있으며, 음악에는 비곡秘曲이, 와카和歌[2]에는 비결秘訣이, 병법에는 비서秘書와

---

1   특이한 약의 조합법을 가리킨다.

비전의 진법陣法이 있어, 이를 귀중하다 주장하고 극비라 칭하면서 전매專賣의 도구로 삼았다. 예전에 듣기로는 안사이³학파의 유학에는 『논어』 여점與点의 장⁴과 같은 것이 있어서, 그것을 구술로 전수받는 데에 사례금 백 필疋⁵이 필요한 경우도 있었다고 한다. 모름지기 그런 것들을 공공연하게 드러내 놓고 전하게 하면, 사람들이 보기에 평범해져서 진기하고 귀중한 것이 자칫 줄어들까 두려워했던 것이다. 그러므로 귀중한 것이 귀중할 수 있었던 것은, 그 물건이 귀중해서가 아니라 그 귀중한 것을 몇 겹으로 둘러쳐 소중하게 간직하면서 남들이 살펴도 쉽사리 알지 못하게 만드는 방법에 있었다. 그런데 세상이 이제 개명한 이후 사람들의 지혜가 나날이 새로워져서, 이러한 모든 졸렬한 계책이 거의 무너졌다. 이제 무릇 서양의 전기에 관한 기술이나 또 은판 사진법(銀乘寫影)⁶ 기술과 같은 것들을 만약 비밀에 부친다면, 사람들은 대단히 경악스러워할 것이다. 그런데 이러한 이치를 밝히고 그 방법을 기록해서, 세상에 전파하는 데 조금도 아까워하지(顧惜) 않았기에 어리석은 사람들도 이를 알 수 있었다. 세상이 이미 이처럼 개명하게 되면, 소위 비전의 법(眞言秘密)⁷이나 수

---

2   일본의 전통적인 정형시로, 5·7·5·7·7의 31자로 이루어진다. '야마토우타[大和歌]', 즉 '일본의 노래'의 준말로서 일본의 사계절과 남녀 간의 사랑을 노래한 내용이 많다.

3   일본 에도 시대의 유학자 야마자키 안사이[山崎闇斎, 1618-1682]를 가리킨다.

4   『논어(論語)』 「선진(先進)」편. 점(点)이란 공자의 제자인 증석(曾晳)을 가리킨다. 공자가 증석의 의견에 찬동하여 '나는 점(点)의 의견에 가담[與]하겠다'라고 말한 일을 가리킨다.

5   동전의 환산 단위. 에도 시대에 1필은 10센[錢]에 해당했다고 하지만 시대와 지역에 따라 차이가 컸다.

6   프랑스의 루이 자크 망데 다게르(Louis Jacques Mandé Daguerre)가 개발한 초창기의 사진술. 얇은 은막으로 코팅된 구리판을 이용해 사진을 찍는 방식으로, 흔히 다게레오타입이라고도 한다. 이후 값싼 유리판을 이용해 촬영하는 방식으로 대체되었다.

험호마修驗護魔의 방술[8]도 또한 그 근거를 잃어버리고 나아갈 곳을 살피게 될 것이다. 그런데 이 비밀이라는 것이 여전히 오직 정치상에서는 남아 있으니, 내가 이를 괴이하게 여겨 시험 삼아 잠시 논해 보고자 한다.

모름지기 세상이 개명에 이르러도 여전히 없어질 수 없는 비밀이 있다. 이것을 세 가지로 나눈다. 요컨대 도덕상의 비밀, 즉 방탕하고 상스러운 이야기 등은 말로 해서는 안 된다. 무릇 추한 것을 덮고, 더러운 것을 감추는 것은 예의상 불변의 진리로, 이것은 사해고금을 통틀어 인정人情이 통용되는 곳에서는 모두 똑같으니, 야만인들조차도 그러할 뿐만 아니라 나아가서는 금수에 이르기까지 또한 이러한 성질을 갖는다. 고양이가 변을 보면 땅에 파묻고, 개가 변을 보면 모래를 발로 차서 덮는 일 등이 바로 그러하다. 그러므로 도덕상의 비밀은 가장 어쩔 수 없는 것이다. 다음으로 군사상의 비밀로, 이른바 유악帷幄의 주책籌策[9] 등은 입 밖으로 내어서는 안 되는 것이다. 무릇 병兵은 흉凶[10]이라 하였고, 전쟁은 역逆[11]

---

7   진언밀교의 비밀교법을 가리킨다.

8   밀교의 수행방식 중 하나. 수험도(修驗道) 호마법(護摩法), 호마공(護摩供)이라고도 한다. 산스크리트의 호마(homa)의 음사로, 분소(焚燒), 사화(祀火)의 의미. 본래는 힌두교의 의례로서 공물을 불 속에 던져 연기로 천상의 신에게 바쳐서 기원하는 제사의 종류이며, 교설에 의거하는 방식이 아니라 산악수행에 의한 초자연력의 획득과 그 힘을 이용해서 주술종교적인 활동을 하는 방식이다. 불은 여래의 진실의 지혜의 표시라고 해서, 불 속에 던지는 공물을 인간의 여러 번뇌에 비유하여 이를 태워 정결히 하고 깨달음을 얻는 것을 목적으로 한다.

9   군막(軍幕) 안에서 꾸미는 꾀. 작전계획을 가리킨다.

10   『국어(國語)』「월어(越語)」편의 '와신상담(臥薪嘗膽)' 고사 중에서 범려(范蠡)가 합려(闔閭)의 아들 부차(夫差)에게 했던 조언에서 나온 말. "큰 용기는 사실은 도리에 어긋나는 행위이고 무기는 사람을 해치는 흉기이며 전쟁이라는 것은 정책 가운데 가장 저급한 것입니다大勇者逆德也, 兵者凶器也, 爭者事之末也"에 의거한다.

11   도리에 반하는 일을 가리킨다.

이라 하여 마땅한 도리로서 논할 만한 것이 아니다. 옛부터 군대를 움직이는 일은 은밀하지 않으면 곧 해를 입는다고 하였다. 그러므로 군사상의 비밀도 역시 어쩔 수 없는 것이다. 또 정략상의 비밀이 있다. 소위 정부의 원대한 의도나 계획 등은 무릇 정치의 요체로서, 조금이라도 사람들을 속이는 수단이 되어서는 안 된다. 반드시 공명公明하게 사람들이 이를 알게 하고, 정대正大하게 사람들이 스스로 복종하게 하는 것이 중요하다. 다만 외교 교제 등은, 절대로 드러내 놓고 말해서는 안 된다. 소위 비밀맹약 등은 국제법의 규칙에서도 허용된다. 그러므로 정략상의 비밀도 또한 어쩔 수 없는 것이다.

이 세 가지 비밀은 세상이 개명하기 이전부터 있었거나, 근래 들어서 생긴 것이다. 이것 이외에도 소위 정치상에 또 하나의 비밀이 있다. 그것은 바로 앞에서 든 약방, 기술의 비밀과 비슷하게 옛사람들의 지혜를 답습하는 것이다. 막부의 정치가 쇠퇴한 이유는 윗사람들이 모두 사치스럽게 생활하면서 전제의 정체를 시행하는바, 비밀이 아니면 귀하지 않고 은밀하지 않으면 중요하지 않으니, 그 귀중함을 잃어버리면 곧 천하를 잃는 법이다. 정권이 하루아침에 무너졌는데, 천하의 모든 이가 그 이유를 알지 못한다. 이것은 위에서는 숨기고 아래에서는 은밀히 하여 말이 가로막히면서, 그들 사이의 정情에 큰 차이가 생겨났기 때문이다. 유신의 변혁이 크게 그 구습을 바꾸어서 제도를 밝히고 규율을 드러내며, 널리 사방을 견문하는 데 힘쓰면서 정치를 행하고 포고를 내리면, 천하가 마음을 하나로 모아 조정의 뜻이 있는 바를 깨닫고, 이를 존중하고 받들어서 나아갈 곳을 알게 될 것이니, 어찌 번성하지 않을 수 있겠는가. 그런데 요사이에 은밀하고 어두운 것이 있는 듯하니, 타이완 출병에 관한 일이야말로, 이제야 우리의 의무가 타이완을 정벌해야 한다는 것, 청나라가 불의하다는 것, 그 섬이 예전부터 저들에게 속한 것이 아니었음을 알았다. 아아, 이 또한 정략상의 비밀과 같은 것이었을까. 설령 그렇다고 한들, 한 사람이 단호히 결단하여 천하의 큰일을 도모하는 것은, 아랫사람들의 말을 듣고 그 다수의 동감을 얻는 것만 못한 일이다.

✿
2. 민선의원의 시기는 아직 도래하지 않았음을 논한다

간다 다카히라

민선의원이 쉽사리 일어날 수 있을까. 시기가 도래하지 않으면 결코 일어나지 않을 것이다. 또 시기가 도래한다고 해도 그것은 결코 기뻐할 만한 시기는 아닐 것이다.

무릇 민선의원이 건설되는 시기는 국체가 군주전권君主專權에서 군민분권君民分權으로 옮겨 갈 때일 것이다. 막상 인민이 권리를 얻을 때가 된다면, 혹은 동의를 얻을 수 있을지조차 아직 확실하다고 말하기 어렵다. 조정이 권리의 절반을 넘겨줘야 할 때 과연 기꺼이 허락할지는 아직 알수 없다. 만약 기꺼이 허락한다면 일이 크게 진척될 것이지만, 이런 일은 거의 없으리라 생각되고, 잠시 인심을 위로하고 달래기 위해 주는 경우라면, 훗날 다시 빼앗거나 하는 일이 있을지 어떨지도 아무튼 아직 확실히 정해졌다고 말하기 어렵다. 하물며 기꺼이 허락하지 않을 경우는 인민이 아무리 간절히 바라더라도 어찌할 도리가 없다. 우리 나라 인민의 순량함을 보면, 외국인처럼 군사를 일으켜 조정을 압박하고 싸워 이겨서 약조를 맺는 정도까지 이르기는 어려울 것이다. 따라서 시기가 도래하지 않으면 일어나지 않을 것이고, 지금은 아직 도래할 시기가 아닌 것이다.

이에 대해서 개략적으로 논하자면, 성현이 다스리는 동안에는 민선의원이 일어나지 않을 것이고, 적국이나 외세의 침략이 발생하지 않는 한 민선의원이 일어나지 않을 것이다. 외국인이 돈을 빌려주는 동안에는 민선의원이 일어나지 않을 것이고, 지폐가 통용되는 동안에는 민선의원이 일어나지 않을 것이며, 인민이 중세를 감수하는 동안에는 민선의원이 일어나지 않을 것이다. 그렇다 하더라도 세상은 살아 있는 생물과도 같은 것이다. 언제까지나 성현이 다스릴 것이라고 말할 수 없고, 언제까지나 적국이나 외세의 침략이 생기지 않으리라고 말할 수 없으며, 언제까지나 외국인이 돈을 빌려줄 것이라고 말할 수 없다. 언제까지나 지폐가 통용되리라고 말할 수 없고, 언제까지나 인민이 중세를 감수할 것이라고 말할 수도 없다. 언젠가 인민이 중세를 감수하지 않고, 지폐의 통용이 멈추며, 외국인이 돈을 빌려주지 않고, 적국과 외세의 침략이 앞다퉈 일어나며, 때마침 성현이 다스리지 않을 때가 있을 것인데, 만약 이러한 일이 있으면 그때는 어찌할 것인가. 민선의원이 일어나지 않으면 반드시 나라는 멸망할 것이다. 나라가 멸망하지 않으면 반드시 민선의원이 일어날 것이다. 이것이 내가 말한 소위 시기가 도래한다는 의미다. 그렇지만 이것은 계획해서 바란다고 되는 일이 아니다. 따라서 시기가 도래한다고 해도 그 시기는 결코 기뻐할 만한 시기가 아닌 것이다.

✿
3. 존이설尊異說

사카타니 시로시

　대개 사물이 친화하는 것은 본래 합동하는 성질을 지녔기 때문이고, 구별하는 것은 본래 분이分異하는 성질을 지녔기 때문이다. 합동하는 성질에서 흡인력이 생기고 서로 모여 응축하여 하나의 물체를 이룬다. 이것은 함께하는 것의 효용이라고 할 것이다. 이미 하나의 물체를 이루었으면 분이하는 성질이 저항력을 낳아서 사물들 간에 서로 부딪히고 다투면서 나뉘어 능력을 드러내는데, 이것이 다른 것의 효용이라 할 것이다. 물·불·흙·나무·쇠·돌·뼈·가죽 등은 각각 비슷한 것들끼리 모여서 사물을 이루고, 다시 분류하여 서로 부딪히면서 연마하고 부분을 이루어 모두 쓰임을 갖는다. 원래 같은 것의 효용은 없어서는 안 되지만, 같은 것이 생기는 연유를 미루어 생각해 보면 다른 것의 효용이 더욱 크다.

　지금 한 사물을 두고 살펴보자면, 모두 60여 개 다른 원소가 서로 더하거나 빼고 합동하면서 이루어진 것들이다. 천지간의 모든 것을 보면 산천과 풍토가 모두 그 형태를 달리한다. 만 가지 사물이 모두 다르고, 가령 같다고 해도 저 소나무와 이 소나무의 모습이 다르며 저 매실나무와 이 매실나무의 모습이 다르다. 천하의 수많은 사람도 서로 닮은 자는 있을지라도 완전히 같은 용모를 지닌 사람은 없으며 같은 성질을 지닌 자도 없다. 소위 사람의 마음이 서로 같지 않음이 마치 얼굴이 서로 같지 않음과 같다'고 한 것과 마찬가지이다. 천지는 굳이 그 저항력을 사사로이 쓰지 않고 모두 포용하여 하나의 지구, 대동친화大同親和의 효용을 이룬다. 용케도 영구하도록 그 크기를 지키고 있는 까닭이다. 사람이 사업을 일으켜 공을 이루는 일 또한 이처럼 다른 것을 포용하여 귀하게 여겨야만 한다. 사제와 친구들은 모두 다른 사람들이 서로 연마하며 재지와 기술을 기르고 키워 준다. 어려움과 괴로움은 다른 것들이 서로 연마하며 근골과 심지를 견고하게 해 준다. 타산지석으로 옥을 연마할 수 있는 것이다. 서적도 다른 책이 아니라면 교정할 수 없으니, 다른 것의 효용이 어찌 크다 하지 않겠는가. 듣기로는, 중세의 서양 종교 간에는 이설異說이 앞다투어 일어나면서 서로를 헐뜯는 논의가 생겨났는데, 그 연마의 효용으로 크게 의기(志氣)를 분발하게 하면서 이름난 종교 지도자들이 많이 나타났다고 한다. 그러나 논의가 정리되고 가르침이 행해지면서 공손하고 온순한 설이 나타났고, 시간이 지남에 따라 저항력이 떨어지고 격발하는 기운도 약해지면서 뛰어난 종교 지도자도 점차 줄어들었다. 뜻이 있는 자들이 이런 모습을 걱정하여 새삼 이설을 만들어서 그 나태한 기운을 진작하고자 하였다고 한다. 다른 것을 귀하게 여길 줄 알고 같은 것을 낮게 다뤄야 함을 알아야 할 것이다.

---

1   출전은 『춘추좌씨전(春秋左氏傳)』 「양공(襄公)」편. "사람의 마음이 서로 같지 않음은, 마치 얼굴이 서로 같지 않음과 같습니다人心之不同, 如其面焉"라고 나온다.

정부는 천지를 대신해서 인민을 교화하고 보호하는 것으로, 그 책임의 크기가 종교에 비할 바가 아니다. 다른 것을 포용하고 존중하며 귀하게 여겨야 하는 이유가 바로 여기에 있다. 외국에서는 그 정교와 풍습을 달리하면서 서로 연마하고, 관리가 서로 다른 의견으로 연마하고, 서민이 각자 주장을 달리하여 연마하여 공평하고 지당한 처치를 만들어 내서 국가의 광휘를 발휘한다. 모두 다른 것들이 저항하며 서로 연마함으로써 생겨난 것이다. 즉 정부나 장관은 공순하며 아첨하고 같은 의견으로 따르는 자들에게 위대한 담력(膽)을 발휘하여 저항력을 키우고, 이런 자들은 낮추고 물리치며, 다른 것으로 연마하는 자들에게는 친화하고 끌어당기는 힘을 북돋우고, 이런 자들을 존중하고 아낀다면, 온 나라의 다른 것들이 모두 친화하고 합동하는 것이 마치 60여 개 다른 원소들이 혼합하는 것처럼 되어 그 부강함이 비할 데 없는 하나의 물체가 되기를 기대할 수 있을 것이다. 이렇게 다른 것을 존중하고 아껴서 잘 사용한다면 무정한 목석마저도 모두 나의 쓰임으로 삼을 것인데, 하물며 정이 있는 사람은 어떠하겠는가. 그런데 다른 것을 낮게 여기며 거부하는 것은 예전 양이攘夷를 일삼던 야만의 습속일 뿐이니, 무엇으로써 국가를 다스릴 것인가. 또 사람의 정은 그 뜻이 이루어지면 기뻐하는 것인데, 지금 한마디만 해도 정부는 칭찬하지 않고 장관은 배척한다면, 매일 천금의 급여를 주어도 누군들 억제하라는 명령을 달게 받겠는가. 당분간은 사리를 꾀하며 그 마음은 따르지 않고, 그 기운은 느슨해질 것이다.

예로부터 관원이 분발하지 않고 국가가 반드시 쇠망에 이른 경우는 모두 이로부터 나온 것이다. 요堯·순舜·걸桀·주紂·진시황秦始皇·한고조漢高祖의 치란흥망에 있어서, 오다 노부나가織田信長·도요토미 히데요시豊臣秀吉와 같은 용맹한 호걸들도 멸망하매, 도쿠가와 이에야스德川家康의 말을 가벼이 여겨 간쟁諫諍의 효용이 선봉에 나선 창보다 낫다고 말하기에 이르면서, 이제 다름을 귀하게 여기는 것의 효과가 다스림을 만든다고 사람들로 하여금 생각하게 하였다. 일본과 중국의 역사로부터 이와 같은 일들은 명백하게 증명할 수 있다. 러시아의 표트르 대제가 스위스와 싸울 때, 종종 패배하면서 저들이 나를 승리로 인도한다고 하였다. 다른 것을 존중하며 강적에게 도달함은 평생 알아야 할 것이다. 그러므로 과실이 많았지만 영국과 프랑스와 같은 나라들이 다름을 합하여 절대적인 업적을 세웠다. 프랑스의 나폴레옹 3세는 처음에는 다른 것을 좋아한다며 잠시 사람들을 속였지만, 황제가 되자 전권을 가지고 억압하고 지력을 통해 사람들을 강제로 자기에게 동화시키려고 하여 18년간[2] 황제로 있다가 전쟁에 패배하여 감옥에 갇히게 되었다. 두 황제의 차이가 분명하니 귀감으로 삼을 만하다.

　지금 의원議院 설립에 찬성하는 자 가운데 어떤 이는 시기상조라고 말하면서, 시기상조이기 때문에 취해야 할 조치가 무엇인지 언급하지는 않는다. 어떤 이는 자연의 기세를 기다려야 한다고 말하지만, 자연의 기세가 오려면 큰 혼란이 있고 난 다음일 것이다. 이것은 모두 다른 것의 명분만을 사모하고, 다른 것의 실질을 미워하는 것이다. 그 아래에 있으면서 논하는 자들은 분연히 정체의 근본에 관계없이 의원을 일으키고 정부를 깨뜨리려고 하는데, 이것은 혼란을 좋아하는 것이다. 이와 같이 해서 일어나는 것을 막지 않는다면 또한 프랑스의 루이 16세 시대의 혼란[3]을 키우는 것이다. 또 이러한 주장을 하면 타인의 주장이 조금만 달라도 곧

2　　나폴레옹 3세의 재위 기간은 1852-1870년의 18년간이다.
3　　1789년의 프랑스혁명을 가리킨다.

분노하고 매도하여, 곧 공평하고 침착한 마음으로 심사숙고하는 자가 없다. 이 역시 오로지 사사로운 마음을 끌어당기는 힘을 모두 똑같이 만들고, 다른 것을 싫어하며 미워하는 것이다. 스스로 좋아하고 미워하는 것이 서로 견제하고 모순되니, 어떻게 의원이 일어날 수 있겠는가. 일어난다 해도 또한 행하는 것과 의논하는 것이 서로 어긋나니, 일종의 기괴한 모임이 되어 이리저리 쓰러지고 엎어지며 진흙탕에서 뒹구는 모양새일 것이다. 지금 세상에서 어떤 조치나 논의와 같은 것들이 모두 이와 같다. 도처에 전횡과 억제가 이리도 많으니 과연 옳은 일일까. 나는 물길이 막히는 것처럼 저항의 기세가 점점 쌓여서 둑이 무너지고 저수지가 흘러넘쳐 온갖 것들이 쏟아져 나와 구태의연한 이들이 말하는 소위 자연의 기세를 일으킬 정도에 이르게 될까 두렵다.

어떤 이가 다음과 같이 물었다.

지나에서는 송나라 때에 이론異論이 가장 많았다고 하는데, 만일 그렇다면 어째서 떨쳐 일어나지 않았는가?

나는 이렇게 답하였다.

위에 있는 자들이 하나하나 집요하고 무도하며 다만 자기에게 동조하는 자들만을 기꺼워하며 개화를 가로막는 것이, 왕안석王安石까지 언급하지 않아도, 재결裁決하는 것이 분명하지 않고 다른 것을 기꺼워하는 마음이 깊지 않아 채경蔡京[4]과 같은 무리에게 속은 사마광司馬光[5]

---

4   북송 말기의 정치가로, 16년간 재상 자리에 있으면서 요(遼)나라를 멸망시켰으나, 휘

같은 이만 보아도 그 이유를 알 수 있을 것이다. 사마광은 군자君子였으나 사람들의 논의에 부쳐 천하의 공公을 헤아릴 줄을 몰랐으니, 노심초사해 보아야 단지 한 사람의 사사로운 지혜일 뿐이었다. 그래도 사마광은 아직 나은 편이다. 재주와 지혜를 가진 소인小人이 교활하며 도량이 좁고 간사한 이들과 어지럽게 뒤섞여 있으면서 국권을 취한다면, 의견이 아무리 다양하더라도 도저히 나라를 지켜 낼 수 없을 것이다. 하지만 송나라가 아무리 약했을지언정 한번 패배했다고 즉시 망하지 않고 나라의 절반인 강남江南을 지켜 냈던 것[6]은 많은 의논의 효과였다. 만일 그 의논을 몇 배로 늘렸더라면 필시 소인을 압도하고 약한 기세를 바꾸었을 것이다. 그러므로 송나라에 의논이 많았던 것을 책망할 것이 아니라, 도리어 많지 않았던 것을 개탄해야 하는 것이다.

어떤 이가 다시 물었다.

전쟁은 서로 다르기 때문에 일어난다. 이것도 기꺼워해야 하는가?

내가 다시 답하였다.

종(徽宗)에게 아첨하여 사치를 권하고 재정을 궁핍에 몰아넣었다. 금(金)나라가 침입하고 흠종(欽宗)이 즉위한 후, 국난을 초래한 6적(賊)의 우두머리로 몰려 실각하였다.

5   북송(北宋)의 정치가. 자(字)는 군실(君實).『자치통감(資治通鑑)』의 편저자. 왕안석의 신법에 반대하고 당시의 전통적 질서를 옹호하였다.

6   송나라는 1126년 금의 침입으로 황제 흠종이 포로로 잡히면서 일단 멸망하나, 난을 피해 남쪽으로 도망간 흠종의 동생 고종(高宗)이 임안(臨安)에 도읍을 정해 남송(南宋)으로 재건하였다.

같음에서 다름이 나오고, 다름에서 같음이 생긴다. 같음이 극에 달하면 다름이 되고, 다툼이 생기며, 전쟁이 일어난다. 다름이 극에 달하면 반드시 같음이 되고, 다스림이 생기며, 화평을 이룬다. 화평하지 못하므로 싸우게 되고, 싸우는 자는 평균을 구하며 화평을 이루게 마련이다. 그렇지만 이것은 자연의 도리에 관해서 논한 것일 뿐으로, 현실에서는 한번 패하여 멸망하면 나의 어지러움을 틈타 타인이 평정하려고 할 것이다. 조화가 이루어지도록 서로 도와서 세상을 이롭게 하는 것은 사람의 역할이다. 전쟁은 대비하되 기꺼워해서는 안 된다. 천지의 도리가 이루어지도록 돕는 사람이면서 자연의 기세를 이야기하는 것은 도리어 난을 좋아하고 전쟁을 기꺼워하며, 타인으로 하여금 나에게 동화시키는 것을 즐기는 자이지, 다름을 존중하고 사랑하며 대동大同의 세계를 열어젖히는 자가 아니다.

요번에 니시 선생이 애적愛敵에 관해 적은 논의[7]를 읽고 느낀 바가 있어 이 글을 적었다. 여러 군자께서 이 글을 두루 읽어 주시고 질정해 주시기 바란다.

---

7   『메이로쿠잡지』 제16호 4. 니시 아마네의 「애적론」을 말한다.

✿
4. 인간 공공의 설 ③

스기 고지

세상에는 민사 사건과 형사 사건이 있으므로, 이를 위해 반드시 중재가 있어야 한다. 그리고 중재에 관여하는 사람은 세상에서 덕행을 우러르고, 공평하고 밝은 식견을 갖추며, 일의 옳고 그름을 판별하여 잘못한 자로 하여금 진심으로 순종하게 할 권한을 가져야 한다. 이것이 사회에 공개적으로 재판관을 두는 까닭이다.

무릇 소송을 맡아 판별하기 어려운 사건을 해결하는 것은 대단히 번잡하고 어려운 일로, 소송의 순서를 정하고 본보기를 동일하게 만들어서 처리해야 하며, 거짓을 경계하고 모략을 금지하며 소송한 자의 번거로움을 살펴야 한다. 이것이 법령이 생겨난 까닭이다. 그런데 이러한 큰 근본을 그르치는 폐단이 계속 일어나면, 송사와 옥사가 순조롭게 진행되지 않게 되거나, 또는 본보기에만 집착하여 사실事實을 놓치거나, 또는 마지막에 가서는 왕왕 부정한 재판을 행하게 되기도 한다.

무릇 세상 사람의 품행을 바르게 하고 덕의를 두텁게 하는 데에, 도리가 점점 고상해지게 되면 이로부터 어리석은 이들을 감동시키고 그 마음을 고치게 할 방법이 없어지므로, 위엄을 부리고 위협을 가하는 방법을 사용하게 된다. 이것이 체벌을 가하는 형벌이 생겨난 까닭으로, 그 벌의 경중輕重은 인간이 손해를 입은 정도에 따라서 다르게 한다.

신을 믿는 것은 사람들의 고유한 천성으로, 일반적으로 정신에 선행善行의 힘을 발생시킨다. 그러므로 종교는 죄악을 징계하는 아주 큰 위력을 가진다고 한다. 이로부터 종교의 지도자들이 생겨나 공공연히 세상에 신교를 포교하게 되었다. 본래 신에 대한 일은 사유의 깊고 얕음, 지식의 높고 낮음에 따라서 그 믿고 받드는 바 역시 깊고 얕음, 높고 낮음이 있다고 하는데, 무식하고 어리석은 인민들은 사유가 대단히 천하고 낮으며, 또 마음이 나약하고 무지하기 때문에 종교의 높은 경지에 이르지 못하므로, 오로지 신에게 기도만 할 뿐 자립하려고 하지 않는다. 또 이런 교도들은 천지신명의 계시의 이치에 어두워서, 결국에는 이단의 길로 빠져들어 저절로 높은 자는 사리사욕을 채우고, 낮고 어리석은 이들은 경박한 신심信心을 현혹당하여, 선행을 권하고 덕을 수행하는 내용은 버려지고 허망하고 터무니없는 거짓된 도리만 점점 왕성해지게 된다.

이리하여 폭정이 행해지는 나라에서는 이단의 가르침을 국교로 삼고 그 교도들을 고귀한 자라고 여긴다. 또 신심의 미혹됨으로부터 화란이 끊이지 않는다. 그들이 주장하는 바는 선과 악, 옳고 그름이 전도되어 나와 사물 간의 관계를 올바로 분별하지 못하고 인생의 사업을 어지럽히며, 유명계幽明界의 일을 인간계의 일이라 하여 사람들이 요괴와 유령, 귀신과 마귀의 올바르지 않은 길에 빠져들고 막연히 꿈속에 있는 것처럼 지낸다. 때로는 종교의 무리들이 서로 당파를 이루어 서로 용인하지 않거나, 또는 공명을 기뻐하고 영리를 밝히는 자가 자기의 미신을 가지고 다른 이를 감화시키기 위해 오만하게 굴며 군사의 위력을 이용하기도 한다. 대개 풍속이나 교화, 예의에 관한 것들은 모두 종교의 취지에 의거하지 않는 것이 없으니, 인류를 크게 해치고 시키는 대로 순순히(惟惟) 옛 발자취를 경외하며, 분명하지 않고 애매한 것들로부터 감동을 받아서 각자 그 받드는 바를 신앙하여, 점차 종지宗旨가 나뉘면서 이단설은 점점 번성하게 된다.

무릇 종교의 설은 여러 가지가 뒤섞여 나와서 서로 다투고 공격하는 시기에 이르면, 이윽고 거기에서 진리의 밝은 빛이 나와서, 사람이 따라야 할 바른 도리(正經)에 대한 학문이 점점 왕성해지게 된다. 이로부터 인간의 모습(情狀)을 일신하고 사람과 사람 간의 교제에 관한 도리(通義)도 가까운 곳에서부터 먼 곳까지 미쳐 인류의 지위가 극적으로 변화하게 되니, 힘써야 할 곳에 힘쓰고 할 수 있는 일을 다하며, 뜻하는 바를 이루고 바라는 바를 달성하려고 하여, 사물에 대한 지식이 점점 두루두루 미치게 되고 도리에 대한 궁리가 더욱 치밀하게 된다. 이렇게 해서 학문의 구역이 더욱 광대해지고, 옛날 사람들의 이론이 골고루 세상에 알려지며, 학자는 더욱 새로운 이치를 발견하여 후학後學의 기본을 창립하게 되는 일 또한 적지 않다고 한다. 그런데 이렇게 고독하고 나약하며 유한한 힘을 가진 인간이 무한의 학문을 강구할 수는 없다고 하여 분야(門)를 나누어 학습한다. 그런데 학문의 도는 깊고 멀고 지리하며 하나로 귀결되는 바가 없어서 학자조차 종종 편집중에 빠지곤 한다. 그런데 학문이니 가르침이니 칭하는 것을 사람들이 배우면서도 면밀히 살필 수 없으니, 이렇듯 편견의 지식으로 무식한 자를 이끈다면 결국 세상은 위험에 이르게 될 것이다.

메이로쿠잡지
제20호

1874년(메이지 7) 11월 간행(11월 29일)

—

✿
1. 신문지론

쓰다 마미치

　내가 일찍이 출판 자유의 주장을 적어서 사람들이 그 말하고자 하는 바를 하고 싶은 대로 저술하고 인쇄하는 일을 가능케 하는 데에 정부 측으로부터 간섭당하지 않기를 희망했던 적이 있었다. 모름지기 지금 시대는 곧 우리 대일본제국의 문화가 그야말로 개화하기에 적기이자, 또한 초목이 가지를 뻗치는 시기처럼 사람들의 지식이 생장하는 때이니, 마땅히 사랑으로 기르고 보호하며 억누르거나 방해하지 않으면서 자연스러운 운행의 흐름에 맡겨서 생장 발달의 때를 방해하지 않도록 해야 한다.

　우리 정부가 신문지 발행의 허가[1]를 낸 이래로 우리 대일본제국 안에 지금 이미 십수 종의 신문지가 있어서 위로는 정부의 포고에서 아래로는 각 부현府縣과 도시 및 지방(都鄙)의 사실, 여러 사람의 논설, 외국의 새로운 소식에 이르기까지 괴상한 소식, 기이한 일, 신기한 이야기, 새로운

1　1869년(메이지 2) 2월 8일에 발표한 신문지 발행조례를 가리킨다.

주장에 관계된 것은 모조리 수집하고 기재하지 않는 바가 없다. 이것은 그야말로 사람들의 지식과 견문을 넓히고 문화개명에 도움을 주는 바가 적지 않으니, 무릇 국가 부강의 근본을 배양하는 공이 또한 신문지국에 있다고 말할 수 있을 것이다.

그런데 각 도시와 지방의 사건 가운데 간통죄, 도둑에 대한 기사들이 대략 그 반수를 점한다. 모름지기 이것은 지금 실제로 일어나는 경향들로, 원래 있는 그대로 기재하는 것이며, 결코 만들어 내거나 억지로 갖다 붙이지는 않았을 것이다. 나는 그것이 사실이라고 믿는다. 원래 우리 나라 고유의 와카和歌나 각종 이야기를 살펴보면 노래는 대개 연가이고, 이야기는 간통에 관한 것들이다. 우리 나라에서만 남녀 간의 풍속이 이리도 어지러운 것인가 하면 그렇지는 않고, 다만 우리 일본의 개화는 여전히 사람들이 이제야 지식과 견문을 여는 때를 맞고 있는, 즉 그야말로 색욕이 발생하는 시기인 것이고, 곧 소위 감각의 시대인 것이다. 이것을 지나의 시詩로 비유하자면, 국풍이 개화하였으나 아직 세련되고 우아한 문명에는 이르지 못했음을 의미한다. 남녀 교제의 일이 본디 많은 것도 당연하다 하겠다. 그렇지만 무릇 사람이 젊어서 경계해야 하는 것이 있다면 바로 색色에 관한 것이니, 국가에서 원래 엄하게 금지하여 경계하지 않으면 안 된다. 이것이 바로 우리 대일본제국의 형률에서 간음죄에 대한 조항이 얼마 전에 개정되긴 했어도[2] 여전히 구미 각국의 형법에 비한다면 관련 조항이 많은 까닭이다. 그런데 남편의 간음을 겉으로는 엄하게 금지하여도, 뒤로는 적발하기보다 도리어 주의를 주고 경계하도록 한다. 그러므로 가령 어떤 사람의 부인이 간음을 저질러도 남편이 고발하

---

2   1873년(메이지 6) 2월 8일에 태정관포고 제43호에 따라 개정되었다.

기를 기다려서 비로소 이에 형법을 적용하는 것이 만국에서 통용되는 상식이다. 그런데 우리 나라의 각종 신문지를 보면 종종 간음이 아직 발생하지 않았고 아직 경찰 관리의 조사가 시작되지도 않은 일을 게재하고, 심한 경우는 나중에 그 오보를 사과하거나 정정하는 경우도 있다. 무릇 사람의 비밀스러운 부분을 세상에 드러내는 것은 그 사람에게 큰 해가 되는 일임은 말할 필요도 없다. 또한 입법의 취지에도 반하는 일이다. 특히 어린 남녀들이 이러한 것을 읽는 것은 도저히 참을 수 없다. 이런 것들은 풍속을 크게 어지럽히는 해가 있으니, 패관소설稗官小說[3]이 음란한 이야기를 기록하는 것과 별반 차이가 없지 않은가. 이는 오직 국가가 신문지 발행을 허가하는 취지에 어긋나는 것일 뿐만 아니라, 도리어 제반 신문지가 개명을 돕고자 하는 취지에도 반하는 것임에 분명하다. 편집자들은 어찌 스스로 이를 깨닫지 못하는가. 저들이 입만 열면 곧 문명개화를 주창하면서도 도리어 스스로 문명개화의 견식을 갖추지 못하였음은 이 한 가지 일만 보아도 미루어 알 수 있는 것이다.

또 사람의 과거 악행을 기재하는 일이 종종 있는데, 이 또한 대단히 잘못된 것이다. 무릇 과거의 악행은 대개 말하기를 꺼리는 것이 자연스러운 인정人情이며, 그야말로 마땅한 사람 된 도리이다. 그 죄악을 벌하는 것은 정부의 소관이다. 그리고 법률에 또한 공소시효[4]와 같은 것이 있다. 그러한 것을 신문지에서 타인의 과거 죄상을 기재하여 천하에 널리 알리니, 대체 이 얼마나 잔인한 일인가. 설령 원한을 품은 자가 간혹 투서를

---

3   패관(稗官)이 모은 소설이나 이야기. 패관은 민간의 풍속을 모아서 왕에게 보고하는 관리의 명칭. 흔히 통속소설 등을 지칭한다.

4   에도 시대에도 죽을죄 이상의 죄를 제외하고 일단 죄를 범하여도 같은 죄를 범하지 않고 일정 기간을 경과한 자에게는 형벌을 부과하지 않는 제도가 있었다.

하는 일이 있어도, 마땅히 주의하여 여러 번 살펴보고 숙려해야 할 것이다. 내가 이렇게 주장하는 것은 편집자가 혹시 듣고 깨닫는 바가 있기를 바라는 마음에서 적은 것이다.

✿
2. 처첩론 ④

모리 아리노리

여자는 남의 아내가 되어 가정을 다스리는 데 그 책임이 이미 가볍지 않다. 그런데 또 어떤 사람의 어머니가 되어 자식을 가르치는 일 또한 실로 어렵고도 무겁다 할 것이다. 무릇 사람의 어미 된 자는 먼저 신체를 건강하게 유지하지 않으면 안 된다. 신체가 건강하지 않으면 오로지 자신에게 의존하는 어린아이를 잘 보육할 수 없다. 또 그 성격이 공평하고 바탕이 순수하고 맑아야 한다. 만일 성격이 공평하지 않으면 그 아이를 관리하는 데 마음으로 복종하고 공경하며 따르게 하지 못할 것이다. 아이에게 부모란 흡사 사진기의 렌즈에 사물이 비치는 것과 같다고도 하였다. 만일 그 바탕이 순수하고 맑지 못하면 이것을 따라 하는 아이 또한 따라서 순수하고 맑지 못할 것이다. 그러므로 아이의 성질이 아름답기를 바란다면, 그 어미 된 자 또한 마땅히 온전하지 않으면 안 된다. 정직은 믿음의 근본이다. 아이는 본래 어미를 믿으며 모든 것을 기대는데, 만일 어미가 정직하지 않다면 아이가 어떻게 믿음을 유지할 수 있겠는가. 결국에는 모자가 서로를 속이고, 장성해서는 남을 속여서 세상에 해를 입히게 될 것이다. 이것은 무엇보다도 깊게 주의해야 하는 바이다.

어미 된 자는 또한 언제나 생각을 고상하게 갖지 않으면 안 된다. 생각이 고상하지 않으면 어떻게 그 아이로 하여금 바르고 큰 사업을 이루어 문운文運을 진보시킬 공과 업적을 이루게 할 수 있겠는가. 여자는 원래 정이 많고 사랑이 연못만큼이나 깊은 존재이다. 그런데 어려서 배우지 않은 채로 어미가 되어 아이를 기르게 되면, 그 사랑의 힘을 이용하는 법을 몰라서 종종 아이를 그 연못에 빠지게 하는 경우가 있다. 그러므로 여자는 먼저 학술을 배워서 대체적인 사물의 도리를 익히고 지혜의 경계를 넓혀서, 그 사랑이라는 재화를 쓰는 방법을 잘 알아야 한다. 그렇게 하면 곧 그 깊은 연못의 사랑이 점차 더해지고, 이에 따라 덕택德澤도 함께 커질 수 있는 것이다. 아아, 여자의 직분이 이리도 어렵고 그 책임 또한 이렇게 막중하다. 그런데 세상에서는 여자를 남자의 놀이 도구로 삼고, 주색과 음악으로 제멋대로 다루며, 돌보기는커녕 쾌락을 얻으려고만 하며, 만일 이런 유희에 함께하지 않으면 동료로 껴 주지 않으려는 풍조(情勢)마저 있다. 외국인이 우리 나라를 보고 지구상의 일대 음란국이라 하는 것도 근거 없는 비방만은 아닐 것이다.

✿

3. 호설狐說에 대한 의문

사카타니 시로시

여우가 매우 영악한 짐승이라는 개념은 동양이나 서양이 모두 동일하다. 하지만 일본과 지나에서는 '호빙호매설狐憑狐魅說'[1]이라 하여, 옛날부터 많은 사람이 요수妖獸, 괴물怪物이라 불렀다. 최근 서양 학설이 들어오면서 이것은 모두 일종의 신경착란이라는 질병이라는 점이 밝혀졌다. 하지만 홀리거나 홀렸었다고 말하는 자들이 스스로 여우와 너구리의 말을 내뱉고 여우와 너구리의 모습을 하니, 학자라도 그 의혹을 완전히 풀지 못한다. 그 이유를 짐작해 보자면, 일본과 지나에 있는 여우와 너구리에 대한 이야기들은 옛날 몽매한 시절에 생겨난 것으로, 도깨비나 귀신이라며 어릴 때부터 캥캥거리며 온다는 얘기가 머릿속에 깊숙이 단단하게 새겨져 굳어 버려서 지울 수가 없게 되었다. 그러다가 일단 정신이 혼란해지면 새겨져 굳어 있던 것이 순식간에 앞다투어 튀어나오는 데다, 보살피

---

1   여우가 변신해서 사람을 홀린다고 하는 속설이다.

던 사람마저 여우와 너구리라고 여기고는 소란을 피우며 사방에서 떠들어 댄다. 이처럼 터무니없는 거짓말에 속아서 어리둥절하게 만드니, 여우와 너구리가 아닐 수 없는 것이다. 또 까마귀와 솔개도 부녀자를 잘 속인다고 하니, 이처럼 여우와 너구리의 교활함은 어리석은 백성들의 치정痴情에서 나온 욕망을 부추겨서 속이고 모욕하며 농락하는 것이다. 그런데 사람의 머릿속 깊숙이 새겨져 굳어 있기 때문에 이에 반응하여 기괴한 것들이 튀어나오니, 이제 와서 말로 깨닫게 하지 못하는 것도 당연한 일이다. 겁이 많은 자가 밤길을 가다가 썩은 줄을 밟고서는 뱀이나 전갈이라고 여기거나, 대나무 그림자를 보고는 저승사자로 보는 것이나, 전쟁에서 패배한 병졸이 바람 소리나 학의 울음소리를 듣고는 겁을 먹고 강력한 적군으로 간주하거나, 의심 많은 소인배로서 미혹된 자가 충신의 고절苦節[2]을 의심하여 간사하다고 생각한다거나, 물건을 잃어버리고 의심하는 자가 정직한 이웃 노인을 적으로 여긴다거나 하는 경우가 모두 머릿속에 단단히 굳어 있던 각인이 발현한 것이다. 이런 현상을 살펴보면, 선입견이 주가 되어 일상의 습관으로 굳어진 교양을 주의해야 함을 알 수 있다.

소위성사素位醒史[3]가 보아 하니, 홋카이도 사람은 우둔하지만, 그곳의 개는 지혜롭다. 중국(中土) 사람은 지혜로우나, 그곳의 개는 어리석다. 서양의 경우, 그곳의 사람과 개가 모두 지혜롭다. 사람이 지혜롭고 지혜롭

---

2   아무리 곤란한 경우에도 괴로움을 견디며 신념이나 절개를 끝까지 지킨다는 의미이다.

3   소위(素位)는 자신의 위치에 만족하며 사는 사람, 성사(醒史)는 깨달음을 얻은 사람이라는 의미이다. 즉 자신의 현재에 만족하며 깨달음을 얻은 자라는 의미로, 본 기사의 저자인 사카타니 본인을 가리키는 말이다.

지 못함은 대개 개명 여부에 달렸고, 개는 대지의 기운에 따라서 그렇게 되는 듯하다. 여우의 교활함은 동서양이 모두 같지만, 듣자 하니 홋카이도의 여우는 중국의 여우에 비하면 우둔하다고 한다. 어쩌면 세상의 조화가 기묘한 일을 좋아하여 대지의 기운을 이용하여 개와 약간 그 성질을 바꾸려고 한 것일까? 그렇다면 중국 개의 우둔함은 대지의 기운에 의해 여우와 약간 성질을 바꾸게 한 것이 아닌지 어찌 알 수 있을까? 또 일본과 지나 여우가 서양 여우보다 훨씬 교활해서 사람의 머릿속에 각인을 남긴 것이 아님을 어찌 알 수 있다는 말인가? 종교의 방편方便이 유럽인의 머릿속에 각인되어 오늘날에 풀 수 없게 된 것도 대체로 이와 비슷한 경우일 것이다.

요컨대, 개명 세계로 향하는 지금, 어찌 이른바 요괴라는 것이 있을 수 있겠는가? 천연 그대로의 도리, 자연의 이치가 실제로 실행되어 사람의 몸과 마음을 닦고 밝혀서 건강하게 하면, 온갖 나쁜 것들을 모두 물리칠 수 있을 것이다. 그 머릿속의 오래된 습관의 각인을 잘 풀어 버려야 한다. 그렇지만 구습의 각인을 풀려는 욕심에 큰길로 가지 않고 지름길을 찾는, 일종의 새로운 폐습을 각인시키는 경우가 있다. 이것은 즉 여우로 하여금 여우를 대신시키는 격이니, 그 해로움은 더욱 원대하여 후회 정도로 그치지 않게 될 것이다.

✿

4. 호설狐說의 넓은 뜻

사카타니 시로시

　여우가 홀리는 것이 아니라는 얘기는 이전의 논설에서 이미 다루었다. 설령 잘 홀린다고 한들, 그 해로움이 크지 않다. 저녁에 차 한 잔 마시며 나눌 만한 이야기 정도에 지나지 않는다. 실제로 사람을 유혹해서 해를 끼치는 일이라면 여우보다 훨씬 더 극심한 경우가 있다. 무엇인가 하면, 아편 담배가 바로 그것이다. 사람을 혼미쇠약하게 만들고 큰 전쟁[1]을 불러일으킴에도, 사람들이 그 해로움을 잘 알면서도 폐지하지 못한다. 그렇지만 이것은 특히 지나인支那人이 현혹당하였을 뿐이다. 술이 또한 그러하다. 술은 다른 물건이기는 하지만 해로움은 동일하다. 예나 지금이나 성현들은 술을 경계하였고, 미국 보건당국에서는 술을 폐지하려 하고 있다. 더군다나 조금도 그 유혹을 줄일 수 없다. 그렇기는 하지만 술은 또한 즐기는 자도, 즐기지 않는 자도 있다. 색色이 또한 그러하

1　아편전쟁(阿片戰爭)을 의미하는 듯하다.

다. 거기에는 활동의 기능이 있으며, 정이 있으며, 호걸 기질을 가진 자도 이로 인해 현혹당한다. 이집트 여왕 클레오파트라가 로마의 두 호걸을 매료시키고,[2] 여후呂后[3]와 측천무후則天武后[4]가 한 고조高祖와 당 고종高宗을 유혹하였고, 마사코[5]와 요도기미[6]가 요리토모와 히데요시를 매혹시킨 것이 그 명백한 증거일 것이다. 그 밖에도 종종 자기 일을 잃거나 행실을 금수와 같이 하여 몸과 마음으로부터 집안과 나라까지 무너뜨리기도 한다. 그렇지 않더라도, 한 명의 측실로 인해 추명醜名이 일시에 퍼지기도 한다. 실로 두려워할 만한 일이다. 하지만, 이것 또한 미인이 적고 추녀가 많아서 사람을 현혹해도 모두가 그렇게 되지는 않는다.

금은이라는 것은 단지 딱딱한 무기체의 광물로서 지각知覺도 심정心情도 없다. 그저 그 색깔이 반짝여서 눈을 홀릴 따름이다. 그리하여 귀천, 노소, 남녀를 막론하고 온 나라가 모두 미혹되어 헤어나질 못한다. 그런 것은 원래 굶주려도 먹을 수 없고 추울 때 입을 수도 없지만, 하루만 없

2　이집트 프톨레마이오스왕조의 마지막 여왕이었던 클레오파트라(기원전 69-기원전 30)가 로마의 지도자 카이사르와 안토니우스를 매료시켰던 일을 가리킨다.

3　중국 전한(前漢)의 시조인 유방(劉邦)의 황후로, 유방이 죽은 뒤 실권을 잡고 여씨 일족을 고위고관에 등용시켜 여씨 정권을 수립하였으며, 동생을 후황으로 책봉하는 등 정치에 개입하여 큰 혼란을 초래했다.

4　중국 역사상 유일한 여성황제(624-705)로, 당 태조의 후궁으로 들어가 이후 고종의 황후가 되었다. 690년 국호를 주(周)로 고치고 스스로 황제가 되어 15년간 중국을 통치하였다.

5　호조 마사코[北条政子, 1157-1225]. 가마쿠라막부를 세운 미나모토노 요리토모[源頼朝, 1147-1199]의 정실부인으로, 미나모토 사후에 친가인 호조씨[北条氏]가 중앙권력을 장악하는 데 큰 힘을 보탰다.

6　요도기미[淀君, 1569?-1615]. 도요토미 히데요시[豊臣秀吉, 1536-1598]의 측실이자 그 후계자 히데요리[秀頼, 1593-1615]의 어머니로, 히데요시 사후 도쿠가와 이에야스[德川家康, 1543-1616]와 대립하며 오사카성을 거점으로 전쟁을 일으켰다.

어도 즉시 굶주리고 추위를 느끼게 된다. 술과 색 역시 여기에 기대어 그 매력을 발산한다. 대체로 학자가 학문을 연마하고 관원이 관직에 성실히 종사하며 상공인이 정신력을 다하는 일, 인자仁者가 인仁을 칭하고 인자 하지 못한 자가 불인不仁을 칭하는 일, 기만하고 도살하는 사건, 영웅호걸 의 전쟁, 염치를 모르고 목숨을 내던져 가며 밤낮으로 계획 없이 현혹되 는 것 모두가 이 금은 때문이다. 이 물건은 옛날에는 없었지만 후세에 점 차 왕성해졌다. 그것이 머리에 각인되는 것도 역시 개명이 되면서 점차 심해졌다. 아무리 여우가 잘 홀린다 한들, 그 만분의 일이나 생각나게 할 수 있을까. 정말로 신기하고 이상한 일은 추측해서 알 수 없는 법이다.

하지만 곰곰이 이것을 생각해 보면, 이것은 지혜가 있어서 사람을 홀 리는 것이 아니라, 사람이 그 욕망으로 인해 스스로 홀리는 것일 따름이 다. 그 죄는 욕망에 있지 물건에 있지 않다. 이 물건은 만물을 대리하는 용도 중 하나로 녹아들어 유통되면서 세상에서 사용된다. 그 효용이 대 단히 커서 비할 데가 없을 정도이다. 그렇다고 하면, 욕망을 없애야 할 까? 그렇지는 않다. 사람과 욕망은 떼어 놓을 수 없다. 욕망이 사라지면 사람 또한 사라진다. 다만 그 욕망의 범람을 제어해야 할 뿐이다. 욕망의 범람을 제어할 수 없게 되면, 사람의 마음은 중심을 잃고 균형을 잡지 못 하게 된다. 종교와 법률을 중심으로 내세워 방어하고 제어하지만 그러 고도 균형을 잡을 수 없으니, 그로 인해 쟁란이 그치지 않는다. 홀로 위 에 군림하는 자는 독재나 공화를 논하지 않는다. 실제로 정치를 행하여 천하의 사람들로 하여금 시세에 따르게 하며, 신분에 따라서 자주·자유 와 공정의 권리를 얻게 하는 일, 사계절 기후와 만물의 크기에 따라 이것 을 양육하고 살생하듯이 되면, 시드는 것을 원망하지 않고 쓰러지는 것 에 화내지 않으며, 마음의 중심을 세워서 담력을 키우고, 타고난 능력을 발휘하여 사욕을 지우고 각각의 사람이 균형을 잡아 그것을 견고하게 지킬 것이다. 그렇지만 이것을 잘할 수 있는 자가 흔치 않으니, 가령 천 년에 한 번 나올까 말까 하는 조지 워싱턴[7]과 같은 사람이 이에 해당할 것이다.

그러므로 공화정치 또한 어려울 것이다. 다만 어렵더라도 표적은 그 안에 있을 것이다. 그리하여 천하의 공심공의公心公義라는 것도 언제나 사라지지 않고 그 표적을 향한다. 그러므로 공심공의를 가지고 표적을 분명히 지키고, 서서히 머릿속의 추한 각인을 지워 극심해지지 않게 하여 그 사람이 빠져나오기를 기다릴 따름이다. 마냥 탄식하는 자나 남들 위에 군림하는 자는, 자신의 작은 지혜에 기대어 남은 어리석다고 간주하고 스스로는 호걸로 여긴다. 그래서일까, 먼저 스스로 이 물건에 홀려서 표적을 잃어버리니, 마음에 중심이 없고 자기 생각만 고집하며, 남의 말을 꺼리고 스스로 뇌물이라고 받지 않으면 뇌물로 아랫사람을 기만하고, 조삼모사를 말하며 세상의 기세를 살피면서 그 처치를 뒤집고, 거짓을 꾸미고 공을 자랑하며 자기가 한 일이라고 한다. 그 금색 모자와 금색 옷은 번쩍거리는 불상 같아도 사실 여우와 너구리가 분장한 것이나 다름없다. 언젠가 많은 사람의 원한을 사 불에 구워진 여우가 되어 세상의 대란을 일으키는 일이 옛부터 종종 있었다. 이것은 즉 사람이면서 여우나 너구리와 같은 자로, 원래부터 아편과 주색酒色하는 법을 넘겨주어 그 해로움이 금은보다 더하였다. 시정市井의 교활한 거간꾼과 길가의 좀도둑은 가짜를 팔며 사기를 치는 작은 여우, 너구리일 따름이다. 이 사람 역시 큰 여우와 늙은 너구리의 일단을 배워서 그리된 것일까 한다.

7   미합중국 초대 대통령이었던 조지 워싱턴(George Washington, 1732-1799)을 가리킨다.

✿
5. 지설 ③

니시 아마네

이제 서로 얽히고 짜여서 구조를 이룬 지식이 발휘되어 어떻게 학술이 되는지에 대해 논하고자 한다. 모름지기 4대주[1]의 인문人文이 조금씩 열리면서 소위 학술이라는 것이 일어나 인문의 연원을 깊게 하고, 이로부터 사람이 살아가는 모든 것을 통제하지 않으면 안 되게 되었다.

무릇 동주東州[2]에서는 의약과 농경, 교역의 도리를 신농씨神農氏[3]에게서 배우고, 음율은 여화씨女媧氏[4]에서 기원했으며, 천문학은 순舜임금 때의 선기옥형璿璣玉衡[5]에서 시작되었고, 지리·정지政誌[6]의 학문은 「우공禹

---

1   아시아, 유럽, 아프리카, 아메리카의 4대륙을 가리킨다.
2   동양. 동아시아를 가리킨다.
3   중국 옛 전설에 나오는 제왕. 삼황(三皇)의 한 사람으로 백성들에게 농사짓는 법을 가르쳐 주었다고 한다.
4   중국 전설상의 여선으로 인두사체(人頭蛇體)였다고 한다.
5   『서경(書經)』「우서(虞書)·순전(舜典)」에 나오는 천문 기구. 천체의 운행과 그 위치를 측정하여 천문 시계의 구실을 하였다.

貢」[7]이 그 원천을 열었으며, 종예種藝는 후직后稷[8]을 근본으로 삼고, 형법은 고요皐陶[9]를 받들며, 교육의 도리는 기夔[10]를 시조로 하고, 정치는 이윤伊尹[11]과 부열傅說[12]을 존숭하였다. 이후로 주대에 이르면 찬연히 빛나는 것이 내가 일찍이 우리 동주의 총령葱嶺[13] 동쪽에 사는 황색민 대부분이 인문의 원천을 주나라에 빚지지 않은 이가 없으니, 그러므로 추노鄒魯[14]께서는 이를 가리켜 모두의 강보襁褓[15]라고 하였다. 또 저 총령 서쪽으로는 천문학이 칼데아[16] 지방에서 일어나고, 언어성음言語聲音의 학문이 고대 바라문[17]의 무리에게 뿌리를 내렸으며[논리학(ロジック, logic)도 아리스토텔레스 이전, 천축에서 바라문과 불교의 신도가 이것을 전하여 그 책에 니야가Nyâga라는 이름을 붙였다고, 프랑스인 가상디[18]가 1658년 발행한 『철범치지원유론哲範致知源由論』[19]이라는 책

6   정치상의 치적을 남겨서 시정의 자료로 삼은 기록을 가리킨다.
7   은나라 이전의 왕조인 하(夏)를 세운 전설상의 영웅 우(禹)가 홍수를 다스리고, 천하를 통일하는 과정을 기록한 것으로, 일종의 지지적(地誌的) 서술로 되어 있다.
8   중국 전설상의 주나라 왕조 건설자. 어머니가 거인의 발자국을 밟고 태어났다 한다. 주대에 농업을 다스리는 신으로 숭배되었다.
9   순(舜)임금의 신하로, 법리(法理)에 통달하여 법을 세워 형벌을 제정하고 옥(獄)을 만들었다고 전해진다.
10 전설에 나오는 원고(遠古) 때 사람. 요(堯)임금 때 기용되어 악정(樂正)을 맡았고, 순임금 때는 전악(典樂)이 되었다. 온 나라 자제들에게 음악을 전수했다고 전해진다.
11 중국 은나라의 전설상의 인물. 이름난 재상으로 탕왕을 도와 하나라의 걸왕을 멸망시키고 선정을 베풀었다고 전해진다.
12 중국 은나라 고종(高宗) 때의 재상. 토목 공사의 일꾼이었는데, 당시에 재상으로 등용되어 큰 업적을 남겼다.
13 파미르(Pamir) 고원 지역을 가리킨다.
14 공자와 맹자. 공자는 노(魯)나라 사람이고 맹자는 추(鄒)나라 출생이라는 점에서 따온 말이다.
15 애기를 싸는 옷. 기저귀를 가리킨다.
16 현재의 페르시아만 북부를 가리킨다.
17 고대 인도의 종교인 브라만교를 가리킨다.

에 나온다고 한다), 입법立法은 모세,[20] 솔론,[21] 리쿠르고스[22]로부터 나온 것으로 추정하고, 시가는 호메로스,[23] 다윗[24]을 근원으로 삼으며, 대수학은 아라비아인을 시조로 하는 듯하다. 그리스 고전기와 헬레니즘 시기에는 그 번영이 극에 달하기도 하였다.[25]

서양인은 아테네를 서양 인문이 배태된 곳이라 칭하는데, 틀린 말이 아니다. 모름지기 결승結繩[26]의 정치가 바뀌어 글자가 생겨나게 되면서는 모든 나라에서 인문이 흥하지 않은 곳이 없고, 학술도 따라서 다소간 그 형식과 내용을 갖추지 못한 곳이 없었다. 고대 이집트와 같은 곳은 상형문자가 일찍이 4,000년도 전에 일어났다고 하니, 인문은 이미 질서를 갖추었던 것이다. 고대 멕시코의 상형문자 역시 그러하다. 알렉산더 훔볼트[27]가 이전에 옛날 비석을 조사하여 고대 멕시코의 날짜 계산법을 추정하여 생각하길, 아스테카[28]의 달력 계산법이 18개월 20일을 1년으로 하

18   피에르 가상디(Pierre Gassendi, 1592-1655). 프랑스의 철학자이다.

19   *Syntagma Philosophiae Epicuri*(1659)를 가리킨다.

20   고대 히브리의 전설적 예언자인 모세(Mosse)를 가리킨다. 십계명 등 유대교의 중심적인 법률을 정하였다.

21   고대 그리스의 도시국가 아테네의 정치가 솔론(Σόλων). 기원전 594년에 솔론의 개혁을 실시한 것으로 유명하다.

22   스파르타의 전설적인 입법자 리쿠르고스(Λυκοῦργος)를 가리킨다.

23   고대 그리스의 시인 호메로스(Ομηρος)를 가리킨다.

24   고대 이스라엘의 왕 다윗. 『구약성서』에는 그의 이름을 높이는 다수의 신앙시가들이 기록되어 있다.

25   알렉산더 대왕이 페르시아와 이집트 세계를 정복하여 문화적 전이와 융합이 일어난 사건을 가리킨다.

26   문자가 없던 시대의 정치를 가리킨다.

27   알렉산더 훔볼트(Alexander Humboldt, 1769-1859). 독일의 자연과학자, 지리학자, 정치가, 외교관이다.

28   아스테카(Azteca). 멕시코의 고대문명이다.

였던 것과 같은 것을 보면, 그 추정법 또한 대단히 정미하였던 것이다.

그러므로 소위 학술이라는 것은 4대주에서 옛날부터 이미 있었지만, 이것은 지금 유럽의 학술에 비교한다면 하늘과 땅 차이에 그치지 않는다. 모름지기 그 학술의 왕성함이란 학문 하나, 기술 하나까지 모두 정미함을 더하고 온오蘊奧를 궁구하였음은 물론, 모든 학문과 기술이 서로 결구조직을 이루어 함께 모여 대성한 것을 말한다. 이것은 이 지구상에서 이전에는 결코 없었으며, 저들의 세기로 따져 기원후 1800년대인 지금 처음으로 나타난 것이다.

나는 이제 그야말로 이 학술의 결구조직하는 연유를 논하고자 하매, 먼저 학술이라는 두 글자의 뜻을 논한 연후에 주요한 논의에 들어갈 것이다. 무릇 이 두 글자는 세상에 잘 알려진 바이기는 하지만, 상세하게 그 뜻을 논해 보자면, 학學은 오직 지智의 성질에 뿌리내린 것으로, 관문觀門[29]에 속하는 것이다. 술術은 그 아는 바를 이치에 따라서 행하는 것에 관계되며, 행문行門[30]에 속하는 것이다. 두 가지가 서로 상관하는 순서는 학이 앞서고 술이 뒤를 따른다. 가령 지금 어떤 사람이 한 마리의 병아리를 잡으려고 한다면 그 소리를 듣고 모습을 보고는 그 병아리가 있는 곳을 알아서 그런 연후에 발을 그쪽으로 옮기고 손으로 잡을 수 있다.

그러므로 지식이 앞에 서고 행위는 거기에 이어지는 것이다. 지금 사람의 몸을 나누어 본다면, 시각, 청각, 후각, 미각을 관장하는 오관은 모두 지의 부속 관청(屬司)으로, 이들이 외부의 보고를 수합한 것을 지에 전달한다. 수족과 언어의 기관은 모두 의意의 부속 관청으로, 내부의 명령

---

29   진리를 관찰하고 생각하는 부문을 가리킨다.
30   이론을 실험으로 시행하는 부문을 가리킨다.

을 받들어서 이것을 바깥에 전파하고 시행하는 것이다. 그러므로 외부의
보고를 받지 않으면 내부의 명령을 시행할 수 없다. 이것이 학과 술을 통
해 판단하는 바, 이치의 알기 쉬운 것이다.

　　그런데 이 본뜻에 기초하여 학과 술을 논하려면 그 요점을 알아야 한
다. 학의 요점은 진리를 아는 데에 있다. 그런데 진리라는 것은 우리가
모든 것을 일일이 알 수는 없지만, 우리가 또한 선천적으로 아는 바가 있
다. 소위 진리는 하나의 사물, 하나의 사건에 반드시 하나임을 안다. 우
리는 하나를 둘로 나누면 반드시 둘이 됨을 안다. 하나를 양단하여 그
셋이건 넷이건, 혹은 다섯임을 알고자 하여도 그럴 수 없는 것이다. 무
릇 수리數理를 말한다고 해도, 이것을 많은 이론(衆理)에 비추어 진리가 반
드시 하나이며 둘이 아님은 이미 선천적으로 아는 바이다. 이 선천의 지
에 의해 진리를 알고자 하는 것을 강구講究, investigation라 한다. 그러므로
학은 강구하는 데 있다는 점은 더 이상 논할 필요도 없다. 그런데 강구
의 법은 또한 여러 종류가 있다. 착공鑿空[31]을 모색하는 것과 같은 방법은
진리를 잘 얻을 수 있는 것이 아니므로, 반드시 먼저 강구의 방법을 정
해야 한다. 서양에서 요사이 취하는 방법은 시찰視察, observation, 경험經驗,
experience, 시험試驗, proof의 세 가지가 있다. 세 가지 가운데 시험의 방법은
때와 사물에 따라 쓸 수 없는 경우도 있지만, 앞의 두 가지는 빠진다면
조금도 강구라 말할 수 없다. 내가 이어서 이 논의를 마치고 싶지만, 시
간이 허락하지 않으므로 후편으로 넘기도록 한다.

31　　공론(空論)을 세우는 것을 가리킨다.

메이로쿠잡지
제21호

1874년(메이지 7) 11월 간행(12월 14일)

—

1. 정대화의征臺和議에 대한 연설 (메이지 7년 11월 16일)

후쿠자와 유키치福澤諭吉

아래를 보아도 끝이 없고 위를 보아도 끝이 없다. 일신一身의 사사로움을 논할 때에는 분수에 맞게 만족할 줄 알아야 한다는 금언[1]을 잊어서는 안 된다고 하지만, 국가를 문명으로 나아가게 하는 큰 계획에는 만족하는 일이 있을 수 없다. 이번에 지나와 화의和議를 맺은 조항을 보면, 우리 정부의 노력으로 결국 지나가 50만 냥[2]의 배상금을 지불하도록 한 것은 나라를 위해 축하해야 할 일이다. 타이완 정벌 출병일로부터 오늘까지 진행 과정을 보면, 우리는 충분히 승리하였고 지나는 완전히 패배하였다. 지금 우리의 모습을 지나와 비교해 본다면, 누구라도 의기양양하지 않을 자가 없을 것이다. 나도 역시 그런 자 중 하나이다.

---

1   『도덕경(道德經)』에 나오는 지족(知足)을 말한다. 『노자(老子)』 제44장의 "만족할 줄 알면 치욕을 당하지 않고, 멈출 줄 알면 위험한 일을 당하지 않는다知足不辱, 知止不殆"에 의거한다.

2   당시 환율로 계산하면 대략 80만 엔 정도이다.

그렇지만 일의 진행 과정은 그 일부분만을 가지고 판단해서는 안 된다. 어떤 일의 앞에는 원인이 있고 뒤에는 영향이 있으니, 이를 생각하지 않을 수 없다. 이번 출병을 보자면, 원인은 그날에 생겨난 것이 아니라 훨씬 이전에 있었음이 분명하지만, 원인의 속사정은 우리 인민이 알 수 있는 바가 아니니, 이를 논할 수는 없고, 금후에 생겨날 영향도 귀신이 아니고서야 알 수가 없으니, 하물며 나의 좁은 식견으로 어찌 억측할 수 있겠는가.

그러므로 나는 화의를 맺는다는 전보를 받은 당일의 모습을 통해서 그 진행과정을 논해 보고자 한다. 원래 이번 조약은 일본과 지나 사이의 일이기는 하나, 그 이해득실에 대해 말하자면 이 외에도 관계자가 있다. 과연 이 관계자가 누구인가 하면, 바로 서양 각국이다. 모름지기 서양의 인민은 일본과 지나가 화의를 맺는 회의에 직접 관여하지는 않았지만 (양국의 정부 간에 개입한 외국인의 논의와 충고 등은 일단 없는 것으로 하고), 상업상의 일을 통해 여기에 관계한다. 우리가 타이완 출병을 한 후 일본과 지나에서 서로 무비武備를 갖추고 쌍방이 사들인 함선과 무기의 대금은 막대하였다. 그런데 이 함선과 무기는 모두 서양의 상인들로부터 사들인 것이므로, 서양인은 물건을 판 매각자이고, 일본과 지나는 매수자이다. 그러므로 이번 일에서 전쟁을 멈춘 일은 일본과 지나 쌍방이 관계한 것이었지만, 이와는 별개로 물건 매매로 인한 또 하나의 서양 나라를 더하여 3자 간의 관계였다고 말해야 할 것이다.

이미 3자 관계인 이상, 이 일의 전말을 논하려면 세 나라를 나란히 배열하여 어느 쪽이 이득이었고 어느 쪽이 손실이었는지 분별해야 한다. 지나는 18개 성의 부富를 지키고 4백여 주의 영토에 의존하여, 화친도 싸움도 아닌 채로 의심하고 주저하며 오랜 인습에 빠져서 결단을 내리지 못하였다. 막대한 재화를 소비하며 쓸모없는 무비를 갖추어 놓고, 오랫동안 은연중에 노예시하던 일본에 결국 50만 냥의 배상금을 지불하며 몰래 사죄하고, 명분과 실리 모두를 잃어버리면서 얻은 것이 없었으니, 그 실책이 가장 막대하다고 할 것이다.

일본은 지나에 비해 20분의 1 정도의 작은 나라이지만, 나라의 강약은 땅 크기의 넓고 좁음으로 논할 수 없는 것이다. 일단 싸우기로 결정하여 그 뜻을 바꾸지 않았고, 무기와 병력이 적다 해서 꺾이지 않았으며, 독립국의 체면을 온전히 하였으므로, 영욕으로 따지자면 본래 이웃 나라와 비할 바가 아니다. 그렇지만 회계를 논해 보자면, 얻게 된 배상금을 모두 군비로 메꿔야 하는데, 아마도 크게 부족할 것이다. 그뿐만 아니라, 지금의 군비라는 것이 함선과 철포는 물론 병사의 군복, 군화, 군모에 이르기까지 모두 외국 물품이 아닌 것이 없다. 비록 서양인이 전쟁을 좋아할 바는 아닐지언정, 직공과 인부와 같은 이들은 군비로 영업이 번창하는 것을 기뻐하여 전쟁을 기다린다는 이야기도 있지만, 우리 나라와 같은 경우는 출병으로 짚신 한 짝조차도 더 판 자가 없었다. 우리 군사비용의 대부분은 다만 서양 나라의 상업을 도왔을 뿐, 회계상에서 논하자면 얻은 것을 가지고 잃은 것을 메꾸기조차 부족했다고 말할 수 있다. 시종 얻기만 하고 잃은 것이 없는 자는 서양 나라 상인들이었다. 일거에 양국의 매물을 받아들여 의기양양하게 오래된 함포를 수출하고, 시기를 잡아 천만금의 이익을 얻을 수 있었다. 우리 정부 정도라면 물건을 사들일 때 실책은 없었을 것이다. 이것은 내가 알 수 있는 바는 아니지만, 지나의 모습은 상상해 짐작할 만하다. 서양 사람의 교활함이 평시에도 두려워할 만한데, 하물며 전쟁이 막 시작되려는 때에 낭패당한 구매자가 무슨 물건을 살펴볼 틈이 있었겠고, 무슨 가격을 물어볼 겨를이 있었겠는가. 상대의 약점을 뻔히 알고 하는 장사였으므로 마치 자식을 장난감가게 앞에 줄 세워 놓은 양 가격은 파는 사람 마음대로였을 것이다. 이번에 일본과 지나에 팔아넘기고 또 약조한 물품의 대금을 대개 3백만 엔으로 어림잡아 계산하고, 평균 3할의 중개대금을 계산하면 그 이익이 90만 엔이다. 우리 나라가 얻은 배상금보다도 많다.

○ 그러므로 아래를 보아도 끝이 없다고 말한 것이다. 지나의 모습을 보면 그야말로 가련하기 짝이 없다 할 것이다. 한 사람과 한 사람의 싸움에서 이번의 승리를 얻었고 면목을 얻었으므로, 이미 말할 것도 없이 그야말로 스스로 만족해야 할 때이지만, 나라가 문명으로 나아갈 큰 계획을 생각하면 아직 만족할 수는 없다. 위를 보아도 끝이 없다고 한 것은 바로 이를 말한 것이다. 서양인이 다른 다툼을 방관하며 그 사이에서 임시로 이익을 점하고, 싸움이 무사히 끝나면 또 평소의 무역으로 여전히 이익을 얻는 일은 이득에 다시 이득을 본 것이라 말할 수 있다. 예전에 아메리카합중국이 독립한 이후 유럽에서 나폴레옹의 소란이 있었다. 이때 합중국은 그야말로 국외중립을 선언하고 국내의 생산을 장려하며 물건을 유럽에 수출하여 큰 이익을 얻은 적이 있었다. 그 사정이 이번 일과는 비록 다르지만, 다른 나라의 사변으로 이익을 얻는다는 취지는 거의 비슷하다. 서양 사람은 내심 향후에도 언제나 아시아 각국 사이에 불화와 다툼이 일어나기를 기도할지도 모를 일이다. 실로 분한 일이 아닌가.

부디 이후로는 우리 일본에서도 설령 서양 나라에서 전란이 일어나 임시로 이익을 얻는 일은 없을지언정, 우리 아시아주의 사변으로 저들이 이익을 얻는 일이 없도록 주의해야 한다. 우리 국산의 창, 검, 갑옷으로 전쟁이 가능한 세상이라면 어떻게든 되겠지만, 전쟁의 도구를 서양에서 사들일 경우에는 승패 외에 돈의 계산도 함께 감안하지 않으면 안 된다.

본디 전쟁은 나라의 영욕과 관계된 것이며 국권도 따라서 성쇠를 이루는 것이므로, 일괄적으로 돈의 손익만으로 말할 수는 없을 것이다. 혹은 이번 지나전 승리로 우리 국민의 기풍을 일변하고, 비로소 내외의 구별을 분명하게 하여 내셔널리티(국체)의 기본을 견고히 하며, 국권의 여력을 서양 나라와의 교제에 미치게 하면, 가령 요사이 조약 개정의 시기를 맞아 재판의 권한[3]도 되찾아 오고, 관세의 권한도 가져오며,[4] 거류지에 대한 규칙[5]도, 보호세의 제도[6]도 우리 일본 정부가 장악하기 위한 큰 논의를 시작할 때에도 서양 나라와 대등하고 당당하게 맞서 조금도 저들의 사정을 봐주는 일 없이, 하나를 주면 따라서 하나를 받고, 오른쪽을 잃으면 왼쪽을 빼앗아서 마치 지나 정부를 대하듯 공명정대한 담판을 이룰 수 있다면 더 이상 우리 나라에는 아무런 유감도 남지 않을 것이다. 그야말로 이런 성대한 기세를 이룰 전망이 있다면, 무슨 아쉬움이 있겠으며 돌이켜 후회할 일이 있겠는가. 사사로운 금전의 손실을 따질 필요도 없이 일본 전국의 인민이 박수 치며 즐거워할 것이다.

이제까지 금후의 진행 과정을 상상하며 나라의 행복을 바라고, 지금의 모양새에 만족하지 말고 위의 위를 바라볼 것을 논하였다. 그렇지만 아직 일어나지 않은 일은 귀신이 아니고서는 알 수가 없다. 하물며 이처

---

3   막부 말기에 일본이 서양 각국과 통상조약을 맺으면서 규정한 영사재판권을 말한다. 일본 국내에서 외국인이 범죄를 저질러도 일본의 법률로 처벌할 수 없었다. 1894년 (메이지 27) 이후부터 철폐되기 시작하였다.
4   이 시기까지 일본에는 관세자주권이 없었다. 1911년 이후 회복하였다.
5   미일수교통상조약(1858) 제3조에서 개항지에 일본의 주권이 미치지 않는 거류지의 설치를 인정하였다. 1899년까지 존속되었다.
6   미일수교통상조약 제4조에서 '미국인이 수입하는 화물은 이 조약에서 정한 양 이외의 여분에 대한 과세를 내지 않는다'라고 규정하였다.

럼 천천히 시간을 들여서 하지 않으면 이루어지지 않을 일의 경우는 더욱 그러할 것이다. 다만 인심이 이후 어떻게 흐르는지를 기다려 볼 뿐이다. 결국 지금 우리의 곤란함은 외국 교제에 있고, 지금 우리의 강적은 겉으로 드러나지 않은 서양 나라이다. 게다가 그 적은 군사를 쓰는 적이 아니라 상업의 적이며, 무력의 적이 아니라 지력의 적이니, 이 지력 전쟁의 승패는 금후 우리 인민의 노력 여하에 달려 있을 뿐이다.

2. 삼성론三聖論

쓰다 마미치

불교는 그 근원이 바라문波羅門[1]에서 나와 석가에 이르러 변화하면서 큰 종교를 이루었다. 예수교는 유대인에서 나와 그리스도에 이르러서 변화하면서 큰 종교를 이루었다. 유교는 요堯·순舜·우禹·탕湯·문文·무武·주공周公에서 전개되어 공자에 이르러 변화하면서 큰 종교를 이루었다. 이 세 성인 이전에 이미 각각 수천 년의 세월이 있었고 수많은 성현이 나왔음에도, 세 성인이 나오고서야 비로소 큰 변화가 있었으며, 세 성인 이후로 지금까지 또한 각각 수천 년의 세월이 흘렀고 그동안 역시 지혜롭고 현명한 자들이 적지 않았음에도, 결코 이러한 변혁을 다시 일으킨 자가 없었다. 과연 그 도가 앞으로 다시 큰 종교를 이루고, 금후 다시 바뀌는 일이 있을까. 내가 보기에 후세의 학술이 크게 열리고, 따라서 도리도

---

1   승려와 제사 계급인 브라만을 중심으로 베다(vedas)를 경전으로 하는 고대 인도의 민족 종교이다.

명확해질 것이다. 세 성인의 말씀이라 해도, 지금의 시점에서 보자면 잘못된 점이 많고 억측을 면하지 못할 바가 종종 있다. 이것은 아마도 당시 사물의 이치가 아직 명석하지 않았기 때문일 것이다. 그렇지만 소위 사람 된 도리의 큰 근본에 대해서는 세 성인께서 말씀하신 바가 확고하여 바뀌지 않고, 천지가 있는 한 사라지지 않을 것이니, 그 까닭은 무엇인가. 이는 석가께서 자비를 주장하시고, 공자께서 인仁을 말씀하시며, 그리스도께서 사랑을 설파하신 것이 사람 된 도리의 기본이기 때문이다. 세 성인 이전에도 소위 성인과 현자들이 모두 자비, 인, 사랑의 미덕을 모르는 자가 없었을 것이다. 그렇지만 이것을 가지고 사람 된 도리의 중심으로 삼는 자가 아직 없었으니, 모름지기 조물주의 덕이 광대하고 무궁하다고는 하지만, 한마디로 그 덕의 근본을 형용할 수 있었던 것은 단지 이 글자들뿐이었다. 저 효제니 충신이니 지용이니 정직이니 하는 것은 모두 사람 된 도리에서 빠뜨릴 수 없는 것이지만, 만일 그것들을 주요한 덕으로 삼는다고 한다면 그것은 잘못이다. 자비, 인, 사랑을 주요한 덕으로 삼고, 천지간의 만물을 길러 내며 살아 있는 것을 사랑하는 따뜻한 마음을 가장 잘 체현한 것은 석가·공자·그리스도 세 성인에 비할 데가 없기 때문이다. 이것이 바로 세 성인께서 성인이신 이유이고, 또한 그 도리가 유구히 전해지며 바뀔 수 없는 까닭이다. 자비, 인, 사랑, 그 글자는 모두 다르지만 뜻은 곧 하나이니, 모두 조화와 살아 있는 것을 사랑하고 기르는 덕을 드러내는 것이기 때문이다.

석가께서 말씀하시길, 천상천하유아독존天上天下唯我獨尊[2]이라 하셨는데,

2   석가모니가 어머니 뱃속에서 태어나자마자 일곱 걸음을 걷고서 외쳤다는 말로, "하늘 위와 하늘 아래에서 오직 나 홀로 존귀하다"라는 뜻이다.

모름지기 조물주의 공을 취하여 자기가 이를 대신하겠다는 의미였을 것이다. 그리스도는 스스로 신의 아들이라 칭하면서 신을 사랑하고 또 인간을 사랑하고자 하였다. 공자는 사람을 스스로가 하늘을 공경함과 동시에 남을 귀하게 여기는 존재라고 하였다. 세 성인의 행실이 서로 다르지만, 내가 보기에 사람은 모두 신의 자식, 손자, 천상천하유아독존이라 할 만한 존재일 뿐이다. 우리 지구 세계에 살고 있는 수많은 인민은 모두가 형제 동포로, 각자가 그 성性을 다하고 힘껏 서로 사랑하며 양육해야 한다. 혹시라도 이렇게 되면 즉시 조화천신造化天神의 뜻에 따라 실제로 천당, 극락, 안택安宅[3]을 얻을 수 있다고 말하는 것이다.

✿
3. 인간 공공의 설 ④

스기 고지

인민이 편안히 번영하고 군주에게 권위가 있으면 군민이 모두 국체를 준수하며 국가를 유지하는 데에 힘쓴다. 그리고 약한 나라가 자칫 외적에게 일단 패배한 후에 멸망하는 것을 보고, 곧 방어의 법을 만들어 이웃 나라의 침략으로 해를 입는 일을 방지한다. 이것이 군사 제도가 생겨난 연유이다. 또 병란이 오래도록 끊이지 않으면 상시적으로 병사를 두어 군진軍陣을 갖춘다. 무릇 군대는 순종을 중시한다. 다만 언제나 억제와 속박에 익숙해져서, 자유의 기운이 부족하며 애국의 도리에 어두워지는 것도 어쩔 수 없는 일이다. 군대는 원래 나라의 인민을 보호하는 것이 임무인데, 군주를 중시하고 나라의 인민을 경시하면 결국 저절로 나라 안에서 일종의 특수한 무리를 이루고, 자기들의 용맹함과 강함을 믿고 멋대로 굴며 위세를 떨치면서 인민 보기를 원수 보듯이 한다. 군대는 또한 종종 간사하고 음흉한 영웅에게 수족이나 기계처럼 부림을 당한다. 이런 폐해는 모두를 노예로 만들고, 이를 나라 안의 일반적인 풍속으로 만들어 버리는데, 이런 일을 역사에 비추어 보면 매우 명백하다.

　무릇 인간이 만사를 시행하는 데 재물의 쓰임이 없을 수는 없으니, 이에 조세의 법을 만들었다. 조세를 거두는 법은 나라의 비용으로 정확한 금액을 정하고 각 개인에게 부과하는 것이다. 그런데 중요한 것은 사람들 재산의 많고 적음에 따라서 서로 비교하여 그 무겁고 가벼움이 치우칠 우려가 없도록 똑같이 과세하도록 하는 데에 있다.

　조세는 각 개인의 재산 중 일부분으로, 이것을 내는 이유는 남은 재산을 확실히 소유하기 위함이다. 이것이 세법의 요점이다. 원래 인간이 함께 산다는 것은 서로가 함께 각각 힘써야 할 바에 진력하여 살아가는 도리를 이루는 것이다. 이렇게 해서 인민의 몸과 생명을 지키고 명예를 떨어뜨리지 않으며, 자기 소유를 함께 유지하는 것을 정치와 관리의 직무로 삼고, 생사의 경지에 서서 외적을 방어하고 국난 제거를 군인의 직무로 삼으며, 가르치고 깨우쳐서 사람의 선한 덕을 권장하고 의리를 다하게 하는 것을 종교가의 직무로 삼는다. 요약하자면 공공의 관원은 직분을 받들고 임무에 힘쓰는 것을 자기 책임으로 삼아야 한다. 그런데 인간의 공공을 농락하고 허식과 사치를 부려 쓸모없게 하는 것은 사람이 행할 도리가 아니다. 그런데 천백 명분의 의복과 음식을 충당할 만큼 지나치게 많은 봉급을 받는 자들도 있으니, 이것은 잘못이 아닐까. 이 또한 본래 부끄러운 일로, 죄가 없다고 할 수 없을 것이다.

✿

4. 여성의 치장에 대한 의문

사카타니 시로시

　대체로 피차간 풍습은 누가 옳고 누가 그른지 각자의 주장에 따라 그 다름을 서로 반박한다. 그러나 오로지 동서고금의 모든 사람이 옳다고 여기며 그르다고 생각하지 않는 것이 있다면, 여성이 치장을 좋아한다 는 이 한마디뿐이다. 혹시라도 이것을 도리로서 받들고 공정하다고 생 각한다면 그 그릇됨을 의심할 수밖에 없다. 지금 곧바로 이것을 고칠 수 는 없더라도, 변론하여 고치기 위한 단서를 열지 않으면 안 될 것이다. 무릇 있는 그대로의 바탕에 꾸밈이 없으면 야만이라 하고, 꾸밈은 있는 데 진실된 바탕이 없으면 경박하고 사치스럽다 말한다. 경박하고 사치스 러우면 도리에 맞지 않으니, 곧 야만이다. 꾸밈과 바탕은 서로 잘 어울려 갖춰져야 적당할 수 있으니,¹ 이것을 바로 개화開化라고 말한다. 그것을

1　　『논어(論語)』 「옹야(雍也)」편의 "바탕이 외양보다 두드러지면 촌스럽고, 외양이 바탕보 다 두드러지면 겉만 번지르르하니, 바탕과 외양이 어우러진 후에야 군자답다고 할

사람에게 적용하면 남녀가 모두 마찬가지이다. 조화造化에 따르면 남자는 수염을 기르고 여자는 수염을 깎아서 각자 치장한다. 사람은 또한 서로 잘 배려하며 돕고 보완하여 마땅함을 얻고 염치를 보호하므로, 남자는 남자의 치장으로 자기 몸을 정돈하고, 여자는 여자의 치장으로 자기를 가다듬기 때문에, 남자는 꾸미지 않는 것이 아니고, 여자는 지나치게 꾸며서도 안 된다. 어찌 여자만 주로 치장하는 이치가 있다는 말인가. 그런데 여성이 치장을 주로 한다는 것은, 고금에 걸쳐 음란하고 요염한 모습으로 사람의 마음을 흐트러뜨리고 집안과 국가를 무너뜨리는 여성의 폐해가 있었기 때문이다. 그런데 동서고금에 동일하게 말하길, 사람이라면 누구나 똑같이 색정色情의 욕구가 있는데, 그 정욕(パッション, Passion)에서 모든 것이 생겨난다고 한다. 무릇 사람이 주로 해야 하는 것은 덕행과 학예이고, 남자나 여자나 모두 마찬가지이다. 용모를 꾸미는 것 또한 덕행 가운데 일부일 뿐이다. 덕행에 맞지 않는 치장은 남녀 모두 해서는 안 된다.

남녀의 욕구는 천리天理에 나타난(公) 것이다. 이렇게 나타난 천리로써 서로 짝을 짓고 합하는 것인데, 어찌 여성만이 주로 꾸민다는 말인가. 또 꾸민다는 것은 관습관에 따라 아름다움이 다르므로, 각국이 서로 다른 치장이 있고, 그 익숙한 정도에 따라 저들은 아름답네, 나는 추하네 하는 것이다. 익숙해지면 곧 꾸미지 않아도 가을 맑은 물 위의 연꽃처럼 천연의 아름다움은 사람들 눈에 모두 아름답게 비춰진다. 꾸며도 가을이 되어 시든 연잎이나 쇠잔한 버드나무처럼 천연의 추함은 사람들 눈에 모두 추하게 비춰진다. 아름다움과 추함을 보는 눈은 꾸미고 꾸미지 않음에

것이다[質勝文則野, 文勝質則史, 文質彬彬, 然後君子]"에 전거를 둔 말이다.

달려 있지 않다. 그런데 여성은 마땅한 꾸밈을 넘어서 자신의 추함을 속이고 아름다움을 거짓으로 만들어 내는 치장을 주로 한다고 말한다. 색욕의 정욕은 미워해야 하는 것이 아니다. 새는 수컷이 암컷보다 더 치장하는데, 사람은 당연히 이와 반대여야 하는 것일까. 새의 치장은 자연의 조화에서 나오고, 여성의 치장은 사람의 솜씨에서 나온다. 조화가 남녀를 나누어 각각의 치장에 분수를 두었으니, 그 절도를 지나쳐서는 안 된다. 사람의 솜씨가 정도를 잃고 조화를 어지럽히며 인정人情의 사사로움이 지나치면, 사람 된 도리의 공정함을 잃고 금수의 경지로 나아가는 것이다. 여성이 치장을 주로 한다는 말은 이런 의미에서 나왔다. 또 부인이 겉모습을 꾸미는 데 시간을 쓸데없이 쓰는 일이 많은데, 그렇게 쓰는 것이 종종 어리석은 이들로 하여금 가산을 기울게 만드는 일도 있다. 미국 신문에, 벨기에에서 레이스를 만드는 자가 13만 5천 명이 있고, 영국의 귀족 여성은 언제나 이것을 사용하는데, 그중 정교하고 좋은 제품은 1파운드에 3천 프랑에서 1만 프랑에 이른다는 기사가 있었다. 우리 황국에 여성의 장식품을 제작하는 자가 얼마나 있는지 아직 표면적으로 드러나지 않아 그 숫자를 알 수는 없지만, 도쿄 안에만 보아도 거리마다 관련 상점이 있다. 큰 가게는 종종 크고 넓은 건물에서 수십 명의 사람을 고용하고, 상품 중에서 고귀한 산호珊瑚·대모玳瑁[2]·비녀(一釵)·빗(一櫛) 등이 백천금百千金이나 하기도 한다. 그 융성함을 가히 알 만하다. 그런데 모두 화려한 치장으로 겉모습을 꾸미면서 풍속을 어지럽히는 것들뿐이다. 많은 인력과 비용을 쓸모없고 유해한 데에 쓰는 것은 대단히 개탄할 만하다.

소위 세상 여성의 모습에서 가장 신기한 세 가지가 중국의 전족, 유럽

---

2   바다거북의 일종으로 그 등껍질을 공예품의 재료로 사용한다.

의 코르셋, 일본의 기모노 허리띠라고 하는데, 모습은 서로 달라도 그것이 장식과 관련되었음은 동일하다. 일본과 중국에서는 용모를 꾸민 첩을 사랑하고 열심히 애쓰는 처를 학대하는데, 유럽은 남녀동권이 마땅하다. 때문에 아내를 함부로 부리고 마치 어려움을 견디기에 급급한 노복처럼 대하는 추태라는 비판은 남녀동권이라는 말에서 나온다. 그렇지만 외국의 일은 잠시 제쳐 두고, 우리 나라에서 여성의 덕이 부진한 지 오래되었는데, 요사이 남자들의 머리 모양이 일변하면서[3] 여성의 머리도 또한 자못 변화하여 쓸모없는 치장을 버리고 머리카락을 잘라 밑으로 내려 대개 옛날 모습으로 돌아가는 듯하다. 내가 생각하기에는 이것을 잘 인도하여 하나의 풍속을 이룬다면, 여성의 기풍도 왕성해지고 덕도 따라서 진보하게 될 것이다. 절도를 잃어버린 겉모습 치장을 없애고, 색을 파는 정욕을 지우며, 덕행과 학술을 중시하고 염치를 융성하게 한다면, 미국에서 보건의 당[4]이 일어났듯이 국가에 곤란한 일이 생기더라도, 낭자군娘子軍[5]과 부인성夫人城[6]만 무사하다면 사람의 지혜가 열리고 하고자 하는 바는 이

---

3   일본 에도 시대에 남자가 틀어 올린 상투 모양인 존마게[ちょんまげ, 丁髷]에서 상투를 틀지 않고 산발한 머리모양[ザンギリアタマ, 散切頭]으로 바뀐 것을 의미한다. 1871년(메이지 4)에 일본 정부가 산발의 자유를 인정하였고, 메이지 천황이 1873년(메이지 6) 3월 20일에 단발을 실시하였다.

4   금주운동을 추진한 미국의 금주당(Prohibition Party). 1869년 결성되었고, 이후 1919년에 미국에서 금주법이 제정되었다.

5   여성만으로 편성된 군대. 당나라 고조(高祖) 이연(李淵)의 딸이자 시소(柴紹)의 아내인 평양공주(平陽公主)가 조직하여 이끈 부대로 알려져 있다.

6   동진(東晉) 시대였던 378년에 양주자사(梁州刺史) 주서(朱序)가 양양성을 지킬 때 그의 어머니가 적들이 쳐들어오는 것을 막기 위해 노비들과 성안의 부녀들을 데리고서 성의 서북쪽 모서리에 새롭게 성을 쌓고 전진(前秦)의 공격을 막았다는 고사로부터 후세 사람들이 그곳을 '부인성(夫人城)'이라고 불렀다고 한다.

루어지고, 아이를 기르는 일도 나날이 아름다워지고 크게 될 것이다. 세상의 풍습 대부분은 여성에게서 나오니, 여성이 이렇게 된다면 남자 또한 분발하여 초장楚莊[7]·제위齊威·백란伯鸞[8]·공명孔明[9]·깃카와 모토하루吉川元春[10]·다치바나 무네토라立花統虎[11]와 같은 이들이 계속해서 나타나며, 온 나라의 장인들이 모두 쓸모 있게 바뀔 것이다. 의술의 관점에서 보자면 비녀(笄釵)·빗(櫛篦)·가발(髮髢)·쪽머리(髻鬐)가 모두 시대의 유행을 좇고 새로운 모습을 다투면서 나오면, 머리를 눌러 짜내고 강하게 졸라매어 기름(膩膏)·접착제(黏着)·진흙(泥塗) 같은 것들이 머리에 범벅이 되어서 밤낮으로 머리를 괴롭혀 크게 해로울 것이다. 오늘날과 같은 풍습이 왕성하면 건강을 위해서도 좋을 것이라고 생각한다.

내가 느끼기에 지금 조화가 바뀌는 좋은 기회가 왔는데, 이미 엄중한 금지령[12]이 나온 것을 이상히 여겨 사람들에게 물으니, 여자는 치장을 주로 하기 때문이라거나, 호색하는 관원이 치장을 예쁘게 한 첩이 부족해질까 봐 우려하기 때문이라고 말하였다. 나는 이것은 반드시 세상의 도리를 지키기 위한 관부官府의 깊은 뜻이라 생각했다. 그런데 다시 생각해 보니, 그 설은 납득하기 어렵고 폐해가 없을 수 없었다. 하물며 새롭게 일어날 일은 어떠하겠는가. 지금 만사를 개혁하는 데 폐해가 생기면 그 폐해를 금지하면서도, 여전히 제도를 고치지 않는 것은 오직 여성의

---

7   춘추오패(春秋五霸)의 한 사람이다.
8   본명은 양홍(梁鴻). 후한(後漢) 시대 인물로 백란은 자. 박학다식하고 청렴한 선비로 알려졌다.
9   중국 삼국 시대 촉(蜀)의 이름난 재상이었던 제갈량을 가리킨다.
10 일본 전국 시대에 활약하던 무장이다.
11 일본 전국 시대의 무장이자 다이묘. 야나가와번[柳川藩]의 초대 번주이다.
12 1872년(메이지 5) 도쿄위식괘위조례[東京違式詿違條例]에서 부인의 단발을 금지하였다.

머리 모양뿐으로, 한번 목이 막혀서 혼이 난 후에야 맛있는 것을 끊으려는 것이 과연 옳은 일일까. 대부분의 일은 인민의 자유에 맡겨서 그 담력을 기르는데, 여성의 머리 모양도 역시 마땅히 그 자유에 맡겨야 할 것이다. 자유에는 옳은 것도 있고 옳지 못한 것도 있다. 자유에는 공정한 것도, 공정하지 못한 것도 있다. 그릇되고 공정하지 못한 것은 본래 보호를 위해 금지해야 한다. 여성이 머리카락을 자르는 것은 과연 불공정한 일인가. 불공정하지 않은데, 남자에게는 권하고 여자에게는 금지한다. 어찌 대단히 괴이하다 하지 않겠는가. 만일 어쩔 수 없는 사정이 있다면 잠시 여성을 위해 머리를 보호하는 모자를 새로 만들고, 모자 위에 귀밑머리(鬢)를 붙이며, 쪽머리를 올리고 비녀를 끼워 하나의 가발을 만들어서, 사람을 만나러 집 밖으로 나갈 때에는 뒤집어쓰게 하고, 평소에는 벗어서 건강을 지키게 해야 할 것이다. 그렇지만 이것은 불가항력의 경우일 뿐이며, 자유롭게 하도록 명령해서 그 풍습을 아름답게 하고 천하의 공력工力과 재용財用을 돕도록 하는 것만 못하다. 그러나 열치涅齒[13]를 비난하면서 머리는 문제 삼지 않는 것 또한 열치를 싫어하는 사람이 희고 고운 치아를 좋아하는 정욕에서 나온 자유와 공정의 설에 의한 것이 아닐까 싶다.

---

13   열치는 치아를 검게 칠하는 것으로, 고대 일본에서부터 상류층 여성과 귀족 남성들 사이에 유행하였던 색조화장법의 일종이다. 1870년(메이지 3) 2월에 황족과 귀족에 대해 열치 금지령이 내려졌다.

메이로쿠잡지
제22호

1874년(메이지 7) 12월 간행(12월 19일)

———

❀
1. 지설 ④

전 편에서 이미 학문을 강구하는 방법을 논하였다. 그런데 최근 학술에서 가장 요령要領을 이룰 수 있는 방법은, 그것을 강구할 때에 연역演繹, deduction과 귀납歸納, induction 두 가지 방법에 주의를 기울여야 한다. 이 두 가지 방법은 가령 부잣집 자식이 자본금을 쓰는 것과 가난한 집 자식이 자본금을 모으는 것이 다름과 같다. 가령 백만 냥의 자금을 구별하고 분배하여 각자 비용에 충당하듯이, 가장 옳고 고차원적(至善至高)이라 정한 하나의 원리를 연역하고 이것을 온갖 다른 데에 확대하는 것이다. 그러므로 그 원리가 정말로 가장 옳다면 지당한 결과를 얻을 수 있지만, 자칫 거기에 아주 조그마한 잘못이라도 있으면 결과적으로 아주 큰 차이가 생겨나므로, 백만의 자금이 있더라도 이것을 헛되게 잘못 쓰면 한순간에 빈털터리가 되어 버리는 것이다. 또 귀납법은 가령 1센, 2센씩 쌓아서 나날이 저축하고 다달이 더하면 결국에 아주 큰 자금을 얻듯이, 조금씩 사실을 쌓아서 종국에는 일관된 진리를 얻는 것이다. 이렇게 하면 본래 잘

1. 지설 ④ 201

못된 결과를 낳을 리가 없고, 또 가난한 사람도 큰 부를 얻을 수 있듯이 새로운 진리를 발견할 수 있다.

　이렇게 해서 사실을 일관된 진리로 귀납시키고, 또 그 진리에 순서를 매겨서 전후본말을 정리하여 하나의 모범으로 만들어 나타낸 것을 학문 science이라고 한다. 이제 학문으로 진리가 분명해지면 인간이 이것을 여러 사물에 활용하여 편리하게 한다. 이것을 기술(術)이라고 한다. 그러므로 학문의 취지는 오로지 진리를 강구하는 데에 있을 뿐, 그 진리가 인간에게 어떤 이해득실을 갖는지 논하지는 않는다. 기술은 곧 그 진리가 있는 데에 따라 활용하여 우리를 위해 해로움을 제거하고 이익을 취하며, 손실을 줄이고 이익을 늘리게 하는 것이다. 가령 지금 물의 모습을 보려고 하면 분자의 미세함을 육안으로는 잘 볼 수 없을 뿐만 아니라, 이것을 대단히 정교한 현미경으로 보아도 그 상태가 어떠한지를 알 방법이 없다. 그런데 사실에 의거하여 증명하자면, 물은 서로 밀쳐 이동하며 아래로 향한다는 것을 알고, 물방울은 둥글게 뭉치는 것을 알며, 또 이것을 쟁반 위에 올려 시험하면, 또 엉기며 모여서 원형을 이룸을 알 수 있다. 이렇게 시찰·경험·시험이라는 세 가지 방법으로 사실에서 일관하는 원리를 찾으면, 물이 온도를 보유하여 흩어져 증기가 되거나 굳어서 얼음이 되기 전까지는 그 형태가 둥글다는 것을 미루어 알 수 있는 것이다. 이미 그 형태가 매우 작고 둥글다는 것을 안다면, 그것이 굴러서 아래로 흘러가는 일이 어쩔 수 없는 현상인 것도 알 수 있다. 그런데 아래로 흘러가는 성질로 이익을 얻기도 하고 해로움이 생기기도 하는 것 또한 어찌할 도리가 없는 일이다. 그렇지만 유체역학(流體動學, hydrodynamics), 즉 수리술水理術에서 일단 이것을 활용할 때에는 아래로 내려가는 성질로 수차를 돌릴 수 있고, 이로부터 온갖 것을 이용할 수 있으며, 또 수압(壓迫)의 성질을 활용해서 물의 흐름을 막았다가 모아서 힘차게 솟아오르게 할 수도 있다. 그 외에도 인간의 이로움과 편리함을 위해 이러한 성질을 사용하는 것이 이루 셀 수 없을 정도로 많다. 그러므로 인간의 성질에서 학문은 그 지혜를 여는 것이고, 기술은 그 능력을 더하는 것이다.

그런데 이처럼 학문과 기술은 그 취지를 달리하지만, 그럼에도 소위 과학에 이르면 양쪽이 뒤섞여서 분명하게 구별할 수 없는 경우가 있다. 가령 화학chemistry이 그러한데, 대개 분석(分解法, analytical)의 화학을 학문이라고 말할 수 있고, 합성(總合法, synthetical)의 화학을 기술이라고 말할 수 있다. 그렇지만 이 역시 분명하게 서로 나눌 수 있는 것은 아닌 듯하지만, 지금 여기에서는 더 정밀하게 언급할 여유는 없다. 다만 학문과 기술이 서로 관련되는 연유를 밝히는 것으로 충분할 듯하다. 이제 본론의 핵심인 모든 학술이 서로 얽히고 짜여서 구조를 이루고 있는 연유를 논술하고자 하는데, 다시 한두 가지 언급해 둘 사항이 있다. 모름지기 유럽에서 학술의 융성은 예나 지금이나 탁월하지만, 돌이켜 보면 그 종합과 통일의 관점에서는 오늘날까지 아직 정론定論이라 할 만한 것이 없다고 한다. 오귀스트 콩트Auguste Comte[1]는 모든 학문의 현상을 분류하여 순서를 정하고, 단순한 것에서 복잡한 것으로 나아가면서 오학五學[2]의 모범을 세웠다. 그의 입론立論은 대단히 정교하고, 사물을 식별하는 능력이 대단히 높아서 모든 힘을 다하였다고 할 만하다. 다만 그의 논의가 대단히 고상한 지경에 올라 있으므로 초심자들이 갑작스레 깨우치기에는 쉽지 않다. 그러므로 여기에서는 다만 거의 유사한 점만 나열함으로써 그 대강만을 제시

---

1   1798-1857. 프랑스의 철학자. 실증주의(positivism)의 창시자이다.
2   기본적인 학문. 콩트의 오학은 천문학, 물리학, 화학, 생리학, 사회학이다.

하고자 한다. 이것은 원래 내 생각이고, 유럽에서의 정설은 아니다. 그런데 지금 대개의 학술을 분류해서 순서를 두고 요지를 제시할 때 그 기준을 나누지 않으면 어디에서부터 손을 댈지 알 수 없으므로, 여기에서 잠깐 그것을 세 가지 줄기로 나누고자 한다. 보통의 학술[3]과 물리의 학술,[4] 심리의 학술[5]이 바로 그것이다. 후편에서는 이 순서에 따라 논술하고자 한다. 다만 이처럼 줄기를 나누기는 하지만, 간간히 다시 보통 안에 특별을 합치지 않을 수는 없다. 이것은 분류의 편의에 의한 것이므로 독자들께서 양해해 주시기 바란다.

3   「백학연환(百學連環)」에서는 보통학(普通學, common science)이라고 했다.
4   「백학연환」에서는 물리상학(物理上學, physical science)이라고 했다.
5   「백학연환」에서는 심리상학(心理上學, intellectual science)이라고 했다.

✿
2. 부부유별론

쓰다 마미치

　부부에게는 구별이 있다.[1] 이것은 순舜께서 설契[2]에게 명령하여 가르치신 것 중 하나로, 순과 설 이래로 4천여 년이라는 오랜 기간 아시아 동방東方의 수억 명의 사람들이 모두 이를 의심한 적이 없었다. 그런데 나는 어릴 때부터 홀로 이를 의심하여 믿지 못하였다. 의심이 풀리지 않은 채 대략 십수 년이 지난 후에, 이에 관해 어느 유학자에게 물어보니 다음과 같이 대답하였다. "부부에게는 내외의 구별이 있고, 이 구별을 정함으로써 서로 멸시하고 모욕하지 않는다. 혹은 타인의 부부와 구별이 있어서 서로 뒤섞이는 일이 없다" 운운. 그렇지만 부부는 한번 정해지면 타인과 서로 뒤섞이는 일이 없으니, 이것은 야만의 나라에서도 그렇지 않은 경

1　『맹자(孟子)』「등문공(滕文公)」편에 따르면 남편과 아내에게는 인도상 각자의 역할이 있어서 저절로 예의가 생기는 것이라고 설명하고 있다.
2　순임금이 사도(司徒)라는 관직을 맡기고 오륜(五倫)을 설명하게 한 인물. 『서경(書經)』「순전(舜典)」에 나온다.

우가 없다. 타인의 아내를 간음하면 나라에서 그 죄를 묻는 형벌이 있으니, 무슨 가르침을 필요로 한다는 말인가. 그렇지만 요와 순 같은 큰 성인조차 순이 요의 두 딸을 취하여 부인으로 삼으면서[3] 태연히 부끄러워할 줄 몰랐다. 당시는 윤리가 아직 밝지 않아서 부부가 뒤섞이는 일에 대해 아무런 의심도 하지 않았던 것이니, 그렇다면 이 이야기는 바로 그런 데에서 나온 것인 듯하다. 하지만 이후 개화가 진전하여 부부가 이미 구별이 있어서 자타가 뒤섞일 우려가 없어진 시대에 이르러서도 공맹과 유학자들이 여전히 이를 바꾸지 않고 오로지 옛것을 맹신하는 것은 아닌지, 나는 여전히 의심이 든다.

내가 예전에 사신을 모시고[4] 청의 수도 베이징에 가서 처음으로 부부에게 구별이 있다고 할 때의 별別이라는 글자가 타인의 부부와 구별이 있다는 뜻이 아니라 부부간 내외의 구별이 있어서 서로 멸시하고 모욕하지 않는다는 뜻임을 알았다. 상하이와 톈진, 베이징 등은 인구가 조밀하여 거리를 가는 데 사람과 수레가 대단히 혼잡하여 런던이나 파리에서도 왕래가 이렇게 복잡한 거리를 본 적이 없을 정도였는데, 거리에서 지나인 부인을 전혀 보지 못하였다. 그뿐만이 아니라 거리의 점포에서도 역시 부녀자가 앉아 있는 모습을 본 적이 없었다. 생각건대, 부녀자는 실내에 칩거하여 일찍이 타인과 접촉한 적이 없었을 것으로, 이것이 부부와

---

3   『사기(史記)』「오제본기(五帝本紀)」에 나오는 고사로, 요임금은 후계자로 순임금을 관찰하기 위해 두 명의 딸인 아황(娥黃)과 여영(女英)을 시집보내서 순임금의 덕을 시험했다고 전해진다.

4   1871년(메이지 4)에 외무권대승(外務權大乘)을 겸임하고 있던 쓰다는 대장경(大藏卿) 다테무네나리[伊達宗城, 1818-1892]를 수장으로 하는 조약 체결 사절단의 부사로 청나라에 간 일이 있었다.

남녀의 구별을 엄격하게 한 연유일 것이다. 이런 풍습은 오직 지나뿐만 아니라 소위 서아시아 지역 각국도 역시 그러하다. 튀르키예는 돌궐족인데, 그들 역시 그렇다고 한다.

원래 성인이 이처럼 부부 내외의 구별을 정하고 분계分界를 엄하게 한 까닭은 무엇인가. 아마도 조물주가 살아 있는 것을 사랑하는 덕이 사람, 짐승에서 초목에 이르기까지 지나칠지언정 미치지 않는 데가 없고, 남을지언정 부족한 경우가 없기 때문이다. 금수와 초목의 생육과 번식이 왕성한 것은 물론이요, 사람이 태어나서 길러지고 번식하는 까닭도 남녀 간 서로 사랑하는 정에서 비롯하는데, 자칫 감정을 속이지 않고 생각한 대로 행동하면, 금수와 무엇으로 구별할 것이며, 부부간에 무슨 구별이 있겠는가. 무릇 성인께서 예禮를 정하시고 법法을 만드신 이유는 대개 지나치고 넘치는 성정을 절제하고자 하는 까닭이니, 저 서양의 학자[5]가 인구의 과다를 우려하여 혼인의 법을 엄격히 한 이유와 지나의 성인이 부부간 내외의 구별을 엄격히 한 이유가 크게 다르지 않은 취지에서 나왔을 뿐이다. 그렇지만 지나인이 여성을 엄하게 복종시키고, 아내 보기를 몸종 보듯이 하며 실내에 칩거하도록 하는 것은, 마치 감옥에 가두어 두는 것과 다를 바가 없으니, 그 폐단이 대단히 심하다고 말하지 않을 수 없다. 공맹과 정주의 큰 견식을 갖추었으면서도 끝끝내 이에 대해 논하지 않으니, 이것은 지나인이 옛것을 맹신하는 폐단이라 할 것이다.

---

5   여기에서는 당시 유행하고 있던 맬서스의 『인구론』을 염두에 둔 의견일 것으로 보인다.

❀

3. 정교政教에 대한 의문

사카타니 시로시

　대부분의 사물은 반드시 중심이 없을 수 없으니, 나무에 몸통이 있고 집에 가주家主가 있는 것과 마찬가지이다. 중심이 없으면 바로 설 수 없다. 그러므로 지구상의 사람은 모두 일생의 중심으로 삼을 만한 무언가를 가지는 것이 대단히 중대하다고 하겠다. 그렇다면 그것은 무엇을 말하는가. 대저 천지에 걸치고 고금을 관통하는 도는 두 가지로, 바로 선과 악이다. 그런데 악은 선이 아닌 것의 이름으로, 사물의 중심일 수는 없다. 또한 온기가 주되며, 냉기는 단지 열기가 줄어든 데에서 나오는 듯하다. 온기가 없으면 천지의 기운이 움직이지 않는다. 선이 주가 되지 않는다면 사람의 도리는 절멸하여 야만인(バルバリ-, barbarie)이 될 것이다. 그렇다면 천지고금을 통틀어 사람이 주로 방향을 정해야 하는 바는 오직 선뿐일 것이다. 나라는 사람들이 모여서 만들어지니, 나라가 나라다울 수 있는 근본적인 이유 또한 오직 선뿐이다. 그렇다면, 선을 세우는 방법은 오직 두터운 믿음에 있으며, 그 믿음을 두텁게 하고 흔들리지 않는 확고

한 것으로 하려면 오직 정교政教[1]·법교法教[2]의 두 가지가 필요할 뿐이다. 모름지기 나라는 사람들이 모여서 이루어지는 것이다. 그러므로 사람이 먼저 서야 나라가 선다. 사람은 마음으로 자기의 중심을 세우는 법이니, 먼저 마음을 세워야 한다. 마음은 의식의 본체로서 만사에 감응하니, 그 효용이 대단히 복잡해서 혼잡하고 미혹되어 신경을 무너뜨리기 쉽다.

그러므로 마음의 중심을 확립하여 방향과 목적을 명백하게 하지 않는다면, 사물이 전부 여우나 너구리 같은 요괴로 보여서, 넘어지고 착란하여 금수보다 못하게 될 것이다. 중심이 바로 서고 방향이 분명하더라도, 거기에 대한 믿음이 두텁지 못하다면 그 중심이 다시 물 위를 표류하는 배처럼 동요하고, 바람에 뒤집히는 나뭇잎과 같은 모습이 될 것이다. 믿음이 두텁다면 물과 불 속에서도 웃으며 이야기를 나누며 서 있을 수 있을 것이다. 큰 병으로 고뇌하는 사람도 만약 믿는 의사가 있다면 죽을 때에도 약에 휘둘리지 않을 것이고, 믿지 않는다면 아침저녁으로 의사도 약도 바꿔 가며 낭패를 보다가 죽음에 이를 것이다. 거기서 낫는다면 그것은 요행일 뿐이다. 이때 의사는 병들었을 때 마음의 중심이 되는 존재로서, 믿지 않는다면 도움이 되지 않는다. 유럽의 여러 전쟁에서 명장 이외에 명의를 얻으면 전군이 그 기세를 더했던 것도 바로 이 때문이다. 지금 어딘가로 가고 싶어 하면서 가는 길을 믿지 않는다면, 동쪽으로 갈지 서쪽으로 갈지 하루 종일 문 앞에 서 있다가 한 걸음도 나아가지 못할 것이다. 만일 목적이 정해지고 믿음이 두텁다면 서툴고 둔한 자에게 총을 쏘게 해도 동쪽으로 쏘아야 할 탄환을 결코 남쪽으로 쏘거나 하지는 않

1   정치에 의한 교화를 의미한다.
2   종교에 의한 교화를 의미한다.

을 것이니, 하물며 서쪽으로 쏠 일은 더욱 없을 것이며, 열심히 잘 익히면 백발백중하게 될 것이다.

옛날 사람들이 말하길, 마음에 중심이 잡히면 능히 동요하지 않는다[3]고 하였다. 공자께서 백성의 신뢰를 얻지 못하면 나라가 설 수 없다[4]고 하시고, 종교가 다양하고 서로 다르지만 모두 다 믿음을 으뜸으로 치는 것이 바로 이런 까닭이다. 그러므로 사람으로서의 방향이 없고, 방향이 있어도 믿음이 부족하다면 세상의 어떤 사업도 이루어질 수 없다. 또 이렇게 큰 근본이 되는 것이 지구상에 하나가 아닌 곳, 하나가 아닌 사람은 결코 없으니, 하나가 아닌 것이 없다면 하나가 되지 않을 수 없는 이유이다. 그리고 하나가 되지 않으면 사람도 없고 나라도 없다. 일가도 하나가 되지 않으면 반드시 어지러울 것이고, 일국도 하나가 되지 않으면 반드시 어지러울 것이다. 수많은 사람이 모두 수많은 마음을 가지면, 함께 사업을 도모하려 하여도 화합하지 못하고, 함께 논의하여도 의견을 합치지 못하여, 마치 육십여 개의 원소가 나뉘듯 당연히 손쓸 수 없이 무너진다. 이것은 어째서 그러한가 하면, 선을 중심으로 삼지 않고 악이 융성하며, 공公적인 천리天理에서 나온 양심conscience이 지워지고 사사로운 욕심에서 나온 정욕passion이 왕성해지기 때문이다. 그렇다면 곧 천리인 선을 주로 하고 믿음을 두텁게 하여 사사로운 욕심을 막아 사람들의 마음을 하나로 하는 것이 무엇인가 하면 바로 정교政敎이다. 정교는 시대에 따른 변화가 있어서 믿을 수 없다고 한다면, 그럴 경우는 법교法敎로 마음의 중심을 세

---

3   『맹자(孟子)』 「공손추(公孫丑)」 상(上)의 정씨장구(程氏章句)에 나오는 말. "마음에 중심이 잡히면 능히 동요하지 않는다[心有主, 則能不動]"에 의거한다

4   『논어(論語)』 「안연(顔淵)」의 "백성의 신뢰를 얻지 못하면 나라가 설 수 없다[民無信不立]"에 의거한다.

위야 한다. 교유敎諭나 실제의 행실, 또는 언어를 가지고 그것을 보호하고, 모두에게 이것을 가르쳐 선을 중심으로 삼고 믿게 하도록 해야 한다. 돌아갈 곳은 오직 하나, 근본인 선뿐이다. 이렇게 해서 선을 가르치는 편이, 이후로 계속해 나뉘면서 수십 갈래의 가지를 낳더라도, 그 조리條理를 추정하여 찾아간다면 근원이 분명하여 의심할 여지가 없을 것이다. 하편에서 이것을 동서고금의 유적에서 변별하고 선생 제군의 질정을 구하고자 한다.

✿

4. 화학 개혁의 대략

시미즈 우사부로淸水卯三郞

서양 학자들이 학술상 각자 그 학파에 따라 모임(社)[1]을 결성하여, 저 사람이 배운 것으로 내가 모르는 것을 돕고, 내가 아는 것으로 저 사람이 배우지 못한 바를 보충하면서 서로 교제하고 토론하는 가운데 학설이 정해진다. 화학 등도 역시 그러하다.

몇 년 전부터 황산칼륨potassium sulfate, 아이오딘산칼륨potassium iodate, 탄산나트륨sodium carbonate 등의 명칭을 달고 배에 실려 오는 화학 약품들이 있었다. 나는 처음에 그 이름이 서로 다른 것이 이상해서 라틴어 명칭을 쓰기도 하였다. 그 이후 새로 책을 구하여 비로소 그 학문에 일대 변혁이 있음을 알게 되었다. 내가 이 일을 늦게 안 것은 유럽의 화학학회에 가입하지 않은 잘못이라 하겠다. 대개 하나의 학파에는 하나의 모임이 있어서, 그 모임에 들어가 학설을 찾지 않으면 새롭게 정하거나 발견한 것을

---

1   학회의 의미일 듯하다.

알 수 없다. 이제 그 이름이 다른 이치를 밝히고 그 대강을 설명하고자
한다.

　모름지기 전기電氣는 화학에서 가장 중요한 것으로, 원질, 즉 원소 64종
(또는 63종이나 65종이라고도 한다)에는 모두 전기가 있고, 각자 음성negative과
양성positive의 구별이 없는 것이 없다. 음성과 양성의 구별로 인해 음성은
양성에 붙고, 양성은 음성에 합하여, 화합물(雜質)이 생겨난다. 이것이 보
통의 약품이다. 그렇지만 음양 원소가 대단히 많아서 그 이름을 달리한
다. 가령 산화철은 산소의 많고 적음에 따라서 산화제일철(鐵鏽, 녹)이라
고도 하고, 철홍鐵紅(벵갈라)이라고도 하는 바와 같다. 그렇지만 철은 산소
에 양극이므로, 지금의 화학에서는 철산화鐵酸化라고 말해야 한다. 여기
에 그 순서를 나열해 보고자 한다.

	음성의 끝
	−
(구리 Cu) 홍동	산소 (O)
(우란 U) 우라니옴	유황 (S)
(비스마스 Bi) 비스못트	질소 (N)
(Sn) 주석	플루오린 (F 불소)
(인듐 In) 인디옴	코로린 (Cl 염소)
(Pb) 납	요오딘 (I 아이오딘)
(카드뮴 Cd) 카드미옴	세레니옴 (Se 셀레늄)
(탈륨 Tl) 타리옴	인소 (P)
(Co) 코발트	비소 (As)
(니켈 Ni) 닉켈	크로미옴 (Cr 크롬)

(Fe) 철	바나디옴 (V 바나듐)
(Zn) 아연	몰리브데니옴 (Mo 몰리브데넘)
(망간 Mn) 망가네스	튠스텐 (W 텅스텐)
(란타넘 La) 란타니옴	붕소 (B 붕소)
=디디니옴	탄소 (C)
(세륨 Ce) 세리옴	안티모니 (Sb 안티모니)
(지르코늄 Zr) 시르코니옴	텔루리옴 (Te 텔루륨)
(알미늄 Al) 알미니옴	탄타리옴 (Ta 탄탈)
(에르븀 Er) 에르비옴	코론비옴 (Nb 나이오븀)
(이트륨 Y) 에트리옴	티타늄 (Ti 티탄)
(베릴륨 Be) 크리유시니옴	규소 (Si)
(마그네슘 Mg) 망가네시옴	수소 (H)
(칼슘 Ca) 칼시옴	황금 (Au 금)
(스트론튬 Sr) 스트론티옴	오스미옴 (Os 오스뮴)
(바륨 Ba) 바리옴	이리디옴 (Ir 이리듐)
(리튬 Li) 리티옴	프라티니옴 (Pt 백금)
(나트륨 Na) 소디옴	로디옴 (Rh 로듐)
(칼륨 K) 포토아시옴	루테니옴 (Ru 루테늄)
(루비듐 Rb) 루비디옴	파라디옴 (Pd 팔라듐)
(세슘 Cs) 케이시옴	수은 (Hg)
+	백은 (Ag 은)
양성의 끝	

위에서 제시한 표는 산소를 음성의 끝으로 하고 세슘을 양성의 끝으로 하였다. 각각의 원자atom는 그 위에 있는 원자에 음성이고, 또 그 아래에 있는 원자에 양성이다. 가령 세슘은 루비듐과 그 이상에 대해 양성이

며, 산소는 유황 및 그 아래에 대해 음성인 것과 같다. 그러므로 칼륨은 아이오딘에 양성이다. 아이오딘은 칼륨에 음성이다. 염화나트륨NaCl, 염화금AuCl, AuCl3 등은 모두 상반된 음성, 양성의 이치에 관계된다. 수소도 유황에 대해서는 양성이다. 그러므로 황산 안의 수소는 염기성base이다. 이것을 황화수소Hydrogen sulfuric라고 한다. 또 염화수소Hydrogen chloride, 질산Hydrogen nitrogen 등도 모두 같은 원리이다. 또 원자의 설과 같은 것은 이것을 하나하나 손바닥에 두고 보는 듯하니, 화학의 발전이 한눈에 들어오는 듯하다. 이에 여기에 기록하여 아직 이를 알지 못하는 동료들께 고해 두고자 한다.

✿

5. 지폐인체간원록紙幣引替懇願録[1] (화폐론 첫 번째)

간다 다카히라

지금 우리 나라의 지폐 제도는 아직 그 장점을 다 발휘하고 있지 못한 듯하다. 나는 지금의 이 불완전한 부분이 언제나 큰 병의 근원이 될까 은근히 우려스럽기도 하다. 그러므로 고루함을 무릅쓰고 망언일지언정 의견을 내어, 조금이나마 식자 여러분께서 정책을 채택하는 데 도움이 되고자 한다.

장점을 다 발휘하지 못한다는 것은 무슨 말인가 하면, 교환이 되지 않음을 말한다. 원래 지폐의 가치란, 그 명의나 형태에 관계없이 종이임에 분명하므로, 금이나 은처럼 통용될 리가 없다. 그런데 고금에 걸쳐 많은 나라가 지폐의 제도를 두고는 금은과 마찬가지로 사람들의 신용을 얻어서 통용하기에 이른 것은, 다름 아니라 언제라도 금은과 같은 본위화폐(正貨)와 자유롭게 바꿀 수 있기 때문이다.

---

1   '지폐의 교환 제도에 관한 간절한 제안을 담은 기록'이라는 의미이다.

지금 우리 나라의 지폐는 그렇지 않아서 애초에 교환이 있을 수 없다. 교환이 없으면 통용될 수 없는데 예상외로 잘 통용된 이유는, 처음 발행할 때 서민들이 위조화폐(濫惡金)로 고통받던 와중에² 때마침 정부에서 엄격한 법령³을 정하여 반포했기 때문이다. 당시 정부 역시 이 일이 올바른 이치에 맞지 않음을 모르지 않았지만, 올바른 이치에 맞지 않음을 잘 알면서도 굳이 이 일을 시행한 이유는, 소위 전쟁 한복판의 혼란함과도 같은 상황 속에서 어쩔 수 없이 취한 임시방편의 조치였기 때문이다.

그렇다고 한다면, 전쟁이 끝나면 당연히 신속하게 임시방편의 조치를 버리고 정당한 방편으로 되돌아가 지폐 교환의 법을 만들어야 함에도, 여전히 그러한 일은 일어나지 않고 있다. 그러한 일이 일어나지 않을 뿐만 아니라, 급하지도 않은 여러 사업⁴을 일으키고 점점 많은 지폐를 발행하는 것은 인민의 어리석음에 편승하는 조치로, 이것이야말로 불의의 경계를 한 걸음 넘어선 일이라고 말하지 않을 수 없다. 요컨대 설령 지금은 별다른 지장 없이 통용한다고 해도 오래도록 안전하게 의지할 만한 방도라고는 할 수 없기 때문이다.

위조화폐가 유행한 이래의 정세를 곰곰이 살펴보니, 가령 한 마을의 인민이 강도에게 습격당해 일단 얼어 있는 연못으로 달아나 걱정하면서 하루 이틀을 보내고는, 당장 함몰되는 변고가 없음에 안심하여 뭍 위로 돌아오기는커녕 점점 얼음 위로 이주해 가는 것이나 마찬가지 모양새이다.

---

2   정부가 발행한 지폐인 태정관찰(太政官札)의 단순한 제조법으로 인해 위조권이 만들어져 대량으로 유통되었던 일을 가리킨다.

3   1869년(메이지 2), 메이지정부는 1872년까지 지폐를 새롭게 주조한 화폐와 교환한다는 취지의 포고를 냈다.

4   1872년(메이지 5)에 착공된 도쿄 긴자(銀座)의 벽돌 거리 조성 계획을 가리킨다.

지폐 교환이 확립되지 않은 채 언제까지고 본위화폐처럼 통용시키면, 당연히 본위화폐는 점점 외국으로 유출된다. 이것은 마치 물 위나 얼음 위나 마찬가지라면서 물 위의 전답을 다른 동네 사람에게 매각하여 다른 동네 사람이 그 땅을 점령하도록 방치하고 돌보지 않는 것이나 마찬가지이다.

　또 나라 안의 지폐 제도가 제대로 갖춰지지 못한 동안에는 외국과 전쟁하는 일도 불가능하다. 외국과 전쟁하면 승패에 관계없이 지폐 통용이 멈추고, 이로 인해서 내란이 발생하기 때문이다. 그러므로 내란 발생을 우려한다면 외국과 전쟁할 수 없다. 외국과 전쟁할 수 없으면 외국의 오만과 모욕을 허용하지 않을 수 없다. 이 역시 얼음 위의 사람들이 물 위의 사람들과 싸우기 어려워서 어쩔 수 없이 그 무례함을 참고 견뎌야 하는 바와 같다.

　이 외에도 지폐가 불편한 이유는 얼마든지 있다. 대부분은 얼음 위의 비유를 미루어 짐작할 수 있는 바이다.

　그러므로 앞에서도 말한 대로 지금 지폐가 별 지장 없이 통용된다고 한들, 도저히 오래도록 안전할 방도가 없다면, 분명히 늦건 빠르건 지장이 생긴다. 그때가 되어 본위화폐가 모조리 외국으로 유출되고 이것을 대신할 만한 것이 없게 되면, 지폐는 아마도 쓸모없는 종잇조각이 될 것이다. 부디 이제라도 군민 상하가 함께 여기에 주의를 기울여서 한번 깊이 생각하고 본위화폐가 완전히 소진되기 전에 재빨리 교환의 법을 만들어서 삼천여만 명의 인민이 수백 년간 고통을 참고 노력하여 쌓아 올린 재화를 하루아침에 모두 날려 버리는 참혹한 대불행을 사전에 방지하기를 바랄 뿐이다. 내가 이 문제를 생각하니, 기우가 지나쳐 도저히 참지 못하고 감히 망언을 지껄이며 식자 여러분에게 질문을 드리니, 부디 생각에 생각을 해 주신다면 대단한 기쁨일 것이다.

메이로쿠잡지
제23호

1874년(메이지 7) 12월 간행

—

✿

1. 내지 여행 (11월 16일 연설)

니시 아마네

　내지 여행, 이런 연설 제목을 이 자리에서 던져 놓고, 그 옳고 그름이 어떤지 말하려면 어떤 인사로 시작하면 좋을까요. 이것은 마치 파크스 선생[1]이 자기 나라에서 호박을 가지고 와서, 이 호박은 달고 맛이 좋아 먹으면 양생養生에 도움이 되니 드셔 보라고 말한 것과 비슷합니다. 실로 진기하기는 하나 먹어 보지 않고서는 맛있는지 맛없는지, 몸에는 좋은지 나쁜지 알 수 없는 것도 똑같지요. 내지 여행도 허가해서 실행해 보지 않고서는 좋을지 나쁠지, 사실은 알 수 없는 일입니다.

　하지만 그렇게 말해 버리면, 호박을 먹고서 체하기라도 했을 때는 어쩔 도리가 없지요. 체하고 나서 먹지 않았으면 좋았을 것이라며 후회해 봐야 소용없습니다. 그러니 먹기 전에 이 호박이 맛있을지 어떨지, 몸에

1　　영국 외교관으로 막부 말기부터 메이지 초기에 걸쳐 18년간(1865-1883) 주일공사를 역임하였던 해리 스미스 파크스(Harry Smith Parkes, 1828-1885)를 가리킨다.

좋을지 어떨지 알아 두지 않으면 안 됩니다.

하지만 호박은 잘라 보고 감촉의 부드러움으로 맛을 안다든가, 그래도 모른다면 분석 방법을 통해 그 성분 등을 분리해 본다든가 하여 맛있는지 어떤지, 해로운지 아닌지 등을 알 수 있지만, 내지 여행이라는 것은 그럴 수는 없습니다.

그러나 그 분석 방법은 다를지라도, 어찌 되건 분석해 보지 않으면 이로운지 해로운지 알 수 없다는 점은 틀림없습니다.

그렇다면 그 분석 방법을 찾지 않으면 안 된다는 데에서, 화학 분석법으로는 불가능함을 알고 있으므로, 로직logic, 즉 논리학 분석법에 걸어 봐야 할 것입니다.

이렇듯 내지 여행이라든가 뭐라든가 하는 제목과 같은 종류는, 결국에는 로직 분석법에 걸지 않으면 안 된다는 것은 잘 아는바 그렇다면 로직 분석법은 어떻게 하면 좋을지에 대해 말하자면, 여기에 두 부류의 분석법이 있습니다.

그 첫 번째는 디덕션deduction, 즉 연역법의 분석법과, 다른 하나는 인덕션induction, 즉 귀납법의 분석법으로, 먼저 연역법의 분석부터 시작해 보도록 하겠습니다.

그런데 연역법의 분석이라고 하면, 올바른 길이 하나로, 근본을 세우고 점점 말단으로 풀어 내려가는 것인데, 이제 내지 여행이라는 제목은 전체가 아니라 부분이므로, 이로부터 미루어 짐작하여 그 근본을 찾아가지 않으면 안 됩니다.

그러므로 이 분석에서는 먼저 부분을 미루어 짐작하여 전체를 구하는 하나의 방법을 따르지 않으면 안 되니, 즉 그 방법은 천문학에서 행성의 궤도를 측정하는 법과도 같습니다.

이제 초저녁에 빛나는 금성은 해가 지면 서쪽에서 보이기 시작해 밤이 지나면서 동쪽으로 보이고 시종 해가 뜨기 전후에 나타나는 것이니, 언제 보이건 잠깐 보일 뿐, 24~5분의 시간보다 길게 보이지는 않습니다. 그러나 그 24~5분 사이에 서쪽에서도 동쪽에서도 하늘의 한편으로 필시 일주(周天)를 360도로 나눈, 그 도수의 얼마인가에 걸쳐서 하나의 곡선을 긋고 있음을 알 수 있습니다. 이렇게 그은 곡선은 아무리 짧더라도 필시 곡선임에는 틀림없습니다. 왜냐하면, 기하학의 공리axiom에서 직선은 언제까지라도 직행하지 않으면 안 된다고 하는바, 곡선을 연장하면 아무리 그 주위가 커도 반드시 원래 선이 나온 곳까지 돌아가서 설령 완전한 원이 아니더라도 반드시 서클, 즉 고리의 형상을 이룬 물체가 되지 않을 수 없습니다. 이러한 도리가 있으므로, 지금 금성이 초저녁에 잠깐 몇 시인가 곡선을 그어 하늘의 몇 도 몇 분에 걸쳤다고 하면, 그 부분의 곡선을 계산해서 전체 궤도의 크기를 알 수 있는바, 이제 내지 여행이라는 제목은 무엇인가 전체가 있고서 그 일부일 것인데, 무언가 큰 궤도가 있고, 그 부분의 곡선일 것이라는 점을 깨닫는다면, 그 전체상은 어떤 것인지 그것을 찾지 않으면 안 됩니다.

그런데 여기에서 내지 여행이라는 사실을 그 일부분인 곡선으로 보는 그 정반대에 해당하는, 즉 곡선의 부분에서 말하자면 직선으로 그 정반대에 해당하는 것을 찾는다면, 양이절교攘夷絶交와 같은 일이 될 것입니다. 그렇게 보자면 내지 여행은 직선이 아니라 곡선으로, 이 곡선을 본 곳에서 나온 곳까지 돌려 보면, 곧 양이절교라는 제목과 원래 반대인 호화개교好和開交라는 제목이 하나의 서클, 즉 고리가 되고, 내지 여행은 그 일부분의 곡선임을 알 수 있습니다. 물론 호화개교라는 전체 안에는 내지 여행이라는 사실만이 아니라, 이와 마찬가지로 호화개교의 일부분인 사실들이 또한 여러 가지 있습니다. 첫째로 호화통상好和通商의 조약,[2] 그 중에서도 다섯 개 항구[3]를 전후로 열었던 일, 둘째로 도쿄·오사카의 거류지concession, 그 후에 점차 거류지를 넓혔던 일, 셋째로 이번의 인테리어 보이지interior voyage, 즉 내지 여행, 넷째[4]로는 잡거雜居, 이 몇 가지 사실은 모두 호화개교라는 하나의 고리 안에, 즉 하나의 궤도 안의 일부분으로, 그 어떤 사실도 양이절교라는 사실과 비교하면 정반대이므로, 내지 여행이라는 사실은 호화개교라는 전체의 일부분이니, 호화개교에 주의를 기울인다면 내지 여행도 허가하지 않으면 안 된다는 것은 명백해집니다.

그러면 여기에서 정치상의 방향은 어디로 향하는지 살펴보자면, 지금 호화개교라는 항로를 택하고 있음은 지식을 가진 자라면 누구나 쉽사리 알 수 있습니다. 거기에다가 내지 여행은 허가할 수 없다고 말하는 것은 마치 오스트레일리아로 항로를 정하고서는 하치조섬[5] 부근에서부터 베링 해협[6]으로 향하는 바와 비슷한 일입니다.

그런데 이렇게 말하면 누구나 말할 것입니다. 정치의 방향이 호화개교를 향하고 있으므로 내지 여행이 그 가운데 일부분이라는 정도의 이야기는 학자티를 내면서 연역이니 천문이니 하는 소리는 하지 않아도 알

---

2   일본이 막부 시대의 말기에 미국을 비롯한 서양 나라들과 맺은 수교통상조약을 가리킨다.

3   하코다테[箱館], 가나가와[神奈川], 나가사키[長崎], 니가타[新潟], 효고[兵庫]를 가리킨다.

4   원문은 '第五'로 되어 있다. 잘못된 표기인 듯하다.

5   하치조섬[八丈島]. 일본에서 태평양 방면에 위치한 화산섬. 도쿄에서 남쪽으로 287km 떨어져 있다.

6   베링(Bering) 해협은 알래스카와 시베리아 동쪽 추크치반도 사이에 있는 해협으로, 오스트레일리아와는 정반대 방향에 위치해 있다.

수 있는 것인데, 그러나 거기에는 여러 가지 관계가 있어서 그렇게 정론대로만은 되지 않으니, 언젠가 어떻게든 허가되기야 하겠지만 아직은 시기상조로, 무엇보다도 내지의 인민들이 좀 더 개화한 다음에 허가해야 한다는 식의 주장이 나올 것입니다.

그러나 시기상조라면 이쪽에서도 다른 이유를 댈 수 있습니다. 도쿄·오사카의 거류지는 구 막부 시대에 아직 그 항로가 정해지지 않았을 때 생겼습니다. 그러고서 어일신御一新[7] 이후 7년이라는 시간이 지나 사람의 몸도 뼛속부터 바뀔 정도의 세월이 흘렀는데, 지금 구 막부 시대로부터 조금도 앞으로 나아가지 않았다고 한다면 유신으로 진로가 정해진 보람이 없는 바와 같으니, 그래도 아직 시기상조라고 말할 수 있는지, 이런 반론을 낼 수 있습니다.

그런데 지금, 이전부터 이야기했던 논의를 잘 살펴보면, 실로 학자적 논의로, 호화개교라는 이론적 전제를 근거로 내지 여행은 허가하지 않으면 안 된다는 논리를 세운 것이므로, 이것은 학자적 논의라고 비판받아도 어쩔 수 없는 부분이 있습니다.

그렇다면 학자적 논의가 아니도록, 한층 이해관계에 적절하게 귀납의 방법을 가지고 논해 보도록 하겠습니다. 하지만 이것은 완전한 귀납의 방법은 아니고, 단지 몇 가지 사실을 들어 보고 그 위에서 이해득실을 따지는 것일 뿐이니, 약간 귀납의 방법을 쓴 정도라고 말할 수 있겠습니다.

그러면 이제 귀납의 방법으로 논해 보려고 할 때, 어떻게 하면 좋을지, 어찌할 것인가 하면, 먼저 내지 여행이라는 제목에 대해, 내지 여행을 허가하고 시행하면 어떠한 이로움이 있고 해로움이 있을 것인지 꼽아 보아

---

7   1868년(메이지 원년)의 메이지유신을 가리킨다.

야 합니다.

하지만 그 이해득실을 꼽아 보는 데에서 그 이해라는 것이 같은 종류가 아니므로 하나하나 비교해 볼 수 없습니다. 이게 산술이라면 이익을 백문(百目)으로 정하고 그 안에서 손해가 여러 가지 있는 것을 이문오부二刄五分, 삼문칠부, 또 오문팔부, 도합 십이문의 손해로 빼내고 나머지 이익이 팔십팔문이 있다고 말하듯이 정밀한 비례를 정할 수 있겠지만, 로직에서는 그렇게 할 수 없습니다. 그러므로 먼저 내지 여행을 시행하여 이익이 있는 쪽을 포지티브positive로 보고, 손해가 되는 쪽을 네거티브negative로 보는 것입니다.

그렇게 포지티브 쪽은 제거하고, 나머지 네거티브의 손해만을 취하여 그 손해가 얼마나 되는지 보아 이것이 도저히 개선할 수 없는 손해인지, 또 방책을 만들어 손해를 막을 수 있는지 천착함으로써 그 손해를 모두 방지할 수 있다면 이제 소극적이니 손해니 말한 것이 모두 포지티브로 바뀌어 귀속되는 계산법입니다. 또 그 손해가 도저히 어찌해도 막을 수 없고, 개선할 수도 없는 것으로 보이면, 이것은 진짜 손해로 이해득실이 균형을 맞출 수 없으므로 시행하지 않는 편이 좋을 것입니다.

이제 내지 여행이라는 제목에 손해가 얼마나 되는지 살펴보면,

첫째, 외국인이 들어온다면 무역을 할 것이다.

둘째, 들어가서는 안 될 곳에 들어갈 것이다.

셋째, 보호해 주는 것이 힘들다.

넷째, 통역이 없으면 곤란하다.

다섯째, 개를 데리고 다녀서 곤란하다.

여섯째, 분쟁이 생겼을 때 곤란하다.

일곱째, 아직 난폭한 사람이 있을지도 모른다. 요번에 있었던 하코다
테의 게르만 영사 살해 사건[8]과 같은 일이 있을 수 있다.

이렇게 손해라고 생각하는 것들을 열거한바, 첫 번째, 무역을 할 것이
라는 점은 나라 안팎으로 알려서(諭告) 금지한 후 내지 여행을 시행하면
이를 어긴(曲事) 자를 처벌할 수 있습니다. 두 번째, 들어가서는 안 될 곳
이라 하면, 천하에 들어가서는 안 될 곳은 없고, 다만 정부나 관청, 혹은
지금은 없지만 요새나 성벽 등은 어느 나라나 마찬가지이므로 내외인 모
두가 동일하게 어긴다면 범죄가 됩니다. 세 번째, 보호를 제공하는 일이
라면 이미 이번 봄의 명령에서도 시중들 종자를 동행해도 좋다고 했으므
로, 이것도 내외인 모두 마찬가지입니다. 넷째, 통역은 동행하건 동행하
지 않건 본인 마음대로 하면 되니, 통역이 없어서 자유롭지 못한 것은 저
들의 사정입니다. 다섯째, 개를 데리고 다니는데, 개는 전혀 도리를 알지
못하므로 서로 물어뜯다가 다툼이 되기 쉽습니다. 하지만 이것은 금지
하면 그만입니다. 여섯째, 분쟁이 생기는 일은 상대방과의 조약서에 거
의 쓰인 대로 돈을 영사에게 맡기거나, 청원서를 낸 후라든가, 싸움이 일
어나면 공사의 판단에 맡긴다거나 하므로 그 점 대부분이 괜찮을 것입니
다. 그런데 이러한 고충이 가장 절실한 점은 뭐라 말해도 일본의 인민이
어리석어서, 멍청하니까, 또는 꼬투리를 잡힐 것이니까 하는 것들입니
다. 하지만 이는 아이에게 장기를 가르치는 일과 같은 것으로, 초심자가

8   하버 살인 사건. 1874년(메이지 7) 8월에 하코다테에 근무하던 독일대리영사 루트비
     히 하버(Ludwig Haber)를 아키타현의 사무라이 다자키 히데오야[田崎秀親]가 베어 죽인
     사건이 있었다.

처음부터 똑같이 겨룰 수는 없습니다. 그러므로 하나하나 가르치는 마음으로 시작한다면 도리어 이후에는 점차 강해지는 기초가 생길 것이니, 설마 내지 여행 정도로 해마다 50명이나 100명이 다치거나 하는 일은 없을 것입니다. 마지막 일곱 번째, 매우 중요한 것입니다만, 이것은 「외교소언外交小言」[9]의 저자가 말한 대로 정부가 본디 존왕양이라는 명분을 내세웠기에 여전히 그런 연극을 하는 잔당(餘黨)이 남아 있어서 곤란할 것이라는 말인데, 그러나 하코다테의 경우[10]도 있고, 누구나 목숨은 아까운 것이니, 이 일도 정부가 그 길을 잘못 들지 않고 진심으로 호화개교에 철저하기만 하다면, 다시 두 번, 세 번 정도는 발생한다 해도 처리할 수 있는 일로, 현령縣令이 알아차리고 즉시 범인을 잡아낸다면 괜찮을 것입니다. 또한 정부가 호화개교에 대한 진심만 확실하다면, 우리 나라에는 깊은 산속에 들어가면 죽음을 두려워하지 않는 인디언이 있으니 조심하라는 식으로 규칙을 정해도 괜찮을 것입니다. 그러면 일곱 번째도 어떻게든 막은 셈이니, 그래도 도저히 이것만은 어떨지 불안하게 생각되는 것은 모두 규정stipulation을 정하여 자세히 조목별로 쓰고 조약을 체결한다면 소위 네거티브한 것은 모두 사라지게 될 것입니다. 그러면 나머지는 모두 명백하게 포지티브하게 될 터이니, 귀납법으로 보아도 역시 허가하는 편이 도리상 마땅합니다.

그러나 이렇게 해도 아직 뒤쪽의 두 가지 조목은 만족스럽지 못합니다. 도리는 도리지만 학자의 도리라서 믿을 수 없다고 주장한다면, 또 모

9   『도쿄니치니치신문[東京日日新聞]』에 1874년 10월 14일부터 연재된 논설. 저자명은 적혀 있지 않지만 일반적으로 후쿠치 겐이치로[福地源一郎, 1841-1906]로 알려져 있다.
10   앞의 독일대리영사 하버 살인 사건. 범인은 체포되어 사형에 처해졌다.

디피케이션modification, 즉 변통의 법이 몇 가지 있습니다. 이것은 앞에서 호화개교라는 궤도가 있다고 말한 대로 그 궤도를 이루는 곡선은 반드시 내지 여행이란 단 하나의 곡선만이 아닙니다. 이 곡선을 반으로 나눠도, 4등분으로 나눠도, 또 8등분, 10등분으로 아무리 작게 나눠도 곡선은 곡선의 성질이 있어서 도저히 직선이 되지 않습니다.

따라서 내지 여행도 마찬가지로 호화개교라는 궤도 속에 있는 것이라고 보면, 반드시 한 번에 시행하지 않아도 좋을 것입니다. 올해는 도카이도東海道[11] 여행만 허가하고, 내년은 산요山陽[12]를 허가하며, 그다음에 도산도東山道[13]를 허가하여 예의 곡선을 2등분, 3등분으로 하고, 또 언젠가 호화개교의 궤도 속에는 내지 여행의 곡선뿐만 아니라 또 앞으로 잡거라는 곡선이 있을 것이니, 그것도 합쳐서 혹은 도쿄의 매립지를 확장하여 에도부[14] 안까지 하거나 그 후에 무사시武藏,[15] 사가미相模[16]까지 넓히고, 그런 다음에 도카이도만 잡거를 허가하는 등 변통하는 방법은 얼마든지 있습니다.

그러면 반드시 거절하지 않더라도 이것을 기회로 삼아 조금이라도 허가하면 됩니다. 그러면 호주에 갈 항로가 그곳을 똑바로 향하지 않더라

11   현재의 긴키[近畿]·추부[中部]·간토[関東] 지방의 태평양 연안 지역을 가리킨다.
12   현재 일본 주고쿠[中国] 지방의 세토나이카이[瀬戸内海] 쪽 지역을 가리킨다.
13   시가[滋賀]현에서 중부 지방의 내륙부를 거쳐 오우[奥羽] 지방에 이르는 지역을 가리킨다.
14   에도 시대 지도의 경계에 빨간색 선을 긋고 에도부[江戸府] 내와 부외를 구분한 것에서 기인한 표현이다.
15   옛 지명의 하나. 지금 도쿄도[東京都]의 대부분과 사이타마[埼玉]현 및 가나가와[神奈川]현의 일부를 가리킨다.
16   일본의 옛 지명. 지금의 가나가와[神奈川]현의 대부분을 가리킨다.

도 약간 류큐琉球 쪽에 접근했을 따름이니, 베링 해협으로 향하는 것보다는 훨씬 나은 것입니다.

전체적으로 관할권jurisdiction이 다른 재판의 권한이 저쪽에 미치지 못한다느니, 관세율tariff을 개정할 권한이 없다느니, 저들이 전제(專擅)라느니, 교활하다느니 해도 이쪽이 해야 할 것을 한 다음에 독립의 권한을 세우지 않는다면 무리하게 대항하는 일은 불가능하리라고 생각됩니다.

그러나 이런 논의를 말하면 위정자는 어떻게 말할까요? 그대처럼 이런저런 이유를 내세운 말을 하더라도, 말할 입은 있어도 실현할 권리는 없으니 뭐 입 다물어라고 말한다면, 이 논자도 입을 다물고 자리에서 물러나겠습니다.

2. 정금외출탄식록[1] (화폐론 두 번째)

간다 다카히라

우리 나라는 개항한 이래로 금과 은의 외국 유출이 대단히 많았고, 최근에는 더욱 심해졌다. 그 이유는 대개 여섯 가지로, 첫째는 수출과 수입의 차이, 둘째는 유학 비용, 셋째는 외국인 고용 비용, 넷째는 주재(駐箚) 비용, 다섯째는 국채 비용, 여섯째는 물건 구입 비용이다.

생각해 보면, 올해 무역은 수입이 많고 수출은 적다. 수입품 가격에서 수출품 가격을 빼면 나머지는 곧 외국으로 빠져나간 본위화폐의 액수가 된다. 1873년(메이지 6) 무역표에 따르면, 그 양이 8,036,513엔 226센이라고 하니, 가히 놀랄 만한 큰 금액이다. 이해 전후의 수치는 아직 알 수 없지만 이보다 큰 경우도, 작은 경우도 있을 수 있다.

유학 비용은 「신년정표申年政表」[2]에 따르면 관과 민을 합쳐서 대략 오

---

1   '본위화폐의 외국 유출을 걱정하는 것에 대한 기록'이라는 의미이다.

2   정표(政表)는 나라의 형세를 정리하여 나타낸 표라는 의미. 일본은 1873년(메이지 6)부

십만 엔에 이른다고 하니, 전후년도의 수치는 미루어 짐작할 수 있을 것이다.

외국인 고용 비용은 앞의 표에 따르면 관청에서 고용한 부분만으로도 대강 계산해서 백만 엔가량 된다. 전후년도는 알 수 없지만, 점차 증가하는 방향임을 알 수 있다. 여기에 민간에서 고용하는 것을 합치면 그 증가액은 더욱 커질 것이다.

주재 비용은 외국에서 머무는 공사와 영사의 비용을 말한다. 1874년도 세계표歲計表[3]에 따르면 그 액수가 363,215엔이다. 이것은 점점 증가하는 추세이다.

외국 채권의 연부액年賦額[4] 및 이자는 위에 나온 표에 3,570,203엔으로 나와 있다. 이 금액은 대개 매년 같을 것이다.

이상 다섯 항목을 개략적으로 계산해 보면, 해마다 증감은 물론 있겠으나, 아무리 작아도 필연적으로 일천만 엔 이하는 아닐 것으로 생각된다.

물건을 사들이는 비용은 밖으로 공개된 기록이 없어서 대강이라도 전혀 계산할 수 없다. 대저 사들이는 물건이 다양하여 총포나 함선부터 신발, 모직물(羅紗),[5] 철도, 전선, 방직기기, 조폐기, 제철기, 광산기, 제지기,

---

터 1878년(메이지 11)까지 매해 인원, 무역, 교육, 사법, 경찰, 지폐 등의 부문별 통계를 수록하여 『일본정표(日本政表)』라는 제목의 책자를 발행했다. 이 「신년정표」는 그중 1873년에 간행된 「임신정표(壬申政表)」를 가리킨다.

3   세출입 예산표를 가리킨다.

4   매년마다 지급하는 금액을 가리킨다.

5   양털로 된 두꺼운 바탕의 촘촘한 모직물. 면양. 일본어로 라샤(ラシャ)라고 하며, 포르투갈어 원어는 raxa. 일본은 전국 시대 말기부터 에도 시대에 걸쳐 포르투갈이나 스페인 무역선과, 이후에는 네덜란드와 중국의 무역선과 교역하며 이를 수입해 의상

학교 용품, 병원 용품 등 일일이 열거할 수 없을 정도이다.

　이 외에도 또한 임시 용도가 있다. 가령 시모노세키 배상금[6]의 나머지가 백오십만 엔, 이와쿠라 사절단[7] 비용 이백만 엔, 오스트리아박람회[8] 비용 백만 엔(위의 두 가지는 풍문에 따른 금액이다), 지나 사절[9] 비용 등과 같은 것들이 있다. 보다 구체적으로 파고들면 이와 같은 일들이 훨씬 많을 것이다. 임시라고는 하지만, 매년 임시의 일이 없는 해가 거의 없으니, 본위화폐는 매년 늘 외국으로 유출되는 것이다. 이것들을 통괄한 수를 개략적으로 헤아리려고 해도 그럴 방법이 없으므로 일단은 어림짐작으로 계산해 보면, 아마도 대단히 놀랄 정도로 큰 숫자가 될 것이라는 점을 확신할 수 있을 뿐이다.

　본위화폐가 들어올 길은 대단히 적어서, 겨우 세관과 광산 두 가지뿐이다. 1874년의 계산표에 따르면 세관의 세금이 1,716,915엔, 광산 수입 296,757엔이다. 두 항을 합쳐서 겨우 2,013,672엔뿐이다. 이 외에 크게 들어오는 본위화폐 금액이 있는지는 알지 못한다.

　유심히 생각해 보건대, 우리 나라의 종래 본위화폐 보유고가 얼마나

　　제작에 활용했다. 지금은 대부분의 모직물을 가리킨다.

6　1863년(분큐 3)에 양이정책으로 조슈[長州]번은 시모노세키[下關] 해협을 통과하는 외국선을 포격하였고, 1864년(겐지 원년)에 영국, 미국, 프랑스, 네덜란드 4개국 함대의 공격을 받아 패배하였다. 그 배상 금액 지불이 도쿠가와막부에서 메이지정부로 인계되면서 1874년이 되어서야 지불이 완료되었다.

7　1871년(메이지 4)부터 1873년(메이지 6)까지 조약 개정과 타국 시찰 등을 목적으로 유럽과 미국 등지를 회람한 이와쿠라 도모미[岩倉具視]를 대사로 한 사절단을 가리킨다.

8　1873년(메이지 6) 5월부터 11월까지 오스트리아 빈에서 개최된 만국박람회. 일본은 사노 쓰네타미[佐野常民, 1823~1902]를 책임자로 하여 참가하였다.

9　일본은 1874년(메이지 7) 대만 출병 처리를 위해서 8월에 오쿠보 도시미치[大久保利通]를 청나라로 파견하였던 바 있다.

있는지 모르지만 이렇게 많이 나가고 적게 들어오게 된 지 이미 오래이 므로, 원래 보유고의 대부분은 지금은 이미 감소했음에 분명하다. 하물 며 지금은 본위화폐가 외국으로 나가는 양이 해마다 늘어난다. 이것이 멈추지 않으면 모조리 없어질 날도 머지않을 것이다. 특히 종래 보유고 를 확실하게 알지 못하므로 올해에 없어질지 내년에 없어질지, 또는 몇 년 후가 될지, 그 시기가 빠를지 늦을지 아직 알 수 없을 뿐이다. 아아, 앞 의 일이 이렇게 불투명하니, 어찌 크게 탄식하지 않을 수 있겠는가.

3. 서학 일반 ⑥

나카무라 마사나오

베이컨이 영국 왕 헨리 7세Henry Ⅶ가 세운 법도에 대해 말하길, 왕이 세운 법도는 심원하면서도 허술하지 않아 눈앞의 급작스러운 계획을 세우지 않고 후래 민생의 복을 도모했다고 칭송하였다. 이 심원과 허술이라는 두 가지를 분명히 식별하는 것이 중요하다. 소위 심원하다는 것은, 입법자가 확실하게 목적을 달성하고 충분한 공을 이룰 것을 기대하면서도, 그 시대까지 오랫동안 관습으로 안주하던 것을 하루아침에 고쳐서 백성의 이목을 놀라게 하지 않으며, 특히 자연의 시세와 천연의 순편順便[1]에 따라서 점차 이를 행하면 수년 후에 저절로 변화하는 것을 말한다(「요전堯典」에서 말하는 백성들이 화목하게 바뀐다[2]는 말이 바로 이것이다. 이렇게 되

---

1   일이 거침새가 없고 거북하지 아니함을 의미한다.

2   『서경(書經)』「요전(堯典)」의 "백성을 고루 밝히시니 백성이 밝게 다스려지고, 온 세상

면 풍속이 개변하며 인심이 화합하고 즐거워지는데, 하루아침에 이것을 바꾸려고 해서 허술한 법을 세운다면 민심만 소란해질 뿐, 풍속은 결국 바뀌지 않아서 그 목적을 이루기 어렵다).

역사가 흄은 베이컨이 정치의 대강을 논하는 데에는 멀리 보는 지혜가 있었지만, 무역의 일에 관해 논하는 데에는 오류가 있었다고 말하였다. 무역에서 나오는 매매는 자연에 맡겨서 인민으로 하여금 자유로이 행하게 해야 하는 법인데, 베이컨은 법률로써 이를 짐작하여 헤아리려고 하였다. 헨리 7세의 법도는 대개 공정하였지만, 무역의 상정商程에 대해서는 그렇지 못했다. 이 시대에 말을 외국에 파는 것을 금지하고, 또 모포, 관모冠帽 등의 가격을 정하며, 기술자의 임금을 법률로 정하는 것과 같은 일은 사람들의 자유를 믿고 자연스러운 매매에 맡겨야 했다. 그 밖에도 헨리의 시대에 있었던 전지田地의 규제를 베이컨이 크게 칭찬했지만, 지금에 와서 살펴보자면, 이 일은 농업을 권장하기는커녕 도리어 방해하는 것이었다. 결국 그 후 150년간 농민의 수가 감소하였기 때문에 계속 법을 설치하여 막으려고 했지만 효과는 없었다. 모름지기 농부가 농사일에 종사하여 만든 물건을 팔아 치울 수 있으면, 인민이 앞다투어 전담 경작에 온 힘을 다할 것이니, 인민 수가 줄어드는 것을 걱정할 일이 어디 있겠는가. 그러므로 자연의 흐름에 맡기는 것이 민생을 구제하는 명약이며 국가를 풍요롭게 하는 바른길이다.

흄이 논한 것처럼 베이컨이 나라 경제를 논한 것은 그 견해가 답답하고 잘못되었다고 할 수 있다. 베이컨처럼 뛰어난 철학자이자 현명한 대

을 어우러지게 하시니 이런 감화를 받아 백성들이 온화하게 바뀌었다[平章百姓, 百姓昭明, 協和萬邦, 黎民, 於變時雍]"에 의거한다.

신조차도 지금으로부터 200년 전의 옛날에는 이와 같은 잘못된 견해를 취했다. 이후 오늘날 영국 인민은 총체적으로 지식이 발달하여 법도에 관한 일을 논함에 공정하고 명확한 것이 그리 오래되지 않은 옛날(近古)보다도 훨씬 뛰어남을 알 수 있다. 흄의 주장과 같은 것이 지금은 나라 사람들의 공론이 되어 경제의 올바른 도리라고 인정받을 수 있게 된 것이다.

메이로쿠잡지
제24호

1874년(메이지 7) 12월 간행

—

✿
1. 내지여행론

외국과의 조약을 개정할 때 우리가 가장 희망하는 조건은 재판과 세금 징수의 두 권리를 갖는 것이다. 국가가 이 두 권리를 온전히 갖지 못한다면 독립자주국이라는 점에서 의심을 피할 수 없다. 하지만 우리 나라의 현재 상황에서 이것은 자못 말로는 할 수 있어도 아직 시행할 수는 없다. 우리 나라가 이 두 권리를 가지려면 향후 수년 간의 세월이 필요할 것이다.

외국인은 내지 여행의 자유를 강하게 바란다. 그렇지만 우리 정부는 그렇지 않다. 그 이유는 아마도 우리 인민의 개화가 아직 진보되지 않았고, 더군다나 변경 벽지에는 완고한 무리가 여전히 많아서 혹시라도 살해 등의 폭거가 있을까 염려하는 것이고, 또 하나는 교활한 외국인 때문에 우매한 우리 나라 사람이 손실을 입을까 염려하는 보호의 차원에서이다.

그렇지만 나는 이와 반대로, 외국인의 내지 여행을 과감하게 허가해야 한다고 생각한다. 지금 당장 우리 인민에게 부족한 점은 지식이고, 없는 것은 개화이다. 본래 개화니 지식이니 하는 것은 교육과 학문에 의해서 점진적으로 이루어지는데, 이 교육과 학문은 학교 교육에 의해서 가능한 것으로, 하루아침에 바꿀 수 있는 것이 아니다. 원래 저 서양 각국 사람들의 지식이 풍부하고 개화가 진보한 까닭은 다른 데 있는 것이 아니라, 저들의 통상교역이 오대주五大洲 중 가지 않는 곳이 없고 주로 이를 통해 연마하고 경험한 것이 풍부하기 때문이다. 그러므로 인민의 지식은 경험에 의해 성장하고, 개화는 교제에 의해 진보한다고 할 수 있다. 이렇게 보면, 지금 당장 인민의 지식을 성장시키고 개화를 진보하게 만드는 가장 좋은 방법으로는, 우리 인민들이 자주 외국 여행을 하여 여러 경험을 쌓고 교제를 넓히도록 하는 것 이상이 없다. 그렇지만 이 또한 단지 헛된 주장일 뿐, 말로는 할 수 있을지 몰라도 실제로 시행할 수는 없다. 왜냐하면, 우리 인민 대다수가 외국에 나가려면 대단히 큰 금액이 필요한데, 그만큼의 돈이 없기 때문이다. 또한 상인들이 자신의 배를 타거나 외국의 우편선을 타고 외국으로 나가서 무역하는 일이 지금은 모두 자유롭지만, 이 또한 재산과 자본, 혹은 지식이 부족하면 여전히 쉽사리 실행할 수 있는 일이 아니다. 그렇다면 지금 당장은 외국인이 우리 나라의 내지 여행을 희망하는 것이 다행스러운 일이다. 신속하게 그 신청을 수락하여 우리 나라의 일반 인민들이 외국인과의 교제 경험을 쌓아서 지식과 개화를 진보시키도록 해야 한다. 생각건대, 백 번 듣는 것이 한 번 보는 것만 못하고 배우기보다 스스로 익히는 것이 낫다는 말이 있듯이 경험으로 쌓이는 공功이 지대한 것이다.

그러나 이에 대해 정부가 깊이 우려하는 점은, 앞에서도 말한 바와 같이 우매한 우리 나라 사람들이 교활한 외국인 때문에 자신의 이익을 빼앗기고 손실을 입는 경우이다. 이 점은 실로 그러하지만, 그래도 한번 이런 일을 겪어 보지 않는다면 우매함을 깨우치고 지식에 정진할 기회가 사라진다. 원래 저 서양인들도 옛날의 십자군 때문에 전후 얼마나 많은 비용을 소모해 버렸는지 알 수 없다고는 하지만, 이로 인해 동서양 각지의 사람이 서로 접촉하여 지식과 학술을 얻을 수 있었다. 일시적인 피폐함도 많았지만 장래의 도움이 된 것이 실로 적지 않았다. 오히려 그 피폐함을 보상하기에 충분했다고 말할 수 있을 것이다. 그런데 우리 나라는 지금으로부터 불과 십수 년 전의 일을 회고해 보면, 각 항구를 열고 외국과 교역하는 일을 미증유의 큰 환란이라고 생각한 사람들이 많아서 쇄항론鎖港論[1]이 마구 생겨나고 양이론攘夷論[2]이 왕성하게 일어났다. 하지만 외국과의 교제는 자연스러운 흐름이고, 세상의 형세는 이를 거절할 수 없다. 옛 막부 시절에는 어찌할 도리 없이 각 항구를 열었고 결국 오늘날의 형세가 되었다. 되돌아보면, 쇄항양이鎖港攘夷 하자는 주장과 개항교통開港交通 하자는 주장의 시비득실是非得失을 따져 어느 것이 더 나은지는 더 이상 말할 필요도 없이 분명하지 않은가.

우리 인민은 이제 간신히 문명개화의 단서를 깨닫고 거의 모든 서양 학술의 이익을 알아서, 지식을 연마하지 않으면 안 되고 작업에 열심히 힘쓰지 않으면 안 된다는 것을 아는 자들이 되었는데, 이런 일이 어디에서 연원하였는가 하면, 개항교통이 시작되고 겨우 십몇 년 사이에 일어난 효과인 것이다. 잠시 십몇 년 전으로 거슬러 올라가 생각해 보면, 당시 서양의 학술이 우리보다 낫다고 말한 이는 의사나 군사 관계자 등을

---

1   외국과의 통상을 끊고 외국 선박의 입항을 금지하자는 주장을 가리킨다.
2   외국 사람을 오랑캐로 보아 배척하자는 주장을 가리킨다.

포함해 겨우 열몇 사람에 지나지 않았다. 하물며 당시 저들 나라의 법률이 옳다고 하고, 문명개화와 자유주의 등을 분별하여 잘 아는 자는 더더욱 없었다. 그 후 몇 년이 지나지도 않았는데 지금은 소년 학생도 입만 열면 문명개화니 자유주의니 하는 말을 하게 되었다. 어찌 이것을 큰 진보라고 말하지 않을 수 있으며, 이렇게 큰 진보를 이룬 까닭을 어찌 개항 교통의 실질적인 효과라고 아니할 수 있단 말인가.

지금의 내지여행론은 10년 전 개항론과 동일하다. 10년 전에는 개항이 지금처럼 이로울지 어떨지 지식인조차도 알지 못하였다. 하지만 나는 개항의 이로움을 보면, 내지 여행의 이로움도 알 수 있다고 말하는 것이다. 그러므로 지금 과감히 내지 여행을 허가하면, 10년 뒤에 우리 대일본제국 인민의 지식개화가 몇 배나 증가해 있을지 나는 짐작조차 못 하겠다. 생각해 보면, 지난 10년간 개항교통의 효과는 오로지 우리 나라 중인中人 이상의 지식개화만을 증가시켰다. 10년 후 내지 여행의 효과는 우리 나라의 일반 인민, 즉 중인 이하의 지식개화를 증가시킬 수 있을 것이니, 그 도움 되는 바가 대단히 크다 하겠다.

내 멋대로 추측해 보건대, 내가 본래부터 갈망하던 대로 우리 정부가 재판과 세금 징수의 두 권리를 가지고 세상에서 독립한 자주 제국이 되려면 지금 과감하게 내지 여행을 허가해야 한다. 본래 옛 막부정부 시절에는 가령 갑작스레 각 항구를 열면 양이당攘夷黨의 완고한 무리 중에서 외국인을 살해하는 자가 계속 나와서 어찌할 도리가 없어질 것을 대단히 걱정하고 우려하는 상황에서 외국의 공사公使의 강요로 어쩔 수 없이 점차 각 항구를 열었지만, 이제와서 돌이켜 보니 그렇게까지 우려할 정도의 일은 없었다. 그런데 이제는 먼저 재판과 세금 징수 두 권리를 갖지 못한다면 결코 내지 여행을 허가할 수 없다며 고집을 부리는 자는, 그 논의가 원래는 애국하는 극진한 마음에서 나온 것임에는 분명하나, 저 옛날의 양이론자가 팔을 걷어붙이고 이를 악물며 항구를 걸어 잠그기를 바랐던 것과 동일한 주장일 따름이니, 소위 말로는 할 수 있어도 실제로 시행해서는 안 되는 일이다. 어찌 지혜롭다 말할 수 있겠는가. 나는 요컨대, 모든 일을 자연의 운행에 맡기고 정부의 정치에서 인민 일반의 지식 개화에 이르기까지 우禹임금께서 물을 다스렸던 것처럼[3] 문제가 생기지 않는 방향으로 유도하여[4] 도중에 잘못되는 일이 없기를 바란다고 말하고 있을 뿐이다.

---

3   『서경(書經)』「대우모(大禹謨)」. 중국 고대 하(夏)왕조의 시조로 알려진 우임금은 홍수를 다스리는 데 탁월한 능력이 있었다.

4   우임금이 비가 오면 항상 물에 잠기는 지역의 문제를 해결하기 위해서 바다와 연결된 수로를 뚫어 물이 자연스럽게 소통될 수 있도록 했다는 고사로부터 유래하여 근본적인 처방을 내린다는 의미이다.

✿

2. 무역개정론 (1874년 12월 16일)

스기 고지

　우리 일본 제국이 외국과 조약을 개정할 시기가 벌써 닥쳐왔으므로, 우리 국권을 유지하기를 바라면서 니시와 쓰다 양 군이 외국인의 내지 여행을 논의하였다.[1] 나 역시 우리 제국의 무역 쇠퇴를 우려하며 이를 돕고자 하는 마음에서 어리석은 의견이나마 여기에 진술해 보고자 한다.

　무릇 무역이란 인간의 생존에서 잠시도 멈추어서는 안 되는 당연한 도리이다. 그러므로 그 이해득실을 따질 때에는 마땅히 균형(權衡)을 잃어서는 안 된다. 일단 한번 그르치면 국가의 쇠퇴를 구할 수 없는 지경에 이르기도 한다. 지금 내가 아는 바로써 이를 논해 보자. 무릇 사람에게는 잘하고 못함, 익숙함과 서투름의 차이가 있다. 잘함은 능히 못함을 제어하고 익숙함 또한 서투름을 능히 제어한다. 사물이 모두 그러한데, 특

1　『메이로쿠잡지』 제23호 1. 니시 아마네의 「내지 여행」과 제24호 1. 쓰다 마미치의 「내지여행론」을 가리킨다.

히 무역은 더욱 그러하다. 개항 이래 우리 나라의 형세가 다양한 모습으로 변화하면서 지금에 이른 것은 대체 어떤 이유에서인가. 어떤 기세가 있으면 거기에는 반드시 원인이 있으니, 그 기세란 무엇인가 하면 곧 세계무역의 형세가 바로 그것이요, 그 원인이 무엇인가 하면 곧 무역을 일으키는 학술과 기예가 바로 그것이다. 이전에 외국이 무역을 청했을 때 우리 나라의 고유한 물품을 가지고 여기에 맞서 잠시 동안은 저들과 경쟁하니, 저들의 기세도 따라서 경쟁하며 더욱 강해졌다. 우리 나라의 분열된 힘으로는 저들의 기세에 맞서지 못하고 점점 약해지고 쇠퇴하였다. 곧 안으로 돌아보며 급하게 그 분열된 힘을 모아서 저들의 대세에 맞서고자 하였지만, 그것 또한 불가능하였다. 그러므로 다시 되짚어서 저 기세가 일어나는 원인을 찾아보지 않을 수 없었지만, 이미 그 원인을 찾으면 찾을수록 너무 많아서 결국에는 끝까지 꿰뚫어 보지 못하였다. 여기에 이르러서 비로소 우리 능력의 부족함을 깨닫고 서양의 학술과 기예의 도리를 강습하였다. 이것이 우리의 서투르고 부족한 바였고, 신속하게 대적하지 못했음은 분명하였다.

그렇다면 무역은 어찌하면 좋을까. 어떤 이는 잠시 보호법[2]을 사용하며 점차적으로 우리 능력을 일으키는 것이 가장 좋다고 말하기도 하고, 어떤 이는 지금 보호법을 시행하면 자유교역의 공도公道[3]를 어기고 인민의 권리를 속박하여 점점 더 졸렬함으로 나아가 결국 해를 재촉하게 될 것이라고도 한다. 하지만 소위 보호법이란 것은 우리 나라 사람의 직업과 능력을 진작시키고, 우리 국산을 증식하는 바일 뿐이다. 우리는 공도

---

2   보호관세. 수입품에 높은 관세를 매겨 자국 산업을 보호하는 방식이다.
3   보편적인 규칙을 의미한다.

에 반하고 인권을 속박한다는 등의 말을 마치 아편 흡입처럼 두려워하는 데, 이것은 지나치게 아무런 생각도 하지 않는 바와 같다.

이제 관세tariff의 예를 들어 이를 증명해 보자. 개항 이전에 우리 나라 의복을 만들던 목면木綿은 어느 나라에서 수입하였던가. 지나인가, 조선 인가, 류큐인가, 또는 네덜란드인가? 아니다. 모두 우리 나라의 농업 생 산에서 나온 것이었다. 작년 금건목면金巾木綿,[4] 사조면絲繰綿[5] 등의 수입액 이 약 730만 엔에 이른다. 전년도의 숫자도 역시 거의 비슷하다. 이 금액 은 우리 산물인 면의 실패를 의미하는데, 그렇다면 예로부터 농업을 중 시했던 우리 나라는 무엇으로 자립할 수 있겠는가. 이렇게 모직물, 직물 류, 설탕, 철, 유리 등 수입품 역시 우리 금은이 유출되는 것으로 그 숫자 가 셀 수 없을 정도로 많다. 그렇지만 수입품 전부에 세금을 부과하여 억 제하려는 것은 서양 나라들이 옛날에 시행했던 보호법으로, 역시 지금은 행해지지 않고 있다. 내가 말하는 보호법은 그런 것이 아니다. 수입 물품 중 가장 많이 소비되고 또 우리 국산을 방해하는 것 한두 품목을 골라서 금지하거나 또는 무거운 세금을 매겨서 우리나라의 산업력을 일으키도 록 하는 것이다. 가령 우리 나라에서 농업만큼 능숙함과 뛰어남을 겸비 한 것이 없다면, 즉 금건면金巾綿 같은 것들에 세금을 매겨 국내의 면 산업 을 보호하고 그 산물을 풍요롭게 하는 것이다.

누군가 수입한 금건은 가격이 싸고 국내산 목면은 비싸니, 나라 사람 들이 싼 것을 버리고 비싼 것을 사면 손실 또한 크므로, 이것은 나라를 다스리는 도리가 아니라고 하니, 나는 그렇지 않다고 대답하며 다음과

---

4   단단하게 엮은 실로 짠 눈이 좁은 광폭면포. 카네킨(canequim)이라고도 하였다.
5   면화로부터 짜낸 실의 상태. 면사(綿絲)를 가리킨다.

같이 말하였다. 즉, 지금 우리 국산의 쇠퇴를 구원하고 왕성해지기를 도모하며 730만 엔의 수입품을 막고 그 물품을 국내에 운용한다면, 그 효과가 목면 사업뿐만 아니라 여러 사업에 미치게 될 것이다. 이리하여 국내의 산물이 왕성해지면 그 가격도 다시 싸져서 염가의 목면을 살 수 있게 되니, 이것은 나라 사람들이 직접 세금을 자기에게 납부하는 것이라고 말할 수 있을 것이다.

또 누군가 묻기를, 목면 보호에 관해서는 조리가 있는 듯하지만, 목면을 보호하면 목면을 만드는 사람만 혼자 이익을 얻고, 설탕을 만들고 철을 제작하는 사람은 보호를 받지 못하니, 한 나라의 인민으로서 이쪽에는 후하고 저쪽에는 박한 것은 공평하지 못하다. 지나치게 사사로운 일로 그 해로움 역시 적지 않을 것이라고 하였다.

이에 내가 답하기를 다음과 같이 하였다. 즉 무릇 사물에 이익이 있으면 반드시 손해도 있다. 이익만 있고 손해가 없는 것은 일찍이 천하에 존재하지 않았다. 그러므로 손해를 적게 하고 이익을 많게 하는 것을 따르면 작은 손해도 따라서 없어진다. 지금 다시 역사에 비추어 논해 보자면, 영국의 크롬웰,[6] 프랑스의 콜베르[7]는 대단한 인재로, 보호법을 처음 시행한 자들이다. 지금 영국의 부유함과 프랑스의 왕성함에는 그 시대의 공이 없다고 말할 수 없다. 옛날 영국과 프랑스 두 나라는 보호법을 시행하면서 손해가 없지 않았지만, 다만 그 이익의 크기만을 보았다. 옛날에 우리 나라도 아라이 하쿠세키新井白石가 외국 남출濫出 제도를 만들어 동銅 수십만 근의 유출을 억제하였다.[8] 만일 그자가 없었다면 백수십 년간 무분

---

6   청교도혁명의 지도자였던 크롬웰(Cromwell, 1599-1658)이다.
7   루이 14세 시대의 재정 담당자였던 콜베르(Colbert, 1619-1683)이다.

별한 유출이 이어져서 우리 나라 동산銅山의 생산을 텅텅 비게 만들었을지도 모른다. 후대를 염려한 식견이 과연 감탄할 만하다.

또 묻기를, 크롬웰과 콜베르 두 사람은 지금으로부터 200여 년 전 사람이다. 지금의 변화 속에서 저 진부한 법을 본받아 항해조례를 정하고 곡물법을 만들어서 폐해를 입으면 이후의 손해를 배태하는 것이니, 어찌 가능하겠느냐고 하였다.

이에 내가 답하길, 앞부분에서 이미 논한 것처럼 사람에게는 잘하고 못함, 익숙함과 서투름의 차이가 있다. 잠시 우리 나라 농공상을 논해 보자. 내 생각으로 우리 나라가 잘하는 것은 농업이다. 공업이 그다음이고 상업은 가장 무능하고 서투르며 졸렬하다. 또 우리가 잘하는 농업으로 서양의 농업과 그 기능을 겨루면 우열이 어떠할지 아직 알지 못한다. 그런데 지금 우리 나라에서 문무와 공예를 익힌 자는 모두 서양인에게 배우고 있다. 그들이 능숙하고 뛰어나다는 것을 알 수 있다. 옛날에 서양인이 나침반을 발명한 이래, 그들은 서쪽으로 배를 몰아 아메리카를 발견하고, 동쪽으로 배를 몰아 인도를 통과하였으며, 세상의 어디든 교역하지 않는 곳이 없었다. 상업 역시 잘한다고 말할 만하다. 그렇지만 지금의 서양을 옛날과 비교하면 그 모습이 바뀐 것 또한 천양지차인 듯하다. 그런데 200여 년의 세월을 지나도 여전히 보호법의 설을 멈추지 않고 있고, 실제로 미국에서는 이 설을 주장하는 경제학자가 있다. 정부도 역시 실제로 이것을 시행한다고 들었다.[9] 미국의 건국이 얼마 안 되서 그 산업

---

8   아라이 하쿠세키는 1715년에 나가사키에서의 무역을 규제하고 금은 유출 방지 및 동 지불 억제를 시도하였다.

9   미국의 정치가 J. S. 모릴(1810-1898)이 기초하여 제정된 모릴 관세법. 1861년에 제정되어 1857년에 저율(低率)로 되어 있던 관세를 일제히 인상하여 고율의 보호관세

능력이 아직 영국이나 프랑스 등에 미치지 못하는 바가 있기 때문인지, 아니면 내란[10]의 여파가 있기 때문인지, 여기도 또한 자유교역을 주장하는 자는 그 이익을 주장하며 보호법의 해로움을 말하고, 보호법을 주장하는 자는 잘함과 못함, 익숙함과 서투름의 불균형을 주장하며 보호법의 이로움을 말한다. 지난해 프랑스에서 철갱鐵坑과 철기鐵器를 보호한 적이 있었다. 이에 대해 자유교역을 주장하는 자는 철을 보호하여 농업을 해롭게 하였다고 하였다.

또 프랑스에서 설탕을 보호한 적이 있었다. 보호를 주장하는 자는 프랑스 설탕을 보호하여 그 산업이 증식하였고 결국 외국 수입의 설탕을 압도하게 되었다고 하였다. 각각 그 소견을 달리하니, 모름지기 거기에는 그것을 행할 시기 여하가 있을 뿐이다. 내 생각으로는 나라 사람들이 점차 익숙해지고 기술이 정교해지는 것은 자유교역의 주장을 기뻐하고 보호법을 기피한다. 이렇게 인민을 보호하면 도리어 그 업의 자유로운 영위를 방해하게 된다. 또 나라 사람들이 아직 익숙하지 않고 기술도 좋지 못한 것은 자유교역을 싫어하고 보호법을 기꺼워한다. 이것은 부모가 어린이를 대하고 스승이 제자를 대하는 것과 마찬가지로, 그들이 성장할 때까지 보호할 필요가 있기 때문이다.

필경 자기 나라의 인정人情과 사실事實을 상세하고 분명히 알고 하지 않는다면, 훌륭한 법과 정책을 만들어도 단지 해악만 초래할 것이다. 이제 우리 나라에서 신중하게 주의를 기울여 내외의 사정을 주도면밀하게 파

를 규정한 법으로, 이것에 의해 공화당의 정책이었던 보호관세 제도가 확립되었고, 19세기 말까지 고관세 정책(高關稅政策)이 계속되었다.

10   미국의 남북전쟁을 가리킨다.

악하고, 여기에 입각해 보호법을 시행한다면 그 무슨 폐해를 우려할 필요가 있겠는가. 만일 보호법을 잘못이라고 하는 자가 있어서 그 시비가 가려지지 않는다면, 나에게 또한 의견이 있다. 서양에서 보호법에 정통한 대학자와 자유교역론에 정통한 대학자를 초빙하고, 또 대사의 수행원 가운데 특히 이 일에 마음을 쓰고 노력하는 자를 발탁하며, 또 나라 안 농공상 가운데 노련하고 견실하여 자기 업종에 밝은 자를 여러 명 선발해서, 그들에게 위임하고 함께 회동하매, 저 학자들로 하여금 국내의 사정을 살피게 하여 공명정대한 논의를 일으키고 그 이해득실을 상세히 밝혀서 가부를 채택한다면, 이로써 우리 나라의 무역 개정改正을 널리 해외에 알릴 수 있을 것이다.

위의 두 건 이외에 우리 나라의 무역 쇠퇴를 구할 수 있는 방책은 내가 아는 바로는 없다. 만일 다시 종전대로 단지 외국의 수입을 중히 여기고 우리의 구매를 절제하지 않으며, 나아가 수출입을 따지지 않으면서 이것을 자유교역이라고 하며 내외의 형세를 살피지 않고 태연히 여기에 안주한다면, 이것은 마치 자기 몸을 불이 난 산 중턱에 두고 있는 것이나 마찬가지일 것이다. 이 얼마나 위험한 일이겠는가. 이런 때를 맞이하여 우리 나라 상인이 작은 힘이나마 협력하여 국가의 대계에 맡긴다는 이야기를 아직 들어 보지 못했다. 구구한 작은 이익에 급급하거나, 혹은 교활한 계책으로 이익을 탐하느라 듣기 힘든 추태를 부리는 자도 있었다. 내가 앞에서 공상에 관한 이야기"를 지어서 널리 퍼뜨렸는데, 듣지도 알지도 못하는 듯하다. 이미 공상을 동경하여 자멸을 초래할 뿐만 아니라, 전국 양민의 간을 빼먹고 빈민의 고통을 조장하여 우리 일본 정부가 프랑스의

---

11   『메이로쿠잡지』제8호 4. 「공상에 관해서 기록하다」를 참조하라.

옛날 정부의 전철을 밟게 되더라도 여전히 알지 못할 것이다. 어찌 심히 개탄할 만한 일이 아니겠는가. 처음 미국 배가 도래하여[12] 피차간 무역의 조항을 청하였을 때에, 아라이 하쿠세키와 같은 자가 내외의 형세를 살피고 보호법을 시행하며 세칙을 엄격히 하고 무역에 균형을 맞추어 서서히 국운의 진보를 도모하였더라면, 우리 나라의 금은 남출濫出과 남입濫入으로 인한 폐해도 없이 이제는 진정한 자유교역을 할 수 있었을 것이다. 내가 균형이 없어서는 안 된다고 한 말은 바로 이를 가리킨다. 당시 막부의 관리들이 이런 견식이 없이 막연하게 외국에 제압당하였다. 그 폐해가 지금까지도 여전히 남아 있다. 막부 관리들의 죄가 어찌 작다 하겠는가. 내 말을 듣던 이가 말하길, 당시 사정을 아는 자로 하여금 이를 논하게 한다면, 아마도 오직 막부 관리의 죄가 아니라 전국 인민의 죄라고 말할 것이라 하였다.

---

12   1853년에 페리(Perry)의 함대가 우라가[浦賀]에 내항한 일을 가리킨다.

메이로쿠잡지
제25호

1874년(메이지 7) 12월 간행

—

✿
1. 지설 ⑤

니시 아마네

대개 온갖 학과(百學)[1] 가운데 보통의 학과[2]라고 칭할 수 있는 것은 문장학, 수학, 역사, 지리학 네 가지 학과로, 이 네 가지는 한결같이 심리와 물리[3]에 속하는 것이 아니라 도리어 이 두 가지를 기록하고 해석하는 도구이다. 그런데 그중에서 문장학과 수학은 심리에 기초하고 역사와 지리학과는 심리와 물리를 겸하는 모양과 성질이 있기는 하지만, 결국 보통학으로 정하는 것만 못하다.

---

1 니시는 1866년(게이오 2)에 자신의 사숙을 열고 서양 학술 체계의 개론을 강의한 바있다. 문하생인 나가미 유(永見裕)가 그 강의를 필기한 기록이 『백학연환(百學連環)』으로남아 있다.
2 『백학연환』에서는 common science. 내용으로는 역사(history), 지리학(geography), 문장학(literature), 수학(mathematics)의 네 가지를 가리킨다.
3 『백학연환』에서는 보통학과는 별도로 수별학(殊別學, particular science)을 두고 그것을 다시 심리상학(心理上學, intellectual science)과 물리상학(物理上學, physical science)의 두 과로 구분하였다.

여기서 문장은 대체로 언어·문사의 학술을 칭하며, 유럽의 구별에 따르면 그 하나를 어학語學, grammar으로 하고 또 하나를 문학文學, rhetoric이라고 한다. 어학은 사람이 사용하는 말 가운데 가장 작은 부분부터 쌓아서 한 토막의 말을 이루는 법칙을 보여 주는 것으로, 우리는 모두 이것에 근거하여 말을 하고 문장을 만든다. 이것을 네 항으로 나누는데, 표기법 orthography은 성음聲音과 그 부호인 음자音字를 논하는 것, 어원학etymology은 개개 단어의 유래와 변화를 논하는 것, 구문론syntax은 언어를 합하여 하나의 성구를 이루는 법칙을 논하는 것, 운율학prosody은 말의 완급과 음독의 성조를 논하는 것이다. 또한 문학은 웅변법oratory 또는 수사법 eloquence이라고도 한다. 세 가지의 이름이 다르기는 하지만 실제로는 같은 것이다. 다만 수사법은 기능을 말하는 것이고, 문학과 웅변법은 이름은 달라도 사실은 한가지로, 말로는 설화가 되고 글로는 문장이 된다. 이것을 다시 표명체表明體, demonstrative·사량체思量體, deliberative·심변체審辨體, judicious로 구별한다. 표명체는 현재의 일에 대해 비난과 칭찬을 드러내는 것으로, 거기에 칭찬하는 말·슬퍼하는 말·헐뜯는 말 등을 포함하고, 사량체는 장래를 규간規諫⁴하거나 경계할 것을 제시하는 것으로, 거기에는 도덕에 관한 강해부터 온갖 교유의 말을 포함하며, 심변체는 과거의 일을 논척論斥하거나 변해辯解하는 것으로, 주로 송사를 다투거나 죄를 따지는 말로 사용한다. 그 용도는 즉 의원議院·공적인 회의·법정·강의실에서 쓰인다.

그런데 여기에 든 두 가지 과科는 오직 산문prose에 대해 법칙을 세운 것이며, 운어韻語를 포함한 문장은 따로 한 가지 과로 한다. 이것을 시학

---

4   임금이나 윗사람에게 도리상 옳지 않거나 잘못된 일을 고치도록 말한다는 의미이다.

poetry이라고 한다. 그 구별은 산문을 두 가지로 나누어서 서사체敍事體는 오직 오성悟性, understanding을 자극해 작동시키고, 의논체議論體는 이성에 근거하며, 문학의 윤색을 빌린다고 해도 실제로는 논리학logic에 연원한다. 그런데 시학은 특히 정情을 일으키고 상상력을 발달시키는 것이다. 그것은 몇 종류로 구별되며, 모두 구句, verse로 이루어진다. 운법rhyme이 있고 구법meter이 있으며, 장법stanza이 있고 전법strophe이 있다. 서사시epic 는 고인의 용맹함과 장렬함 등을 읊는 것이다(헤이케平家[5]와 같은 종류일 것이다). 서정시lyric는 자신의 정감을 읊는 것이다(긴카琴歌[6]와 같은 종류일 것이다). 이곡ballad은 농부와 베를 짜는 여자 사이의 정을 읊는 것이다(하우타端唄[7]와 같은 종류일 것이다). 찬가song는 신명神明의 덕을 칭송하는 것이다(와산和讃[8]과 같은 종류일 것이다). 투어套語, drama[9]는 어떤 일을 서술하지 않고 서로 주고 받는 언어를 통해 그 실제의 사실을 알리는 것이다(조루리淨瑠璃[10]와 같은 종류일 것이다). 그런데 이 투어는 이른바 연극 대본으로, 희극comedy과 비극 tragedy을 겸하고 있다. 모름지기 시학은 인심을 고아하게 하고 풍속을 아름답게 하는 것으로, 그 효과가 적지 않다.

이 산문과 운어를 통틀어서 문장과文章科, literature라고 한다. 사회에서

---

5   헤이케모노가타리[平家物語]. 일본 중세에 성립한 문학 장르인 군기모노가타리[軍記物語]의 대표적인 작품으로, 무사 계급으로서 최초로 권력을 장악한 헤이케[平家] 일족의 대두에서 몰락까지를 그리고 있다.

6   거문고의 운율에 맞춰 부르는 노래를 가리킨다.

7   샤미센[三味線] 반주에 맞춰 노래하는 가곡으로, 에도 시대 말기에 무사나 조닌, 일반 서민에 이르기까지 폭넓게 불린 유행가를 가리킨다.

8   불교 가요. 부처의 덕이나 가르침, 또는 고승의 행적 등을 기리는 노래를 가리킨다.

9   만들어진 허구의 이야기를 가리킨다.

10   일본의 전통 예능에서 반주에 맞추어 이야기를 낭송하는 행위를 가리킨다.

실제로 쓸모가 있음이 위로는 학술과 법률부터 아래로는 민간 일용에 이르기까지 도움이 되지 않는 데가 없다. 그런데 그 문장의 날카로움을 다투고 문단의 자웅을 겨루는 데에는 패사稗史, romance[11]나 우화(戲乘, fable) 또한 빠질 수 없다.

대개 유럽에서 사람들은 대체로 학문을 하려면 몇 개국 언어를 배우지 않으면 안 된다. 영국인이 프랑스어와 독일어를 배우고 프랑스인이 영어와 독일어 혹은 이탈리아어를 배우는 바와 같다. 그런데 현재 각국의 말은 입으로 내고 말로 제공하는 것을 현재 쓰는 말이라 하고, 반대로 고대 국가의 말로 다만 기록된 문서나 전기(記傳)에만 존재하고 이미 구어로 제공되지 않는 것을 죽은 말이라고 한다. 유럽의 학자는 이미 살아 있는 말 한두 가지를 배울 때, 반드시 라틴어나 그리스와 같은 죽은 말도 배운다. 생각해 보면, 유럽의 학술은 처음에 아테네에서 열리고 로마로 전해지면서 최근의 번영을 이룬 것이다. 그러므로 그 근원을 거슬러 오르면 죽은 말에 이르지 않을 수 없다. 마치 우리 나라에서 한자에 정통하지 않으면 반드시 어려움에 부딪힐 우려가 있는 바와 마찬가지이다. 그리고 신학자는 따로 히브리어를 배운다. 이것은 구약성서의 원래 가르침을 알기 위함이며, 또 교조教祖가 거기에서 일어났기 때문이다.

그런데 최근 언어 학습이 왕성해지면서 처음에는 모두 바벨탑의 고사[12]를 믿어서 히브리어를 모든 언어의 근원이라고 했지만, 비교어원학 comparative philology이 생기면서 사람들은 그것이 아니라는 사실을 깨닫고

---

11   민간의 이야기, 역사서를 가리킨다.
12   『구약성경』「창세기」 11장. 인간이 하늘 꼭대기에 이르는 탑을 건설하려다 하느님의 노여움을 샀고, 그때까지 하나였던 인간의 언어가 흩어지면서 서로 통하지 않게 되었다고 한다는 내용에 의거한다.

처음으로 인도·게르만의 내력을 상세하게 조사하고 산스크리트어(천축天竺의 옛날 언어. 성서라는 의미)가 바로 유럽 각국 언어의 근원이 되는 언어임을 알았다. 그리하여 히브리어는 즉 페르시아어, 아라비아어 등과 같은 종류의 언어로서, 소위 셈어족Semitic이라고 명명했다. 모름지기 유럽의 언어는 천축을 근원으로 하며 하나의 본류에서 두 파로 갈라져 나온 것이다. 하나는 그리스에서 이탈리아, 에스파냐로 퍼져 나가 프랑스에서 멈춘 것으로, 이를 로맨스어라고 하고, 다른 하나는 소아시아에서 곧장 흑해를 건너 게르만으로 퍼져 나가 영국에서 멈춘 것을 게르만어라고 한다. 그 사이에 튀르키예, 헝가리 등 이후에 들어온 몽골종을 제외하고, 먼 옛날 서북 지방으로 퍼져 나간 스칸디나비아의 몽골종과 뒤섞인(間雜) 언어가 있다고는 하지만, 올바르게 이어진(正續) 것이 천축을 연원으로 한다는 확실히 고증된 증거가 있으니, 의심할 여지가 없다.

우리 나라의 인종은 지나·조선 등과 같이 서양인이 소위 몽골인종이라고 부르는 것으로, 그 골격·피부색 등은 의심할 여지가 없다고 하지만, 언어만큼은 지나와 우리 나라가 각자 다른 근원primitive을 갖는다. 이것은 대단히 의심스럽다 하겠다. 그러나 이 문제는 인종학ethnology이 주로 다루기 때문에 여기에서는 논하지 않는다. 본편에서 다루는 시학과 어원학은 원래 특별한 학과로서 보통학으로 구분해서는 안 되지만, 어학, 문학과 서로 관계되므로 일단 여기에서 언급하였다.

❁
2. 정교에 대한 나머지 의문

사카타니 시로시

이전에 내가 정교에 대한 의문을 바로잡고자 하여 인심의 주된 목적을 들어 예로부터의 정교의 변화를 말하고자 하였다. 그런데 지금 급히 바로잡아야 할 것이 있어 먼저 이에 대해 언급하고자 한다. 유럽 대현大賢의 말씀에 인애仁愛가 없는 세력은 나라의 쇠운을 재촉하고, 덕행이 없는 지식은 나라 재앙의 씨앗을 퍼뜨린다고 하였다. 또 인민의 품행은 나라 모든 일의 근원이므로, 품행의 선악에 따라서 그 효과가 그 나라의 상태로 드러나게 된다고도 하였다. 또한 그 나라의 체면을 보존하고, 상인과 공인, 물품의 정밀하고 양호함을 나타내는 것은 총명과 용기, 기민함만으로는 불가능하며, 주로 바르고 진실함으로만 가능하다고 하였다. 이세 가지 말씀을 지나와 일본의 옛 성현들의 말씀에 비추어 보아도 하나하나가 부합하는 듯하다. 그렇다면 천리天理와 인도人道, 정치의 요체가여기에 있음이 분명하다. 그런데 이것을 숙지한 자가 왕왕 물정에 어두워서 실행하지 못할 뿐만 아니라, 이를 함께 의논할 자를 찾지 못하는 것은, 신경이 어지러운 자가 직선로를 곡선로로 만들고서 좁은 길을 건너는 것이나 마찬가지로, 도리어 진정 어리석은 짓이라 할 만하다. 그러므로 나는 이하에서 바로잡고자 하는 일에 대해 먼저 세 가지를 언급하고자 한다.

이번에 일본과 지나 사이의 화의和議가 이루어진 것[1]에 대한 사정은 이미 지나간 일이므로 논하지 않아도 될 것이다. 대체로 인민의 행복과 양국의 경사, 특히 우리 나라의 명예가 이루어진 것에 대사大使[2]의 공적이 컸음은 말할 필요도 없다. 그러나 이겼을 때 투구 끈을 고쳐 매라는 말이 있듯이, 지붕 아래에 또 지붕을 만드는 따위의 쓸데없는 축사는 일단 제쳐 두고, 이후를 보다 좋게 만드는 일이야말로 중요하다. 나는 이 일이 절반쯤 성사되었을 때에 미리 뒷일의 처치를 논하였는데, 또 한 가지 긴요한 일이 있다. 요사이 신문지 등에 실린 「외교소언外交小言」[3]에 따르면, 조약에 관한 것보다 정체의 개정, 선거, 개척, 채권의 변제[4]에 대한 주장을 볼 수 있는데, 하나하나가 급무라 할 만하다. 이것 또한 국가를 위해 축하하고 기뻐할 만한 일들이다. 그러나 이런 일들을 시행하고 실적을 이루는 데 빠뜨려서는 안 되는 것이 앞에서 말한 세 가지 말씀의 의미이다.

지금 풍습과 품행이 나라의 상태로 드러나는 것은 어떠할까. 주목해

---

1   타이완 출병 문제를 두고 일본과 청나라 간의 강화조약이 1874년(메이지 7) 10월 31일에 이루어졌다.
2   여기에서는 청나라와의 강화조약을 맡았던 오쿠보 도시미치[大久保利通]를 가리킨다.
3   『도쿄니치니치신문[東京日日新聞]』에 1874년 10월 14일부터 연재된 논설. 저자명은 적혀 있지 않지만 일반적으로 후쿠치 겐이치로[福地源一郎, 1841-1906]로 알려져 있다.
4   1873년(메이지 6) 런던에서 모집한 외국공채 등의 변제에 대한 사항을 가리킨다.

살펴보면 과연 단정하고 진실하다고 할 수 있을까, 아니면 경박하고 부미浮靡하다고 말해야 할까. 지금 천만 냥의 배상금[5]을 받는다고 해도, 또 외교조약보다 정체에 관한 일들에 충분히 주의를 기울인다고 해도, 만일 풍습과 품행이 나쁘다면 그 뿌리가 없는 꽃, 수원지가 없는 샘이나 같은 것이어서, 일시적으로 바깥을 꾸미는 일일 뿐, 앞에서 말한 쇠운을 재촉하고 재앙의 근원을 존숭하는 일이 되지는 않을지, 나는 걱정이 된다. 그런데 풍습과 품행의 근본을 미루어 짐작해 보면, 공화, 독재, 동치同治를 막론하고 모두 위에 서서 보호하는 자의 풍습과 품행에서 한 나라의 풍습과 품행이 나오는 것이니, 공화의 나라에서도 보호의 위탁자로 선출된 자는 사람들로부터 선생이 마땅하다고 생각되는 자이므로 저절로 서민의 모범이 된다. 상하동치上下同治의 나라는 이러한 의미가 더욱 두텁고, 독재의 나라에서는 완전히 모범으로 삼아 억제를 기꺼이 감수할 정도이므로, 문명도 개화도 모두 보호의 도리에서 나온다. 그런데 모범이나 기준이 굽어 있으면, 아랫사람들이 목적으로 삼는 바가 똑바로 서지 않고 의심을 품게 되면서 대단히 중요한 믿음이라는 글자를 잃어버리게 될 뿐만 아니라, 선생의 악행을 일부러라도 따라 하면서 모두 굽어져 자기 멋대로 굴게 된다. 그런데 아랫사람들끼리 서로 격려하고 타이르는 것에 대해 위에 있는 자가 아직 개화하지 않았다느니 자주자유를 모른다느니 하는 것은, 굽어 있는 기준으로 접힌 종이를 더 접는 것이나 마찬가지로 대단히 무리한 일이라 할 것이다. 그러므로 나쁜 풍습과 품행에 관한 것은 나라를 걱정하는 자라면 위에 서 있는 자를 책망해야 할 것이다. 위에 서 있는 자 가운데에도 하급에 있는 자에게 책임을 따질 것이 아니

5   대만 출병을 둘러싼 실제의 배상 금액은 은 50만 냥이었다.

라 판임관에게 책임을 묻고, 판임관보다는 주임관에게, 주임관보다는 칙임관에게 책임을 물으며,[6] 칙임관 가운데에서도 가장 높은 자에게 책임을 묻는 것이 당연하다. 위에서 아래에 책임을 묻는 일은 결코 해서는 안 된다.

그런데 이와 관련해서 구미 문명국에서는 정(政)은 정치이고 교(敎)는 가르침으로 구분하여, 정치를 하는 자는 가르침에 대해 조금도 관여하지 않는 것이 당연하다고 말하는 자가 있다. 이것은 정교의 가르침과 종교의 가르침을 뒤섞어서 폐해를 만들어 내는 주장으로, 정치가 올바르고 공평하지 못하면 가르침을 분리하여 억제하면 그만이고, 위정자는 가르침에 관계없이 올바르고 공평하지 못한 정치를 행하면 그만이라는 말이 아니다. 무릇 무수한 여러 가르침 가운데 보호의 정치만큼 천하의 가르침이 되는 것은 없다. 이것은 실제의 사례에 비추어도 명백한 사실이며, 사람들에게 절실한 것이다. 그러므로 법과 종교가 뒤섞이는 것을 피하여 교(敎)라는 글자를 붙이지 않는 경우가 있기는 하지만, 최근 구미에서는 선한 정치가 행해지면서 법과 종교를 구별하고서부터 점차 정치와 자연의 이치가 부합하고 진실한 가르침이 되었고, 이를 우리 나라에서도 배우게 되었다. 하지만 문자와 말이 다른 데에서 오는 커다란 차이를 알지 못하고, 일단 자기 멋대로 생각하여 위에 서는 자는 법제法制만 엄중하게 하면 품행은 어떻게든 될 것이라 한다. 법제는 도구일 뿐이다. 아무리 잘 만든 기계라도 쓰는 사람이 좋지 못하면 도움이 되지 않는다. 그러므로 유럽의 문명국이라고 일컬어지는 나라에서도 위정자가 나쁘면 언제든지 나

---

6   관리의 임명 방법에 따른 등급 구분을 보면 최하급으로부터 판임(判任), 주임(奏任), 칙임(勅任)의 순서로 올라간다.

라가 어지러워진다. 어지러워지는 것은 가르침이 없는 정치가 이루어지기 때문이다. 이러한 점을 생각하지 않으면서, 우리의 풍습·품행은 제쳐두고 자기가 하는 큰 책략이나 큰 법제만을 보라며 독선적이게 되면, 이것은 마치 인형을 만들었지만 혼을 불어넣지 않고, 술주정뱅이에게 제사를 맡기는 것과 같은 일이니, 그 나라의 모습이 과연 어찌 되겠는가.

가령 생각해 보자. 지금 우리 나라 모습의 근본을 이루는 것은 구미 국가들과 비슷한가, 아니면 중국 위진제량魏晉齊梁 시대[7]의 팔달八達이 나오던 때[8]와 비슷한가. 문명개화를 칭하는 자는 이전 다이묘大名의 근번勤番[9]하던 자처럼 구는데, 거기에 메쓰케目付, 몬방門番[10]을 없애서 사시히카에差し控え[11]를 청할 필요도 없고 근신이나 두문불출할 일도 없이 안심하고 방탕하게 구는 것을 자주자유라 하며, 한학과 의학을 한다며 나대는 한량 서생들이 돈을 버는 풍조이니, 인민에게 가장 중요한 염치마저 내던져 버리려고 한다. 또 이런 풍조를 싫어하는 것이 관부의 번거롭고 복잡한 규칙이나 예절, 쓸데없는 의식 등으로 이어져, 옛 막부의 하타모토旗本[12]·고케닌御家人[13]처럼 겉모습을 꾸미느라 내실이 없어지고, 만사에 해야

---

7   중국의 위진남북조라고 일컬어지던 220-589년 사이의 시대를 가리킨다.

8   위나라의 명재상이던 사마의(司馬懿)의 여덟 형제가 모두 능력이 출중한 인물이었다 하여 사마팔달(司馬八達)이라고 불렸다. 이들이 활동한 시대가 혼란과 전쟁이 지속되던 어지러운 시기였음을 빗댄 말이다.

9   에도 시대에 다이묘의 가신이 교대로 에도에 있는 영주의 저택에서 근무하던 일. 또는 근무하는 무사를 가리킨다.

10   가신들을 감독하는 지위에 있는 관리. 일종의 감시역을 가리킨다.

11   일본 에도 시대의 처벌 중 하나로, 무사 등이 직무상 과실 등을 범했을 때 출사를 금지당하고 자택에서 근신하게 되는 것을 말한다.

12   일본 에도 시대 쇼군의 직속 가신단 중에서 1만 석(石) 이하의 영지를 받고 쇼군을 알현할 수 있는 고위무사를 말한다.

할 일을 하지 않게 된다. 나아가 일종의 비열하고 천박한 풍조를 부추겨서 상업에 마음을 뺏기고 구미에서 빌린 이름으로 진짜 성명姓名을 속이며, 관의 권한을 은밀히 이용해서 금융이나 상업에 씀으로써 상인과 자연스레 친해져 담력과 기개와 절조도 소모해 버려 어느새 국가를 빈곤하게 만드는 모습이 생겨나게 되는 것이다. 이렇게 된다면 아무리 현명한 자라도 저절로 세상의 움직임을 따르게 되어 쓴 약을 내어도 도움이 되지 않아 기피하며, 애처로운 시선을 받으니 잠시 때를 기다리느니만 못하다며 모두 몸을 움츠리고 진심으로 일하는 자 없이 맡은 바를 게을리하고 미루면서 몸보신만 주로 하는 모양새가 되지는 않을까.

이런 풍습과 형상이 늘어나게 된다면, 옛날 그리스의 용감하고 의연한 기풍이 승리를 거둔 이후에 경박하고 교활한 기풍으로 바뀌어 마침내 멸망하고, 로마의 검박하고 호쾌한 기풍이 강대함을 이루고 난 후 음탕하고 투박하게 바뀌어 결국 게르만 민족에게 멸망당한 것과 같은 우려가 없을 수 없다. 대개 이처럼 풍습과 품행이 좋지 않으면 정치는 반드시 법률과 합치하지 않으니, 유럽에서도 그러한데 하물며 독재의 구습에 물들어 있는 나라에서는 더할 것이다. 법률은 오직 아래의 인민들에게만 죄를 묻는 것이 되고, 위에 있는 자들은 위식괘오違式詿誤[14]·파렴치·불응위不應爲[15]의 죄를 지어도 모두 피하여 처벌받지 않으니, 이른바 형벌이 대부大夫에게까지 올라가지 않는다[16]는 의미까지는 아닐지 모르겠으나, 그야말로 법률의 권위가 서지 않아 아래 인민의 미움과 원한과 분노를 사고, 윗

---

13   일본 막부 시대에 쇼군과 주종관계를 맺은 무사를 일컫는 말이다.

14   경미한 질서위반이나 도덕에 반하는 정도의 작은 죄를 가리킨다.

15   그 죄명이 규명되어 있지는 않지만 마땅히 해서는 안 되는 일종의 잡죄(雜罪)를 가리킨다.

사람을 믿지 않는 마음만 키워서 독재의 모범이 되니, 서민을 문명개화로 이끌어 외국에 위신을 떨치는 업적을 이루기는 어려울 것이다. 풍습을 단정하고 진실하게 해서 상인과 공인이 물품의 정밀함과 우수함을 더하며, 수출을 성대하게 하고 나라를 부유하게 하며, 군율을 엄하게 하여 마치 움직이지 않는 산과 같이 만들기 위해서는 무엇으로 기초를 다져야할까. 나라가 부유하지 못할 때는 웰링턴[17]·워싱턴과 같은 불세출의 호걸도 강한 적보다 엄청난 외채를 더욱 두려워했으니, 언제가 돼서야 이것을 없앨 수 있을까. 국권이 바로 서지 않고 외채도 없애지 못한 채로, 단지 오만하게 자주독립의 나라라고 자칭하기만 하는 것만큼 위험한 경우는 아마도 없을 것이다.

따라서 나는 농隴[18]를 얻고 나니 촉을 바란다는 말[19]처럼 오늘날의 기쁨에 취해서 때를 놓치지 말고, 조선도 지나도 정벌하려는 담대한 기운을 가지고 풍습과 품행을 올바르게 하길 바란다. 대사의 귀국은 정말로 위대한 일[20]이었다. 그런데 이런 주장을 하는 자는 사실 나라를 사랑하는 마음에서 어쩔 수 없이 나오는 것이다. 생각해 보면, 호소카와 요리유키[21]가 관직에 있으면서 아시카가 요시미쓰[22]를 보좌할 때에 조정에서 위

---

16 『예기(禮記)』「곡례(曲禮)」 상편에 나오는 "예는 서민들에게까지 내려가지 않고, 형벌은 대부에게까지 올라가지 않는다[禮不下庶人, 刑不上大夫]"는 말에 의거한다.

17 아서 웰즐리 웰링턴(Arthur Wellesley Wellington, 1769-1852). 영국의 군인. 나폴레옹을 격파하였고, 이후 수상에까지 올랐다.

18 중국의 지명으로 지금의 감숙성(甘肅省)에 해당하는 지역이다.

19 『후한서(後漢書)』「광무기(光武紀)」에 나오는 득롱망촉(得隴望蜀). 하나를 이루면 그다음이 욕심난다는 뜻으로, 만족할 줄 모르는 인간의 속성을 드러내는 말이다.

20 앞에서 말한 오쿠보 도시미치의 타이완 출병을 둘러싼 청나라와의 교섭 완료를 의미한다.

21 호소카와 요리유키[細川賴之, 1329-1392]. 무로마치막부의 관리이다.

의 풍습과 품행을 어기는 자에게 창피를 주고 징계하는 일을 주로 보아서 그 이름을 역사에 남겼다. 하물며 지금 조정의 위에 있는 사람들은 더욱 이에 힘쓰고 북돋아야 할 것이다.

22   아시카가 요시미쓰[足利義満, 1358-1408]. 무로마치막부의 제3대 쇼군이다.

✿
3. 괴설怪說

쓰다 마미치

공자께서는 괴력난신怪力亂神[1]에 관한 일은 말씀하지 않으시고 오로지 치국治國의 학문만을 말씀하셨다. 공자께서 괴력난신을 말씀하시지 않은 까닭은 괴력난신이 치국의 도리에 도움이 되지 않기 때문일 것이다. 지금 잠시 이 '괴怪'라는 글자를 논해 보고자 한다. 원래 사람의 마음이 이 '괴'와 관계되는 바가 그야말로 적지 않다. 그렇다면 이것을 분별하는 일은 치국의 도리에서 또한 전혀 도움이 되지 않으리라고 말할 수는 없을 것이다.

우리 지력으로 그 도리를 이해할 수 없으면 그것이 바로 괴이한 것이다. 무릇 괴이한 것은 옛날에는 많았지만 후세에는 적은데, 이것이 후세가 되면 마침내 문명으로 나아간다는 증거이다. 그러나 지금 문명의 세계가 되었다고는 해도, 종종 곱씹어 보면 세상에서 일어나는 현상 가운

---

1   초자연적인 현상, 사건. 『논어(論語)』 「술이(述而)」편에 의거한다.

데에는 그 이치가 명확하지 않은 것도 대단히 많다. 대개 우리의 감각으로 느껴지는 것 가운데 그 이치가 명확하지 않으면, 대부분 괴이하게 여겨진다. 어찌 이에 대해서 말하지 않을 수 있겠는가.

하늘에 뜬 해와 달, 별이나 태양이 동쪽으로 떠서 서쪽으로 지는 것과 같은 일들은 모두 사람들이 익숙해져서 일상으로 여기지만, 만일 천문학이 분명히 밝혀 주지 않는다면 곧 괴이한 일인 것이다. 이런 괴이함이 어찌 일식이나 월식, 혜성에만 그치겠는가. 어쩌다 천문학에 통달하면 일식이나 혜성이 모두 당연한 현상이며 결코 괴이하지 않을 것이다. 환일 현상 때문에 신기루가 나타나거나 하는 일은 괴이하게 보이겠지만, 공기 중에 그림자가 비치는 이치 또는 물이나 거울 속의 그림자와 같은 것들일 뿐이다. 사람이 산속에 살면서 자기 그림자를 보고는 괴인이라 하고, 자기 목소리를 듣고는 골짜기에 사는 신이라고 한다. 그렇지만 사실 이것은 그림자가 비치거나 목소리가 되돌아오는 현상이다. 이런 것들은 물리의 학문으로 밝혀졌으므로, 이를 괴이하다고 하지 않는다.

세상에 괴이한 것은 없다. 괴이한 것이 있다면, 다만 우리가 어떤 상象을 보면서 그 이치를 아직 모르는 것일 뿐이다. 도리어 이 괴이함을 우리 인간에게서 찾자면, 사람 몸의 짜임새는 대단히 교묘해서, 자못 그 이치에 통달하지 못한다면 지각과 운동의 원리 등은 대단히 헤아리기 어렵다. 최근에 생리학이 크게 융성하였지만, 영혼의 본체 등에 대해서는 시종 밝혀지지 않아서 여전히 분명하지 않은 것이 많으니, 어찌 이를 괴이하다고 말하지 않을 수 있겠는가. 단 유물론자들은 심성心性이 뇌의 작용이라고 한다. 두뇌에 관한 학문이 발달하고 진보하여, 뇌에 대한 것이 명료하게 밝혀져 의심의 여지가 없게 될 때에는 영혼 또한 물리로 설명할 수 있을 것이다. 만일 그렇게 된다면 실로 이 세상에서 괴이한 것이 사라질 것이다.

세상에서 괴이함을 말하는 자는 시끄럽게 떠드는 경우가 적지 않고, 괴이함을 믿는 자는 이것도 저것도 모두 그러하다고 한다. 그 이유를 생각해 보면, 저 영혼불멸이나 윤회전생 등과 같은 억측에서 나온 것이 많기 때문이다. 정말로 영혼이 불멸한다면 유령이나 영혼의 존재에 의심의 여지가 없고, 만일 저 윤회전생의 주장을 믿는다면 여우나 너구리가 사람을 홀리는 일도 또한 의심할 바가 아니다. 그렇지만 이러한 것들은 모두 옛날 성인들이 만든 억측설에서 나온 것으로, 세상의 대중, 우민 중에 이것을 보고 들었다는 자들은 모두 믿음을 맹신하여 정신착란을 일으키는 일과 관계가 있다.

귀신이나 도깨비를 믿는 것은 어릴 적부터 그 마음속에 각인된다. 우연히 깊은 산속이나 골짜기 안으로 들어가서 귀신, 도깨비 등을 만나거나 또는 야밤에 묘지 근처에서 도깨비불이나 유령을 보았다는 사람은, 심장이 급박하게 뛰면서 두려워한 나머지 심성이 일시적인 착란에 빠진 것이다. 즉 잠깐 동안 정신이 나갔던 것이다. 세상에는 결코 귀신이니 도깨비니 하는 것들은 없다.

몽유병에 걸리거나 미친 자들은 모두 뇌에 병이 들어서 뇌와 신경의 교감이 정상적인 상태를 벗어난 것이다. 그들의 뇌 속에는 귀신, 도깨비, 요괴와 같은 것들이 번갈아 가며 나타난다. 『대학大學』에 이르길, 마음에 있지 않으면 보여도 보이지 않고, 들려도 듣지 못한다고 하였다.[2] 뇌에 병이 든 자들은 도리어 보이지 않는 것을 보고 들리지 않는 것을 듣는다.

---

2   『대학(大學)』「정심장(正心章)」의 "심부재언, 시이불견, 청이불문(心不在焉, 視而不見, 聽而不聞)"에 의거한다.

자기 마음으로 상상하는 것을 보고 들으며, 또 꿈속에서 보고 듣는 것 또한 그러하다. 이를 상세하게 말하자면, 마음으로 상상하는 것이 눈의 망막에 맺히고 사물을 그려 내며, 마음으로 비추어 모든 경치와 모습을 보게 된다. 이리하여 미친 사람은 귀신과 도깨비를 보는 것이다. 그 이유는 뇌와 신경 간의 감응이 착란하고 있기 때문이다.

국가는 가령 사람의 몸과 같다. 군주는 뇌이다. 모든 관리는 신경과 오관五官³을 비롯한 백체百體⁴이다. 뇌와 신경 간의 감응이 착란을 일으켜 오관과 백체가 그 쓰임을 그르치면 바로 이것을 정신병이라고 한다. 궁중의 아녀자와 환관들이 권력을 농단하거나, 혹은 대신大臣이 제멋대로 날뛰며 행동하고 병졸이 분에 넘치는 위세를 떨치고, 정령政令이 제대로 시행되지 않고 모든 관리가 자기 직분을 그르치게 되면, 국체가 무너지고 국가가 병들어서 마치 몽유병이나 정신질환의 증세를 보이는 것과 별반 다를 바가 없게 된다. 이를 괴국怪國이라고 부른다. 괴라는 글자가 이렇게 국가와 관계되는 바가 적지 않으니, 이에 괴설을 짓는다.

3   눈, 코, 귀, 혀, 피부를 가리킨다.
4   오관 이외의 신체를 구성하는 다양한 부분을 가리킨다.

메이로쿠잡지
제26호

1875년(메이지 8) 1월 간행

—

✿
1. 내지 여행에 관한 니시 선생의 설을 반박한다

후쿠자와 유키치

외국인의 내지 여행에 관한 니시 선생의 연설을 듣고 나 또한 비루하
나마 『민칸잡지民間雜誌』¹ 제6편에서 견해를 밝혔는데, 이것은 선생의 연
설에 대해서만 쓴 것은 아니었다. 그 후 『메이로쿠잡지』에 실린 선생의
연설문을 읽고 점차 나의 소견과 다른 점이 있음을 깨달아 선생의 설을
반박하고자 한다.

　내지 여행은 이제까지의 외국과의 교제를 더욱 넓히는 것으로, 이전에
없던 일을 새롭게 시작하는 것이 아니다. 개항 이래 항구에서 사방 10리
는 외국인 여행을 허가하였는데,² 이제 그 10리를 100리로, 또 200리로

1　1874년(메이지 7)에 후쿠자와 유키치가 설립한 게이오기주쿠[慶應義塾]에서 출판되던
　　자연과학·사회과학·문학·종교 등을 다루던 학술잡지를 말한다. 1875년(메이지 8)
　　5월에 폐간되었다.
2　1858년 7월에 미국과 일본이 맺은 미일수호통상조약(Treaty of Amity and Commerce, 日米
　　修好通商条約) 제7조의 규정. 다른 나라와의 조약에서도 그대로 답습되었다.

넓히는 정도의 일로서, 딱히 별도의 조치를 시작하는 것이라고는 말할 수 없다. 선생의 주장에 내지 여행은 일본인이 아직 이전에 맛본 적 없는 호박을 파크스[3]가 가져온 것과 같다고 하였는데, 호박을 갖고 온 자는 영국공사 파크스가 아니라 미국 해군 제독 페리[4]였다. 그것이 맛있을지 어떨지를 음미하는 것은 가에이嘉永[5] 연간에 아베 이세노카미阿部伊勢守[6]의 몫이었지만, 당시 일본에 이세노카미는 물론이고 호박을 감정할 만한 자가 한 사람도 없었고, 야채장수[7]의 군사력과 위세를 두려워하여 호박이 맛있는지 여부를 따지지도 않고 강제로 먹었던 것이다. 선생의 설은 이 점에서 맞지 않는 듯하다.

야채장수의 강매로 호박을 구입한 가에이 연간부터 지금까지 먹어 보니, 호박은 그 성질이 무해하였지만 일본인 체질에 맞지 않아서 배앓이[8]를 시작하고, 점차 쇠약해져서 전국의 돈을 잃어버리는 모양새가 나타났다. 그러므로 이 호박은 파크스가 가지고 온 것이 아니라 페리가 가지고

---

3   『메이로쿠잡지』 제23호 1. 니시의 기사 「내지 여행」 주석 1을 참조하라.

4   매슈 캘브레이스 페리(Matthew Calbraith Perry, 1794-1858). 미국 동인도함대의 사령관으로, 1853년(가에이 6)에 우라가浦賀로 내항하여 미국과의 조약 체결을 요구하였고, 이듬해 다시 일본으로 와서 미일화친조약을 체결하였다. 실제적으로 근대 일본을 개국시킨 장본인이다.

5   일본의 연호. 1848년부터 1855년까지의 기간을 가리킨다.

6   아베 마사히로阿部正弘, 1819-1857]. 비고備後 후쿠야마福山번의 번주였고, 에도막부의 수석 로주老中였다. 1854년 페리 제독과 미일화친조약을 체결했고, 국제 정세의 변화에 대응하기 위한 개혁을 추진하였다. 이세노카미伊勢守는 아베 마사히로의 관위명이다.

7   호박을 팔러 온 사람이라는 말을 빗대어 사용했다. 여기에서는 페리의 내항을 가리키는 말이다.

8   여기에서는 구미의 나라들과의 무역으로 인한 금은의 유출이나 수출입의 불균형 등으로 인한 경제적 혼란을 비유하여 표현한 말이다.

온 것이다. 다만 페리가 가지고 온 것은 10리 안에서만 쓰였고, 파크스는 이것을 전국으로 넓히려고 했을 뿐이다. 일본인이 그 맛을 모르지는 않는다. 이미 먹어서 배앓이까지 해 보았으니, 여전히 부족하다고 더 탐한다면 호박으로 목숨이 위험할 수도 있음은 이제까지의 실험으로 명백해졌다. 그런데 이제 와서 이것을 분석한다는 소리는 좀 뜬금없지 않은가.

여기에 선생의 논리logic를 빌려 연역법을 써 보도록 하자. 곡선의 일부를 보면 그 부분이 매우 작지만, 결국에는 반드시 원의 모습임을 알 수 있다. 즉 부분에서 미루어 추론하여 전체를 찾는 방법이다. 찻잔의 깨진 조각이 일부라도 있으면 그 찻잔의 크기를 미루어 짐작할 수 있는 것과 마찬가지이다. 외국과 무역·상업을 하는 데에 저들과 우리 인민의 지력이 동등하지 않으면 우리는 손해를 보고 저들은 이익을 볼 것이다. 그렇다면 지금 우리 나라의 무역·상업은 우리에게 손해를 입히는 매개체이고, 우리 국민의 지력이 여기에서 멈춘다면 우리 나라를 멸망시킬 큰 해가 될 것이라 말하지 않을 수 없다. 그 연유는 무엇으로 알 수 있는가. 개항 이래 오늘날까지 여러 손실의 일부를 통해 연역법으로 후일의 전체를 추론해 보면 손실의 전체 모습을 알 수 있다. 즉 외채가 쌓인 것은 마치 새벽에 금성이 잠깐 나타나는 것[9]과 같다. 외국인에게 원금을 빌려서 상업을 벌이는 자가 있는 것은 찻잔의 조각을 보는 것과도 같다. 금성의 궤도는 반드시 원을 이룬다. 찻잔의 전체 모습은 우묵하고 둥글지 않을 수 없다. 이천만의 외채는 오천만에 이르게 될 것이다. 원금을 빌리는 일은 부동산을 사는 일의 전조이다. 나의 논리는 이와 같다. 그런데 지금 종전의 교제에 따라서 실제로 우리 나라의 부를 잃어 가면서도 여전히 외국

9   『메이로쿠잡지』 제23호 1. 니시의 기사 「내지 여행」을 참조하라.

인의 여행을 허가하여 그 교제를 넓히고자 하는 것은 손실의 일부분으로 그 전체 모습을 이루게 하는 길을 재촉하는 것이나 다름없다. 왜냐하면, 여행은 잡거雜居의 훈련이고, 잡거는 상업의 방편이며, 상업은 손실의 원천이기 때문이다.

또한 선생의 설에서 말하길, 여행을 허가하는 것은 시기상조라고 말할 수 없고, 유신 이후 7년이나 지나 사람의 몸도 뼛속부터 바뀔 정도의 세월이 지났으므로 세상의 문명도 반드시 진보하였을 터인데, 만일 그렇지 않다면 유신으로 항로를 정한 보람이 없다고도 말씀하셨다. 이 말씀 또한 내게는 의아하게 여겨진다. 원래 유신이란 대체 무엇인가. 막부의 간판을 내리고 조정의 깃발을 내걸기는 했지만, 지금의 참의參議[10]들이란 옛 각로閣老[11]들에 비해 기껏 머리카락이 세 가닥 정도 더 많은 정도의 차이밖에 없는, 똑같이 덴포天保[12] 이래 일본이 낳은 인물들에 다름 아니다. 이런 참의 이하의 관리들을 모아서 세운 정부이므로, 그 항로를 호화개교好和開交의 방향으로 정하였다고 한들, 그저 정부 일가一家의 항로에 지나지 않을 뿐이고, 인민들은 전혀 그러하지 않다. 인민들은 옛 막부의 전제지배를 받던 무기력한 돌멩이나 마찬가지로, 예로부터 지금까지 항로도 방향도 있을 수 없다. 설령 지난 7년 동안 뼛속의 성질이 바뀌었더라도 그 기질은 여전함에 틀림없다. 니시 선생은 유신의 효능이 대단히 크다고 생각하시겠지만 나는 약간 소견을 달리하니, 유신은 다만 정부가

10   당시의 일본은 대부분의 국정을 태정관(太政官)이 운영하는 형태였고, 여러 명의 참의들이 태정관에서 대신들과 함께 국정의 최고책임자 역할을 맡았다.
11   에도막부 시대의 로쥬[老中]들의 모임을 말한다. 막부정치의 최고 책임자로 후다이다이묘[譜代大名] 몇 명으로 이루어졌다.
12   1831-1845년까지의 일본의 연호를 가리킨다.

점포 앞의 모양을 약간 바꾼 정도이지, 도저히 천하의 인심을 일변할 정도의 공을 이루었다고는 생각하지 않는다. 인심의 방향을 정하고 각각이 내외의 구별을 알아서, 상업에서도 재판에서도 외국인에게 뒤처지지 않으려면, 7년의 시간으로는 불가능하다. 그러므로 외국과의 교제를 두고 전국의 이로움과 해로움을 따지려면, 인민이 여전히 막부 이래 그대로 이어지고 있는 인민이라는 점을 감안하여 논의하지 않으면 안 된다.

이 인민을 이전과 동일한 인민으로 간주하고 유신의 성과가 아직 인심의 바닥까지 도달하지 않았다고 한다면, 내지 여행은 부득이하게 시기상조라고 말하지 않을 수 없다. 여기에 나의 논리를 가지고 새벽의 금성 대신에 여자의 예를 들어 보고자 한다. 여자는 반드시 혼인하는 것이야말로 태어날 때부터 가지는 본성이다. 성장하는 동안 하루에 잠시라도 혼인과 관련된 시간이 아닌 것이 없다. 그렇지만 결혼이 당사자에게 이익이 될지 손해가 될지는 연령과 관계가 있다. 그런데 여자의 본성이 결혼하는 것으로 정해져 있다 한들, 12~3세 아가씨에게 무사시보 벤케이[13]를 데릴사위로 들여서 함께 살게(雜居)[14] 한다면 그것이 아가씨에게 이롭다고 말할 수 있을까. 아무리 논리적인 이유를 들어 아가씨에게 결혼을 종용한들, 나는 이것을 무리無理이고 비도非道라고 말하지 않을 수 없다. 이 아가씨가 결코 돌 같은 여자라서 혼인을 싫어하는 것이 아니라, 잠시 기다려 달라는 고충을 말하는 것일 뿐이다. 니시 선생은 이 아가씨의 고충을 듣고, 너는 여자의 도리를 모르는 멍청이다, 어찌 됐건 실제로 겪어

---

13   무사시보 벤케이[武蔵坊弁慶, 1155-1189]. 헤이안시대 말기부터 가마쿠라 시대에 걸쳐 활동한 승려. 승려의 신분이지만 무술에 관심이 많았으며, 미나모토노 요시쓰네[源義経, 1159-1189]와 인연이 닿아 그의 충복이 되었다.

14   일본인과 외국인의 잡거를 비유한 것으로 생각된다.

보지 않으면 익숙해지지 않는 법이니, 무사시보건 구마사카 조한熊坂の長範[15]이건 즉시 남편으로 삼으라며 꾸짖겠지만, 아가씨의 입장에서는 당혹스러운 일일 것이다.

이상은 조잡하나마 내 논리의 연역법이다. 이하에서는 다시 선생의 귀납법으로 답하고자 한다. 선생께서 말씀하시길, 대개 사물에 해로운 조항을 제시하고, 이것을 방지할 방법이 있으면 이익만 남게 되므로 포지티브positive라고 하였다. 그리고 첫 번째부터 일곱 번째까지 해로움을 언급하고 또 이것을 막는 방법까지도 제시했는데, 그 방법이 정말로 가능할지 나는 대단히 불안하다.

첫째, 무역에 관해서는 국내외로 알려서 금지한다고 했는데, 니시 선생도 내지에서 무역을 하면 나라에 해롭다는 것을 분명하게 알린다는 점에서 그야말로 나와 같은 주장이지만, 과연 이것을 금지한다고 해서 실제로 막을 수 있는 것일까. 선생께서는 이에 대한 확실한 전망을 갖고 계신 듯하나, 지금까지 정부의 솜씨로는 외국인에게 유렵遊獵 금지[16]조차도 지키게 하지 못하였다. 그런데 지금 금전의 손익과 관계되는 상업에 대해서 대체 어떻게 알려서 금지할 수 있다는 말인가. 실제의 상황을 보지 않고서는 절대로 신뢰할 수 없다. 또 금지한 일을 시행한다면 법을 어기는 것이므로 그에 대한 조치를 실행해야 하는데, 그 조치란 무엇을 말하는가. 이제까지 외국과 관련된 공적 사무나 소송은 사법성도 곤란을 겪고 있어서, 10 중 7, 8은 일본인에게 죄를 뒤집어씌우는 경우가 있었다. 이후로 여행지를 넓혀 점차 교제가 복잡해지면 10 중 7, 8이던 것이

15   일본 헤이안 시대의 전설적인 도적이다.
16   미일화친조약의 부속조약 제10조에서 조수(鳥獸)의 사냥을 금지하였다.

100 중 70, 80이 될 것이다. 내 생각으로는 도리어 지더라도 7, 8의 패배에 그치는 게 낫지, 이것을 70, 80으로 키우는 것은 바람직하지 않은 일이다. 7, 8과 70, 80을 비교하면 63 내지 72의 차이인데, 기본적 셈법이되는 사람이라면 이런 계산을 모를 리는 없을 것이다.

둘째, 들어가면 안 될 곳이라는 게 없다지만, 안내 없이 남의 집에 들어가서는 안 된다. 통행 금지된 길은 통행해서는 안 된다. 선생의 말씀에, 만일 그곳을 침범하면 내국인이건 외국인이건 모두 마찬가지로 잘못이라고 하지만, 단지 잘못이라고 하는 것만으로는 막을 방도가 없다. 앞의 논리에서 귀납법이라고 하며 그 해로움을 모두 막을 수 있으면 네거티브가 변하여 포지티브가 된다고 말씀하셨지만, 지금 여기에서는 잘못이라고 말만 하면서 그 잘못을 막을 방도가 없으므로, 네거티브한 것은역시 네거티브한 것 그대로일 뿐, 조금도 포지티브하게 바뀌는 모습을찾아볼 수 없다.

셋째로 보호에 대한 것은, 이제는 난폭한 자가 없으므로 필요 없다고하셨는데, 이에 대해서는 그다지 마음이 쓰이지 않으므로 언급하기에 족하지 않은 듯하다. 넷째로 통역이 자유롭지 않아 곤란함이 생길 수 있다는 것은 저들만의 사정이라고만 말할 수 없다. 다섯째, 개를 데리고 다니는 것은 원래 지장이 있는 일의 범위에 들어간다고 말할 수 없다. 개를데리고 다니건 호랑이를 데리고 다니건 자기 마음으로, 내 생각으로는개를 데리고 다니기보다 토끼를 수입하여[17] 돈을 벌려고 하는 쪽이 훨씬두려워할 만하다고 생각된다. 여섯째로 분쟁이 생긴다는 것은, 조약에서 정한 대로 하면 대개는 괜찮을 것이라고 하셨는데, 선생은 다치는 사

[17]   당시 토끼 사육이 유행하면서 진기한 품종을 수입하는 일이 많았다고 한다.

람이 생기는 것만을 두려워하는 듯하지만, 외국인과 송사가 생길 경우의 곤란함은 앞에서도 말한 대로 가에이嘉永 연간 이래 지금까지의 실제 경험으로 알 수가 있다. 내가 우려하는 바는 단지 사람이 다치는 일뿐만 아니라, 나라의 독립에 상처가 생길까 걱정하는 것이다. 일곱째, 살해 사건에 대한 것은 살해를 실행한 자를 내어 주면 끝날 일이라고 생각하므로 이에 대해서 별다른 의견은 없다.

이처럼 선생도 첫째부터 일곱째까지 분명하게 그 해로움을 방지할 방법은 없는 듯하다. 다만 그 목적은 마지막에 언급되는 스티플레이션 stipulation, 즉 구체적으로 항목을 적은 조약을 근거로 폐해를 막으려는 방법 한 가지만 있을 뿐이다. 선생의 설과 내 견해가 완전히 상반되는 것은 이것뿐이다. 내 생각으로는 항목을 적은 조약이 실제로 쓰임이 있을 정도라면 비로소 아무런 걱정도 없을 것이라 본다. 바람직하지는 않지만 파워 이즈 라이트Power is right, 즉 힘은 올바른 도리의 원천이라는 속담이 있다. 이런 점을 생각하지 않으면 안 된다. 이에 대한 상세한 논의는 『민칸잡지民間雜誌』 제6편을 살펴보시기 바란다.

마지막으로 변통이라는 조치는 나의 의견과 같지만, 변통이란 일의 마땅함에 따르고 작용의 방향을 바꾸면서도 그 도달해야 할 목적지를 잃어버리지 않아야 한다. 그렇다면 같은 진로로 뱃머리를 향하게 하더라도, 변통의 도에서는 반드시 앞으로만 나아가야 할 이치는 없는 것이다. 나아가도 좋고, 멈추어도 좋으며, 때에 따라서는 물러나는 것도 가능하다. 이것이야말로 변통이라 말할 수 있다. 사물의 형편은 일 년 또는 몇 년으로는 그 전모를 정할 수 없다. 지금 외국과의 교제는 올바르니, 지금대로도 지장은 없을 것이다. 또는 조금 물러나서 국내와 외국과의 구별을 보다 엄격하게 하고, 내외 인민 사이에 금은을 빌리거나 빌려주는 행위에는 특별한 법을 따로 설치하는 쪽이 편리한 점도 있으리라 생각되지만, 우리 정부에 권위가 없고 우리 인민에게 지력이 없다면 이것을 어찌할 도리가 없다. 어찌할 도리가 없는 사정을 그대로 두고, 빠르건 늦건 언젠가는 어찌할 수 있는 시기를 기다리는 것 외에 달리 방법이 있을 수 없다. 배의 항로를 바꾸거나 하지 않는다면 이 시기를 기다린다고 해서 걱정할 일은 생기지 않을 것이다.

✿

2. 무역균형론

쓰다 마미치

우리 나라 각 항구의 무역이 열리고 이제 겨우 십수 년이 지났다. 수출입의 균형을 조사해 보면 당초에는 수출액이 수입액보다 많았지만, 이후 무역이 점차 왕성해지면서 수출입 모두 물품 가격이 점차 증가하여 거의 평균을 이루게 되었다. 그러나 최근 들어서는 수입액이 갑자기 크게 늘어나 수출액을 넘어섰는데, 1873년(메이지 6) 무역표에 따르면 그 차이가 팔백만 엔을 넘었다. 1872년(메이지 5)과 1874년(메이지 7)도 거의 같은 비율이 될 것이라고 생각된다. 이에 대해서 우국지사들은 우리 제국의 재화가 결국 모조리 외국으로 빠져나가 없어질 것을 개탄하기도 한다.

내가 앞에서 비非보호세를 주장[1]하면서 지나치게 근심할 필요가 없다고 논하였는데, 지금 다시 몇 마디를 덧붙여서 도리어 그것이 기뻐해야

---

1   『메이로쿠잡지』 제5호 1. 쓰다 마미치의 「보호세가 잘못이라는 주장」을 가리킨다.

할 상황임을 논변하고자 한다. 원래 수출입품 액수에 큰 차이가 생기는 까닭에는 몇 가지가 있다. 일단 그 원인을 추적하여 알 수 있다면, 내가 말하는 바가 그렇게 지나치게 근심할 필요 없는 상황임이 명백해질 것이다. 우국지사들께서는 아직 생각이 거기까지 미치지 못하여 쓸데없이 작금의 광경을 목격하고는, 이 광경이 영원히 계속될 것이라고 말하는데, 참으로 기우를 면하지 못하는 것이라 하겠다.

그렇다면 그 원인이란 대체 무엇인가 하면, 우리의 천성에 기초한 것이다. 우리 고유의 천성에는 신기한 것을 좋아하고 화려한 것을 기뻐하는 마음이 있다. 이 마음은 올바른 것이다. 모름지기 이 마음이 곧 우리를 힘써 일하도록 고무시키고, 인간의 복지를 증가시키는 원인이므로, 그야말로 자연의 선물이다. 우리 나라 사람은 다행히도 이런 마음을 가지고 있다. 우리 인민이 아프리카나 아메리카 등의 야만 인민과 다른 까닭이다. 그리고 우리 나라 사람 가운데 이런 마음을 가장 많이 가진 자는 법도를 정하고 정령을 관장하는 여러 대신大臣이다. 이들은 철도, 전신, 등대, 병기 제조, 화폐 제작, 조선 등 제반 사업을 일으키고, 여러 성과 부현에서 건축업으로 돌다리를 짓고 큰길을 닦으며, 가스등을 계속해서 설치하고, 문무관에게 예복, 정복, 군복의 구별을 두며, 경찰과 병졸의 장복章服²을 정하고, 우리 사천만 인민 일반의 예복도 서양식을 모방하며 서양 물건을 쓰게 만들었기 때문이다. 무릇 위에서 좋아하는 물건은 아래에서 반드시 그보다 더욱 기꺼워하는 경향이 있으니, 우리 제국 일반 인민들도 점차 서양 풍속을 흠모하고 서양 모자를 쓰며, 서양 복장을 입고, 서양식 집을 지으며, 거울, 액자, 그림, 의자, 탁자 등 가구 일체를 비롯하

---

2   장교나 병사의 소속 부대를 나타내는 표식을 단 옷이다.

여 그 밖의 주과酒菓, 음식에 이르기까지 거의 모든 집이 수입물품을 쓰지 않는 곳이 없게 되었다. 이것이 바로 수출입의 차이가 해마다 팔백만 엔이라는 큰 금액이 된 까닭이다.

그런데 우리 인민이 힘써 일하는 것도 실, 차 등을 비롯하여 이것들을 이전에 비한다면 대개 수만 가지나 늘었다. 이것은 모두 인민이 신기한 것을 좋아하고 화려한 것을 기뻐하는 심정에서 나온 것이 아니겠는가. 하지만 오늘날 수출입의 차이가 특히 심해지고 자연스러운 균형을 크게 잃어버리면서 서양 물품의 수입이 너무 많아져 인민의 힘을 넘어서게 되었고, 그러면서 인민 가운데 이를 구하려는 자가 적당한 정도를 넘어섰다. 이것이 지금 서양 재화의 가치가 크게 줄어들거나 혹은 원가보다 낮은 까닭이다. 생각하건대, 지금 1875년(메이지 8)의 경우에는 수출입 물품액이 반드시 평균을 맞추게 될 것이다. 혹은 수출 수가 도리어 수입 금액을 넘어서 지난해의 약간 부족분을 메워서 균형을 이루게 될 것이다. 생각해 보면, 수출입이 완전히 평균을 얻지 못한다면 무역이 행해지지 못한다. 마치 바람이나 파도의 이치와도 같다. 일장일단하면서 혹은 동쪽에서 불고, 혹은 서쪽에서 불어서 결국에는 바람이나 파도는 평균을 이루게 된다. 그러므로 나는 수출입 차이는 애국자의 머리를 그렇게 깊게 괴롭힐 만한 것이 아니라고 말하는 것이다.

보호세를 만들어서 이런 불평등을 고치려는 일이 잘못이라는 점에 대해서는 이전에 논변하였으므로 여기에서는 다시 반복하지 않는다. 그런데 우리 재화 가운데 밖으로 나가서 돌아오지 않는 것들, 가령 외국인 고용비, 유학비, 물건 구입비 등은 적어도 우리 제국이 개화전진이라는 목적을 달성하기 위해서 그야말로 지금 멈춰서는 안 되는 소비이다. 모름지기 이 소비는 마치 한 집안이 어린이를 교육시키는 비용과 같다. 이것들은 언젠가 생산의 밑거름이 되기 때문이다. 설령 눈앞의 손실이 적지 않다 해도, 훗날 도움이 될 것을 계산해 비교해 보면 그야말로 어쩔 수 없는 소비이다. 저번의 회람사절단³ 비용이나 오스트리아박람회⁴ 비용, 지나와의 갈등을 해소하는⁵ 비용 등은 그 득실을 결코 보상받을 수 없다. 이것은 우리 제국의 큰 손실이다. 그런데 이 비용들 역시 사실 어쩔 수 없는 손실 비용이기는 하지만, 어쩌면 중요한 지위에 있는 대신이 처음부터 주의하고 삼갔다면 그 손실이 이렇게 많지는 않았을 것이다. 이것은 우리에게 명백한 교훈이 되는 전례로서, 부디 이후에는 주의해야 할 것이다. 그러나 철도를 새롭게 부설하는 비용 등은, 점차 시간이 지남에 따라 크게 늘려야지 결코 줄여서는 안 되는 것임은 논할 필요도 없다. 다만 문관의 대례복 등은 그냥 두면 손실이 많으니 폐지하는 편이 이롭다고 말하고자 한다.

---

3   이와쿠라[岩倉] 사절단을 가리키는 말. 제23호 「정금외출탄식록」 주석 7을 참조하라.
4   1873년 오스트리아 빈에서 개최된 만국박람회를 가리킨다.
5   1874년 타이완 출병 건의 처리를 위해서 그해 8월, 오쿠보 도시미치[大久保利通]가 청나라에 파견된 일을 가리킨다.

✿

3. 지폐성행망상록紙幣成行妄想録[1] (화폐론 세 번째)

간다 다카히라

어떤 이가 묻기를, 본위화폐가 완전히 다 떨어지면 어떤 지장이 생기는가. 내가 보기에 지금처럼 지폐를 유통하는 상황에서는 아무런 불편이 없는 듯 보인다며 의문을 제기했다. 이에 지장이 생기는 것은 본위화폐가 완전히 떨어지기를 기다려서는 안 된다. 물론 지폐는 점차 하락하고 지금처럼 유통하지 못하게 될 것이라고 답하였다.

이제 상상하는 바를 이야기하여 나의 견해를 밝히고자 한다. 모름지기 가장 먼저 지장이 생기는 곳은 필시 개항장[2]일 것이다. 개항장에서는 외국인이 지폐를 받지 않기 때문에 본위화폐가 없으면 서양 물품을 살 수가 없다. 따라서 점점 다급하게 본위화폐가 필요해지면서 지폐와 본

---

1   '현 지폐 제도의 이후 전개에 대한 망상을 담은 기록'이라는 의미이다.

2   1874년 시점의 일본에서 외국 선박의 입항이 인정되던 곳은 하코다테[函館], 요코하마[横浜], 니가타[新潟], 고베[神戸], 나가사키[長崎]의 다섯 곳이었다.

위화폐 사이에 약간의 차이가 생기게 된다. 이렇게 지폐와 본위화폐 사이에 생겨난 차이는 지폐 가치 하락의 증거이자 지장이 발생하는 발단이 된다.

그런데 이런 본위화폐와 지폐 사이의 차이가 처음에는 개항장에서만 생기고, 그 숫자도 매우 적어서 흔적조차 찾기 매우 어렵지만, 이후 점차 사방에 만연하면서 그 숫자도 매우 커지고 그 흔적도 점점 나타나게 된다.

처음에 차이가 생길 때는 관청에서 일시적으로 권위를 사용하여 본위화폐와 지폐 사이에 차이가 생기는 것을 엄격히 금지하고, 이를 어기는 자가 있으면 형벌에 처하는 등의 조치를 취할 것이다. 그렇지만 시간이 지나면 곧 관청 스스로 이 금령을 깨면서 시행되지 않게 되는데, 왜냐하면 관청이 본위화폐를 필요로 하는 다급함이 인민이 본위화폐를 필요로 하는 다급함보다도 훨씬 크기 때문이다.

모름지기 인민이 본위화폐를 다급하게 구하는 이유는 서양 물건을 사기 위함이므로, 스스로 그만두면 잠시 멈출 수도 있다. 원래 큰 손해가 있는 것이 아니기 때문이다. 관청이 다급하게 본위화폐를 구하는 이유는 이와 달라서, 고용 외국인의 급료, 공사·영사의 비용, 유학생 비용, 산 물건의 대금, 외국 채권의 연부年賦와 이자 등 본위화폐로 지불해야 할 비용이 대단히 크고, 모두 지불을 잠시 멈추고 싶다고 해서 멈출 수 있는 것이 아니므로 다급하게 구할 수밖에 없기 때문이다.

이런 시기가 되면 관청은 본위화폐를 구하기 위해 무슨 방책이라도 세워야 한다. 하지만 인민의 소유를 강탈할 수도 없는 노릇이므로, 어차피 많은 차액을 지불하더라도 본위화폐가 밖으로 나오도록 하는 것 외에는 다른 방법이 없다. 그러므로 처음에는 본위화폐와 지폐의 차이가 생기는 것을 금지하지만, 이후에는 관청이 스스로 이런 금지를 깨게 되는 것이다.

그렇지만 본위화폐가 점점 줄어들어 더욱 다급히 구할 수밖에 없게 되면, 많은 차액을 준다고 해도 얻지 못하게 될 것이다. 이렇게 되면 한층 더 절박한 계책을 내는 이가 있을 것이니, 즉 본위화폐는 천하 공공의 보화로서, 개인이 사사로이 저축하는 일은 천하의 융통을 방해하는 것이므로, 마땅히 이런 간사한 인민을 엄벌에 처하고 본위화폐로 쓰이는 금은을 유통시켜서 양민의 곤란함과 괴로움을 해결해야 할 것이다. 또 이런 시기에 금은으로 만든 완구를 가지고 있는 것은 한 개인이 제멋대로 사치를 부려 국가의 안위를 생각하지 않는 것이니, 마땅히 그 사람들이 가지고 있는 금은으로 만든 것들을 조폐료造幣寮[3]에 보내게 하고 적당한 대가를 지불하라고 말할 것이다. 또 조세 대납[4]의 규칙을 당분간 정지하고, 생사生絲·종지種紙[5]·찻잎 외에, 쌀·보리·잡곡 또는 동·주석·석탄 등에 적당한 가격을 정하여 공납으로 충당하게 하라고도 말할 것이다. 다만 본위화폐로 쓰이는 금은으로 세금을 내려는 자는 이런 사례에 해당하지 않는다는 등의 논설을 점점 보게 될 것이다.

처음 본위화폐와 지폐 사이에 차이가 생겼을 때에는 세상 사람들이 아직 지폐의 하락을 알지 못하여 그저 본위화폐의 가치가 상승하였다고만 생각할 것이다. 그러는 동안에 미곡의 가치가 상승하고, 땅과 집의 가격이 상승하며, 또 모든 물품의 가격이 오르면서 비로소 지폐 가치가 하

---

3   화폐를 제조하는 대장성(大藏省) 내부의 기관. 1869년부터 1877년까지 존속하였고, 그
     이후 조폐국으로 개명하였다.
4   세금을 쌀로 내는 대신 금으로 내는 것을 대납이라고 하였다.
5   누에가 알을 낳게 하는 데 쓰는 종이이다.

락하였음을 어렴풋이 깨닫게 될 것이다.

이렇게 되면 생각이 깊은 자들은 재빨리 그 기회를 살펴서 본위화폐용 금은이 있으면 이것을 땅속에 묻어 두고, 지폐가 있으면 토지, 곡물, 의복, 기구 등을 사들여서 어떻게든 지폐를 남겨 두지 않을 궁리를 하게 될 것이다. 세상의 풍습이 이렇게 되면 하락한 지폐는 더욱 하락하고, 올라간 물품은 더더욱 비싸져서, 결국에는 쌀 한 석의 가격이 천 엔 내지 만 엔에 이르러, 지폐의 가치는 완전히 휴지 조각처럼 될 것이니, 어찌 여기에 큰 지장이 없다고 하겠는가.

그렇지만 이것은 모두 나의 일시적인 공상에서 나온 풍자일 뿐이다. 원래 확고한 증거를 가지고 낸 것이 아니니, 식자들께서 내 뜻이 어디에 있는지를 헤아리고 양해해 주신다면 다행이다.

메이로쿠잡지
제27호

1875년(메이지 8) 2월 간행(2월 13일)

—

✿
1. 처첩론 ⑤

모리 아리노리

  종래 우리 나라에서 처와 첩의 호칭을 다르게 하는 이유는 처음 시집 보낼 때 공식적인 중매를 통하는지 여부와 관련된 것이다. 그러나 법률에 따르면 모두 동등하여[1] 처와 첩 사이에는 조금의 차이도 없는 듯이 보인다. 그러므로 그 호칭의 같고 다름을 이러쿵저러쿵 논하는 것은 중요하지 않다. 그런데 이에 관해서 나의 의견(鄙見)을 서술하고 종종 사람들의 평가를 듣고자 했던 이유는 특히 그 풍속이 옳지 못해서 개정해야 할 바가 있다고 생각했기 때문이다. 이제 여기에 외국의 혼인법을 약간 참고하여 향후 우리 나라의 혼인에 관한 법률을 만드는 데 초석으로 삼고자 하니, 보잘것없는 제안이나마 조목별로 나열하여 삼가 제군의 고견을 듣고자 한다.

---

[1] 1870년(메이지 3) 12월에 발포된 '신리쓰고료[新律綱領]'에서 첩의 지위가 공식적으로 인정되었고, 이 규정은 1882년(메이지 15)까지 존속되었다.

혼인에 관한 법률안

제1장 혼인 계약

제1조

혼인을 할 때는 당사자인 쌍방이 모두 동의하고 승낙함을 원칙으로 한다. 이를 위해서 이에 상당하는 법식法式을 행하지 않으면 안 된다. 또 쌍방 모두 부부로서의 권리와 의무를 미리 분별하지 않으면 안 된다.

제2조

부부 사이에 존재하는 권리와 의무는 대체로 종래 관습에 따른다고는 하지만, 혼인을 행할 때 쌍방이 상의하여 서면으로 약속하는 사항이 있을 경우에는 전적으로 그 서약서의 취지를 따라야 한다.

제3조

25세 이상의 남자와 20세 이상인 여자로서 특별히 국법으로 제한하는 사항이 없는 자라면 각자의 뜻에 따라 혼인을 약속하고 행할 수 있다.

제4조

혼인 쌍방의 당사자 중 어느 쪽이건 연령이 부족하거나, 병이 있거나, 혹은 사기나 위력으로 인해 약속한 혼인은 모두 폐지할 수 있다.

제5조

각각 친족의 조부모·부모와 자손 간, 형제간, 삼촌 및 조카 간의 혼인은 모두 윤리에 어긋나는 것으로, 이들 사이에서는 처음부터 혼인을 약속하거나 행할 수 없다.

제6조

쌍방이 살아가는 동안 부부 중 한쪽이 타인과 재혼을 약속하는 것은 아래 조항 이외에는 혼인의 윤리를 어지럽히는 것이므로 허용하지 않는다.

첫째, 이미 이혼한 자.

둘째, 전남편이나 전처가 5년간 계속 부재하여 생존 여부가 불분명할 때.

제7조

혼인한 쌍방 가운데 어느 쪽이든지 상대방의 불량한 행실을 알지 못하고 이루어진 혼인일 경우, 반드시 그 약속을 지켜야 한다고 강요할 수 없다. 또 혼인이 이미 성립했다 해도, 만약 쌍방 중 어느 쪽이든지 타인과 친밀히 정을 통하거나 혹은 감당하기 어려울 정도로 예의를 벗어난 대우를 받을 경우, 관에 소송을 제기하여 상당하는 배상금을 받고 결혼 계약을 무효로 할 수 있다. 이때 배상금 액수는 상대방 소유물 총액의 3분의 2를 넘을 수 없다.

제8조

혼인할 때는 반드시 증인을 세워 관의 공인을 받아야 한다. 그리고 관의 공인증을 얻기 위해서는 서면으로 다음과 같은 조항을 제출해야 한다.

첫째, 혼인 당사자 쌍방이 모두 원하고 약속하여 상호 승낙한 것임에 틀림없어야 한다.

둘째, 쌍방이 속한 신분,[2] 성명 및 주소.

---

2   메이지유신 직후, 일본 정부는 종래의 사농공상 신분차별을 철폐하고, 1870년 평민

셋째, 쌍방의 연령이 혼인에 적합한지 여부. 단 남자는 25세 미만, 여자는 20세 미만일 경우, 부모나 후견인의 허가장이 있어야 한다.

제9조

공인증 신청은 어디에서건 혼인을 행하고자 하는 곳에서, 그 지방 관청의 혼인 사무국 담당자(구장區長이 이를 겸업함)에게 제출해야 한다.

제10조

공인증을 제출하기 위해서는 혼인 사무관 바로 앞에서 혼인 당사자 쌍방과 그 증인이 맹세하게 하고 그 사실을 공인증에 기입하며, 담당자는 자신의 관직과 성명을 여기에 기입한다. 공인증은 세 통을 만들어 한 통은 관청에 두고, 나머지 두 통은 혼인 당사자 쌍방이 하나씩 나눠 가진다.

이혼에 관한 법률안은 다음 호에서 계속하겠다.

에게도 성[苗字]을 허가하며, 1871년에는 평민과 화족(華族)·사족(士族) 간의 혼인을 허가하는 등 봉건적 신분제에 의한 차별을 없애는 사민평등(四民平等)을 표방하였다. 그러나 황족(皇族)과 화족, 사족, 평민 등 신분을 나타내는 호칭 자체는 여전히 통용되었고, 거기에 따른 차별의식 또한 문화풍속으로 오랜 기간 남아 있었다.

✿

2. 민선의원 변칙론 (1월 16일 연설)

사카타니 시로시

   소개는 불필요하겠으나, 제가 이 자리에 처음 서는 만큼 한마디 하고 시작하겠습니다. 저는 사카타니 시로시라고 합니다. 새카맣고, 정직하고, 머리 회전도 둔한 사람입니다. 한서漢書를 조금 알 뿐이고 서양서는 전혀 읽지 못하며, 단지 번역된 것 가운데 백분의 일 정도를 읽었고 또 메이로쿠샤 여러 선생의 말씀을 가끔 들은 정도로, 치아는 장년기부터 앓아 없어져서 말도 또박또박 하지 못합니다만 일본·중국과 서양은 풍토가 서로 달라도 도리는 다르지 않으니, 이에 관한 여러분의 말씀을 듣고자 하여, 또 연습 삼아 연설해 볼 요량으로 뻔뻔하게도 경청해 주시기를 바라는 것이니, 나중에 충분히 논박을 해 주시기를 청합니다. 다만 서양서는 읽을 수 없으니까, 표현이 틀렸거나 괴상한 말이 나오더라도 관대히 봐 주시기를 바랍니다.

   그런데 제 신분에서 말씀드리는 것은 좀 어울리지 않긴 하지만, 나라를 위해서라고 생각하면 전혀 의무가 아닌 것도 아니어서, 우선 목적을 세우기 위해서 여러 선생의 의견을 듣고 싶어 말씀드립니다. 주된 요지는 지금 유행하는 민선의원설을 실제로 시행하기 위해서는, 배움에 정칙正則과 변칙變則이 있는 것처럼 우리 나라에서는 양학도 변칙에서 시작했듯이 관선의원官選議員이라는 변칙에서 차츰 시작해야 한다고 생각한다는 것입니다.

자, 무슨 일이든 모두 실제로 만들어 내기 위해서는 기초부터 추진하지 않는다면 토대가 서지 않아 모처럼의 수고도 쓸모가 없어질 것입니다. 먼저 크게는 산과 강, 작게는 풀잎과 나무 하나하나가 모두 다르듯이, 국체와 풍습이 다르기 때문에 서양의 민선의원 형태를 그대로 우리 나라에 들여오려는 것은, 이른바 연역deduction의 방식으로 타인의 발 크기에 맞춰 자기 신발을 만드는 것과 같은 꼴이니, 오히려 나라에 상처를 내서 무너뜨리게 될 것입니다. 우리 나라가 외국과 크게 다른 것은 먼저 입군立君과 공화共和, 이 중 입군조차 다른 나라와 다릅니다. 천자天子에 관해서는 일단 언급하지 않는 게 좋다는 사람도 있는데, 그것은 귀납induction 방식의 오해로, 산도 강도 하나라고 하면서 도리어 연역이 되어 오늘날 외국과의 분별을 세우지 않는 것이므로, 모든 일의 목적을 세우기 위해서는 말하지 않으면 안 됩니다. 그렇다고 해도 입군도 공화도 모두 자연히 생겨난 것으로, 영국의 산천과 미국의 산천이 서로 모양이 다른 것과 같은 이유로, 자기 얼굴을 기준으로 남의 얼굴을 못생겼다느니 닮았다느니 말하는 것은 모두 잘못입니다. 유럽 국가 중에도 자립自立[1]과 선립選立[2]의 세습이 있고, 세습 중에도 씨족이 종종 바뀌는 풍습이 있으

---

1   자기 힘으로 군주에 오른 경우를 가리킨다.
2   선거에 의해 군주를 정한 경우를 가리킨다.

니, 각국이 모두 원래의 모습이라거나, 미국, 스위스 등은 원래 군주 없는 나라인데 잠시나마 영국이나 프랑스 초대 나폴레옹처럼 군주와 비슷한 것이 있었다는 것은 잘못입니다. 지금으로서는 아직 완전히 결정되지는 않았지만, 프랑스, 스페인 등은 그 나라의 기세로 미루어 보건대, 공화가 되기 직전인 듯이 여겨집니다.

　우리 나라와 같은 경우는 입군이라고 해도 군주를 세운다기보다는 이미 서 있는 군주라는 의미에서 말해야 하므로, 곡마曲馬에서 인형의 목을 가지고 목이다, 목이다 외치며 장사하는 도리와는 달리 태어났을 때부터 사람에게 머리가 붙어 있듯이 나라의 시작부터 줄곧 이런 식이어서 다행이라고 말하면 신화스럽다고[3] 하실지 모르겠지만, 그렇지 않을 뿐 아니라 실제로도 틀리지 않습니다. 그런데 '사람은 나면서부터 홀로 고귀하다는 이치는 없다', 또 '신체는 천지자연의 이치로부터 생겨난 것이기 때문에 신God에게 감사할지언정 천자에게 입은 은혜는 없다', '공화는 하늘의 도리이자 인간의 이치이니, 공화가 아니라면 기개를 펼칠 수 없다'느니, 제멋대로 열정passion에서 나온 주장을 하지 않으면 그야말로 미국과 유럽을 모른다는 소리를 들을 거라는 좁은 견식에서 뭔가 천자를 방해물인 듯 말하고, 공화제의 큰 선생 격인 미국과 스위스는 명사들이 인정과 세태를 중시하며, 또 선거로 세운 군주는 세습보다 크게 해롭다는 자기 주장을 고수하지 않고 공평하게 논하려니 도리어 편협한 주장이 되어서 참된 하늘의 도리와 인간의 이치에 어긋나 버립니다. 이런 조그만 나라에서 그런 주장이 퍼져 예로부터 내려와 굳어 있는 사람들의 마음을

3　일본은 군주를 세운 나라가 아니라 나라의 시작부터 신의 명령으로 군주가 다스렸다는 일본신화에 입각한 국가관·군주관을 강조한 서술이다.

풀어 버리고 크게 경박한 기운을 일으킨다면 그야말로 야만barbarie의 상태에 빠질 것입니다. 또 그런 무리가 나타나 열정passion에서 나온 자주자유를 내세우며 굳어 있는 사람들의 마음을 자극하면 다툼과 분쟁이 크게 일어나서, 빚 위에 빚을 쌓는 큰 비용을 소모하고 토지는 모두 저당 잡히며 인민은 모조리 매국노처럼 변해 버릴 것입니다. 그럴 때면 국가Staats건 국민Volks이건 소중한 주권Souveränität이건 완전히 찌부러져서, 노예의 습성이 몸에 밴 국가[4]가 진짜로 노예 국가가 되어 버릴 것입니다. 그것은 아무리 생각해 봐도 유감천만한바, 일곱 번 다시 태어나도 일편단심 충성할 정도는 못 됩니다만(七生報國),[5] 뒤집어 생각해도, 누워서 생각해도, 일본을 보호하기 위해서는 황통皇統을 지키지 않으면 안 되는 것입니다. 미국과 스위스가 이름난 명사를 선거로 발탁해서 논의하도록 하는 것은 더할 나위 없이 좋다고 생각합니다. 이것은 본래 충분히 납득하지만, 무엇을 논의할지도 만국의 교제 속에서 헷갈리는 시절이므로, 이런 기본 목적을 내거는 것이 중요합니다. 하물며 민선의원처럼 개벽 이래 처음 시행하는 일은, 이런 기본을 확실히 해 두고 시작하지 않으면, 처음에는 약간의 차이가 날 뿐이어도 나중에 가서는 커다란 차이를 낳아 일본이 멸망해 버릴 수도 있으므로, 먼저 바르게 해 두어야 한다고 말씀드리는 것입니다.

이제 민선의원설에 대해 말씀드리겠습니다만, 앞서 말한 황통을 지키

---

4 이 시기 자유를 강조하는 문명개화론에서 자유의 기풍을 갖추지 못한 사람은 노예나 다름없다는 논의가 유행하였고, 이는 서구식의 자유 개념이 아직 부족한 일본 국민을 노예에 빗대어 비판하는 논리로 이어지곤 했다.

5 일본 남북조 시대의 유명한 무장 구스노기 마사시게[楠木正成]가 아시카가 다카우지[足利尊氏]에게 패배하여 자살하면서 마지막으로 남긴 말에 의거한다.

는 데 무엇이 중요하냐고 한다면 성誠이라는 한 글자이며, 성을 다하는
것은 정직正直이라고 말씀드리겠지만, 다만 빼짝 마른 막대기 같은 정직
만으로는 안 됩니다. 물이 낮은 곳으로 흘러가면서[6] 구부러지고 끊기더
라도 꺾이지 않고 발원하여 반드시 바다로 돌아가지만 헷갈리는 것이기
도 하니, 정직의 반대를 가지고 분명히 그 조리를 바로잡아야 하겠습니
다. 정직의 반대는 아첨하는 간사한 사람을 말합니다. 스스로 아첨임을
알면서 윗사람을 속이는 사람은 물론 논할 것도 없지만, 그러나 노예의
습성이 몸에 밴 나라에는 스스로 정직하다고 생각하면서 아첨하는 사람
이 많습니다. 옛날부터 담력이 크지 않고 애국의 정을 없어지게 하며 황
통을 쇠퇴시킨 것은, 모두 정직한 도리를 배반하고 아첨을 일삼는 노예
의 습성입니다. 서양에서 1660, 1670년경에 프랑스 루이Louis 14세가 "짐
이 곧 국가이며L'Etat, c'est moi, 국가는 완전히 속박되지 않는 무한한 전권
을 가진 것"이라고 했습니다. 옛날에 지나의 신불해申不害, 한비자韓非子와
같은 어리석은 학자들은 천하를 갖고도 자기 마음대로 하지 않는 것은
천하를 속박하는 것이라고 했습니다.[7] 마찬가지 소리를 주장하며 천자
는 자기 마음대로 구는 자라고 하면서 민권의 대리로 다이라노 마사카도
平將門, 아시카가 다카우지足利尊氏 같은 자들이 나왔습니다.[8] 오늘 이후로
또 어떤 사람이 나올지 염려스럽습니다. 따라서 천하는 가령 천자의 천

6   『맹자(孟子)』「고자(告子)」편. "사람의 본성이 선한 것은 마치 물이 아래로 흐르는 것과
    같다[人性之善也, 猶水之就下也]"에 의거한다.
7   신불해(申不害)와 한비자(韓非子) 모두 중국 전국 시대 한(韓)나라 때의 학자로, 군주가
    나라를 다스리는 데에 엄격한 법률과 형벌로 할 것을 주장했다.
8   다이라노 마사카도와 아시카가 다카우지는 모두 역사적으로 천황에게 반기를 든 자
    의 대표 격이었다. 『메이로쿠잡지』 제13호 3. 「민선의원을 세우는 데 먼저 정체를 정
    해야 한다는 것에 대한 의문」 주석 3, 4를 참조하라.

하라고 말하더라도, 남의 것이라면 상관없지만 천자의 것은 제멋대로 할수는 없습니다. 하물며 천하는 천天의 것이고 천의 자식이자 대리인 자가 천도天道와 인리人理에 반하여 제멋대로 방종하게(リベルチ, liberty) 굴 수는 없습니다. 대리의 직분과 의무가 무엇인가 하면 오직 인민을 보호하는 것입니다. 보호하는 방식이 조금이라도 어긋나 억압의 기미가 보이면 그 직분과 의무는 성립하지 않고 감수도監守盜⁹로 전락해 버립니다. 따라서 감수도로 전락하지 않고 직분이 성립하도록 인민을 보호함으로써 황통을 보호하는 것이 정직이며, 이에 반해 본인마저도 감수도로 전락하게 되는 것이 아첨입니다. 아첨은 역성을 지나치게 들다가 도리어 그 사람에게 폐가 되어 황통을 약화시키거나 일본을 진짜 노예 국가로 만드는 연습이라고 할 수 있는데, 둘 다 자기 보호를 망가뜨리고 자멸하는 바보 같은 짓입니다.

예를 들면 심각한 병자가 자기 몸은 본인 것이기 때문에 제멋대로 한다며 몸을 돌보지 않는 것을, 의사와 가족이 병자가 하고 싶은 대로 내버려 두는 것이 친절함이나 교제의 도리라고 생각하는 야만스러운 태도를 개화의 이치이자 의사와 가족의 의무라고 말할 수 있을까요. 시대의 성쇠에 관해서는 잠시 제쳐 두고, 지금 위로는 모든 정무를 공론으로 결정하신다는 조칙¹⁰이 나온 정도인데, 매일 인민의 자유를 권장하며 군주의 권리와 의무는 이러하고 인민의 권리와 의무는 이러하며 정부 관리의 정치적 행위는 이런 식으로 해야 하고 유럽은 이렇네 미국은 저렇네 명백

---

9   관리가 자기 관할하는 곳에서 물건을 훔치는 죄를 가리킨다.
10   1868년(게이오 4) 3월에 '5개조의 어서문五箇条の御誓文'이 메이지 천황의 조치로 반포되었다. 해당 구문은 5개조 가운데 첫 번째 조문(널리 회의를 열어 만사를 공정하게 논의하여 결정할 것[広く会議を興し、万機公論に決すべし])에 해당한다.

히 알며, 인민 가운데 약간 학문의 재능과 지식이 있는 사람은 십중팔구 문명의 대의를 알았을 때가 되고, 정부에서 비밀을 만들고[11] 준비해 정체의 중요한 근본을 두고 전환점을 맞이한다면, 그 대강과 세목이 부합하지 않고 중요한 근본에서 정통성orthodoxy을 가지고 인민을 보호한다는 것은 마치 심각한 병자가 자기 몸을 돌보지 않는 것이나 마찬가지입니다. 황통을 돌보지 않는 것은 인민을 돌보지 않는 것이고, 인민을 돌보지 않는 것은 황통을 돌보지 않는 것이므로 신실하고 올바른 친절함이라면 어쨌든 잠시라도 내버려둘 수 없을 것입니다. 조세, 민법, 외국인의 여행과 잡거, 재판법, 황통 후계의 규칙, 간다 군이 탄식한 금화金貨에 관한 논의[12] 모두가 대단히 시급하지만, 정체政體가 분명하지 않고 중요한 근본이 서 있지 않은 상태로 위에서 비밀리 억압해서 정한다면, 아무리 좋은 법이라도 이름나고 뜻있는 이들조차 그 이유를 알지 못하고 어둠 속에 비치는 빛과 같은 의외의 포고에 놀라 악법이 아닐까 많은 인민이 의심하고 미워하며 믿지 않고 인심이 난잡해져서, 이익은 모두 외국인에게 빼앗긴 후 화를 내고 난리가 일어날 수밖에 없을 것입니다.

　이미 오늘날에 이르러서는 공론公論을 논하는 일은 인민을 대의代議하는 사람이 의논하여 정하고, 전국의 모든 사람이 그 맥락을 받아들여 위도 아래도 국가에게 모두가 자기 생각대로 행하는 것임을 숙지하게 하

11　니시 아마네는 「비밀에 관한 설」(『메이로쿠잡지』 제19호 1)에서 정부가 대만 출병 건을 비밀에 부치고 결정했던 일을 비판하고, 여론을 반영하는 정치가 이루어져야 한다고 주장했다.

12　간다 다카히라(神田孝平)는 화폐 정책에 대한 논의를 『메이로쿠잡지』 제22호 5. 「지폐인체간원록」, 제23호 2. 「정금외출탄식록」, 제26호 3. 「지폐성행망상록」 등으로 게재하였다.

며, 아무리 권력을 가진 자라도 정해진 법을 제멋대로 움직이거나 바꿀 수 없는 국가로 만들지 않는다면 국내외로 큰일을 정하지 못합니다. 특히 정신spirit과 담력은 책임responsibility에서 비롯되고, 책임의 힘은 학문보다 재화에서 비롯됨은 어리석은 백성도 잘 압니다. 때문에, 의원議院이 주로 담당하는 조세와 비용이 군주와 인민 공공公共의 것이라는 의의를 명확히 한다면, 이제까지 노예 습성이 몸에 밴 사람이라도 이건 가만히 두고 볼 수 있는 일이 아니라며 정신을 깨울 것입니다. 세상 모든 나라 가운데 재화로 부려지지 않는 사람은 없습니다. 재화를 다룰 권한이 위에 있으면 아랫사람들은 모두 노예 습성에 빠져서 예, 예 하며 굽실거리고, 정직은 망가져서 아첨이 됩니다. 아첨으로 만들 수 있는 것은 혼란밖에 없습니다. 어떤 사람들은 민선의원이 생기면 일이 잘 진척되지 않을 것이니, 그런 주장을 내세우는 것은 불평이 많은 서생의 입놀림일 뿐이라고 말하거나, 서민은 조세를 안 내도 된다는 둥, 사족士族[13]은 질록秩祿이 늘어난다는 둥, 화족華族[14]은 앞으로도 오랫동안 질록을 줄이지 않을 거라는 둥 이야기가 분분할 것이라며 걱정하는 사람도 있겠지만, 이런 어리석은 소리가 나오는 이유는 바로 공도공심公道公心을 모르는 싸구려 매실 절임만 한 근성 때문이 아니겠습니까. 민선의원이 만들어지지 않고 위에서 비밀리에 일을 진행하면 서로 모든 일을 의심하고 핑계를 늘어놓으며, 자기 책임이 되기라도 하면 공론은커녕 세상 일조차 말하지 않게 될

---

[13]   구 무사계층. 이들은 에도 시대까지는 번이나 막부로부터 질록을 받아 생활하는 봉급생활자였으나 1875년 9월 태정관포고 제138호로 1876년부터는 질록의 지급이 중단되고, 대신 일정 금액의 금록공채(金祿公債)가 지급되는 것으로 결정되었다.

[14]   메이지유신 이후 만들어진 새로운 신분계층으로, 종래의 구교[公卿], 다이묘[大名] 등이 화족에 편입되었다.

것입니다. 또 제멋대로 한마디 더 하자면, 의논할수록 도리는 점점 명확해지는데, 일이 잘될지 안 될지는 회의의 규칙을 세우는가 그러지 못하는가에 달려 있습니다.

1700년대 말 무렵에 프랑스의 난리로 만들어진, 아무런 맺고 끊음조차 세우지 못한 회의 규칙을 지금 권장하는 것은 아닙니다. 당시 프랑스의 회의 규칙은 민중local volk 따위를 내세우는 급진설인지 뭔지조차 만들지 못한 것이었습니다. 가만 보자면 예로부터 혼란에 빠지고 멸망에 이르는 경우는 모두 사람들이 논의를 잘하지 못했든가, 귀찮아했든가, 또는 시대에 뒤처진(不開化) 어리석은 주장을 했기 때문이었습니다. 민선의원은 급진당이라며, 이거 참 글로만 당을 세우자고 권유하는 사람도 있습니다만, 저는 고다이고 천황後醍醐天皇[15]께서 겐무 신정(建武の中興)[16] 초기에 모든 정무를 공론으로 결정하신다면서 의원議院에서 채택하시었더라면 남북조南北朝의 동란動亂[17]도 없었고 아시카가 다카우지도 난처하여 막부 따위를 입에 올리는 일도 없어서, 일본의 개화가 서양보다 앞설 수도

15   일본의 제96대 천황이자, 남조(南朝)의 초대 천황. 조정의 부흥을 노리고 아시카가 다카우지[足利尊氏], 닛타 요시사다[新田義貞] 등 무장들의 지원을 받아 가마쿠라막부를 멸망시켰다. 이후 교토로 귀환하여 겐무 신정을 단행하고 천황의 직접 통치를 꾀하였으나, 아시카가 다카우지에게 정권을 빼앗기고 탈출하여 요시노[吉野]에 새롭게 조정을 수립했다.

16   가마쿠라막부 멸망 이후 고다이고 천황이 천황 친정(親政)을 중심으로 하여 선포한 새로운 정치체제이자 개혁 시도를 가리킨다. 그러나 천황의 허가를 매개로 하는 토지 소유만 인정하려던 정책 등이 가마쿠라막부 타도 전쟁에 참가했던 무사들의 반발을 사면서 개혁은 3년 만에 실패로 끝났다.

17   고다이고 천황이 남쪽의 요시노에 새롭게 조정을 수립해서 정통성을 주장했으나, 동시에 북쪽의 교토에는 아시카가 다카우지가 옹립한 고묘 천황[光明天皇]이 존재했었기 때문에 같은 시기에 두 명의 천황과 조정이 존재하는 소위 남북조 시대(南北朝時代)가 이어졌으며, 1392년 북조가 남조를 흡수통합하면서 막을 내렸다.

있지 않았을까 생각하면, 조금도 이르다는 생각이 들지 않으니, 급진이니 점진이니 하는 말은 우선 민선의원이 만들어진 후 일을 해 나가는 순서를 정하면서 고려할 문제라고 생각합니다.

또 신중히 생각해 보니, 일전에 쓴 「조세의 권한은 상하가 함께 관여해야 한다는 설」[18]처럼 지금까지의 정체에서는 구제救濟와 진휼賑恤에 관한 법은 모두 윗사람의 큰 의무로 여겨져 조세는 어쨌든 적게 거두어야 한다며 먹지도 입지도 말고 인민을 보호해야 한다는 맥락이 있었지만, 지금 시대에는 어째 잘 안 맞는 듯합니다. 그것도 어진 군주와 현명한 재상이 함께 나오는 시대에는 부강함의 계기가 되기도 하지만, 사람이 바뀌면 무너지고, 이후 다시 성군과 현자가 나오더라도 이전 시대를 고치고 메꾸는 데 힘을 쓰다가 한 시대가 끝나 버리니, 깨지면 수리하고 수리하면 다시 깨지다 보면 부강성대한 시기는 없게 됩니다. 일본과 지나가 일찍부터 개화했었지만 늦게 개화한 나라에게 패배한 것은 오로지 이 때문이라고 생각됩니다. 따라서 서둘러 생각해도 천천히 생각해도, 빨리 민선의원을 세우도록 권하는 것이 진정한 정직에서 나온 애국patriotism과 충의loyalty이자 황통과 인민을 함께 보호하는 일이라고 생각합니다.

이하 다음 호에 게재합니다.

---

18   사카타니 시로시는 『메이로쿠잡지』 제15호 3에 「조세의 권한은 상하가 함께 관여해야 한다는 설」을 게재했다.

메이로쿠잡지
제28호

1875년(메이지 8) 2월 간행(2월 19일)

—

✿

1. 민선의원 변칙론 (이전 호에 이어서)

사카타니 시로시

앞에서 민선의원을 빨리 세워야 한다고 했습니다만, 이전에 말씀드린 대로 그 모습은 같더라도 나라마다 풍습이 다르기 때문에, 똑같이 신발을 만들더라도 각자의 발에 맞는 모양으로 만들어야 합니다. 하지만 지금 민선에 대한 여러 설은 자꾸 실제의 사정을 조사하지 않고 목소리만 높입니다. 과연 함부로 말해서는 시작되지 않을 분위기도 있고, 또 똑똑하신 분께서 임기응변으로 가볍게 떠올린 생각 정도였을지도 모르지만, 그 가볍게라는 것은 이러한 큰일의 경우, 큰 호걸이 큰 변란 후 등용되어도 제법 고생하지 않을 수 없는 것입니다. 워싱턴이 고생한 것을 봐도 알 수 있고, 작게는 미타니 산쿠로三谷三九郎[1]와 오노구미小野組[2]와 같은 무리도

---

1   에도 시대의 상인으로, 목면상인으로 출발했다가 17세기 후반부터 금융업으로 큰 성공을 거두었다. 이후 간조쇼고요타시[勘定所御用達]로 임명되어 막부의 재정 정책에 관여하기도 했으며, 메이지유신 이후에는 정치 상인으로 육군성과 함께 일하기도 했지만, 이후 투기에 손을 댔다가 실패하면서 1875년에 파산했다.

상법商法을 가볍게 여기다가 가문의 파산으로 이어졌습니다.

　민선의원은 요행으로는 안 됩니다. 더욱이 서서히 쌓아 올리다 보면 위의 압력이 강한 법이니, 위에서 의지를 갖고 밀어붙이지 않으면 안 됩니다. 정부가 제대로 방침을 정하지 않은 채 부府나 현縣에서 각각 다른 법제를 세우고 실행할 전망이 없는 의회를 여는 것이 열리지 않는 것보다 나을지는 모르겠지만, 대부분은 비평만 하면서 인민이 부담할 비용을 늘리고, 지사知事나 참사參事의 눈치만 보는 간민姦民의 소굴이 되거나, 혹은 관청과 원수(讎敵)가 되거나 둘 중 어느 하나일 것입니다. 또는 가령 현리縣吏와 의기투합하여 대정부大政府까지 도달하더라도 정부의 사정으로 진행되지 않으면서 격노하지 않으면 없던 일이 되어 버리거나, 기가 꺾여 탁상공론이나 신문지상의 실없는 허언 비슷하게 되어 버릴 것입니다. 한 동네나 마을 단위의 일은 여태까지처럼 조합組合 모임에서 논의하거나 염불강念佛講[3]이나 묘견강妙見講[4] 같은 종교 모임에서 실제적인 상담을 하는 경우가 많았지만, 원래 위가 억제하는 세상에서는 대개 위의 뜻을 받아들일 뿐이었고 가끔 바라는 일이 생기더라도 억제되면 소란을 일으키는 논의를 하기도 했습니다.

　요컨대 오늘날 회의의 명목을 강하게 내세우면 대체로 잇키一揆[5] 소동

2　에도 시대의 상인으로, 메이지 초기의 이른바 정치 상인 중 하나였다. 메이지유신 이후 가와세가타[為替方]에 임명되어 국고에 수납하는 금전의 감정, 수입, 운송, 지출 사무 등을 맡았으나, 이후 국고금의 남용과 광사업 경영 등에 자금을 투입했다가 정부의 담보 요건 강화에 직면하자 경영이 악화되어 1874년에 파산했다.

3　염불 수행을 위한 신자들의 모임을 가리킨다.

4　묘견보살을 신앙하는 니치렌종[日蓮宗] 신자의 모임을 가리킨다.

5　일본 에도 시대에 공동의 목적을 달성하기 위해 연대정신으로 묶인 공동체 또는 그 공동체의 무장봉기를 가리킨다.

의 원인이 될 것입니다. 이로 인해 민권을 강하게 하고 정부를 무너뜨려 민선의원으로 할 목적이라면 일단 제쳐 두자고 말씀드렸지만, 이것은 이전에 말씀드린 노예 국가로 만드는 논의라고 생각합니다. 이런 점을 고려하지 않고 아무리 분발하며 아래에서 끌어올리려고 해도 위에서 '안 된다', '못 한다', '그런 일은 의논하지 말라'라는 단 한 줄, 한 장의 명령이 내려오면 바로 그만둘 수밖에 없습니다. 그것을 그만두지 않는다면 이제는 완력다짐으로 정부와 싸울 수밖에 없습니다. 정부에서도 시기상조네 빠르네 하면서 일이 되어 가는 대로 내버려두려 해도 당면한 문제를 침묵하며 잠자코 있을 수도 없는 노릇이니, 본질과 관계없는 지엽적인 것만 들쑤시고 다니면, 삼천 년 구습을 가진 나라도 시대 추세에 따라 어딘가에서 폭발하고 무너져서 일이 어떻게 되어 가는지 잘 보지도 못하고 무턱대고 아무 데나 공격하고 위에서도 폭발을 대처하지 못해 큰 전쟁이될 것입니다. 거기에서 민선의원이 자연스럽게 일어나고 문명개화의 정도가 진전할지도 모르지만, 아쉽게도 세계에 하나밖에 없는 황통이 위험에 빠질 것입니다. 또 프랑스 같은 나라와 달리 인민의 기풍이 아직 편협하고 나라도 작으며 형제간 싸움일수록 질 수 없다는 공명심ambition에서 애국심patriotism 동병상련sympathy도 모두 잊어버리고 외국의 부추김에 넘어가 기기와 탄약을 멋대로 사들이고, 앞뒤도 생각하지 않으면서 저당물을 내어 주고 군주를 세우네 마네 하며 싸움을 벌이는 상황이 될 것입니다. 때문에 외국인에게 토지는 내가 맡아 둔 물건인데 황폐해지면 땅값이 떨어질 테니 싸우고 싶으면 바다로 나가서 싸우고 일 없으면 콩이나 볶아 먹으라는 소리를 듣게 되면, 그야말로 집 없는 노예가 되는 것입니다. 모두 그 이후에 자유를 주장하며 천자天子가 되겠다느니, 대통령, 장군이 되겠다느니 하며 모반을 꾀하는 자들은 빚을 갚지 못해 집마저 잃어버리고 노예가 되는 바보 같은 사람입니다. 외국과 교제하기 시작하면 우리 나라는 따로따로 사는 집처럼 되어서 자신만을 위해 힘쓰고 제멋대로 구는 것이 모두 집을 잃어버릴 준비가 될 것입니다. 이렇게 집이 없는 상태가 되면, 이후 아무리 호적을 뒤져 보아도 들어갈 구석이 없을 것입니다. 그러므로 우리 나라에서는 무엇보다도 위에서 민선의원을 일으키는 데 그 순서를 세우지 않으면 안 됩니다.

대부분의 일은 어린이의 교육education과 마찬가지로 처음에 습관을 들이는 것이 중요합니다. 러시아에서 대대로 신하가 군주를 시해하는 재난이 생기거나 프랑스와 같이 개화한 나라에서 공화제를 시행하려고 해도 역시 군주를 세우려는 습성이 끊어지지 않는 이유는 모두 여성이 서양에서는 코르셋을 착용해 허리를 가늘게 하고 지나에서는 작은 발을 선호하며 일본에서는 오비(帯)[6]를 매는 것과 마찬가지이니, 처음부터 뇌수에 바로 주입하는 것은 어렵기 때문에 적당히 긴 시간을 들여서 가르치도록 하는 것이 역시 보호protection의 도리에 맞다 하겠습니다. 그러므로 지금은 성급해서는 안 되지만 서둘러야 하기도 하니, 독재[7]에서 동치同治로 옮겨 가는 데 이를 이어 줄 경첩이 중요합니다. 서양에서 민권을 내세워 정부를 압도하고 민선의원을 만든 후에 상하동치上下同治라든가 군민동권君民同權이라든가 하는 명목을 붙였던 것과 달리, 우리 나라는 앞에서 말씀드린 대로 세계에 하나밖에 없는 일성一姓[8]의 나라로, 아즈마吾妻[9] 주변 사

---

6   일본 여성의 전통 복장인 기모노[着物] 착용 시에 허리 부분에서 넓은 천으로 허리를 몇 겹으로 감아 뒤쪽에 매듭을 만들어 옷을 여며 주는 띠를 가리킨다.

7   전제군주 제도를 가리킨다.

8   성(姓)이 바뀐 일이 없이 연속되어 온 왕조. 일본 천황가의 만세일계(萬歲一系)를 가리킨 말이다.

람들은 천황에 대해 덴코天公[10]니 긴코禁公[11]니 하며 가벼이 여기는 못된 버릇이 있긴 해도, 역시 뇌수에 박혀 있는 것인 만큼, 이것 없이는 나라가 바로 서지 못해 앞에서 말한 노예가 될 것입니다. 그러므로 오늘날의 기세와 당연한 의무로서 황통과 인민의 보호는 반드시 상하동치로 확정하고, 우유부단하게 자연의 운행에 맡기자는 주장은 제쳐 두고 잔꾀는 부리지 말 것이며, 또 난폭하고 급진적인 주장도 멈추고 치밀하지 못한 일은 일단 뒤로 미루어 매사에 상하동치라는 목적을 중심으로 돌아가도록 일의 순서를 정하는 것이 가장 우선이라고 생각합니다.

그리고 민선의원을 세우려면 관선의원官選議院부터 시작하는 것이 좋습니다. 민선에 관한 것은 아직 익숙한 이가 전혀 없고 말잔치만 무성하여 실제 경험에 해당하는 것이 하나도 없으니, 이러니저러니 입을 떼면 큰 소동만 벌어지고 쓸데없는 낭비만 늘어 무법적인 민중local volk이 될 뿐일 것입니다. 추위에 떠는 사람과 굶주리는 사람을 아직 한계에 이르지 않았다고 내버려두는 것은 바보나 하는 일입니다. 또 갑자기 적극적으로 접근하여 많은 음식을 주는 것 역시 바보 같은 일입니다. 우선 치료법은 이렇다고 확정한 다음, 천천히 짚불을 피워 몸을 덥히고 가벼운 죽을 먹여 실마리를 만들면 생각보다 빨리 좋아질 것입니다. 따라서 지금은 정칙正則에서 시작하기보다 변칙變則이라도 빨리 시작하는 것이 도리어 정칙의 이치에 합당하기 때문에 동치同治의 목적이 세워지면 곧장 한시라도 빨리 관선을 일으키는 편이 좋습니다. 지금 관리들은 대부분 입

9   일본 동부 지방, 특히 도쿄 주변의 옛날 이름이다.
10   천황(天皇)을 가볍게 무시하면서 부르는 호칭이다.
11   에도 시대에 천황을 부르는 호칭이었던 긴리[禁裏]를 가볍게 무시하면서 부르는 말이다.

선入選으로, 학문을 공부한 분들이 많습니다. 또 도쿄에 인물이 모여 있습니다. 그러므로 공론公論에 따라서 관선官選합니다. 이미 이 자리에 계신 여러 선생께서도 처음에는 입선하여 관리가 되신 분들이 많은 것으로 알고 있습니다. 이 외에도 메이로쿠샤 회원이 아닌 분 중에도 유명하고 영향력이 있어 입선하실 만한 분들이 얼마든지 있으며, 여러 지역에 모임 이름을 세운 조직 및 스스로 지키기 위해 세상에 나서지 않는 분도 계십니다. 대략 학술이나 일상생활 등 각자 뛰어난 부분에 따라서 분야별로 두 명, 혹은 서너 명 정도를 빈틈없이 관선하여 그 대우를 좋게 하고 해마다 점차 늘려 가며 의원의 풍습과 법에 익숙하게 만듭니다. 학교에서 가르치며 개화가 진전되면 인원수를 늘려서 뽑고, 회의법에 따라 의논하고 결정하며, 실행과 논의를 하나로 일치하게 하여 비밀과 억제를 완전히 없애 버립니다. 그런 이후 조세·법률·외교·화폐에 관련한 조치를 차례로 논의하고 결정하여 시행해야 합니다. 모든 현에서는 현회縣會, 구회區會가 각 지역 사정에 적절한 법을 정해서 반포하고, 각 지역에서 소학교와 중학교를 일으키듯이 그중 뛰어난 사람을 도쿄로 선발하거나 관직에 임명한다면, 관리 인선의 법 또한 이로부터 만들어질 것입니다. 각 지역의 인원이 참가하면 점차 관리의 의원 겸임을 줄이면서 결국 민선의 법이 정해질 것입니다. 프랑스의 지식인 보댕bodin이 말했듯, 초목이 자라듯이 서서히 끊임없이 행한다면, 10년 내지 12, 13년 후에는 완전히 우리 나라의 풍토에 맞고 영국과 미국 의원의 진의와도 부합하는, 진실하고 올바른 정칙의 민선의원이 될 것입니다. 그 비용에 관해서는 제가 다른 데에서 말씀드린 바 있으니,[12] 어떤 비용이 들 것인지 쉽게 아실 수 있

---

12   사카타니는 1874년(메이지 7) 2월 7일 좌원에 제출한 건백서인 「이익견적서[御利益見込

으리라 생각합니다.

이런 식으로 시작하면, 정부가 도중에 하기 싫어졌다고 천 장짜리 명령을 내린다 한들, 일단 동권同權의 근본이 정해지면 결코 바꿀 수 없고 또 민중이 횡포한 권력을 휘두르지도 못하여 소위 국가주권Staatssou- veränität이 바로 여기에서 분명하게 설 것입니다. 위아래가 모두 여러 가지 공명심을 철저히 근절하고 한시라도 빨리 상하동치의 목적이 달성되기를 바랄 것으로 생각합니다. 그러나 이 목적은 실제로는 위의 용단에 달려 있으니, 만약 하지 않는다면 그 후의 기세는 난폭한 민선民選이 되거나 노예가 되어서 황통과 인민의 보호가 어찌 될지, 삼천만 명의 어려움일지 자신의 어려움일지 생각하니, 어쨌든 제 능력 닿는 만큼 최선을 다하여 기우일지언정 말씀드리지 않을 수 없어서 서툴고도 지루한 이야기로 뒷사람의 방해가 되리라 생각하면서도 말씀드렸으니, 부디 질정을 부탁드립니다.

書」에서 이 문제를 논의하였다.

✿

2. 정체삼종설政體三種說 (상)

니시무라 시게키西村茂樹

세상의 일반적인 논의에서 인군독재人君獨裁와 군민동치君民同治, 평민공화平民共和 세 가지를 삼종의 정체라 한다. 나는 논의를 달리하여 인습정치因襲政治, 인습도리혼합정치因襲道理混合政治, 도리정치道理政治 세 가지를 삼종의 정체라 말하고자 한다.

첫째로, 인습정치란 어떤 정체를 막론하고 모두 건국할 때의 정체를 선미하다고 하여 조금도 그 옳고 그름을 따지지 않고 오로지 인습으로 정치하는 것을 말한다. 유심히 여러 나라 건국의 모양새를 고려해 보건대, 상고上古 시대에는 그 인민이 아직 무지몽매하여 금수와도 같으니, 거기에는 예의도 없고 교제도 이루어지지 않았다. 오랜 시간이 지나면서 담력이 뛰어나고 힘이 센 자가 그 가운데에서 일어나 위력을 발휘하여 인민들을 압복시키고 스스로 추장이 되어서 그가 다스리는 지역을 호령하게 되었다. 바빌로니아, 이집트, 아시아, 유럽의 각국이 건국할 때 그 형상이 많은 경우가 이와 비슷하다 하겠다. 이것을 제1종의 정체라 한다. 상고 시대에 인민들 각각이 한 마을을 만들고 스스로 경계를 그었다. 여기에서 지혜로운 자들이 나오면서 모두의 안전을 도모하기 위해 마을들을 모으고 조화롭게 하면서 맹약을 정하고 서로 친교를 맺었다. 그리스의 열두 마을이 협동하여 나라를 다스리는 것과 같은 경우이다.[1] 이것을 제2종의 정체라고 한다. 상고 시대에 모든 마을의 인민은 오직 일가족으로 이루어졌으므로, 그 가운데 사람들이 회합하여 족장을 추대하고, 그 명령을 듣기를 군주의 명령을 듣는 것처럼 하였다. 유태인들이 나라를 처음 세웠을 때[2]에도 마찬가지였다. 이것은 제3종의 정체라고 한다. 제1종의 정체는 인군독재의 기원이고, 제2종의 정체는 공화정치의 기원이며, 제3종의 정체는 일족정치一族政治의 기원이다. 그런데 제2종과 제3종의 두 정체는 일찍이 절멸되었고, 상고 시대로부터 연속하여 오늘날에 이르는 것은 제1종의 정체밖에 없다. 그러므로 오늘날 이에 대해 언급한다면 인습정치란 인군독재의 다른 이름이라 해도 좋을 것이다.

둘째로, 인습도리혼합정치에 대해 말하자면, 지금 이 혼합정치를 행하는 나라들도 모두 처음에는 다만 인습정치를 행하였다. 그런데 인민들이 지식을 크게 깨우치고 인습정치가 나라에 이롭지 않음을 깨달으면서 병력을 사용하거나 논설을 이용해서 그 정체를 개혁하고 국민 습관의 좋고 나쁨과 개화 정도의 깊고 얕음에 따라서 절반은 인습에 따라서, 절반은 도리에 따라서 그 정체를 정하게 되었다. 유럽에 대체로 이와 같이 인군독재의 인습과 평민공화의 도리를 혼합한 정체를 행하는 나라가 많으

---

1   고대 아테네에서는 4개 부족 각각의 3개 문족(門族, Phartria)들이 협동해 나라를 다스렸
    다고 알려져 있다.
2   고대 이스라엘은 다수의 지파가 나뉘어 각각의 족장에 의해 통치되었으며, 그중 한
    사람인 사울에 의해 기원전 11세기에 통일되었다.

니, 즉 군민공치 또는 제한적인 군주정치라 칭하는 나라들이 바로 이런 정체를 가진 나라이다. 그러므로 군민동치의 정체는 인습도리혼합정치의 다른 이름이라고 해도 좋을 것이다.

셋째로, 도리정치에 대해 말하자면, 이 정체를 세운 나라는 건국한 지 얼마 되지 않아서 인민의 지식이 이미 깨어 있는 경우가 많다. 오래된 나라에서는 혼합정치를 일으키는 때에 해당하지만, 새롭게 생겨난 나라에서는 예로부터 전해지던 습관이 없어서 인습정치가 뒤섞일 우려도 없었고, 오직 도리만을 강구하여 정체를 세웠기 때문에 순연한 도리정치를 수립하는 일이 가능했다. 도리상으로 논하자면 평민공화보다 선한 정체는 없다. 그러므로 평민공화의 정체는 도리정치의 다른 이름이라고 해도 좋을 것이다. 그런데 그 건국 시기의 정황에 따라서 새롭게 생긴 나라라도 혹은 인습정치를 혼합하지 않을 수 없는 경우도 있다. 그리스[3]와 벨기에[4] 같은 경우가 그러하다. 그러므로 새롭게 세운 나라라 해서 모두 반드시 도리정치를 세운 것은 아니지만, 그렇다고 오래된 나라에서 예로부터 도리정치를 수립하였다는 말은 아직 들어 본 일이 없다.

인습정치는 처음 상고 시대에 생겨난 것이므로, 상고의 정체라고 부를 수 있다. 혼합정치는 근고近古에 생겨난 것이므로, 근고의 정체라 부를 수 있다. 도리정치는 후대에 생겨난 것이므로(스위스가 생긴 것은 중고 시대의 역사에 있었던 일이지만, 독일, 프랑스, 영국 등의 나라에 비하자면 대단히 후대의 일이다. 그러므로 이것을 후대라고 말해도 큰 무리는 없을 것이다), 이것을 후대의 정체라 할 만하다. 오늘날 상고의 정체는 이미 폐지되어 없어져야 하지만 여

---

3   그리스는 1830년에 오스만 제국으로부터 독립했다.
4   벨기에는 1839년에 네덜란드로부터의 독립이 승인되었다.

전히 굳건하게 근고, 후대의 정체와 병존하고 있는데, 그 이유는 무엇일까. 이것을 지질학에 빗대어서 말하자면, 화강암 등은 땅의 가장 기초가 되므로, 이전 세계 중에서 가장 오래되었는데도 여전히 지상에 돌기하여 그 형태를 지금 세계에 드러내고 있는 곳이 많다. 정체에 상고, 근고, 후대의 세 종류가 있지만, 모두 오늘날에도 나란히 존재하는 것은 마치 화강암이 다른 흙이나 광물과 함께 지금의 지면에 나타나는 것과 마찬가지인 것이다.

이상 논한 바로 보자면, 인습정치는 몽매의 정체이며, 혼합정체는 몽매에 명지明智를 겸한 정체이고, 도리정치는 오로지 명지의 정체가 된다고 할 것이다. 그런데 인습정치를 행하는 나라에서도 어떤 경우에는 정치가 평안하고, 도리의 정치를 행하는 나라에서도 어떤 경우는 동란이 없는 상태를 유지하지 못하니, 이것은 크게 의문을 가져 볼 만한 일이다.

❀

3. 정체삼종설 (하)

니시무라 시게키

　대개 정치를 논하는 자라면 도리와 효과를 나누어서 논하지 않으면 안 된다. 도리에 입각하여 논하자면, 도리정치가 으뜸이라는 것은 굳이 의문을 갖지 않고도 알 수 있는 일이다. 하지만 효과에 입각하여 논해 보면, 혼합정치가 때로는 도리정치보다 우월한 경우도 있는데, 그 이유는 무엇일까. 대개 정치는 인민의 개화 정도에 따르므로, 그 나라의 정체와 그 인민의 개화 정도에 상응하면 안정되고 상응하지 않으면 다스려지지 않는다. 인습정치를 행해서 그 나라가 평안하게 다스려지는 것은, 그 인민의 지식이 아직 개화되지 않아서 이 정체에 적용하였기 때문이다. 혼합정치를 행하여서 나라가 부강하고 왕성하다면, 인민의 지식이 크게 개화하여 이 정체에 적응하였기 때문이다. 도리정치를 행하여서 인민의 행복이 혼합정치보다 우월하지 못하다면, 인민의 지식이 크게 개화하기는 했어도 아직 도리정치에 적응하지 못하였기 때문이다.

　지금 구미의 인민은 지식의 개명 정도가 최고의 수준으로 나아간 듯하다. 그런데 여전히 도리정치에 적응하지 못하였다는 것은 무슨 말인가. 무릇 도리정치는 정체 가운데 가장 아름답고 선한 것이다. 이 정체에 적응하는 자는 가장 아름답고 선한 인민이 아니라면 불가능하다. 가장 아름답고 선한 인민이란 어떠한 자를 말하는가 하면, 나라를 사랑하는 마음이 깊고, 능히 자기 직분을 다하며, 서로 미워하고 시기하는 생각이 없고, 잘난 체하고 건방진 마음을 갖지 않으며, 성실하고 인정이 깊어 서로 도울 줄 알고, 공평하고 바른 이치로써 함께 교제하는, 바로 이와 같이 가장 아름답고 선한 인민을 말한다. 구미에는 원래 이와 같은 인민이 많을 것이지만, 그래도 아직 나라 모두가 이와 같지는 않으니, 나라 모두가 이러한 인민이 되지 않는다면 진정한 도리정치에 적응하는 일은 불가능하다. 그러므로 내가 보기에 도리정치란, 오늘날의 정치가 아니라 미래 세상의 정치라고 생각한다. 그렇지만 미래 세상에 이르러서 천하 인민이 과연 능히 가장 아름답고 선하게 될지 어떨지는 나 또한 보장할 수 없는 일이다.

인습정치를 행하는 나라의 정치가 평안한 것은 어떤 이유인가. 이를 체질이 허약한 사람에 비유하여 설명하자면, 마치 몸 바깥의 병균이 침투하거나 몸 안의 해로운 독이 바깥으로 드러나지 않는 동안은 이름을 붙일 수 있는 병이 없으므로 스스로를 건강한 사람이라고 말하곤 한다. 그러나 진짜로 건강한 사람에 비하면 체격이 마르고 약하며, 혈색이 창백하고, 한눈에 보아도 허약한 사람임을 알 수 있을 것이다. 평생 별 탈이 없었다고 한들, 진정 건강한 사람과 나란히 작업을 할 수는 없는 일이며, 일단 내외의 병환에 걸리게 되면 약해지고 피로해져서 사망에 이르지 않는 자가 거의 드물다. 모름지기 인습정치에 안주하는 인민은 대체로 자주자립의 기상이 없고, 억압의 정치를 감수하며 비굴한 기풍을 이룬다. 이로 인해 언제나 쇠약해질 조짐이 나타나게 된다.

도리상에서 보자면 도리정치를 가장 좋은 것이라 해야 할 것이다. 효과상에서 논하자면, 도리정치는 혼합정치와 함께 좋은 것으로, 우열을 가리기 어렵다고 할 것이다. 인습정치에 대해서 말하자면, 도리상에서 논하여도 효과상에서 논하여도 모두 좋지 않은 것임에는 의심의 여지가 없다.

그렇다면 러시아는 인군독재의 정치를 행하는데도 그 나라가 강대한 것은 어떤 이유인가. 그것은 러시아의 강대함이 군주와 재상 가운데 뛰어난 인물에 의존하기 때문일 뿐이다. 천하에는 간혹 건강관리가 불량하여 건강하지 못한 자가 있다. 그들이 어디에 의존하는가 보면, 오직 타고난 혈기와 체력에 기댈 뿐이다. 러시아는 이와 별다를 바가 없다. 그렇지만 러시아는 다행히도 뛰어난 재능을 가진 이들이 끊임없이 등장하여 그 위명을 떨어뜨리지 않는 것이다. 만일 군주가 러시아와 같이 뛰어난 인물이 아니고, 그 인민이 영국과 프랑스의 인민과 같이 영민하지도 못한 상황에서, 인습정치로 나라의 보전을 도모하려는 것은 대단히 어려운 일이라 말할 수 있다.

그렇다면 인습정치를 행하는 나라에서 신속하게 정체를 고쳐서 혼합정치 또는 도리정치로 해야 하는가 하면, 그것은 불가능하다. 인습정치가 혼합정치가 될 수 없는 이치는 마치 혼합정치가 도리정치가 될 수 없는 것과 같다. 무릇 인습정치를 행하여서 나라가 안전한 것은 인민개화의 정도가 여전히 그 정체에 적합하기 때문이다. 거기에서 급작스레 다른 정체를 행한다면, 어리석은 인민은 그렇게 되어야 할 이치를 이해하지 못한 상태에서 교활한 자 또는 이에 편승하여 반역을 도모하는 자가 생겨나서 도리어 나라에 소란이 일어날 것이다. 그렇지만 인민의 지식이 점차 개화하여 인습정치에 안주하지 않을 조짐이 나타난다면, 신속하게 이를 고쳐서 다른 정치를 행해야 한다. 고루한 인습으로 인민의 지식을 속박해서는 안 되는 것이다. 만일 민지民智가 이미 개화하였음을 깨닫지 못하고 인습의 오래된 법을 가지고 인민을 압제하는 모양새가, 합스부르크 왕가가 스위스인을 억압하고,[1] 찰스 1세가 영국인을 다스리는 것처럼 된다면,[2] 대단히 빠른 시간 안에 내란이 일어나게 될 것이다. 그렇지만 그 내란이 도리어 나라의 행복이 될지 여부는 우리가 헤아려 알 수 있는 바가 아닐 것이다.

메이지明治 8년 1월 16일.

[1]   13세기 말 무렵부터 합스부르크 왕가가 관세 수입을 목적으로 스위스에 침투하였으나 농민반란 등으로 인해 15세기에는 분리되었고, 1648년의 베스트팔렌조약으로 스위스가 독립하게 된 일을 가리킨다.
[2]   찰스 1세(Charles I, 1600-1649)가 청교도들을 탄압하다 혁명으로 처형된 사건을 가리킨다.

『메이로쿠잡지』의 기고자들

◎ **가시와바라 다카아키**柏原孝章(1835-1910)

의사, 계몽가, 양학자. 다카마쓰번高松藩의 의사 집안에서 출생하여 오가타 고안緒方洪庵의 데키주쿠適塾에서 난학을 공부했고, 이후 에도막부의 마지막 쇼군 도쿠가와 요시노부德川慶喜의 시의侍醫로 근무했다. 메이지유신 이후에는 의원을 개업하고 의학 관련 서적을 다수 집필·간행했다.

▲ 메이로쿠잡지 기고원고

종교론 의문(29-3, 30-3, 31-4), 일요일의 설(33-3)

◎ **가토 히로유키**加藤弘之(1836-1916)

무사, 관료, 교육자, 양학자. 다지마국但馬国의 병학사범가에서 출생하여 사쿠마 쇼잔佐久間象山, 쓰보이 이슌坪井為春 등에게서 서양식 병법과 난학을 배웠다. 이후 반쇼시라베쇼蕃書調所에 들어가 독일어를 익혔고, 메이지유신 이후에는 주로 학교, 연구와 관련된 부서 등에 근무하였으며, 특히 1869년부터 메이지 천황에게 서양학을 가르치기도 했다. 이후 도쿄대학 총리, 제국대학 총장, 원로원 의관 등을 역임했다.

후쿠자와 선생의 논의에 답하다(2-1), 블룬칠리 씨 『국법범론』 발췌 번역 민선의원 불가립의 설(4-2), 미국의 정치와 종교(5-5, 6-3, 13-1), 무관의 공순(7-2), 국가를 가볍게 여기는 정부(18-2), 부부동권 유폐론(31-1, 31-2)

◎ **간다 다카히라**神田孝平(1830-1898)

정치가, 관료, 양학자. 미노국美濃国의 무사 집안에서 태어나 마쓰자카 고도松崎慊堂에게 한학漢学을, 스기타 세이케이杉田成卿 등에게 난학을 배웠다. 반쇼시라베쇼 교수, 가이세이쇼開成所 교수 등을 역임하였고, 메이지유신 이후에는 서양의 제도 등을 연구하고 수립하는 관료로 활약했다. 이후 원로원 의관, 도쿄학사회원 회원, 귀족원 의원 등을 지냈다.

재정 변혁의 설(17-1), 국악을 진흥해야 한다는 주장(18-6), 민선의원의 시기는 아직 도래하지 않았음을 논한다(19-2), 지폐인체간원록(22-5), 정금외출탄식록(23-2), 지폐성행망상록(26-3), 화폐병근치료록(33-4), 화폐사록 부언(34-2), 철산을 개발해야 함을 논한다(37-3)

◎ **나카무라 마사나오**中村正直(1832-1891)

교육자, 계몽사상가. 에도江戸에서 막부의 유관儒官 집안에서 태어났다. 어려서부터 유학을 배웠고, 본인도 막부의 유학 담당 관료로 근무하는 한편 서양 학문에도 관심을 가졌다. 1866년 막부의 유학생 담당으로 영국에 유학했다. 귀국 후 사립학교 동인사同人社를 개설했고, 새 뮤얼 스마일즈의 *Self help*를 『서국입지편西國立志編』으로, 밀의 『자유론』을 『자유지리自由之理』로 번역했다. 이후 도쿄학사회원 회원, 도쿄대학 교수, 원로원 의관 등을 지냈다.

▲ 메이로쿠잡지 기고원고

서학 일반(10-3, 11-3, 12-3, 15-2, 16-3, 23-3, 39-3), 인민의 성질을 개조하는 것에 대한 설(30-4), 선량한 어머니를 만드는 일에 대한 설(33-1), 지나를 경시해서는 안 된다(35-1), 상벌훼예론(37-2)

◎ 니시무라 시게키西村茂樹(1828-1902)

계몽사상가, 교육자, 관료. 사쿠라번佐倉藩의 무사 집안에서 태어나 어려서부터 야스이 솟켄安井息軒 등에게 한학을 배웠다. 이후 사쿠마 쇼잔에게 병학을, 데즈카 리쓰조手塚律蔵에게 난학과 영어를 배웠다. 문부성, 궁내성 등에서 근무했고, 메이지 천황의 시독侍讀을 담당하기도 했다. 1876년 도쿄수신학사(훗날 일본홍도회로 개칭)를 설립하여 도덕교육의 보급에 힘썼고, 『일본도덕론日本道德論』등의 저술을 남겼다. 도쿄학사회원 회원, 궁중고문관, 귀족원 의원 등을 역임했다.

▲ 메이로쿠잡지 기고원고

개화의 정도에 따라 문자를 개량해야 한다(1-2), 진언일칙(3-2), 정체삼종설(28-2, 28-3), 자유교역론(29-2), 수신치도비이도론(31-3), 적설(33-2), 서어십이해(36-2, 37-1, 42-1), 정부와 인민이 이해를 달리하는 것에 대한 논의(39-2), 전환설(43-1)

◎ 니시 아마네西周(1829-1897)

계몽사상가, 교육자, 관료. 이와미국石見国의 의사 집안에서 태어나 어려서부터 주자학을 공부했다. 반쇼시라베쇼의 조교로 근무하다가 1862년 네덜란드 레이던대학으로 유학을 떠나 약 4년간 서양의 근대 학문을 배웠다. 귀국 후 가이세이쇼 교수로 근무하며 네덜란드에서 공부한 강의록을 정리하여 『만국공법萬國公法』으로 간행했다. 이후 병부성, 육군성, 문부성 등에서 근무하였고, 군인칙유軍人勅諭를 기초하기도 했다. 도쿄학사회원 회원, 원로원 의관 등을 역임했다.

▲ 메이로쿠잡지 기고원고

서양 글자로 국어를 표기하자(1-1), 비학자직분론(2-4), 옛 상공들의 주장을 반박한다(3-6), 종교론(4-4, 5-2, 6-2, 8-5, 9-3, 12-1), 벽돌 건물에 관한 설(4-5), 지설(14-1, 17-3, 20-5, 22-1, 25-1), 애적론(16-4), 정실에 관한 설(18-5), 비밀에 관한 설(19-1), 내지 여행(23-1), 망라의원의 설(29-1), 국민기풍론(32-1), 인세삼보설(38-1, 39-1, 40-1, 42-2)

◎ 모리 아리노리森有礼(1847-1889)

정치가, 외교관, 계몽사상가, 교육자. 사쓰마국薩摩国의 무사 집안에서 태어났다. 어려서 한학과 영어를 배웠고, 1865년 사쓰마번의 제1차 영국유학생으로 런던으로 건너가 약 3년간 유학했다. 귀국 후 외국 관련 사무에 종사했고, 1870년 외교관으로 미국에 부임했다. 다시 일본으로 돌아와 미국에서의 경험을 바탕으로 메이로쿠샤 결성을 주도했고, 본인은 계속 외무성 관료로 근무했다. 1875년 특명전권공사로 청나라에 부임하여 조선 문제를 두고 이홍장과 회담했다. 미국에서의 교육

에 관심을 가지고 관련 자료와 서적을 수집했으며, 이토 히로부미伊藤
博文 1차 내각에서 초대 문부대신이 되어 학교령을 제정하는 등 근대
일본의 교육제도 확립에 종사했다.

▲ 메이로쿠잡지 기고원고

학자직분론에 대하여(2-2), 개화 제1화(3-1), 민선의원설립건언서에 대한 평(3-3),
종교(6-4), 독립국 권의(7-1), 처첩론(8-2, 11-2, 15-1, 20-2, 27-1), 메이로쿠샤 제1년
차 역원 개선에 대한 연설(30-1)

◎ **미쓰쿠리 린쇼**箕作麟祥(1846-1897)

양학자, 법학자, 관료. 쓰야마번津山藩의 무사 집안에서 태어났다. 어려
서 아즈미 곤사이安積艮斎에게 한학을, 조부인 미쓰쿠리 겐포箕作阮甫에
게 영어와 프랑스어, 난학을 배웠다. 반쇼시라베쇼 교수로 근무하며
막부에서 통번역 관련 일에 종사했다. 1867년부터 1년간 프랑스에 유
학 후 가숙家塾을 열고 학생들을 가르쳤는데, 이때 나카에 조민中江兆民,
오이 겐타로大井憲太郎 등이 여기에서 배웠다. 문부성, 사법성 등에 근
무했고, 프랑스민법의 번역에 종사했다. 사법 차관, 행정재판소 장관
등을 역임했다.

▲ 메이로쿠잡지 기고원고

인민의 자유와 토지의 기후는 서로 관련이 있다(4-1, 5-4), 개화를 앞당기는 것은
정부가 아니라 인민의 중론이다(7-3), 리버티설(9-2, 14-2)

◎ 미쓰쿠리 슈헤이箕作秋坪(1826-1886)

교육자, 계몽사상가. 빗추국備中国의 의사 집안에서 태어나 청소년기에 고가 도안古賀侗庵에게 한학을, 미쓰쿠리 겐포에게 난학을 배웠다. 막부의 통번역직으로 근무하였으며, 퇴직 후에는 모리 아리노리, 후쿠자와 유키치와 협력하여 상법학교商法學校(현재 히토쓰바시대학의 전신)를 설립했다. 도쿄학사회원 회원, 교육박물관 관장을 역임했다.

▲ 메이로쿠잡지 기고원고

교육담(8-3)

◎ 사카타니 시로시阪谷素(1822-1881)

한학자, 교육자, 관리. 빗추국의 무사 집안에서 태어나 오시오 주사이大塩中斎, 고가 도안古賀侗庵 등에게 한학을 배웠고, 육군성과 문부성, 사법성 등에서 관료로 근무했으며, 도쿄학사회원 회원이기도 했다. 주자학에 심취한 한학자이면서 서양 학문에 대한 관심으로 메이로쿠샤에 참가했고, 최고령자이면서 모임의 회원들과 다수의 논쟁을 벌였다.

▲ 메이로쿠잡지 기고원고

질의일칙(10-4, 11-4), 민선의원을 세우는 데 먼저 정체를 정해야 한다는 것에 대한 의문(13-3), 조세의 권한은 상하가 함께 관여해야 한다는 설(15-3), 화장에 관한 의문(18-4), 존이설(19-3), 호설에 대한 의문(20-3), 호설의 넓은 뜻(20-4), 여성의 치장에 대한 의문(21-4), 정교에 대한 의문(22-3), 정교에 대한 나머지 의문(25-2), 민선의원 변칙론(27-2, 28-1), 처첩에 관한 설(32-2), 천강설(35-2, 36-1), 전환접교설(38-2), 양정신일설(40-2, 41-3), 존왕양이설(43-2)

◎ 스기 고지杉亨二(1828-1917)

관료, 계몽사상가, 통계학자. 나가사키長崎의 의사 집안에서 태어났고, 의학 공부를 하던 중 서양 학문에 관심을 가지고 난학을 연구했다. 이후 반쇼시라베쇼 교수조교를 거쳐 가이세이쇼 교수를 역임했으며, 도쿠가와 가문의 교수역으로 근무하기도 했다. 메이지유신 이후 민부성에 출사하여 태정관, 좌원, 정원, 통계원 등에서 관료로 활약했으며 도쿄학사회원 회원을 역임했다. 특히 서양의 통계학을 본격적으로 소개·연구하여 정부의 업무에 통계를 이용한 각종 기법을 도입하고 활용한 인물로 유명하다.

▲ 메이로쿠잡지 기고원고

러시아 표트르 대제의 유훈(3-4), 프랑스인 '쉴리' 씨의 국가가 쇠미하게 되는 징후를 든 조목은 다음과 같다(4-3), '북아메리카합중국의 자립'(5-3), 남북아메리카 연방론(7-4), 공상에 관해서 기록하다(8-4), 참된 위정자에 관한 설(10-2), 화폐의 효능(14-3), 인간 공공의 설(16-2, 18-3, 19-4, 21-3), 무역개정론(24-2), 상상 쇄국설(34-1)

◎ 쓰다 마미치津田真道(1829-1903)

무사, 관료, 정치가, 양학자. 미마사카국美作国의 하급 무사 집안에서 태어나 한학과 병학, 국학 등을 익혔다. 사쿠마 소잔에게 난학을 배우고 반쇼시라베쇼 조교로 근무하다가 1862년 네덜란드의 레이던대학으로 유학하여 약 4년 간 근대 학문을 배웠다. 이후 가이세이쇼 교수, 사법성 및 육군성의 관료 등을 거치며 근대적 학문과 제도의 이식에 종사했으며, 원로원 의관, 도쿄학사회원 회원, 고등법원 배석재판관,

중의원 의원, 초대 중의원 부의장 등을 역임했다.

▲ 메이로쿠잡지 기고원고

학자직분론에 대한 평(2-3), 개화를 진전시킬 방법에 대해 논하다(3-5), 보호세가 잘못이라는 주장(5-1), 출판의 자유가 이루어지기를 바란다(6-1), 고문론(7-5, 10-1), 복장론(8-1), 근본은 하나가 아니다(8-6), 운송론(9-1), 정론(9-4, 11-1, 12-2, 15-4, 16-1), 상상론(13-2), 덴구설(14-4), 지진의 설(17-2), 서양의 개화는 서행한다는 설(18-1), 신문지론(20-1), 삼성론(21-2), 부부유별론(22-2), 내지여행론(24-1), 괴설(25-3), 무역균형론(26-2), 인재론(30-2), 정욕론(34-3), 부부동권변(35-3), 사형론(41-1), 폐창론(42-3)

◎ 쓰다 센津田仙(1837-1908)

농학자, 계몽가. 시모우사국下総国의 무사 집안에서 태어났으며, 페리 내항 시에 포병으로 출진한 경험이 있다. 젊어서 난학과 영어를 배우고 막부의 통역관으로 활약했으며, 일찍부터 서양 농업에 관심을 가지다가 빈 박람회에 참가한 것을 계기로 오스트리아의 농학자 다니엘 호이브렝크에게 농법을 배웠다. 이후 농학사농학교農學社農學校를 개설하는 등 농업 분야에서 활약하였고, 『영화화역자전英華和譯字典』을 간행하기도 했다.

▲ 메이로쿠잡지 기고원고

화화매조법지설(41-2)

◎ **시미즈 우사부로**清水卯三郎(1829-1910)

실업가. 무사시국武蔵国에서 양조업을 경영하던 집안에서 태어나 한학과 난학 등을 익혔다. 어려서 러시아의 일본 외교관이었던 푸탸틴 Putyatin을 만난 경험을 계기로 국제정세와 서양학 공부에 관심을 가졌다. 막부 말기부터 통역 담당으로 외교 방면에서 활약했고, 파리 만국박람회에 참가한 경험을 바탕으로 서양 물품의 수입과 유통, 개발에 종사하는 등 실업가로 활약했다.

▲ 메이로쿠잡지 기고원고

히라가나의 설(7-6), 화학 개혁의 대략(22-4)

◎ **시바타 마사요시**柴田昌吉(1842-1901)

영어학자, 관리, 교육자. 나가사키의 관리 집안에서 태어나 의사 집안의 양자로 들어갔고, 나가사키영어전습소에서 영어를 익혔다. 이후 영어 통번역 관련 일에 종사하면서 외무성 역관, 가나가와양학교神奈川洋学校 교수, 외무성 관료 등을 역임했다. 『영화자휘英和字彙』, 『증보정정 영화자휘增補訂正英和字彙』 등의 영어사전을 편찬 간행했으며, 나가사키에 영어학교를 열어 영어 교육에 종사했다.

▲ 메이로쿠잡지 기고원고

필리모어 『만국공법』 중 종교를 논하는 장(6-5)

◎ **후쿠자와 유키치**福澤諭吉(1835-1901)

계몽사상가, 저술가, 교육자, 언론인. 나카쓰번中津藩의 하급 무사 집안

에서 태어났다. 서양 포술을 배우고자 나가사키로 나와 네덜란드어를 공부했고, 오가타 고안 문하에서 난학을 배웠다. 이후 에도에서 난학 숙蘭學塾을 열어 운영하다가 1860년 미국에 방문한 일을 계기로 영어로 된 서적들을 수입해 번역하여 가르치기 시작했고, 학숙이 성장하면서 그 이름을 게이오기주쿠慶應義塾(현재의 게이오대학)로 개칭했다. 특히 그는 일본을 문명 부강국으로 이끌고자 하는 목표를 표방하고, 이를 위해 서양 문명을 철저히 가르치는 '양학'의 교육을 우선시했다. 정부에 출사하지 않고 주로 교육과 신문 발행에 집중했으며, 서양 문명을 소개하는 내용의 『서양사정西洋事情』, 『학문의 권유學問のすすめ』, 『문명론의 개략文明論の槪略』 등을 저술한 당대 최고의 베스트셀러 작가이기도 했다.

▲ 메이로쿠잡지 기고원고

정대화의에 대한 연설(21-1), 내지 여행에 관한 니시 선생의 설을 반박한다(26-1), 남녀동수론(31-5)

역자 후기

　이 잡지를 처음 만난 것은 기억조차 까마득한 대학원 석사 시절이었다. 대학원에서 석사과정을 밟던 나는 뭔가 사람들과 함께 공부할 공간을 찾아 헤매고 있었고, 우연히 이 잡지를 읽는 모임을 알게 되어 이것이 어떤 텍스트이고 어떤 의미가 있는 것인지조차 알지 못한 채로 읽어 나가기 시작했던 것 같다. 지금 함께한 공동 역자들 역시 모두 이 시기에 만난 인연들로, 그것이 지금까지 이어져 온 것을 생각해 보면 감개가 무량할 정도이다.

　나중에 알게 되었지만, 당시에는 이 까다로운 텍스트를 오역과 오류 투성이인 채로 읽고 이해하며 의미를 부여하고 있었다. 이 잡지는 한 차례 완독하는 일조차 쉽지 않았는데, 양도 적지 않았지만, 메이지 초기, 아직 글쓰기의 형태나 규칙이 완전히 자리 잡히지 않았던 시기에 다양한 개성을 지닌 필자들이 나름의 논리 구조 안에서 문장을 작성하던 시대의 전환기에 나온 텍스트였던 탓에 좀처럼 읽기에 속도를 내기 어려운 것이 하나의 이유였다. 또 잡지이다 보니 자기 관심에 맞는 것을 찾아서 읽게 될 뿐, 완독할 생각 자체를 하지 않았던 것 역시 하나의 이유가 되었다. 그만큼 다양하고 언뜻 번잡해 보이기도 하는 이 백과전서식 지식의 향연장에 익숙해지는 데에 제법 오랜 시간이 필요했던 것이다.

　그럼에도 불구하고, 이 잡지를 완역해 보자고 마음먹게 된 것은 역시 여기에 나오는 지식의 단편들이 때로는 지적 자극을 제공해 주었고, 때로는 막연하게 가지고 있는 의문들을 해소해 주는 단서를 제시해 주곤 했기 때문이다. 우리가 당연히 생각하는 교양, 상식들이 애초에 어디에서 왔으며, 그 기원을 확인하는 것이 어떤 의미를 주는지와 같은 지적 성취와 즐거움을 이 잡지에서 발견하는 일이 가능했다. 또한 우리의 전통과 현재 사이를 가로막고 드러누워 있는 '식민지'로 인해 온전히 사고해 볼 수 없었던 '근대'의 생생함을 여기에서 조금이나마 맛볼 수 있었다. 즉 이 잡지는 너무나 거대하고 막막한 근대, 일본, 나아가 동아시아라는 수수께끼를 풀기 위한 일종의 지도 같은 것이었던 셈이다.

『메이로쿠잡지』가 21세기의 대한민국에서 번역되는 것은 어떤 의미가 있을까. 이 잡지는 근대 초기 일본이 '서양'이라는 존재와 마주하면서 그것을 어떻게 받아들이고 변용變容했는지 그 생생한 모습을 살펴볼 수 있는 텍스트이다. 일본의 근대에 대한 우리의 평가는 오랫동안 방치되었거나, 평가하더라도 '식민지'라는 문제의식과 맞물려 논의되어 왔던 만큼 객관성을 유지하기 어려웠다는 사정도 존재했다. 그러나 일본의 근대가 우리의, 나아가 동아시아의 근대—가령 '계몽'의 문제와 같은—에 큰 영향을 끼쳤음을 또한 부정하기 어렵다. 근대를 둘러싼 우리의 사유는, 현재의 세계 대부분을 구성하고 있는 서구적 근대가 어떻게 동아시아의 지식장 안에서 재구성되었는지에 대한 어쩌면 가장 기초적인 탐색과 고민을 건너뛴 채로 식민지의 경험에만 천착해 온 감이 있다. 그러다 보니 그것이 서구적 근대이건, 전통적 근대이건, 식민적 근대이건 정작 '근대' 자체를 어떻게 평가할지에 대한 균형감각을 잃어버리고 있었던 것은 아닌가 생각해 보게 된다. 일본의 근대 자체를 확인해 보는 작업은 바로 이런 지점에서 의미를 가질 수 있다. 메이지 초기의 양학자洋學者들은 대부분 동아시아의 지적 세계에서 생산된 지식과 가치관을 바탕으로 서양을 이해하고 취사선택했으며, 그 선택 기준들의 상당수는 다시 우리의 근대를 구성하는 기준으로 작동했다. 또 그 안에서 분출한 다양한 의견들은 우리가 역사적으로 익히 알고 있는 제국주의적 방향성이 아직 설정되기 이전의 것들로, 근대가 가졌던 다양한 가능성들 역시 이 잡지 안에서 확인해 볼 수 있다. 『메이로쿠잡지』는 바로 그러한 일본의 근대가 처음에 어떤 시선으로 서양을 바라보고 수용하면서 구성되었는지를 보여 주는 절호의 텍스트이다. 메이지 당대 최고의 석학들이 모여서 고민하고 토론하며 자신의 의견을 기탄없이 내비쳤던 이 잡지야말로 일본의 근대, 나아가 그 영향(긍/부정을 떠나)을 받은 동아시아 근대의 문제의식을 엿보기 위해 검토할 가치가 충분한 사료이자 지적 원천을 풍부히 제공해 줄 만한 것이라고 말해도 결코 과장은 아닐 것이다.

　마지막으로, 잡지가 완역되기까지 많은 어려움이 있었다. 이 어려움의 상당 부분은 부족한 능력에도 여러 가지로 고집을 부렸던 책임 번역자로부터 기인한 문제들이었다. 그럼에도 불구하고 이 지난한 과정을 함께해 준 우리 공동 번역자들께 이 지면을 빌려 진심으로 송구하고 고마운 마음을 전하고 싶다. 또한 이 오랜 시간을 인내심으로 기다려 주신 세창출판사 관계자 여러분께도 진심으로 감사하다고 말씀드린다.

역자들을 대표하며
김도형 적음

찾아보기

편저자 소개

메이로쿠샤 동인明六社同人

메이로쿠샤 동인은 1873년, 즉 메이지 6년에 설립된 근대 일본 학술단체 메이로쿠샤明六社에서 함께 활동했던 지식인들을 가리킨다. 여기에 참가한 서양학, 유학 등 각 분야의 전문가들은 이후 일본에서 근대적인 형태의 '학술계'가 성립하는 데 지대한 영향을 끼쳤는데, 이전까지의 학술모임은 각 분야 안에서 무리를 지어 교류하는 것이 일반적이었던 만큼 각 분야의 벽을 넘어서 하나의 학술단체를 결성한 일 자체가 특이한 현상이었다고 말할 수 있다.

니시 아마네, 후쿠자와 유키치, 쓰다 마미치, 나카무라 마사나오, 니시무라 시게키, 가토 히로유키, 모리 아리노리, 사카타니 시로시 등 여기에 참가한 이들은 모두 근대국가 일본이 만들어지는 과정에서 나름의 족적을 남겼는데, 흥미로운 점은 이들이 생각한 근대 일본의 방향성이 모두 달랐다는 것이다. 그런 양상은 이 잡지 안에서 확인할 수 있어서, 이들은 서로의 의견에 대해 기탄없이 논평하고 때로는 비판하거나 대안을 제시하였다. 지금의 시점에서 예정조화적으로 필연적 결과에 이른 것처럼 보이는 근대 일본의 모습이, 어쩌면 다양한 가능성과 모색의 과정 안에서 우연적으로 도출된 결과일 수도 있다는 점을 이 잡지 기사의 내용과 논쟁을 통해 확인해 보는 것은 이 잡지를 읽는 하나의 재미가 될 것이다.

역주자 소개

김도형金度亨

세종대학교 국제학부 일어일문학전공 조교수. 성균관대학교 철학과를 졸업하고 동 대학교 동아시아학술원에서 박사학위를 받았다. 근대 일본의 사상을 중심으로 연구하고 있으며, 특히 서양 사상의 수용과 재구축 과정 및 양상에 대해 관심을 가지고 있다. 논문으로 「3·1운동 이후 일본 언론매체의 보도양상 분석: 의친왕 탈출사건 관련 기사를 중심으로」, 「COMPETITION AND HARMONY Kato Hiroyuki's Naturalism and Ethics for Modern Japan」, 「일본의 로봇문화: 친밀함, 생명, 공존의 상상력」 등을 발표했고, 공저로 『메이지유신의 침략성과 재인식의 문제』, 『근현대 동아시아 지식장과 정치변동』, 『근대 일본과 번역의 정치』 등이, 번역서로 『입헌정체략·진정대의』, 『번역된 근대: 문부성 〈백과전서〉의 번역학』(공역) 등이 있다.

역주자 소개

박삼헌朴三憲

건국대학교 일어교육과 교수 겸 아시아콘텐츠연구소 소장. 고려대학교 일어일문학과를 졸업하고 고베대학 대학원에서 일본사회문화사 전공으로 박사학위를 받았다. 근대 일본의 국가체제를 중심으로 연구하고 있으며, 최근에는 메이지 시대 이후, '메이지'를 둘러싼 역사 인식과 정치에 관심이 많다. 저서로 『근대 일본 형성기의 국가체제: 지방관회의·태정관·천황』, 『천황 그리고 국민과 신민 사이』 등이, 공저로 『한중일이 함께 쓴 동아시아 근현대사』, 『동아시아 도시 이야기』, 『일본사 시민강좌』, 『벌거벗은 세계사: 사건편 2』 등이, 번역서로 『천황의 초상』, 『천황 아키히토와 헤이세이 일본사』 등이 있다.

역주자 소개

박은영朴銀瑛

성균관대학교 동아시아학술원 연구교수. 일본 근대사, 일본 기독교사를 전공했다. 근대국가와 전쟁, 종교 문제에 관심이 있으며, 최근에는 일본 여성사의 관점에서 근대 일본 여성의 사상 형성 문제를 분석하고 있다. 공저로『일본사 시민강좌』,『근대 일본인의 국가인식: 메이지 인물 6인의 삶을 관통한 국가』,『근현대 동아시아 지식장과 정치변동』등이, 번역서로『환경으로 보는 고대 중국』,『서양을 번역하다』,『번역된 근대』(이상 공역),『한중일 비교 통사』등이 있다.

메이로쿠잡지
明六雜誌

교사를 위한 챗GPT
업무활용 99제

수업준비, 평가, 학급운영, 행정업무까지

교사를 위한

챗GPT

업무활용

최서연 지음

99제

누구나 쓰기 쉬운
업무경감
백과사전

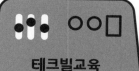

테크빌교육

머리말

"이 연수 프로그램을 책으로 내 보면 어때? 선생님들께 큰 도움이 될 것 같은데"

이 말씀은 제가 연구 진행을 위해 연수 프로그램의 타당성을 검토받으러 교수님 연구실을 찾았을 때, 한 교수님께서 해 주신 말씀입니다. 교수님께서는 "연수 내용이 이미 충분한 것 같은데 교사들을 위한 책을 한번 써 보는 게 어떻겠어요?"라고 제안하셨고 그 말이 이 책의 출발점이 되었습니다. 이 책은 AI를 활용한 교사 업무 경감 연수 프로그램을 정리한 것으로, 본래 출판을 염두에 두고 개발한 것은 아니었습니다. 다만, AI가 교사의 업무 부담을 줄이는 데 실질적인 도움이 될 수 있다고 생각했고, 이를 연구를 통해 입증하고자 프로그램을 충실하게 만들다 보니 다양한 실제 활용 사례들이 자연스럽게 모이게 되었습니다. 실제로 다양한 사례들을 모아 연수했을 때 교사분들의 긍정적인 반응을 경험하였고, 한 번 하고 사라지는 연수가 아니라 책으로 남아 많은 선생님들께 도움을 드리면 좋겠다는 생각에 집필을 시작하게 되었습니다.

교사 업무 경감의 핵심은 시스템적 지원입니다

서이초 교사 순직 사건 이후, 현장교사TF 및 현장교사 정책 연구회에서 선생님들과 함께 교육 정책 관련 연구를 진행하면서 더욱 확신하게 된 사실이 있습니다. 교사 개인이 노력만으로는 업무 경감이 이루어지지 않는다는 점입니다. 시스템 차원의 변화 없이 개별 교사가 AI를 익힌다고 해서 업무가 절반으로 줄어들지는 않습니다. 교사들이 본연의 역할인 학생 교육과 지도에 집중할 수 있도록 교육청과 교육부 차원에서 불필요한 행정업무를 줄이고, 시스템적으로 지원해야만 진정한 업무 경감이 가능합니다. 예를 들어 학교폭력 업무를 AI가 대신한다고 해서 업무가 절반으로 줄어들까요? 그렇지 않습니다. 교사의 업무는 복잡하며, 다양한 인간관계와의 상호작용이 필수적입니다. 저는 AI를 만능 도구로 보지 않습니다. 오히려, AI를 만능 해결책으로 보는 시각이 교사의 노력을 더욱 강조하게 만들고, 학교 현장의 실질적인 업무 경감을 오히려 어렵게 만드는 요소가 될 수도 있다고 생각합니다. AI는 교사를 돕는 도구일 뿐, 변화는 제도적 개선과 함께 이루어져야 합니다.

그러나 AI는 교사 업무를 보다 수월하게 처리할 수 있도록 도와줄 수 있습니다

예를 들어 회의록을 작성한 후 AI를 활용해 쉽게 요약하거나, 수업 활동 아이디어가 필요할 때 원하는 활동을 구체적으로 입력해 적절한 수업 방안을 빠르게 구상할 수 있습니다. 또한 학급경영이나 학부모 상담, 학생 상담 등 다양한 방면에서 AI를 활용할 수 있습니다. 실제로 이 책의 내용을 바탕으로 진행된 AI 활용 교사 업무 경감 연수 연구 결과, 교사의 자기효능감이 크게 향상되었으며, 연수의 8가지 영역에서 AI 활용 빈도가 모두 상승한 것으로 나타났습니다. 또한 연수 전과 비교했을 때 교사분들의 업무 부담이 통계적으로 유의미하게 줄어든 것을 확인하였습니다. 이러한 연구 결과를 토대로 본 도서가 선생님들의 업무 부담을 조금이라도 덜어드리는 데 도움이 되기를 바랍니다.

생각보다 쉬운 AI를 만나게 되시기를

빠르게 변화하는 인공지능 시대 속에서 교육 환경도 빠르게 변하고 있습니다. 교사들에게 요구되는 역할은 점점 더 복잡해지고 세분화되고 있고, 다양한 책임 또한 늘어나고 있습니다. 이러한 변화 속에서 교사들은 자잘한 업무를 하느라 본질적인 업무인 학습 지도와 학생 생활 지도에 충분한 시간을 할애하기 어려운 상황에 놓이기도 합니다. 이 책은 다양한 인공지능 도구 중에서도 챗GPT를 활용하여 교사의 다양한 역할을 지원하는 실질적인 예시들을 제시함으로써, 교사의 업무 부담을 줄이고 보다 효율적으로 교육 활동에 집중할 수 있도록 돕는 것을 목표로 합니다. 과거의 저 또한 'AI는 너무 어렵고, 나 같은 일반 교사는 쉽게 활용할 수 없을 것'이라고 생각했습니다. 그러나 연구를 진행하며 'AI가 생각보다 교사의 다양한 업무와 수업을 지원할 수 있구나!' 하고 깨닫게 되었습니다. 선생님들께서도 이 책을 통해 "챗GPT를 이런 부분에도 활용할 수 있네?" 하는 새로운 아이디어를 많이 얻어 가시기를 바랍니다.

마지막으로 늘 한결같이 응원해 주고 믿어 주는 제 남편과 우리 집의 빛이자 기쁨인 여섯 살 주하, 그리고 언제나 따뜻하게 지원해 주시는 가족분들께 진심 어린 감사의 마음을 전합니다. 또한 학문의 길을 이끌어주시는 고려대학교와 서울대학교 교육학과 교육공학 및 학습과학 전공 교수님들께 감사드리며, 특히 늘 제가 복이 많은 사람이라고 느끼게 해주시는 한인숙 교수님, 본 책의 시작점이 되어주신 박인우 교수님, 그리고 학문적 여정의 초석을 마련해 주신 조영환 교수님께 깊이 감사드립니다. 연수 시간이 인정되지 않는 어려움 속에서도, 뜨거운 열정 하나로 방학 중 8시간의 연수에 참여해주신 전국 각지의 선생님들께도 진심으로 감사드립니다. 마지막으로. 이 책이 빛을 볼 수 있도록 기회를 주시고 끊임없는 지원을 해 주신 테크빌교육의 모든 분들께 깊은 감사의 마음을 전합니다.

2025년 2월
저자 **최서연**

8장.

학급경영

9장.

학부모와의 협력

1장.

교사를 도와주는 똑똑한 업무 파트너, 챗GPT 바로보기

1-1 인공지능으로 교사 업무경감이 가능하다고요?

인공지능(Artificial Intelligence:AI)에 대한 정의는 학자마다 다르지만 보통 인간의 지능을 모방하여 지능적인 행위(의사결정, 추론, 판단, 예측 등)를 컴퓨터 모델로 만들어 구현한 컴퓨터 시스템과 기술로 정의합니다. 이러한 인공지능 기술은 복잡한 알고리즘과 데이터 처리 능력을 바탕으로 의사결정, 문제 해결, 패턴 인식 등 다양한 지능적 작업을 수행합니다. 과거 인공지능이라 하면 컴퓨터 프로그래머와 과학자들의 전유물로 여겨졌지만, 요즘 인공지능은 교실과 일상 속으로 깊숙이 들어와 교사들의 업무를 지원하고 있습니다.

정말로 AI가 교사의 업무를 지원할 수 있을까요? 2023년 서울교육포럼에서 발표된 챗GPT 관련 교원 인식 설문 조사 결과는 흥미롭습니다. 서울시 초·중·고·특수학교의 교원 5,217명을 대상으로 실시한 설문 결과, 응답자의 70.1%는 챗GPT를 사용한 경험이 있었고, 90.5%는 챗GPT가 교사의 역할에 도움이 된다고 답했습니다. 흥미로운 점은 챗GPT를 교육에 활용하기를 희망하는 분야에서 가장 높은 선택을 받은 분야는 '행정업무처리'(82.2%)였고, '교수학습활동'(80.3%)과 '학생평가'(43.9%)가 뒤를 이었다는 점입니다. 이러한 설문결과는 AI의 교사 업무경감의 가능성을 보여줍니다.

실제로 전세계적으로 AI를 교육 및 교사 업무에 활용하는 것의 가능성을 밝히고자 하는 연구가 많아지고 있고(Hashem 외, 2023; Zhai, 2022), 교육계에서 인공지능 기술에 더욱 주목하는 이유는 교사들이 반복적인 업무에서 해방되어 교육에 더 전념할 수 있도록 돕기 때문입니다. 특히 생성형 AI는 '생성'에 큰 장점을 갖고 있기 때문에 이 생성 역할을 잘 활용하면 교사의 업무를 다양하게 지원할 수 있습니다.

본 도서에서는 교사의 업무를 단순히 행정업무(교무, 운영, 예산 등) 뿐만 아니라 1. 수업설계 및 학습지원, 2. 학생 지도 및 상담, 3. 학생평가 및 채점, 4. 학생 생활

기록부 작성, 5. 행정업무 경감, 6. 학교행사 준비, 7. 학급경영, 8. 학부모와의 협력으로 폭넓게 보고 '교사가 학교에서 보내며 하는 대부분의 일'을 교사 업무로 정의하였습니다. 또한, 이 책에서 다루는 8가지 영역에서의 업무 경감 방안은 2024년 여름, 31명의 교사를 대상으로 진행한 온라인 연수에서 다뤄진 내용입니다.

8가지 영역에서의 교사 업무경감 연수를 통해 본 연수 프로그램은 다양한 긍정적인 효과가 있음을 보여주었습니다. 먼저 교사의 업무 부담(teacher workload)과 관련하여 연수 전보다 연수 후 업무 부담이 줄어든 것을 확인하였고, 교사의 자기효능감(self-efficacy)이 연수 전보다 연수 후 향상하였음을 알 수 있었습니다. 연수가 끝난 후 실제 학교 현장에서의 AI 활용 빈도가 눈에 띄게 향상되었음을 알 수 있었습니다.

특히 흥미로운 점은 교사의 AI 활용 빈도를 연수 전과 연수 후 비교하였을 때, 8가지 연수 영역에서 모두 AI 활용 빈도가 증가하였다는 점입니다. 가장 큰 변화폭을 보인 영역은 '학부모와의 협력', '학생 지도 및 상담', '학교행사 준비'였습니다. 이는 교사들이 연수를 통해 해당 영역에서 AI의 활용 가능성을 인식한 후, 실제 학교 현장에서 AI를 더욱 적극적으로 다양한 영역에서 활용하기 시작했음을 보여줍니다.

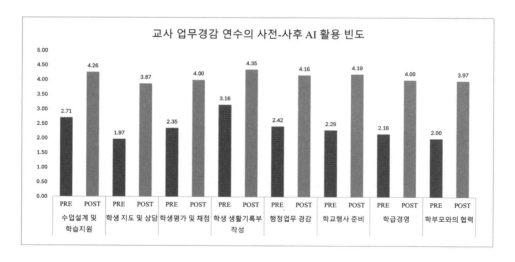

이러한 결과는 AI가 단순히 교사의 보조 도구가 아니라, 교사 업무의 효율성을 높이고 실질적인 변화를 가져올 수 있는 도구임을 시사합니다.

1-2 QnA로 챗GPT 알아보기

지금부터는 챗GPT를 간단히 질의응답식으로 알아보도록 하겠습니다.

Q1: 챗GPT란 무엇인가요?	A: 챗GPT는 OpenAI에서 개발한 고급 대화형 인공지능 언어모델입니다. GPT-3.5와 GPT-4 기반으로 만들어진 이 시스템은 자연어 처리 기술을 통해 인간과 거의 유사한 대화를 수행할 수 있습니다. 대규모 언어 데이터로 학습되어 다양한 주제에 대해 정교하고 맥락에 맞는 응답을 생성할 수 있습니다.
Q2: 챗GPT의 **주요 기능**은 무엇인가요?	A: 챗GPT는 자연어 대화, 질문 응답, 다국어 소통, 텍스트 요약, 번역, 코드 작성, 창의적 글쓰기, 문제 분석 등 다양한 기능을 제공합니다. 특히 교육 현장에서는 학습 자료 개발, 개인 맞춤형 학습 지원, 복잡한 개념 설명 등에 탁월한 성능을 보여 줍니다.
Q3. 챗GPT를 사용하면 **업무 시간이 정말 줄어드나요?**	A: 그렇습니다. 단순 반복적인 업무를 자동화하거나 빠르게 초안을 작성할 수 있어 교사의 업무 시간을 절약할 수 있습니다. 예를 들어, 학급 운영 계획서를 처음부터 작성하는 대신 챗GPT에 개요를 입력하면 초안을 빠르게 생성해 주므로 교사는 세부 수정 및 보완에만 집중할 수 있습니다. 이를 통해 업무 시간이 줄어들고 교육 활동에 더 많은 시간을 할애할 수 있습니다.
Q4. 챗GPT가 생성한 내용을 **그대로 사용해도 되나요?**	A: 챗GPT가 생성한 내용은 초안으로 활용하고 반드시 교사가 검토해야 합니다. AI는 논리적인 오류를 범할 수도 있고, 문맥상 어색한 표현이 포함될 수도 있기 때문입니다. 특히 학습 내용과 관련된 정보를 사용할 때는 신뢰할 수 있는 자료와 비교하며 수정하는 것이 중요합니다.
Q5. 챗GPT를 활용하면 **교사의 역할**이 줄어들까요?	A: 그렇지 않습니다. 오히려 교사의 역할이 더욱 강화될 수 있습니다. 챗GPT는 반복적인 행정 업무를 줄이고, 교사가 학생 지도 및 수업에 더 집중할 수 있도록 도와줍니다. AI를 효과적으로 활용하면 학생 개별 맞춤 지도나 창의적인 수업 개발에 더욱 몰입할 수 있어, 교사의 역량이 더욱 빛을 발할 수 있습니다.

Q6. **프롬프트**가 뭔가요?	A: 프롬프트는 생성형 인공지능(AI)에 특정 작업을 수행하도록 요청하는 자연어 텍스트입니다. 대규모 언어 모델(LLM)에서 AI가 원하는 결과를 생성하도록 안내하는 핵심 입력 방식으로, 사용자가 AI와 상호작용하는 시작점 역할을 합니다. 예를 들어 '토론수업의 방법 5가지를 알려줘.'와 같은 AI에게 요청하는 질문을 말합니다.
Q7. 챗GPT의 **무료버전과 유료버전**은 뭐가 다른가요?	A: 챗GPT의 무료버전과 유료버전(ChatGPT Plus)은 주로 사용 가능한 AI 모델, 성능, 기능에서 차이가 있습니다. 무료버전은 GPT-3.5 모델을 기반으로 기본적인 대화와 간단한 작업에 적합하며, 사용량과 기능에 제한이 있습니다. 반면 유료버전은 더 고도화된 GPT-4 모델을 사용하여 복잡한 작업 처리, 빠른 응답 속도, 이미지 생성, 웹 검색 등 확장된 기능을 제공하며, 월 $20의 구독료를 내야 합니다.

1-3 챗GPT 초보 탈출하기

처음 챗GPT를 접하는 선생님들을 위해, 가입하는 방법부터 직접 질문을 입력하고 AI의 응답을 받아보는 과정까지 함께 진행해 보겠습니다.

챗GPT 가입하기

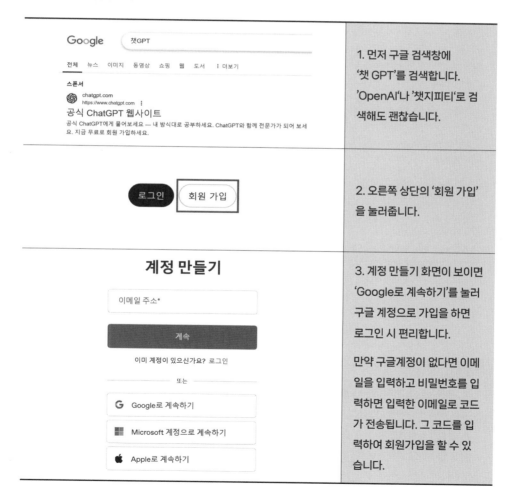

Google 챗GPT 전체 뉴스 이미지 동영상 쇼핑 웹 도서 ⋮ 더보기 스폰서 ⊙ chatgpt.com https://www.chatgpt.com ⋮ 공식 ChatGPT 웹사이트 공식 ChatGPT에게 물어보세요 — 내 방식대로 공부하세요. ChatGPT와 함께 전문가가 되어 보세요. 지금 무료로 회원 가입하세요.	1. 먼저 구글 검색창에 '챗 GPT'를 검색합니다. 'OpenAI'나 '챗지피티'로 검색해도 괜찮습니다.
로그인 회원 가입	2. 오른쪽 상단의 '회원 가입'을 눌러줍니다.
계정 만들기 이메일 주소* 계속 이미 계정이 있으신가요? 로그인 또는 G Google로 계속하기 ◼ Microsoft 계정으로 계속하기 🍎 Apple로 계속하기	3. 계정 만들기 화면이 보이면 'Google로 계속하기'를 눌러 구글 계정으로 가입을 하면 로그인 시 편리합니다. 만약 구글계정이 없다면 이메일을 입력하고 비밀번호를 입력하면 입력한 이메일로 코드가 전송됩니다. 그 코드를 입력하여 회원가입을 할 수 있습니다.

챗GPT에 프롬프트 작성해보기

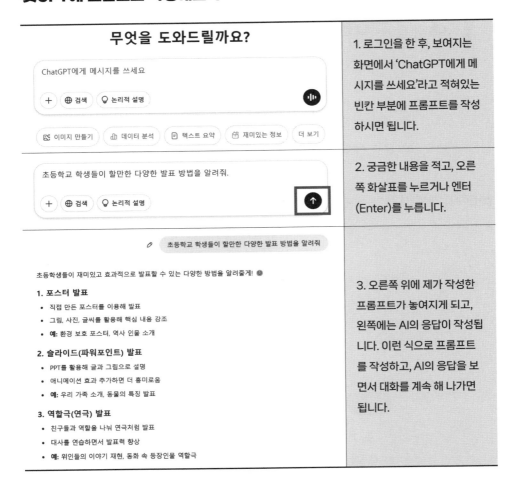

무엇을 도와드릴까요? ChatGPT에게 메시지를 쓰세요 (+) (⊕ 검색) (🔍 논리적 설명) (📷 이미지 만들기) (📊 데이터 분석) (🗐 텍스트 요약) (😄 재미있는 정보) (더 보기)	1. 로그인을 한 후, 보여지는 화면에서 'ChatGPT에게 메시지를 쓰세요'라고 적혀있는 빈칸 부분에 프롬프트를 작성하시면 됩니다.
초등학교 학생들이 할만한 다양한 발표 방법을 알려줘. (+) (⊕ 검색) (🔍 논리적 설명) (↑)	2. 궁금한 내용을 적고, 오른쪽 화살표를 누르거나 엔터(Enter)를 누릅니다.
🖉 (초등학교 학생들이 할만한 다양한 발표 방법을 알려줘) 초등학생들이 재미있고 효과적으로 발표할 수 있는 다양한 방법을 알려줄게! 😄 **1. 포스터 발표** • 직접 만든 포스터를 이용해 발표 • 그림, 사진, 글씨를 활용해 핵심 내용 강조 • **예:** 환경 보호 포스터, 역사 인물 소개 **2. 슬라이드(파워포인트) 발표** • PPT를 활용해 글과 그림으로 설명 • 애니메이션 효과 추가하면 더 흥미로움 • **예:** 우리 가족 소개, 동물의 특징 발표 **3. 역할극(연극) 발표** • 친구들과 역할을 나눠 연극처럼 발표 • 대사를 연습하면서 발표력 향상 • **예:** 위인들의 이야기 재현, 동화 속 등장인물 역할극	3. 오른쪽 위에 제가 작성한 프롬프트가 놓여지게 되고, 왼쪽에는 AI의 응답이 작성됩니다. 이런 식으로 프롬프트를 작성하고, AI의 응답을 보면서 대화를 계속 해 나가면 됩니다.

Q A

Q. 프롬프트를 작성하면서 줄바꿈을 하고 싶을 때에는 어떻게 하나요? 똑같이 '엔터'를 치면 프롬프트가 중간에 전송이 돼요.

A. 프롬프트를 작성하다가 줄바꿈을 하고 싶을 때에는 'Shift+엔터'를 누르면 됩니다. 예를 들어 첫 줄을 입력하고 'Shift+엔터'를 눌러 줄바꿈을 하고 계속 작성한 뒤에 '엔터'를 누르면 전송됩니다.

마음에 들지 않는 챗GPT 응답 수정하기

위의 AI의 응답을 보면 어떠신가요? 저는 위에서 AI가 작성해준 다양한 발표 방법이 마음에 들지 않았습니다. 저는 줄줄이 발표나 조별 발표처럼 다양한 발표의 형태를 알고 싶었기 때문에 프롬프트를 다시 작성하여 AI의 응답을 수정해보겠습니다.

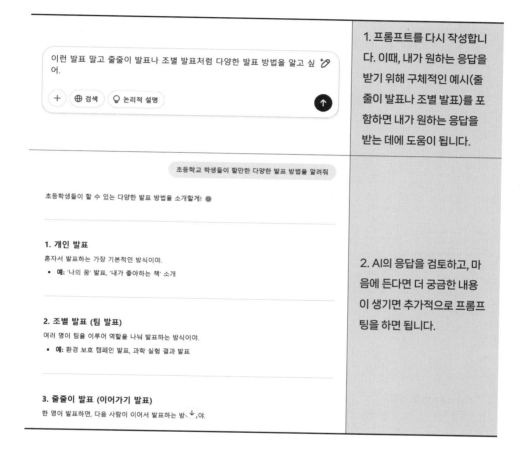

초등학교 학생들이 할만한 다양한 발표 방법을 알려줘

초등학생들이 할 수 있는 다양한 발표 방법을 소개할게! 😊

1. 개인 발표
혼자서 발표하는 가장 기본적인 방식이야.
- **예:** '나의 꿈' 발표, '내가 좋아하는 책' 소개

2. 조별 발표 (팀 발표)
여러 명이 팀을 이루어 역할을 나눠 발표하는 방식이야.
- **예:** 환경 보호 캠페인 발표, 과학 실험 결과 발표

3. 줄줄이 발표 (이어가기 발표)
한 명이 발표하면, 다음 사람이 이어서 발표하는 방식이야.

1. 프롬프트를 다시 작성합니다. 이때, 내가 원하는 응답을 받기 위해 구체적인 예시(줄줄이 발표나 조별 발표)를 포함하면 내가 원하는 응답을 받는 데에 도움이 됩니다.

2. AI의 응답을 검토하고, 마음에 든다면 더 궁금한 내용이 생기면 추가적으로 프롬프팅을 하면 됩니다.

챗GPT 응답 맞춤형으로 설정하기

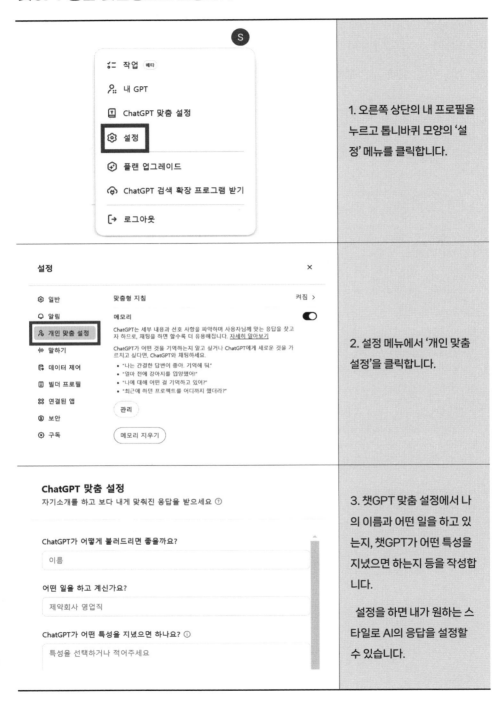

1. 오른쪽 상단의 내 프로필을 누르고 톱니바퀴 모양의 '설정' 메뉴를 클릭합니다.

2. 설정 메뉴에서 '개인 맞춤 설정'을 클릭합니다.

3. 챗GPT 맞춤 설정에서 나의 이름과 어떤 일을 하고 있는지, 챗GPT가 어떤 특성을 지녔으면 하는지 등을 작성합니다.

  설정을 하면 내가 원하는 스타일로 AI의 응답을 설정할 수 있습니다.

1-4 알아두면 좋은 프롬프팅 기술들

AI와 대화를 할 때 프롬프트를 작성하는 기술을 아는 것과 모르는 것은 천지 차이입니다. 이 장에서는 교사들이 AI와 대화하며 원하는 결과를 정확하고 빠르게 얻을 수 있는 '프롬프팅 기술'을 상세히 소개합니다. 생성형 인공지능 모델로부터 원하는 결과를 얻기 위해 프롬프트를 설계하고 최적화하는 과정을 '프롬프트 엔지니어링(Prompt Engineering)'이라고도 합니다. 마치 훌륭한 코치와 대화하듯, 혹은 똑똑한 비서에게 업무를 지시하듯 AI와 대화하는 방법을 배우면 교육 현장의 업무 효율성은 획기적으로 높아질 수 있습니다.

제로샷 프롬프팅(Zero-shot Prompting)

 초등학교 4학년 학생들이 쉽게 이해할 수 있도록 한국의 주요 문화유산을 설명하는 글을 작성해줘.

개념	• 제로샷 프롬프팅이란 AI에게 사전 학습 예시 없이 바로 질문하거나 작업을 요청하는 방식 • 즉, AI가 추가적인 예제 없이 기존의 학습된 지식만을 바탕으로 답변을 생성하는 것을 의미
장점	• 신속하고 간단하게 사용 가능 • 사전 학습이 없어도 AI가 스스로 판단하여 응답 생성
단점	• AI가 의도를 정확히 파악하지 못할 가능성이 있음 • 원하는 수준의 답변이 나오지 않을 수도 있음
활용	• 빠르게 답변이 필요할 때 • 단순한 요약이나 개념을 정리할 때 • 시간이 없을 때

추천도	★★★☆☆ 초보자에게 적합한 프롬프팅, 그러나 제로샷 프롬프팅을 통해 계속적으로 수정해나가 는 방법도 꽤 효과적!

원샷 프롬프팅(One-shot Prompting)

 '한글은 세종대왕이 창제한 문자입니다.' 같은 형식으로, 석굴암에 대해 설명해줘.

개념	• AI에게 하나의 예시를 제공한 후, 유사한 작업을 수행하도록 요청하는 방식.
장점	• AI가 원하는 형식을 더 정확하게 학습하여 응답 품질 향상
단점	• 제공한 예시가 부적절할 경우, AI가 잘못된 방향으로 학습할 가능성이 있음. • 다양한 변형을 요구할 때는 한계가 있음.
활용	• 특정한 형식이 필요한 경우 → 학습지, 공지문, 문제 생성 시 활용 • 기본적인 패턴만 학습시키고 싶은 경우
추천도	★★★☆☆ 하나의 예시라도 있으면 AI는 보다 좋은 응답을 제공

퓨샷 프롬프팅(Few-shot Prompting)

 예시 1: '한글은 세종대왕이 창제한 문자입니다.'
 예시 2: '거북선은 조선시대 이순신 장군이 사용한 전투선입니다.'
 이런 방식으로 불국사에 대해 설명해줘.

개념	• AI에게 여러 개의 예시를 제공하여 원하는 결과를 얻도록 하는 방식.
장점	• AI가 문맥을 더 잘 이해하고, 요구 사항을 충실히 반영하여 응답 품질이 높아짐. • 다양한 유형의 예시를 제공하면 결과의 정밀도가 증가함.
단점	• 프롬프트 작성에 시간이 소요됨.

활용	• AI에게 특정한 패턴을 학습시켜야 할 때 → 학습지, 평가 기준, 피드백 자동 생성 • 반복적으로 비슷한 형식의 자료를 만들어야 할 때
추천도	★★★★☆ 예시가 여러개 일수록 원하는 응답을 얻을 확률이 높음

AI가 스스로 최적의 답을 찾기 프롬프팅(Self-Consistency Prompting)

 "이 문제를 푸는 이상적인 방법 5가지를 제시하고, 그중 최적의 방법을 골라 이유를 설명해줘."

개념	• AI가 여러 개의 답을 생성한 후, 가장 일관성 있고 적절한 답을 스스로 선택하는 방식.
장점	• AI가 다양한 답안을 분석하여 최적의 답을 선택 → 정확성 향상
단점	• AI가 답안을 비교할 충분한 데이터가 없을 경우 오류 발생 가능
활용	• 자동 채점 기준 설정 (학생 답변 비교 후 최적의 평가 제공) • 최적의 학생 피드백 제공 (여러 피드백 생성 후 AI가 가장 적절한 것 선택)
추천도	★★★★☆ 직접 판단을 해야 하는 수고로움을 덜 수 있어 효과적!

전문가 역할 프롬프팅(Role-Play Prompting)

 너는 이제 초등학교 6학년 교사야. 6학년 학생들에게 적절한 주제글쓰기의 주제를 20가지 생성해줘.

개념	• AI가 특정 전문가(예: 교수, 과학자, 심리학자)의 역할을 맡아 답변하는 방식.
장점	• AI가 특정 전문가의 역할을 맡아 설명 → 전문적 자료 제작 가능

	• AI가 역할을 인식하고 있기 때문에, 내가 원하는 종류의 응답을 생성해줄 확률이 높음.
단점	• 특정 분야의 전문성이 부족할 경우 오류 생성 가능
활용	• 학년별 학생들의 수준을 반영한 자료 생성 가능
추천도	★★★★★ 학년별 학생들의 수준을 반영한 자료를 생성할 수 있기 때문에 역할을 설정해주는 것은 매우 효과적!

여러 프롬프팅 기술 중 가장 효과가 좋다고 밝혀진 프롬프팅은 '퓨샷 프롬프팅'입니다. 여러 개의 예시를 학습한 후 응답을 생성하기 때문입니다. 저는 위의 프롬프팅 중에서 가장 좋은 프롬프팅이 있다고 생각하지는 않습니다. 다만, 프롬프팅 기술은 상황과 목적에 따라 다르게 활용되어야 합니다. 특정한 작업에서는 퓨샷 프롬프팅이 가장 효과적일 수 있지만, 다른 작업에서는 전문가 역할 프롬프팅이나 원샷 프롬프팅이 더 적합할 수도 있습니다. 중요한 것은 AI에게 명확한 의도를 전달하고, 원하는 결과를 얻기 위해 프롬프트를 전략적으로 설계하는 것입니다. 교사는 자신의 필요에 맞는 프롬프팅 기술을 조합하여 활용함으로써 업무 효율성을 높이고, 보다 효과적인 교육 자료를 생성할 수 있습니다.

1-5 챗GPT 보다 똑똑하게 사용하기

이번 장에서는 챗GPT를 효율적으로 활용하는 방법들을 소개합니다. 단순히 질문을 던지는 것에서 벗어나, 원하는 정보를 보다 정확하고 유용하게 얻기 위해서는 AI 활용 전략을 이해하는 것이 중요합니다.

역할, 주제, 작업, 예시를 적절히 활용하기

 나는 초등학교 교사야**(역할)**. 초등학교 4학년 사회 과목에서 한국의 문화유산을 설명하는 수업**(주제)**에 필요한 주관식 퀴즈 10개를 만들어줘**(작업)**. (예시: Q. 한글을 만든 사람은 누구인가요? A. 세종대왕)**(예시)**

1. **역할(Role)**: AI가 특정한 전문가의 역할을 수행하도록 설정하면 더 전문적인 응답을 얻을 수 있습니다. 예를 들어, "나는 초등학교 교사야"라고 입력하면 학생 수준에 맞춘 교육 자료를 생성할 가능성이 높아집니다.

2. **주제(Topic)**: AI가 다룰 내용을 구체적으로 정하는 것이 중요합니다. 예를 들어, 단순히 "역사 수업"보다는 "초등학교 4학년 사회 과목에서 한국의 문화유산을 설명하는 수업"이라고 요청하면 더 적합한 정보를 얻을 수 있습니다.

3. **작업(Task)**: AI가 수행해야 할 작업을 명확히 전달해야 합니다. 예를 들어, "설명해줘"보다는 "300자 이내로 요약해줘" 또는 "수업에 활용할 주관식 퀴즈 10개를 만들어줘"와 같이 구체적으로 요청하면 원하는 결과를 얻기 쉽습니다.

4. **예시(Example)**: 원하는 형식이나 스타일이 있다면 AI에게 예시를 제공하는 것이 효과적입니다. 예를 들어, "Q. 한글을 만든 사람은 누구인가요? A. 세종대왕"과 같은 형식으로 설명해달라고 하면, AI가 그 패턴을 따르는 답변을 생성합니다.

다단계 프롬프팅 활용하기

 나는 뭔가 이번에 더 재밌는 도서관 행사를 해보고 싶어. 어떤 행사가 좋을까? 아이디어를 줘 **(시작은 간단한 프롬프팅)**

(응답을 검토 후) 지금 알려준 내용 중에서 도서관 방탈출 게임을 더 구체적으로 알려줘. **(구체적인 내용 요청)**

(응답을 검토 후) 이 내용을 바탕으로 운영 계획서를 만들어줘.

하나의 프롬프트로 내가 원하는 결과물을 얻기는 매우 어렵습니다. 최적의 결과물을 얻기 위해서는 AI와 지속적으로 상호작용하고 대화하는 노력이 필수적입니다. 그래서 처음부터 완벽한 답변을 기대하기보다는, 먼저 원하는 내용의 개요를 제시하고 AI의 응답을 검토하면서 점진적으로 수정·보완하는 다단계 프롬프팅 과정이 필요합니다. 예를 들어, "초등학생을 위한 도서관 행사를 추천해줘"라는 첫 번째 요청을 통해 다양한 아이디어를 얻고, 그중에서 관심 있는 행사를 선택한 후 "도서관 방탈출 게임을 더 구체적으로 설명해줘"와 같이 세부 정보를 요구할 수 있습니다. 마지막으로, "이 내용을 바탕으로 운영 계획서를 만들어줘"라고 요청하면 AI가 체계적인 계획을 제시할 수 있습니다. 이렇게 점진적으로 요청을 세분화하면 AI가 보다 정밀하고 유용한 답변을 제공할 수 있어 원하는 정보의 질이 크게 향상됩니다.

명확한 피드백이 AI를 더 똑똑하게 만든다

 이건 내가 원하는 형식이 아니야**(명확한 의사표현)**,
보고서 형식으로 다시 작성해줘**(대안 제시)**

AI와의 상호작용에서 원하는 결과를 얻기 위해서는 명확한 피드백이 필수적입니다. 만약 AI의 응답이 기대한 방향과 다르다면, 단순히 수정 요청을 하기보다 "아니야, 내가 원하는 것은 이런 내용이 아니야"라고 분명히 전달하는 것이 효과적입니다. 예를 들어, 내용이 너무 포괄적이라면 "별로인 것 같아. 더 구체적인 사례를 들어줘"라고 요청하고, 형식이 맞지 않는다면 "이건 내가 원하는 형식이 아니야, 보고서 형식으로 다시 작성해줘"라고 명시적으로 지시하면 됩니다. 이렇게 정확한 거부와 함께 구체적인 요구사항을 제시하면 AI가 점점 더 원하는 방향으로 답변을 조정해 나가도록 도울 수 있습니다.

한 대화창, 한 가지 이야기

AI와 대화할 때 하나의 창에서 여러 주제를 섞어 대화하면, AI가 이전 맥락을 기억하면서 새로운 주제까지 반영하려고 하기 때문에 답변이 예상과 다르게 나올 수 있습니다. 예를 들어, 처음에는 수업 설계에 대해 이야기하다가 중간에 AI 윤리에 대한 질문을 하면, AI가 앞선 내용을 고려하면서 불필요하게 연결된 답변을 할 가능성이 높습니다. 이를 방지하려면, 하나의 주제에 대해서는 한 대화 목록에서만 대화하고, 새로운 주제가 생기면 새로운 대화 창을 열어 질문하는 것이 좋습니다.

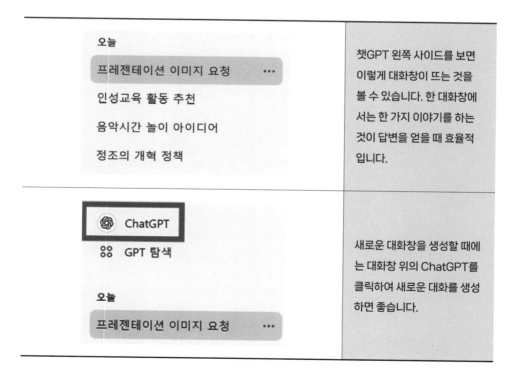

오늘	챗GPT 왼쪽 사이드를 보면
프레젠테이션 이미지 요청	이렇게 대화창이 뜨는 것을
인성교육 활동 추천	볼 수 있습니다. 한 대화창에
음악시간 놀이 아이디어	서는 한 가지 이야기를 하는
정조의 개혁 정책	것이 답변을 얻을 때 효율적
	입니다.

ChatGPT
GPT 탐색

새로운 대화창을 생성할 때에는 대화창 위의 ChatGPT를 클릭하여 새로운 대화를 생성하면 좋습니다.

오늘
프레젠테이션 이미지 요청

한 번에 많은 정보를 원한다면? 요청을 나누기

AI는 한 번에 방대한 양의 정보를 생성하는 데 한계가 있다는 점을 기억해야 합니다. 너무 많은 내용을 한 번에 요청하면 답변이 누락되거나 요약된 형태로 제공될 수 있습니다. 예를 들어, "초등학교 사회 교과서를 기반으로 문화유산 관련 문제 100개를 만들어줘"라고 요청하면 AI가 일부 문제만 제공하거나 내용이 단순해질 가능성이 높습니다. 이를 방지하려면, 요청을 여러 단계로 나누어 "먼저 10개 문제를 만들어줘"처럼 적절한 단위로 나눠 요청하는 것이 효과적입니다. 이렇게 하면 AI가 보다 정확하고 세밀한 답변을 생성할 수 있으며, 원하는 결과물을 단계적으로 완성해 나갈 수 있습니다.

1-6 교사를 위한 인공지능 윤리

인공지능이 교육 현장에서 점점 더 중요한 도구로 자리 잡으면서, 교사로서 AI를 올바르게 활용하는 윤리적 기준을 아는 것이 필수적입니다. 이번 챕터에서는 실질적인 교육 상황을 기반으로 교사들이 인공지능을 안전하고 효과적으로 활용할 수 있도록 퀴즈를 제시하고, 인공지능을 교육환경에서 활용할 때의 여러 윤리적 이슈들을 다루고자 합니다.

Q. 학생의 수학시간 평가자료를 AI에 입력하여 학생 이름별로 자동 채점을 맡기려고 합니다. 괜찮을까요?

NO

→ AI는 학생의 이름, 성적 등 민감한 정보를 저장하거나 외부로 전송할 가능성이 있으므로, 개인정보가 포함된 데이터를 AI에 입력해서는 안 됩니다. 대신 학생 이름을 익명 처리하거나 ID, 번호로 변환한 후 AI를 활용하는 방법을 고려해야 합니다.

Q. 역사 수업 준비 중, AI에게 '조선 시대의 주요 개혁 정책을 정리해줘'라고 요청했습니다. AI의 답변을 그대로 사용해도 될까요?

NO

→ AI가 제공하는 정보는 신뢰할 수 있는 출처에서 가져온 것이 아닐 수 있으며, 오류가 포함될 가능성이 있습니다. 반드시 교과서, 학술 논문, 공식 교육 자료와 비교하여 검토한 후 사용해야 합니다.

Q. 학급 공지사항을 AI에게 요약해달라고 요청한 후 그대로 학부모에게 전달해도 될까요?

NO

→ AI가 중요한 내용을 빠뜨리거나, 문맥상 어색한 표현을 사용할 수 있습니다. AI의 도움을 받아 초안을 작성하는 것은 유용하지만, 최종적으로 교사가 내용을 검토하고 수정한 후 전달하는 것이 바람직합니다.

Q. 상담 일지를 AI에게 요약해달라고 요청하는 것은 괜찮을까요?

NO

→ 상담 일지에는 학생의 민감한 개인정보가 포함될 수 있으므로, AI에 그대로 입력하는 것은 부적절합니다. 대신, 개인 정보가 포함되지 않은 요점 정리나 익명화된 데이터의 요약정도는 AI에게 요청하는 방식으로 활용하는 것이 좋습니다.

Q. 학생이 제출한 글을 AI에게 첨삭하도록 맡기는 것은 괜찮을까요?

YES

→ AI가 문법 오류를 수정하고 문장을 다듬는 데 도움을 줄 수 있지만, 학생의 창의적인 표현이나 사고 과정까지 AI가 평가할 수는 없습니다. 따라서 AI를 참고하되, 교사가 직접 학생의 글을 읽고 피드백하는 과정이 필요합니다.

Q. 우리 반 초등학생 5학년 학생들에게 AI 사용법을 가르치고, 올바른 활용 방법을 안내하는 것이 필요할까요?

NO

→ 챗GPT와 같은 생성형 AI는 연령 제한이 있어 만 13세 미만의 초등학생이 직접 사용할 수 없습니다. 따라서 AI의 사용은 교사의 주도 하에 이루어져야 하며, 학생들에게는 AI의 원리와 한계점, 개인정보 보호의 중요성, 그리고 윤리적 사용 방법을 이해할 수 있도록 교육해야 합니다. 이를 통해 학생들이 AI에 대한 올바른 인식을 가지며, 향후 AI를 안전하고 효과적으로 활용할 수 있는 기초를 다질 수 있습니다. (그림 1-6-1 참고)

Q. 챗GPT가 작성해준 학생 교과 평어를 그대로 작성해도 되나요?

NO

→챗GPT는 학생의 능력을 완전히 이해하거나 평가하는 것이 불가능하므로, 학생에 대한 결정적인 평가 부분은 교사가 작성하고, 챗GPT가 작성해준 평어가 활용될 수 있는 경우는 보조적인 도구로 참고하되, 작성은 교사가 학생의 상황과 능력에 따라 직접 작성하셔야 합니다.

Q. 고등학교 2학년인 제 학생들과 챗GPT로 인공지능 활용 과학 수업을 해보려고 합니다. 학생들이 13세 이상이니 활용해도 되겠죠?

NO

→만 13세 이상에서 18세 미만은 부모나 법적 보호자의 동의가 필수적입니다. 교사는 법적 보호자에 해당하지 않으므로, 동의서를 받은 후에 수업용으로 활용해야 합니다. 또한 인공지능의 원리와 한계, 윤리적 사용에 대한 학생 교육을 꼭 함께 실시해 주세요.

1-7 AI의 한계 극복하기

인공지능(AI)은 교육 분야를 혁신적으로 변화시키고 있지만, 그 효과를 극대화하기 위해서는 AI의 한계를 명확히 이해하고 이를 활용하는 데 있어 신중한 접근이 필요합니다. AI가 제공하는 편리함과 효율성은 크지만, 그 본질적 한계를 간과할 경우 부정확한 정보, 비윤리적 활용, 교육적 목표의 왜곡 등 다양한 문제를 초래할 수 있습니다. 이 장에서는 AI의 대표적인 한계와 그에 따른 극복방안을 알아보도록 하겠습니다.

AI의 정보는 정확하다?

AI는 방대한 데이터에 기반해 학습했지만, 항상 정확하고 신뢰할 수 있는 정보를 제공하는 것은 아닙니다. 예를 들어 역사 수업 준비를 위해 AI에게 '조선 시대의 주요 교육정책을 설명해줘'라고 요청한다면 정말 명확한 정보를 제공해줄까요? 제 경험상 90%는 맞는 정보, 10%는 지어낸 정보를 생성하는 경우가 많았습니다. 이처럼 AI가 만들어내는 정보는 대부분 사실처럼 보이지만, 검증되지 않은 정보나 아예 존재하지 않는 내용을 만들어내는 경우가 있습니다. 이러한 현상을 "할루시네이션(Hallucination)"이라고 부릅니다.

할루시네이션이란, AI가 자신이 학습한 데이터에 없는 정보나 근거가 부족한 내용을 마치 사실인 것처럼 생성하는 현상을 말합니다. 이는 AI가 질문에 대해 답변을 제공하려는 과정에서, 학습된 데이터의 패턴을 조합해 답변을 구성하지만 실제로 존재하지 않는 정보도 포함시키기 때문에 발생합니다. 예를 들어, AI가 실제로 존재하지 않는 인물이나 정책을 만들어내거나, 잘못된 날짜와 사건을 결합하여 새로운 정보를 생성할 수 있습니다.

1. 텍스트를 복사 붙여넣기

• 내가 요청하는 내용의 범위가 많지 않다면 텍스트를 복사하여 붙여 넣어 보세요, 예를 들어 지도서 PDF 의 4페이지 정도를 그대로 마우스로 드래그하여 AI에게 붙여 넣고 '이 내용으로 이번 차시 퀴즈를 10개 만들어줘.'라고 요청하면 내가 원하는 내용을 지정하기 때문에 그 내용 안에서 퀴즈를 만들어 줍니다.

2. PDF나 파일을 업로드하기

• 내가 요청하는 내용의 범위가 크다면 갖고 있는 파일을 업로드 하여 원하는 정보를 기반으로 작업을 요청할 수 있습니다. 예를 들어 사회과 지도서 PDF를 업로드 한 뒤, '이 지도서 내용을 읽고 정조의 정책에 대해 요약해줘.'라고 먼저 AI가 갖고 있는 정보의 내용을 체크해 보세요. 그 정보가 정확하다면 '이 내용을 바탕으로 빈칸 학습지를 만들어 줘.'와 같이 구체적인 요청사항을 말하면 부정확한 정보 생성 문제를 줄이는 데에 도움이 됩니다.

3. 출처를 요청하기

• AI가 만들어준 정보는 가끔 부정확하거나 신뢰성이 낮은 정보를 포함할 수 있으므로, 이를 방지하기 위해 '출처를 포함한 답변을 제공해줘'라고 함께 요청하면 보다 정확성 있는 정보를 만들어줍니다. 그러나 그 출처도 AI가 만들어낸 출처일 수 있으니, 반드시 직접 확인해보셔야 합니다.

AI의 맥락 이해 능력은 완벽할까?

AI는 방대한 데이터를 기반으로 작업하지만, 인간처럼 복잡한 맥락을 이해하거나 상황별로 적절한 판단을 내리는 데는 한계가 있습니다. 예를 들어, AI에게 '학생의 정서 상태를 고려한 맞춤형 피드백을 작성해줘'나, '방금 알려준 내용으로 우리 반 학생들의 수준에 맞는 퀴즈를 10개 생성해줘.' 라고 요청하면, 학생의 개별적인 상황이나 감정 상태를 이해하지 못하고 표준화된 답변만 제공할 가능성이 큽니다.

1. 교사의 맥락 보완

• AI는 내가 가르치는 학생들의 수준을 알지 못하기 때문에 AI의 응답을 보면서 난이도를 '하'로 조정해 달라고 한다거나, 우리반 학생들은 다문화 가정 학생들이 많으니 고려해서 퀴즈를 만들어 달라거나 하는 식으로 맥락을 직접 보완해주면 그 맥락에 맞게 AI의 응답을 수정할 수 있습니다.

2. 명확한 요청 작성하기

• '나는 초등학교 4학년 교사이고 우리반 학생들에는 기초학력부진 학생들이 5명정도 있어. 이 학생들을 위해 수학 4학년 1학기 곱셈과 나눗셈 단원의 세자리 수와 두자리 수의 곱셈 차시를 가르치고 있는데, 두 자리 수와 두 자리 수의 곱셈도 어려워하고 있어. 두 자리 수와 두 자리 수의 곱셈을 쉽게 설명할 수 있는 방법을 학생들의 수준에 맞게 알려줘.'와 같이 학년, 학생들의 수준, 가르치는 과목 및 주제를 명확하게 제시하면 교사가 원하는 맥락의 응답을 줄 가능성이 커집니다.

AI는 항상 공정하고 편향 없는 정보를 제공할까?

AI는 학습 데이터에 따라 편향된 정보를 생성할 가능성이 있습니다. 예를 들어, 특정 문화권이나 성별에 대한 고정관념이 학습 데이터에 포함되어 있다면, AI는 이를 기반으로 부적절하거나 차별적인 내용을 생성할 수 있습니다. 특히 챗GPT를 활용할 때 선생님들이 가장 불편해하시는 점은 '생성해주는 자료가 우리나라 맥락에 맞지 않다'는 점입니다. 예를 들어 교사가 '인성교육에 활용할만한 그림책 5권을 추천해줘.'라고 한다면 AI는 한국 학생들이 읽을만한 그림책을 추천해 줄까요? 높은 확률로 미국 학생들이 읽기 좋은 그림책 5권을 추천해 줄 확률이 높습니다. 이는 챗GPT의 기본 훈련 데이터가 주로 영어권 자료에 기반하고 있기 때문입니다.

해결 방법

1. 한국의 정보를 요청

• AI는 따로 요청하지 않으면 영어권 자료를 추천해 주므로, 한국의 자료를 요청하면 한국의 그림책이나 유명한 장소를 추천해 주기는 합니다. 그러나 AI가 추천해 준 자료가 진짜 있는 정보인지, 이 자료를 수업자료로 활용해도 되는지 꼭 확인해보셔야 합니다.

2. 챗GPT 말고 퍼플렉시티 활용하기

• 영어권 자료가 아니라 한국 자료를 추천받고 싶을 때는 '퍼플렉시티(https://www.perplexity.ai/)를 활용하는 것을 추천 드립니다. 퍼플렉시티(Perplexity.ai)는 텍스트 기반 검색과 질문에 대한 답변을 제공하는 생성형 AI 검색 도구입니다. 퍼플렉시티는 사용자가 입력한 질문이나 키워드에 대한 정보를 빠르고 간결하게 제공하며, 검색된 정보의 출처를 함께 표시해 신뢰성을 높입니다. 챗GPT에 비해 퍼플렉시티를 활용하면 출처를 함께 볼 수 있기 때문에 정보의 신뢰성을 높일 수 있어 자료검색에 특히 추천 드립니다.

<참고 문헌>

서울특별시교육청(2023). 생성형 AI 교육자료: ChatGPT 사례 중심으로.

Hashem, R., Ali, N., El Zein, F., Fidalgo, P., & Khurma, O. A. (2023). AI to the rescue: Exploring the potential of ChatGPT as a teacher ally for workload relief and burnout prevention. Research and Practice in Technology Enhanced Learning, 19(23).

Zhai, X. (2022). ChatGPT User Experience: Implications for Education. SSRN Electronic Journal.

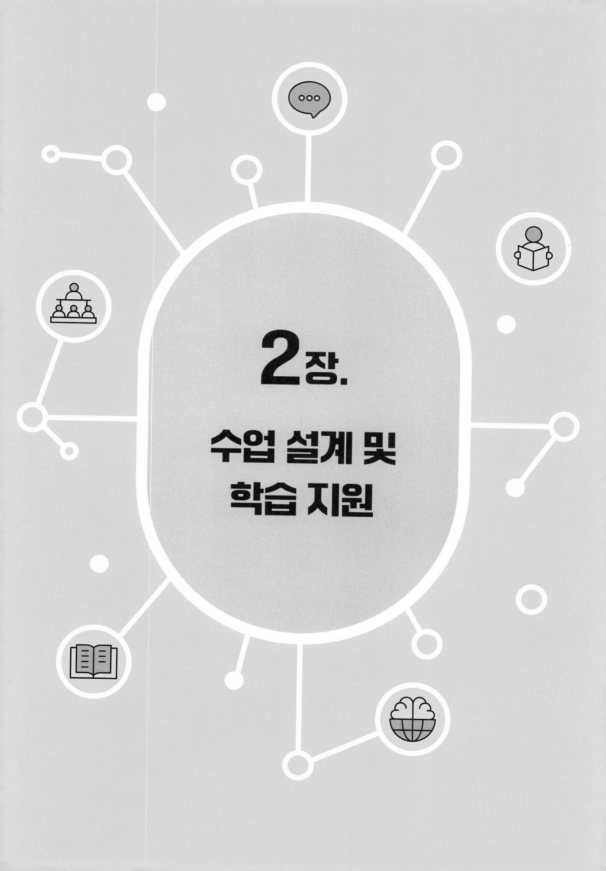

2장.

수업 설계 및
학습 지원

2-1 수업 활동 짜기

무슨 수업을 해야 할지 고민이 될 때는 AI만큼 좋은 도구가 없습니다. 수업 준비 과정에서 아이디어를 얻고 싶을 때 챗GPT와 같은 생성형 AI는 다양한 아이디어와 예시를 제공하여 교사들이 수업을 더욱 풍부하고 다채롭게 만들 수 있도록 돕습니다.

사회 수업 아이디어 요청하기

다음은 초등 사회 4학년 1학기 수업에서 '문화유산의 종류'를 주제로 어떤 아이디어를 얻을 수 있는지 물어보는 내용입니다.

 나는 **초등 사회 수업**을 준비하고 있어. **4학년 1학기 사회 '문화유산의 종류를 알아볼까요?'**라는 주제를 가지고 수업을 준비하고 있는데, 여기에서 '유형 문화재와 무형 문화재를 구분해 보기'를 가르쳐야 해. 나에게 **수업 아이디어 몇 가지를** 줘.

 초등학교 4학년 1학기 사회 수업에서 '유형 문화재와 무형 문화재 구분하기'를 주제로 수업을 준비하는 데 도움이 될 수 있는 몇 가지 아이디어를 드릴게요.

1. 유형 문화재와 무형 문화재 설명하기

개념 설명: 유형 문화재(건축물, 그림 등)와 무형 문화재(전통 춤, 음악, 공예 등)의 차이점을 설명합니다.

예시 소개: 유명한 유형 문화재(예: 경복궁)와 무형 문화재(예: 판소리)의 예시를 소개합니다.

2. 활동을 통한 이해

역할극: 예를 들어, 간단한 전통춤을 배우거나 전통 놀이를 해보는 시간을 가지며 학생들이 무형 문화재를 직접 경험하게 합니다.

비교 차트 작성: 유형 문화재와 무형 문화재의 특징을 비교하는 차트를 함께 작성합니다. 학생들이 각각의 예시를 차트에 적어 보게 합니다.

3. 프로젝트 활동

> 조별 활동: 학생들을 몇 개의 그룹으로 나누어 각각 유형 문화재나 무형 문화재에 대해 조사 및 발표하도록 합니다. 발표 시 그림이나 사진, 간단한 모형 등을 활용하도록 장려합니다.
>
> 현장 학습: 가능한 경우, 실제 유형 문화재가 있는 박물관이나 역사적인 장소를 방문하거나, 무형 문화재 관련 공연을 관람하는 현장 학습을 계획합니다.

어떠신가요? 활동의 대략적인 그림을 그리는 데에는 큰 어려움이 없지만, 아이들과 40분 안에 할 수 있는 활동은 아닌 것 같습니다. 이럴 땐 후속 프롬프트를 통하여 내가 원하는 정보를 더욱 구체화하여 얻는 것이 좋습니다.

활동 3개 요청 추가하기

이번에는 프롬프트에 활동 세 가지를 추가해서 다시 작성해 보겠습니다. 이렇게 활동의 개수를 지정하면 보다 구체적인 수업 아이디어가 나오게 될 것입니다.

 좋아. '문화유산의 종류를 알아볼까요?'라는 주제로 **더 재미있는 아이디어**를 줬으면 좋겠어. 특히 **활동을 세 가지** 만들어서 제시해 줘.

 네, 재미있는 활동 세 개를 만들어서 제시해 드릴게요.

활동 1: 문화유산 퀴즈 게임
- 목표: 문화유산의 종류를 즐겁게 배우기
- 진행 방법: 학생들을 팀으로 나누고 퀴즈 카드를 사용해 문화유산에 관한 질문을 합니다. 정답을 맞히는 팀에게 점수를 부여하며, 최종적으로 가장 높은 점수를 얻은 팀에게 작은 상을 줍니다.

활동 2: 문화유산 탐방 프로젝트
- 목표: 문화유산을 직접 조사하고 발표하며 학습 내용 심화
- 진행 방법: 각 그룹이 문화유산을 선택하여 조사하고, 포스터를 제작한 후 친구들 앞에서 발표합니다. 발표 후 질의응답을 통해 더 깊이 이해합니다.

활동 3: 문화유산 체험 워크숍
- 목표: 문화유산을 직접 체험
- 진행 방법: 전통 놀이, 전통 음식 만들기, 전통 의상 체험 등, 다양한 장소에서 활동을 진행하고, 각 장소에서의 경험을 공유하고 토론합니다.

실질적인 수업 아이디어 10가지 요청 추가하기

그러나 AI의 응답을 보니 활동 '1: 문화유산 퀴즈 게임'은 그럭저럭 괜찮아도, '활동 2: 문화유산 탐방 프로젝트와 활동'과 '3: 문화유산 체험 워크숍'은 교사가 혼자 준비하기 너무 어려운 프로젝트 활동인 듯합니다. 수업에 실질적으로 활용할 수 있는 아이디어를 10가지 요청해 보겠습니다.

 재밌긴 한 것 같은데, 40분 안에 할 수 있는 내용들이 아니야.
실질적으로 40분 안에 할 수 있는 재미있는 활동들을 10가지 추천해 줘.

 40분 안에 할 수 있는 간단하면서도 재미있는 문화유산 활동을 다음과 같이 10가지 추천합니다:

1. 문화유산 OX 퀴즈
설명: 문화유산에 대한 간단한 OX 퀴즈를 준비하여 학생들이 맞히도록 합니다. 교실의 양쪽에 'O'와 'X'를 표시해 학생들이 해당 답을 선택해 이동하도록 합니다.

2. 유형/무형 문화재 매칭 게임
설명: 유형 문화재와 무형 문화재의 사진 또는 이름을 적은 카드를 나누어 주고, 학생들이 매칭하며 올바르게 분류하도록 합니다.

3. 문화재 그림 따라 그리기
설명: 유형 문화재의 그림을 간단하게 보여 준 후, 학생들이 그 문화재의 특징을 보고 따라 그리도록 합니다. 이후 그린 작품을 서로 비교해 봅니다.

4. 전통 놀이 체험(제기차기 또는 딱지치기)
설명: 전통 놀이를 간단히 소개하고 직접 체험해 보는 시간을 가집니다. 제기차기나 딱지치기와 같은 쉽게 준비할 수 있는 놀이를 선택합니다.

5. 문화유산 스피드 퀴즈
설명: 학생들이 두 명씩 짝을 이루고 한 명은 문화유산의 이름을 보고 설명하고, 다른 한 명은 그 설명을 듣고 맞히도록 합니다. 제한된 시간 안에 최대한 많이 맞히는 것을 목표로 합니다.

6. 문화유산 스티커 붙이기
설명: 큰 지도를 준비하고, 유형/무형 문화재 스티커를 학생들이 해당 위치에 붙이도록 합니다. 예를 들어, '경복궁'은 서울에, '판소리'는 전라도에 붙이도록 합니다.

7. 문화재 이름 릴레이 게임
설명: 학생들이 순서대로 문화재의 이름을 한 가지씩 말합니다. 시간 안에 얼마나 많은 문화재 이름을 말할 수 있는지 도전해 봅니다.

8. 전통 음악 듣고 표현하기
설명: 무형 문화재인 전통 음악(예: 판소리, 아리랑 등)을 들려 주고, 학생들이 느낀 감정을 그림이나 단어로 표현해 보도록 합니다.

9. 문화유산 단어 퍼즐
설명: 유형과 무형 문화재 관련 단어가 포함된 단어 찾기 퍼즐을 학생들에게 나누어 주고, 빠른 시간 내로 최대한 많은 단어를 찾도록 합니다.

10. 문화재 이야기 만들기
설명: 주어진 문화유산을 주제로 그룹을 짓고, 학생들이 짧은 이야기를 만들어 발표하도록 합니다. 예를 들어, 경복궁에서 벌어진 상상 이야기를 꾸며보는 활동입니다.

이 활동들은 짧고 재미있으면서도 문화유산에 대한 이해를 높이는 데 효과적입니다.

이제 이 10가지 아이디어들을 바탕으로 구체적인 내용이 더 궁금한 활동은 '문화재 이름 대기 릴레이 게임을 어떻게 진행해야 할지 알려 줘.' 등과 같이 후속 프롬프트를 작성하여 원하는 수업 아이디어를 얻으면 됩니다. 이런 방식으로 모든 과목의 수업 아이디어를 얻고 실제 수업에 활용할 수 있습니다.

따라하면 쉬워지는 프롬프트 예시

"나는 초등학교 3학년 국어 교사야. 학생들이 '문단의 짜임'을 이해하고 스스로 문단을 만들어 볼 수 있도록 놀이 활동을 계획하고 있어. 학생들이 주어진 주제 문장, 뒷받침 문장, 결론 문장을 각각 선택해 퍼즐처럼 문단을 완성하는 활동을 제안해 줘. 각 문장을 선택하고 나면 완성된 문단을 발표하면서 재미있게 학습할 수 있는 아이디어를 부탁해."	**국어 수업 아이디어 요청**
사회 수업 아이디어 요청	"나는 초등학교 3학년 사회 교사야. 학생들에게 '가족의 모습과 역할 변화'를 가르치고 있어. 옛날과 오늘날의 가족 형태를 비교하는 수업에서 학생들이 직접 참여하고 흥미를 느낄 수 있도록 다양한 수업 아이디어를 제안해 줘. 예를 들어, 옛날 가족과 오늘날 가족의 특징을 그림으로 표현하거나 역할극을 통해 서로의 차이점을 이해할 수 있는 방식이면 좋겠어."
"나는 초등학교 4학년 과학 교사야. 공개 수업에서 화강암과 현무암의 특징을 가르치고 싶어. 학생들이 화강암과 현무암을 직접 관찰하고, 서로의 특징을 비교해 보는 활동을 통해 자연스럽게 학습 내용을 이해할 수 있도록 돕고 싶어. 이를 위해 교실 내에서 작은 암석 전시회를 열어 학생들이 각 암석을 직접 만져보고 특징을 발표할 수 있는 수업 아이디어를 10가지 제시해 줘."	**과학 수업 아이디어 요청**

"나는 초등학교 5학년 도덕 교사야. 학생들이 올바른 대화를 통해 갈등을 해결하는 법을 배우는 프로젝트 수업을 계획하고 있어. 학생들이 실제 상황을 설정하고, 그 안에서 갈등을 해결하는 연습을 할 수 있도록 돕는 활동을 제안해 줘. 이 프로젝트 수업은 3차시 정도의 분량(120분)이면 좋겠어."	**도덕 수업 아이디어 요청**

수학 수업 아이디어 요청	"나는 초등학교 6학년 수학 교사야. 학생들이 직육면체의 겉넓이를 쉽게 이해하고 계산할 수 있도록 수업을 짜고 싶어. 학생들이 직접 직육면체 모형을 만들어 보고, 모형의 각 면을 색종이로 덮으면서 겉넓이를 구하는 활동을 통해 직육면체의 겉넓이를 재미있게 학습할 수 있는 아이디어를 다섯 가지 제시해 줘."

2-2 지도서 기반 활동 및 발문 짜기

지도서는 교사에게 여러 수업에 대한 지침을 주고, 수업의 방향을 결정하는 데 도움을 줍니다. 수업설계를 할 때, 지도서 PDF 파일의 화면을 캡처하거나 지도서의 내용을 텍스트로 복사한 뒤 AI에게 관련 내용을 요청하면 더욱 확실한 내용에 입각한 아이디어를 얻을 수 있습니다. 바로 "나는 사회 수업에서 옛날 사람들이 통신 수단을 이용했던 모습과 관련된 수업을 계획하고 있어. 이 수업에서 활용할 수 있는 활동 다섯 가지를 추천해 줘."라고 묻는 것보다, "이 그림은 내가 가르칠 사회 지도서의 내용이야. 이 내용을 바탕으로 수업에서 활용할 수 있는 활동 다섯 가지를 추천해 줘."라고 물어보면, 지도서의 내용을 학습하기 때문에 더 맥락이 있는 활동을 추천해 주고, 학생의 수준에 맞는 활동을 추천받을 수 있습니다.

지도서 캡처하여 활동 제안받기

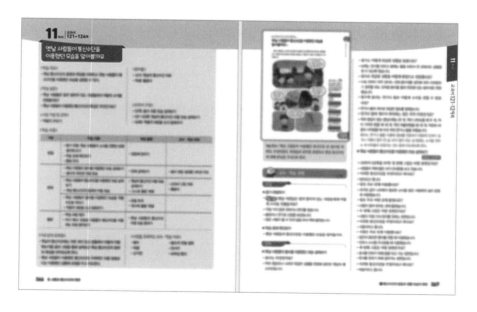

이 지도서를 캡처한 후, GPT에 그대로 붙여넣기(Ctrl+V)하여 올리면 지도서 사진이 업로드된 것을 알 수 있습니다. 혹은 파일 첨부를 눌러서 지도서 PDF 파일 자체를 올려도 됩니다. 그러나 PDF 파일의 분량이 방대한 경우에는 AI가 인식하기 어려워하는 때도 있으니, 가능하면 적은 양의 이미지 파일이나 텍스트를 복사하여 붙여넣기할 것을 추천합니다.

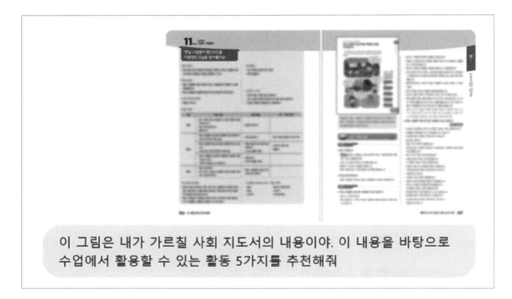

이 그림은 내가 가르칠 사회 지도서의 내용이야. 이 내용을 바탕으로 수업에서 활용할 수 있는 활동 5가지를 추천해줘

이렇게 지도서의 내용이 업로드된 것을 알 수 있습니다. 이제 AI가 지도서를 바탕으로 어떻게 활동을 제안해 주는지 살펴볼까요?

 이 그림은 내가 가르칠 사회 지도서의 내용이야. 이 내용을 바탕으로 **수업에서 활용할 수 있는 활동 다섯 가지**를 추천해 줘.

 이미지 속 내용은 사회과 수업에서 옛날 사람들이 통신 수단을 어떻게 이용했는지를 배우는 것 같아요. 이 내용을 바탕으로 활용할 수 있는 활동 다섯 가지를 제안해 드릴게요.

- 역할극 활동: 학생들이 옛날 통신 수단을 사용하여 소식을 전달하는 상황을 역할극으로 연기해 보도록 합니다. 학생들은 봉수나 파발, 연기 신호 등 각기 다른 통신 수단을 맡아 소식을 전달하

며 당시의 어려움을 몸소 체험할 수 있습니다.

- 모형 만들기: 학생들이 옛날 통신 수단(예: 봉수대, 파발마 등)의 모형을 만드는 활동을 합니다. 재활용품이나 간단한 재료들을 이용하여 옛날 통신 수단을 직접 만들어 보고, 이를 통해 옛날의 통신 방법을 더 깊이 이해하게 합니다.
- 지도와 함께 봉수대 경로 그리기: 제공된 지도를 활용하여 봉수대가 위치한 경로를 직접 그려 보는 활동을 합니다. 봉수대가 어디에 위치하고, 왜 그곳에 설치되었는지를 함께 토론하면서 지리적 위치의 중요성도 배울 수 있습니다.
- 통신 수단 발달의 장단점 비교하기: 과거의 통신 수단과 현대의 통신 수단의 장단점을 비교하는 활동을 합니다. 학생들은 각 통신 수단의 장단점을 조사하여 발표하며, 시대의 변화에 따라 기술의 발달이 사람들의 생활에 어떻게 영향을 미쳤는지 이해하게 됩니다.
- 옛날 통신 수단 이야기 만들기: 학생들이 옛날 통신 수단을 이용하여 소식을 전달해야 하는 상황을 설정하고, 짧은 이야기를 만들어 보도록 합니다. 이를 통해 과거 사람들이 겪었을 어려움을 간접적으로 체험하고, 발표를 통해 서로의 이야기를 공유하며 협력적인 학습 분위기를 조성할 수 있습니다.

이러한 활동들은 학생들에게 옛날 통신 수단에 대한 이해를 돕고 흥미를 유발할 수 있을 것입니다.

지도서 캡처하여 핵심 발문 요청하기

|학습 흐름|

구분	학습 내용	학생 활동	교수 · 학습 자료
도입	• 동기 유발: 옛날 사람들이 소식을 전했던 방법 생각해 보기 • 학습 문제 확인하기 • 활동 안내	• 질문에 답하기	
전개	• 옛날 사람들이 봉수를 이용했던 모습 살펴보기 − 봉수의 의미와 이용 모습	• 만화 살펴보기	• 봉수 전달 경로를 나타낸 지도
	• 옛날 사람들이 통신수단을 이용했던 모습 살펴보기 − 옛날 통신수단의 종류와 이용 모습	• 옛날의 통신수단 이용 모습 살펴보기 • '스스로 활동' 해결	• 교과서 그림 자료 • 활동지
	• 옛날 사람들이 봉수를 이용했던 모습을 역할극으로 꾸미기 − 역할극 대본을 쓰고 발표하기	• 모둠 토의 • '친구와 활동' 해결	
정리	• 학습 내용 정리 • 차시 예고: 오늘날 사람들이 통신수단을 이용하는 모습 알아보기	• 옛날 사람들의 통신수단 이용 모습 말하기	

그리고 이와 같은 학습 흐름만 따로 캡처하여 올리고 각 학습 흐름별로 교사가 해야 할 핵심 발문은 무엇인지 물어볼 수도 있습니다.

 이 지도서의 학습 흐름을 보고 교사가 각 학습 흐름별로 해야 할 **핵심 발문**을 알려 줘.

 이미지에 기반하여 학습 흐름별로 교사가 할 수 있는 핵심 발문을 정리해 보았습니다.

<도입>

동기 유발 - 옛날 사람들이 소식을 전했던 방법 생각해 보기
- 핵심 발문: "옛날에는 사람들이 전화나 인터넷이 없을 때, 소식을 어떻게 전했을까요?"

학습 문제 확인하기
- 핵심 발문: "오늘 우리가 배울 주제는 '옛날 사람들의 통신 방법'이예요. 어떤 방법들이 있었을지 함께 생각해 볼까요?"

활동 안내
- 핵심 발문: "여러분이 과거의 통신 방법을 더 잘 이해하기 위해 어떤 활동을 해보면 좋을까요? 함께 알아보아요."

<전개>

옛날 사람들이 봉수를 이용했던 모습 살펴보기
- 핵심 발문: "여기 보이는 그림에서 사람들이 봉수를 이용하고 있어요. 봉수란 무엇이며, 어떤 상황에서 사용했을까요?"

옛날 통신 수단의 종류와 이용 모습 살펴보기
- 핵심 발문: "봉수 외에도 사람들이 소식을 전하는 방법은 무엇이 있었을까요?"

옛날 사람들이 봉수를 이용했던 모습을 역할극으로 꾸미기
- 핵심 발문: "만약 여러분이 옛날 사람이라면, 어떤 방법으로 신속하게 소식을 전할 수 있을까요?"

<정리>

옛날 통신 수단 정리하기
- 핵심 발문: "오늘 배운 옛날 사람들의 통신 방법에는 어떤 것들이 있었나요?"
- 핵심 발문: "각 통신 방법이 사용된 이유와 특징을 함께 정리해 볼까요?"

옛날과 오늘날의 통신 방법 비교하기

- 핵심 발문: "옛날 사람들은 어떻게 소식을 전했고, 오늘날에는 어떤 방법으로 소식을 전하나요?"
- 핵심 발문: "오늘날 사용하는 전화, 인터넷, 문자 메시지 같은 통신 수단과 옛날 통신 방법의 가장 큰 차이점은 무엇인가요?"
- 핵심 발문: "옛날 통신 방법 중에서 오늘날에도 활용할 수 있는 부분이 있을까요?"

교사가 판단하기에 지도서의 활동이 흥미롭지 않다면, 다음과 같이 프롬프트를 작성해서 수업을 재구성하면 됩니다. 재구성의 목적(보다 흥미 있는 수업)과 수업 시간(40분)을 명시하면 보다 교사가 활용하기 적합한 응답을 얻을 수 있도록 해봅니다.

지도서 활동 재미있게 재구성하도록 요청하기

 여기 지도서에 나타난 전개의 세 가지 활동들을 재구성해서 학생들이 더 흥미를 가질 수 있는 활동을 다시 제시해 줘. 단, 교과서의 내용을 기반으로 해주고 40분 안에 끝낼 수 있도록 재구성해 줘.

 40분이라는 제한된 시간 내에서 학생들이 집중적으로 참여하고 흥미를 가질 수 있도록 전개 활동을 다시 재구성해 보았습니다.

1. 봉수 전달 체험 게임(10분)
- 활동 설명: 학생들을 두 팀으로 나누어 '봉수 전달 게임'을 진행합니다. 각 팀은 교실 내에서 '봉수대'로 지정한 위치에 서서 불빛이나 손전등을 이용해 신호를 주고받습니다. 불빛을 켜고 끄는 패턴을 통해 '적이 나타났다.', '도움이 필요하다.'와 같은 메시지를 전달합니다. 각 팀은 봉수 신호를 빠르고 정확하게 전달하는 것을 목표로 합니다.
- 활동 목표: 학생들이 봉수를 통해 소식을 전달하는 방식을 경험함으로써 봉수의 목적과 그 과정의 어려움을 이해합니다.
- 교사 역할: 학생들이 신호를 주고받는 동안 적절히 관찰하고, 봉수 신호가 잘못 전달될 경우의 상황을 함께 점검합니다.

2. 통신 수단 카드 탐구 활동(15분)
- 활동 설명: 교사가 봉수, 파발, 연기 신호와 같은 다양한 옛날 통신 수단을 그림과 설명이 있는 카드 형태로 준비합니다. 각 그룹은 카드를 하나씩 선택하고 해당 통신 수단의 특징, 사용 상황,

장단점에 대해 간단하게 탐구한 뒤 다른 그룹에 설명합니다. 다른 그룹은 질문을 하며 해당 통신 수단에 대해 더 깊게 이해하려고 합니다.

- 활동 목표: 학생들이 옛날 통신 수단의 다양한 종류와 특징을 능동적으로 탐구하고, 서로에게 설명하는 정보 공유를 통해 학습을 강화합니다.
- 교사 역할: 학생들이 설명할 때 도움이 되는 질문을 던져 학생들이 사고를 확장할 수 있도록 합니다. 예를 들어, '이 통신 수단은 어떤 상황에서 가장 유용했을까요?'와 같은 질문을 통해 깊이 있는 사고를 유도합니다.

3. 통신 수단 포스터 그리기(15분)

- 활동 설명: 각 그룹에 자신들이 탐구한 통신 수단의 포스터를 그려보게 합니다. 포스터에는 통신 수단의 그림, 사용된 이유, 특징, 장단점 등을 포함하여 쉽게 이해할 수 있도록 표현합니다. 포스터를 완성한 후 각 그룹은 교실 앞에 나와 짧게 발표합니다.
- 활동 목표: 학생들이 학습한 내용을 시각적으로 표현하고, 포스터를 통해 다른 학생들에게도 내용을 전달함으로써 정보 전달의 중요성과 창의력을 기릅니다.
- 교사 역할: 각 그룹이 발표할 때 내용을 보충하거나 요점을 강조하여 학생들이 핵심 내용을 놓치지 않도록 합니다.

2-3 퀴즈 만들기

학생들은 재미있는 퀴즈 놀이를 통해 학습 내용을 재미있게 복습하고, 자신의 이해도를 점검하는 과정을 거치면서 많이 성장합니다. 실제로 한 연구에 따르면 교실에서 퀴즈를 통해 학습하는 학생들은 퀴즈를 하지 않거나, 주어진 자료를 그냥 학습한 학생에 비해 시험 성적이 향상했습니다(Roediger et al., 2011). 퀴즈를 활용하면 그 수업에서 배운 내용 중에서 학생들이 머릿속에 남은 내용과 그렇지 않은 내용을 깨달을 수 있게 하고, 학습에 대한 흥미 또한 높일 수 있습니다.

하지만 모든 수업마다 창의적이고 새로운 퀴즈를 만드는 것은 시간과 노력이 많이 드는 일입니다. 이럴 때는 AI를 활용하면 퀴즈 아이디어를 빠르게 얻을 수 있을 뿐만 아니라, 교사가 원하는 방식으로 커스텀하여 수업에 활용할 수 있으므로 매우 유용합니다.

퀴즈 10가지 요청하기

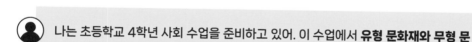

나는 초등학교 4학년 사회 수업을 준비하고 있어. 이 수업에서 **유형 문화재와 무형 문화재로 퀴즈를 10개** 내고 싶어. 퀴즈 10가지를 내줘.

유형 문화재와 무형 문화재를 주제로 한 퀴즈 10가지를 준비해 드릴게요. 각 퀴즈는 질문과 정답을 포함하고 있습니다.

유형 문화재 관련 퀴즈

퀴즈 1: 질문: 경복궁은 어느 지역에 있는 유형 문화재인가요?

정답: 서울

퀴즈 2: 질문: 석굴암과 불국사는 어느 시기에 건축된 유형 문화재인가요?

정답: 통일신라시대

퀴즈 3: 질문: 고려 시대에 만들어진 청자 도자기는 어떤 색을 띠고 있나요?

정답: 녹색

퀴즈 4: 질문: 조선왕조실록은 어떤 부류의 유형 문화재로 분류되나요?

정답: 기록 유산

퀴즈 5: 질문: 팔만대장경은 어느 사찰에 보관된 유형 문화재인가요?

정답: 해인사

무형 문화재 관련 퀴즈

퀴즈 6: 질문: 판소리는 어떤 예술 장르로 분류되는 무형 문화재인가요?

정답: 음악/노래

퀴즈 7: 질문: 김장은 어느 계절에 주로 이루어지는 무형 문화재인가요?

정답: 겨울

퀴즈 8: 질문: 아리랑은 어떤 종류의 무형 문화재인가요?

정답: 민요

퀴즈 9: 질문: 줄다리기는 어떤 무형 문화재에 속하나요?

정답: 전통 놀이

퀴즈 10: 질문: 종묘 제례악은 어떤 행사에서 연주되는 무형 문화재인가요?

정답: 종묘제례

이 퀴즈들을 통해 학생들이 유형 문화재와 무형 문화재에 대한 지식을 재미있게 학습할 수 있을 것입니다.

그러나 위의 AI의 응답을 보니 학생들이 과연 잘 대답할 수 있을까? 하는 의문이 들었습니다. 정답을 '무형 문화재'와 '유형 문화재'로 바꿔서 다시 만들어 보면 좀 더 쉽게 대답할 수 있을 것 같으므로 이번에는 이렇게 프롬프트를 작성해 보겠습니다.

정답 변형 요청하기

 질문에 대한 **'정답'이 무형 문화재, 유형 문화재로 나올 수 있도록** 다시 10개를 짜줘.

 유형 문화재와 무형 문화재를 주제로 하여, 정답이 '유형 문화재' 또는 '무형 문화재'로 나올 수 있는 퀴즈 10가지를 준비해 드리겠습니다.

> 퀴즈 1 질문: 경복궁은 어떤 종류의 문화재인가요? 정답: 유형 문화재
>
> 퀴즈 2 질문: 판소리는 어떤 종류의 문화재인가요? 정답: 무형 문화재
>
> 퀴즈 3 질문: 석굴암은 어떤 종류의 문화재인가요? 정답: 유형 문화재
>
> 퀴즈 4 질문: 김장은 어떤 종류의 문화재인가요? 정답: 무형 문화재
>
> 퀴즈 5 질문: 불국사는 어떤 종류의 문화재인가요? 정답: 유형 문화재
>
> 퀴즈 6 질문: 아리랑은 어떤 종류의 문화재인가요? 정답: 무형 문화재
>
> 퀴즈 7 질문: 팔만대장경은 어떤 종류의 문화재인가요? 정답: 유형 문화재
>
> 퀴즈 8 질문: 종묘제례악은 어떤 종류의 문화재인가요? 정답: 무형 문화재
>
> 퀴즈 9 질문: 조선왕조실록은 어떤 종류의 문화재인가요? 정답: 유형 문화재
>
> 퀴즈 10 질문: 줄다리기는 어떤 종류의 문화재인가요? 정답: 무형 문화재

아까의 응답보다는 학생들이 훨씬 잘 응답할 수 있을 것 같습니다. 그러면 이번에는 이 퀴즈를 ○× 퀴즈 형태로도 바꿀 수도 있을까요?

○× 퀴즈로 변형 요청하기

이걸 토대로 다른 형태의 퀴즈를 만들고 싶어. ○× 퀴즈로 바꿔 줘.

유형 문화재와 무형 문화재를 주제로 한 ○× 퀴즈로 변경한 10가지 문제를 준비해 드리겠습니다.

퀴즈 1 질문: 경복궁은 무형 문화재다. 정답: ×(유형 문화재)

퀴즈 2 질문: 판소리는 무형 문화재다. 정답: ○(무형 문화재)

퀴즈 3 질문: 석굴암은 무형 문화재다. 정답: ×(유형 문화재)

퀴즈 4 질문: 김장은 무형 문화재다. 정답: ○(무형 문화재)

퀴즈 5 질문: 불국사는 무형 문화재다. 정답: ×(유형 문화재)

퀴즈 6 질문: 아리랑은 무형 문화재다. 정답: ○(무형 문화재)

퀴즈 7 질문: 팔만대장경은 무형 문화재다. 정답: ×(유형 문화재)

퀴즈 8 질문: 종묘제례악은 무형 문화재다. 정답: ○(무형 문화재)

퀴즈 9 질문: 조선왕조실록은 무형 문화재다. 정답: ×(유형 문화재)

퀴즈 10 질문: 줄다리기는 무형 문화재다. 정답: ○(무형 문화재)

○✕ 퀴즈도 정말 잘 만들어 주는 것 같습니다. 이제 이 퀴즈를 그대로 가져다 사용해도 괜찮을까요? 수업에서는 학생들에게 정확한 정보를 전달해야 하므로, 교사의 전문성을 바탕으로 인공지능의 응답이 정확한 사실을 기반으로 만들어진 것인지 반드시 확인하셔야 합니다. 특히, 퀴즈와 같이 명확한 답이 존재하는 경우는 잘못된 개념을 전달할 가능성이 높습니다. 따라서 AI가 생성한 퀴즈나 자료는 반드시 교사의 검토를 거쳐 그 정확성을 확인하고, 필요에 따라 적절히 수정하여 개선하는 과정이 필요합니다.

GPT 응답을 활용하여 온라인 퀴즈 만들기

이제 AI가 생성해 준 응답을 바탕으로 실제 온라인 퀴즈를 만들어 볼까 합니다. 아이스크림이라는 회사의 '띵커벨'이라는 수업 활용 에듀테크 도구를 활용하여 쉽게 ○✕ 퀴즈를 만들어 보겠습니다. 먼저 띵커벨(https://www.tkbell.co.kr/)에 접속하여 만들기를 누르고 '퀴즈'를 선택합니다. 그리고 문제의 유형 중 '○✕'를 선택합니다.

구체적인 학년과 단원, 차시를 선택하고 난 후에는 AI가 생성해 준 질문과 답이 정말 정확한지 확인하면서 넣어 주면 퀴즈 만들기 끝입니다. 정말 쉽죠? 그전에는 교사가 교과서를 일일이 뒤지면서 30분 넘게 걸릴 일을 AI의 도움을 받으면 5분 정도로 끝낼 수 있습니다.

2-4 역할극 대본 만들기

역할극은 학생들이 수업 내용을 보다 깊이 이해하고, 실제 상황에 적용할 수 있는 중요한 학습 활동입니다. 특히 역할극은 사회나 국어, 도덕 등의 수업에서 많이 활용할 수 있고, 학생들은 역할극을 통해 특정 인물의 감정이나 시각 등을 공감하고 더욱 깊게 이해할 수 있습니다. 평상시 교사들이 수업을 위해 일반적인 방법으로 역할극 대본을 만들려면 많은 시간이 소요되지만, AI를 활용하면 다양한 수업에서 활용할 수 있는 역할극 아이디어와 대본을 훨씬 쉽게 만들 수 있습니다.

역할극 아이디어 요청하기

나는 초등학교 교사고 사회 수업을 준비하고 있어. **3.1 운동과 대한민국 임시 정부의 수립 그리고 유관순의 만세 시위**에 대해 **역할극**을 만들어서 학생들과 수업하고 싶어. 어떻게 만들면 좋을까?

역사적 사건을 중심으로 한 역할극은 학생들에게 깊이 있는 학습 경험을 제공할 수 있습니다. 삼일(3.1) 운동, 대한민국 임시 정부 수립, 유관순의 만세 시위를 주제로 역할극을 만드는 방법을 다음과 같이 구체적으로 설명하겠습니다.

1. 역할 분담
해설자: 역사적 배경과 사건 설명
유관순: 천안 아우내 장터에서 만세 시위를 주도
독립운동가들: 독립 선언서 낭독 및 시위 참여
일본 경찰: 시위 진압 역할
임시 정부 수립 관련 인물: 회의 장면 재현

2. 소품 및 의상 준비
소품: 독립 선언서 복사본, 태극기, 간단한 전통 의상(한복, 군복 등), 만세 시위 팻말

의상: 유관순 역할을 하는 학생에게는 간단한 흰 저고리와 치마, 독립운동가와 임시 정부 인물에게는 전통 의상 또는 간단한 양복, 일본 경찰 역할 학생에게는 경찰 모자와 소품

3. 역할극 연습

대본 읽기: 학생들과 함께 대본을 읽고, 각자의 역할을 이해합니다.

장면 연습: 각 장면을 나누어 연습합니다. 처음에는 대본을 보며 연습하고, 이후에는 완전히 암기하여 대본 없이 연습합니다.

전체 연습: 모든 장면을 순서대로 연습하여 역할극의 흐름을 익힙니다.

(후략)

역할극 대본 요청하기

답변의 역할극 아이디어가 꽤 괜찮은 것 같습니다. 이 아이디어를 바탕으로 역할극 대본을 만들어 달라고 해보겠습니다. 학생들과 역할극을 할 때는 분량이 너무 길면 부담스러워하는 경향이 있으므로, A4 반 장 분량으로 만들어 달라고 하겠습니다.

 이 **역할극 대본을 A4 반 장 분량**으로 만들어 줘.

 다음은 삼일 운동, 대한민국 임시 정부 수립, 유관순의 만세 시위를 주제로 한 역할극 대본을 A4 반 장 분량으로 요약한 것입니다.

해설자: (무대 중앙에 서서) "1919년 3월 1일, 대한민국은 일제의 식민 통치에 저항하여 전국적으로 만세 시위를 벌였습니다. 이 사건은 삼일 운동으로 불리며, 대한민국 임시 정부 수립의 계기가 되었습니다. 이제 그날의 사건을 재현해 보겠습니다."

장면 1: 독립 선언서 낭독(독립운동가들이 무대 중앙에 모여 있다)

독립운동가 1: (독립 선언서를 높이 들어 보이며) "우리는 오늘 대한민국이 일본에서 독립한 나라인 것을 선언한다!"

독립운동가 2: (함께 외치며) "대한 독립 만세!"

시위대: (함께 손을 들어 올리며) "대한 독립 만세! 만세!"

장면 2: 유관순의 만세 시위(유관순과 시위대가 무대 오른쪽에서 등장)

유관순: (태극기를 들고) "모두 태극기를 들고 외쳐요! 대한 독립 만세!"

시위대: (유관순을 따라) "대한 독립 만세! 만세!"

> 일본 경찰: (무대 왼쪽에서 등장하며) "저기, 저들을 막아라!"
> 시위대: (잡히면서도 외친다) "대한 독립 만세!"
>
> (후략)

저는 단순하게 A4 반 장 분량의 역할극 대본을 만들어 달라는 부탁만 했으나, 좀 더 명확하게 학생 수를 지정해도 좋습니다. 예를 들어 "이 역할극 대본을 **네 명의 학생들**이 할 수 있도록 해주고, **A4 반 장 분량**으로 만들어 줘. 또한 다섯 모둠이 할 수 있도록 조금씩 상황을 다르게 해서 **다섯 개의 역할극 대본**을 만들어 줘."라고 한다면 네 명의 학생들이 할 수 있는 서로 다른 다섯 개의 역할극 대본을 받을 수 있습니다.

학예회용 역할극 대본 요청하기

저는 AI가 만들어 준 대본을 보면서 이걸 학예회용으로 활용해도 좋겠다는 생각이 들었습니다. 학예회용 대본은 학생들이 꼭 한 번씩은 나와서 대사를 해보려면 꽤 긴 분량을 만들어야 하므로, 교사들이 많은 시간을 투자할 수밖에 없습니다. 하지만 AI를 활용하면 내가 원하는 조건으로 학예회 대본을 빠르고 쉽게 만들 수 있습니다.

 이 내용으로 **학예회**를 하려고 해. **10분** 분량으로 **25명의 학생이 한 번씩은 나와서 대사를 할 수 있도록** 대본을 만들어줘.

 <삼일운동과 대한민국 임시정부 수립> 역할극 대본

등장인물 (총 25명)

해설자(2명): 역사적 배경과 사건 설명

독립운동가(5명): 독립선언서 낭독 및 만세 시위

시위대(5명): 만세운동에 참여

유관순(1명): 주도적으로 만세운동을 이끄는 역할

일본 경찰(3명): 시위 진압

임시정부 인물(5명): 임시정부 수립을 위한 논의

군중(4명): 상황 재현 및 만세운동에 참여

도입

해설자 1: (무대 중앙에서 관객을 향해)

"1919년 3월 1일, 대한민국 곳곳에서 '대한 독립 만세'가 울려 퍼졌습니다. 학생과 시민들은 태극기를 들고 거리로 나왔고, 독립선언서를 낭독하며 일본의 식민 지배에 맞섰습니다."

해설자 2:

"이 운동은 일본의 강압적인 식민통치에 대한 평화적 저항이었고, 이후 대한민국 임시정부 수립으로 이어지는 중요한 계기가 되었습니다. 이제 그날의 사건을 재현해 보겠습니다."

장면 1: 독립선언서 낭독

(무대 중앙에 독립운동가들이 모여 있다. 독립선언서를 들고 서 있다.)

독립운동가 1: (독립선언서를 높이 들어 보이며)

"우리는 오늘, 조선이 독립국임을 선언한다!"

독립운동가 2:

"이제 우리는 일본의 식민지배에서 벗어나 자유를 찾을 것이다!"

시위대 전원: (함께 두 팔을 올리며)

"대한 독립 만세! 만세! 만세!"

장면 2: 만세운동의 확산

(시위대가 태극기를 흔들며 무대 왼쪽에서 등장한다.)

시위대 1:

"모두 나와서 대한 독립을 외치자!"

시위대 2:

"우리의 외침이 온 나라에 퍼지게 하자!"

시위대 전원:

"대한 독립 만세! 만세! 만세!"

(일본 경찰 3명이 무대 오른쪽에서 등장하며 시위대를 향해 다가간다.)

일본 경찰 1:

"저들을 막아라!"

일본 경찰 2:

"너희들은 불법 시위를 하고 있다. 당장 해산하라!"

시위대 4: (잡히면서도 외친다)

"우리는 물러서지 않는다! 대한 독립 만세!"

장면 3: 유관순의 저항

(무대 오른쪽에서 유관순이 등장한다. 손에 태극기를 들고 있다.)

2-5 단원 도입 빙고 문제 만들기

빙고 게임은 학생들의 선호도가 높은 참여형 활동입니다. 수업 중 빙고 게임을 활용하면 학생들의 상호 작용을 늘리고 이해도와 수업 만족도, 참여도를 향상하는 데 큰 도움이 됩니다(Simkin, 2013;Tietze, 2007). 특히, 단원을 시작할 때 도입 차시에서 해당 단원과 관련하여 어떤 내용을 다루는지 빙고 학습지로 제시하면, 학생들이 교과서도 들여다보고 빙고도 할 수 있어 단원의 내용에 익숙해지는 데 효과적입니다. 그래서 다음과 같이 단원 도입 빙고 학습지를 만들 때 AI를 활용해 보고자 합니다.

5학년 1학기	단원도입빙고	5학년
사 회	2. 인권 존중과 정의로운 사회 3) 법의 의미와 역할(128~146)	이름 (

🐾 힌트(쪽)를 보고, 알맞은 핵심 낱말을 찾아 쓰세요.

순서	뜻	쪽	정답
1	( ) : 사회가 구성원들에게 기대하는 생각, 태도, 행동, 양식	129	
2	( )은 사회 질서를 유지하고 정의를 실현하기 위해 국가가 만든 사회 규범이다.	129	
3	도덕은 ( )이 없지만, 법은 ( )이 있어서 꼭 지켜야한다.	129	
4	법을 지키지 않으면 ( )를 받습니다.	130	
5	오늘날 우리나라 대법원 입구에는 ( )이 세워져 있습니다.	131	

< 빙 고 판 >

교과서의 해당 단원 PDF 파일을 텍스트로 복사하여 AI에게 학습시킨 후, 빙고 학습지에 들어갈 문제를 요청해 보겠습니다. PDF 파일을 바로 업로드하는 것보다, 텍스트를 복사하여 붙여 넣으면 보다 정확한 문제를 생성할 수 있습니다. PDF 파일을 열고 마우스로 해당 단원 전체를 드래그하여 복사(Ctrl+C) 후 프롬프트 창에 붙여 넣으면(Ctrl+V) 됩니다.

단원 도입 빙고 문제 요청하기

 (교과서 PDF 파일의 텍스트를 복사하여 붙여 넣으며) 내가 올린 글 중에서 **단원 도입 빙고 문제에 넣을 빈칸 문제 20개**를 만들어 줘. 반드시 내가 올린 글 중에서 만들어 줘야 해.
예시: 무덤 안에서 발견된 (   ) 등의 문화유산을 통해 당시 사람들의 생활 모습을 살펴볼 수 있습니다.

다음은 올리신 글을 기반으로 단원 도입 빙고 문제로 사용할 빈칸 문제 20개입니다.

백제는 한강 유역의 넓은 (   )를 차지하고 있어 농사를 짓기에 좋았습니다.

백제의 (   )왕은 남해안 지역까지 진출했습니다.

백제는 바다 건너 (   )와 활발하게 교류했습니다.

고구려는 수도를 (   )에서 국내성으로 옮겼습니다.

(   )대왕은 북쪽의 여러 나라를 차지하고 남쪽으로는 백제를 공격했습니다.

신라는 (   )왕 때 한강 유역 전체를 차지했습니다.

신라의 (   )는 우산국을 정복해 영토를 확장했습니다.

백제는 삼국 중 가장 먼저 (   )를 맞이했습니다.

고구려의 장수왕은 수도를 (   )으로 옮겼습니다.

(후략)

작성한 프롬프트를 보시면 여러 조건을 넣은 것을 알 수 있습니다. 예를 들면 문제의 개수를 특정한 것(단원 도입 빙고 문제에 넣을 빈칸 문제 20개), 반드시 복사해 넣은 글 안에서 문항을 만들어 달라고 한 것(반드시 내가 올린 글 중에서 만들어 줘야 해), 그리고 예시를 넣은 것(예시: 무덤 안에서 발견된 (   ) 등의 문화유산을 통해 당시 사람들의 생활 모습을 살펴볼 수 있습니다.)을 볼 수 있습니다. 이와 같은 방식으로 프롬프트에 구체적인 조건과 예시를 포함하면, AI는 더욱 정교하고 적절한 문제와 자료를 생성해 줍니다.

이제 AI가 만들어 준 빙고 문제를 바탕으로 단원 도입 빙고의 칸에 문제를 넣으면 됩니다. 그러나, AI가 정말 바르게 문제를 생성해 주었는지 한번 꼭 확인해 보시기 바랍니다.

2-6 땅따먹기 문제 만들기

AI는 교사가 입력한 단원 주제와 학습 목표에 맞춘 땅따먹기 게임에서 사용할 문제들을 자동으로 생성할 수 있습니다. 초등 교사 커뮤니티 인디스쿨(https://indischool.com/)에 올라온 다양한 땅따먹기 게임들을 보면 여러 선생님이 귀중한 시간을 내어서 땅따먹기 게임을 만들어 공유하신 것을 볼 수 있습니다. 이러한 자료 중에 이미 내가 활용할 수 있는 자료가 있다면 그것을 그대로 사용하면 되지만, 단원이나 학년이 맞지 않는다면 문제를 일일이 다시 만들 필요 없이 AI에게 문제 생성을 요청하면 됩니다.

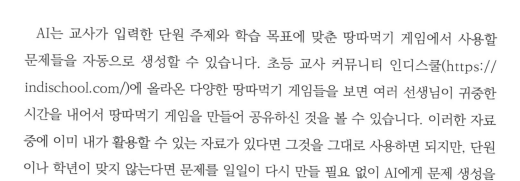

4학년 1학기 수학 1학기 복습 게임	< 곱셈 땅따먹기 게임 1 >	4학년 __반 __번 이름_____.

게임 방법

1. 지우개를 '발사' 위치에 놓고 튕겨서 들어간 칸의 문제를 풉니다.
2. 문제를 맞게 풀었다면 그 땅은 자기 땅이 됩니다. 자기 색깔로 색칠하세요.
3. '꽝'에 들어가면 친구에게 차례가 넘어갑니다.
4. '한 번 더'에 들어가면 그 문제를 풀고, 한 번 더 발사할 수 있습니다.

	7×200	꽝!	700×300	41×2000	24×4000 한 번 더!
	30×20000	36×700	20×500 한 번 더!	12×400	5×200
발사!	30×4000	15×200	700×300	23×700	50×6000
	32×300	43×300 한 번 더!	400×700	22×400	꽝!
	300×200	꽝!	30×300	400×900 한 번 더!	37×2000

발사!

땅따먹기 문제 요청하기

 (땅따먹기 샘플 이미지를 캡처해 올리며) 나는 **초등 5학년 2학기 '소수의 곱셈 단원'**의 마무리 수업을 준비하고 있어. 그래서 이 땅따먹기 게임을 활용하려고 하는데, **이 게임에 들어갈 문제들을 생성해 줘.**
예시: 0.5 × 2

 땅따먹기 게임에 들어갈 수 있는 5학년 2학기 '소수의 곱셈 단원'의 문제들을 생성하겠습니다.

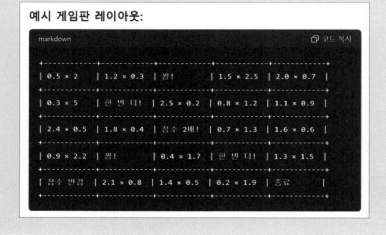

프롬프트를 작성할 때 더 구체적인 문제를 생성하려면, AI가 감을 잡을 수 있도록 예시 문제를 넣으면 좋습니다. 예시가 다양하고 구체적일수록 AI는 해당 단원에 더 밀접한 문제를 만들어 줍니다.(예시: 0.5 × 2)

응답을 보시면, AI가 표를 만들어 준 것을 알 수 있습니다. 이 표에 나와 있는 문제들을 그대로 복사하여 땅따먹기 학습지 판에 그대로 복사하면, 학습지를 쉽게 완성할 수 있습니다. 또한 AI는 단순히 문제를 자동으로 생성해 주는 것 이상의 도움도 줍니다. 예를 들어 교사가 AI에게 학생들의 수준에 맞춘 난이도 조절을 요청하면, 각 학생의 수준에 맞는 문제를 자동으로 다양하게 생성해 줍니다. 그 외에도 더 다양한 재미 요소를 넣어 달라고 하면 이것도 추가하여 제시해 줍니다.

더 재미있는 말판 놀이(부루마불) 요청하기

만약 말판 놀이를 더욱 새롭게 만들어 보고 싶어서 아래와 같이 부루마불 형식의 말판 놀이를 요청하면 어떨까요? AI가 부루마불을 만들어 줄 수 있을지 확인해 보겠습니다.

이런 말판 놀이 중에 더 재밌는 건 없을까? 소수의 곱셈으로 더 재미있는 말판 놀이를 소개해 줘. 나는 땅따먹기 게임 말고 **부루마불 형식**으로 해보고 싶어.

부루마불 형식으로 소수의 곱셈을 학습할 수 있는 게임을 설계해 보겠습니다. 부루마불은 칸마다 다양한 이벤트가 발생하며, 학생들이 주사위를 굴려 이동하는 방식으로 진행됩니다. 이를 통해 학생들은 게임을 즐기면서 소수의 곱셈을 자연스럽게 학습할 수 있습니다.

<소수의 곱셈 부루마불 게임>

게임 준비물:

게임 보드(말판), 주사위, 플레이어 말(각 플레이어에게 하나씩), 소수 곱셈 문제 카드, 이벤트 카드, 점수 기록지

게임 보드 구성:

1. 출발 칸: 게임을 시작하는 칸
2. 일반 칸: 소수의 곱셈 문제를 포함한 칸
3. 보너스 칸: 추가 점수를 얻는 칸
4. 페널티 칸: 점수를 잃거나 뒤로 이동하는 칸
5. 이벤트 칸: 특별한 이벤트가 발생하는 칸(예: '한 턴 쉬기', '다른 플레이어와 자리 바꾸기' 등)
6. 결승 칸: 게임의 종료를 나타내는 칸

예시 게임판:

```diff
| 출발   | 0.5 × 2 | 보너스  | 1.2 × 0.3 | 페널티  | 1.5 × 2.5 |
| 2.0 × 0.7 | 이벤트  | 0.3 × 5 | 1.5 × 0.5 | 2.5 × 0.2 | 0.8 × 1.2 |
| 보너스  | 1.1 × 0.9 | 페널티  | 이벤트  | 2.4 × 0.5 | 1.8 × 0.4 |
| 0.7 × 1.3 | 1.6 × 0.6 | 0.9 × 2.2 | 페널티  | 0.4 × 1.7 | 1.3 × 1.5 |
| 종료   | 2.1 × 0.8 | 보너스  | 1.4 × 0.5 | 0.2 × 1.9 | 이벤트  |
```

　예시 게임판을 보면 땅따먹기와 크게 달라진 게 없다고 생각하실 수 있지만, 부루마불 모양의 학습지를 다운로드하거나 제작한 뒤, 그 안에 하나씩 넣어 주면 부루마블 학습지가 완성됩니다. 학습지에서 표를 만든 후, 가장자리 게임판을 제외하고 안쪽 셀들은 모두 '합치기'를 해주세요. 그후 AI에게 "부루마블 그림을 그려줘."라고 하면 관련한 그림을 그려 주니 그림을 가운데 합치기 한 셀에 넣어주시면 됩니다. 다음은 AI에게 그려 달라고 한 부루마블 그림과 예시 문제들을 넣은 부루마블 학습지입니다.

출발	0.5 × 2	보너스	1.2 × 0.3	페널티	1.5 × 2.5	2.0 × 0.7
종료						이벤트
0.4 × 1.7						0.3 × 5
페널티						1.5 × 0.5
0.9 × 2.2						2.5 × 0.2
1.6 × 0.6						0.8 × 1.2
0.7 × 1.3	1.8 × 0.4	2.4 × 0.5	이벤트	페널티	1.1 × 0.9	보너스

2-7 국어 글쓰기 주제 리스트 만들기

국어 시간에는 학생들이 다양한 글쓰기를 연습합니다. 그러나 교과서에서 제시하는 글쓰기 주제는 때론 학생들의 관심사와는 동떨어진 것을 제시하는 경우가 있습니다. 학생들의 수준과 흥미에 맞는 주제를 선정하지 않으면, 글쓰기 자체가 흥미를 잃기 쉬운 과제로 전락할 수 있습니다. 이때 교사가 AI에게 학생들의 관심사와 맞닿은 글쓰기 주제를 요청한 후, 응답을 토대로 주제를 제시해 줄 수도 있습니다.

학생들이 관심 있어 하는 글쓰기 주제 요청하기

나는 초등학교 6학년 학생들에게 '**타당한 근거로 글을 써요(논설문)**'라는 주제로 **글쓰기 과제**를 내주려고 해. 요즘 한국 초등학생 6학년이 **관심 있어 하는 주제 여덟 가지**를 추천해 줘.

초등학생 6학년이 흥미가 있어 할 만한 논설문 주제로 다음과 같은 것들을 추천합니다:

1. 초등학생 6학년이 스마트폰을 꼭 써야 하는가?
2. 학교에서 숙제를 줄여야 하는가?
3. 초등학생이 학원을 꼭 다녀야만 하는가?
4. 학교 급식에 간식을 추가해야만 하는가?
5. 학교에 휴대폰을 가지고 다녀도 되는가?
6. 초등학생이 애완동물을 키워야 하는가?
7. 학교에서 더 많은 체육 시간을 가져야 하는가?
8. 온라인 학습이 교실 수업을 대체할 수 있는가?

학생들의 상상력을 자극하는 글쓰기 주제 요청하기

 초등학교 **4학년 학생들의 상상력을 자극할 수 있는 창작 글쓰기 주제를 추천**해 줘. 예를 들어, '만약 내가 시간을 여행할 수 있다면' 또는 '내가 직접 발명한 새로운 물건' 같은 주제가 포함되었으면 좋겠어.

 초등학교 4학년 학생들의 상상력을 자극할 수 있는 창작 글쓰기 주제를 추천해 드리겠습니다.

만약 내가 시간을 여행할 수 있다면?

- 어느 시대(과거 또는 미래)로 가고 싶나요?

- 그곳에서 어떤 사람을 만나고, 어떤 경험을 할 것인가요?

내가 직접 발명한 새로운 물건

- 어떤 문제를 해결하기 위해 만든 물건인가요?

- 물건의 기능과 사용 방법을 설명해 보세요.

동물과 대화할 수 있는 능력이 생긴다면?

- 어떤 동물과 대화해 보고 싶나요?

- 그 동물은 어떤 비밀을 알려 줄까요?

나만의 마법 학교를 만든다면?

- 어떤 과목이 있고, 학생들은 무엇을 배우나요?

- 특별한 마법 도구나 규칙이 있나요?

내가 사는 세상이 100년 후 미래로 바뀐다면?

- 집, 학교, 교통수단은 어떻게 변할까요?

- 사람들은 어떤 생활을 하고 있을까요?

2-8 우리 지역 기행문 예시 준비하기

5학년 국어에서는 기행문의 예시를 보고 직접 써보는 활동을 하게 됩니다. 교과서에는 '내 마음을 사로잡은 경주'로 경주에 다녀온 후 쓴 기행문의 예시를 보여 주고 있는데, 만약 경주 대신에 학생들이 사는 자신의 지역으로 작성된 기행문의 예시를 보여 준다면 어떨까요? 앞서 해본 방식으로 AI를 활용해 학생들이 사는 지역에 대한 기행문 예시를 생성해 나눠 준다면, 학생들은 더 친근하고 공감할 수 있는 내용을 통해 글쓰기 활동에 몰입할 수 있습니다.

우리 지역 기행문 예시 요청

초등학교 5학년 학생들에게 제시할 만한 **기행문의 예시를 '경기도 남양주시'를 주제로 써줘. 예시 글을 첨부할게.(예시 글을 교과서 PDF 파일에서 캡처 후 업로드)**

경기도 남양주를 다녀와서

우리 가족은 이번에 경기도 남양주로 가족 여행을 다녀왔다. 남양주는 아름다운 자연과 역사적인 유적들이 어우러져 있어 정말 기대가 컸다.

먼저, 우리는 남양주에 있는 다산 정약용 유적지로 갔다. 입구에 들어서니 다산 정약용 선생의 동상이 우리를 반겨 주었다. 정약용 선생은 조선 후기의 위대한 학자이자 실학자로 유명하다. 유적지 내부에는 그의 업적과 생애를 알 수 있는 자료들이 가득했다. 우리는 가이드의 설명을 들으며 유적지를 돌아보았고, 정약용 선생의 지혜와 열정을 느낄 수 있었다.

다음으로 우리는 물의 정원으로 향했다. 물의 정원은 시원한 물과 아름다운 꽃들이 가득한 공원이다. 공원 안에는 산책로가 잘 조성되어 있어 가족들과 함께 걷기에 딱 좋았다. 우리는 시원한 바람을 맞으며 꽃구경하고 호수 주변을 산책했다.

점심으로는 남양주의 대표 음식 중 하나인 묵밥을 먹었다. 시원한 국물과 쫄깃한 도토리묵이 어우러져 별미였다. 식사 후에는 근처의 북한강을 따라 산책을 했다. 강물은 반짝반짝 빛났고, 시원한 바람이 불어와 기분이 상쾌했다.

마지막으로 방문한 곳은 수종사였다. 산길을 따라 올라가니 멋진 경치가 펼쳐졌다. 특히 수종사에서는 북한강과 남양주 시내가 한눈에 내려다보였는데, 마치 그림 같은 풍경이었다. 절에서 조용히 앉아 명상을 하며 마음이 편안해지는 것을 느꼈다.

이렇게 남양주에서의 하루가 끝났다. 아름다운 자연과 역사적인 장소를 직접 보고 느끼면서 많은 것을 배운 소중한 여행이었다. 다음에도 가족과 함께 또 다른 곳을 탐방해 보고 싶다.

2-9 국어 토론 수업 자료 준비하기

사회나 국어, 도덕 등의 수업에서는 토론 수업 형태를 자주 활용합니다. 이때 인터넷이나 서적 등의 자료를 활용해 학생들이 자신의 주장을 뒷받침할 수 있는 내용을 직접 찾아보게 할 수도 있지만, 시간이 부족한 경우에는 관련 배경지식, 찬반 논거, 주요 사례 등의 다양한 참고 자료를 제공해 주면 좋습니다. 이럴 때 교사가 일일이 정보를 찾아서 정리하기보다는, AI를 활용하여 참고 자료를 생성 및 제공하면 시간을 단축하기가 매우 좋습니다.

토론 수업 참고 자료 생성 요청

나는 국어 수업에서 토론을 해보려는데, **'채식을 해야 한다'**와 **'그렇지 않다'**로 진행하려고 해. 학생용 자료로 채식에 대한 **찬성/반대 의견과 그 주장에 대한 근거 및 주요 사례**를 준비해 줘.

채식을 해야 한다(찬성 측 의견)

건강상의 이점

- 근거: 채식은 과일, 채소, 곡물, 견과류 등 다양한 영양소를 섭취할 수 있어 건강에 좋습니다. 연구에 따르면 채식 식단은 심혈관 질환, 고혈압, 당뇨병과 같은 만성 질환의 위험을 줄이는 데 도움이 될 수 있습니다.
- 주요 사례: 세계 보건 기구(WHO)에서는 채식 식단이 건강을 유지하는 데 유익하다고 권고하고 있으며, 미국 심장 학회에서도 채식이 심장 건강에 긍정적잊 영향을 준다고 발표한 바 있습니다.

환경 보호

- 근거: 고기를 생산하는 과정에는 많은 양의 물과 사료가 필요하므로, 환경에 큰 부담을 줍니다. 가축 사육은 이산화탄소와 메탄가스를 배출해 지구 온난화를 가속하는 원인이 되기도 합니다.

- 주요 사례: 유엔 식량 농업 기구(FAO)에 따르면, 축산업은 전 세계 온실가스 배출량의 약 14.5%를 차지하고 있어, 환경 보호를 위해 채식이 효과적인 대안으로 고려될 수 있습니다.

동물 보호
- 근거: 가축은 식용으로 키워지기 위해 비정상적인 환경에서 사육되는 경우가 많습니다. 동물의 생명과 권리를 존중하는 차원에서 채식을 선택하는 것은 의미 있는 행동입니다.
- 주요 사례: 동물권 단체인 PETA는 동물들이 비윤리적인 환경에서 사육되는 사례를 다수 공개하며, 채식을 함으로써 동물의 권리를 보호할 수 있다고 주장합니다.
- 채식을 하지 않아도 된다(반대 측 의견)

필요한 영양소 섭취의 어려움
- 근거: 채식을 하는 경우에는 필수 단백질, 비타민 B12, 철분 등을 충분히 섭취하기 어려울 수 있습니다. 특히, 성장기 어린이들에게는 균형 잡힌 영양 섭취가 중요하기 때문에 단백질이 풍부한 고기도 필요합니다.
- 주요 사례: 미국 영양사 협회에 따르면, 채식주의자가 비타민 B12 결핍에 빠질 가능성이 높다고 하며, 이는 성장과 신경계 건강에 문제를 초래할 수 있습니다.

채식에 대한 경제적 부담
- 근거: 채소와 과일 위주의 식단을 유지하려면 비용이 많이 들 수 있습니다. 특히, 신선한 채소나 견과류는 가격이 높아 일부 가정에서는 지속하기 어려울 수 있습니다.
- 주요 사례: 일부 개발 도상국에서는 채식 위주의 식단을 유지하기가 어렵고, 가격이 비싸 접근성이 낮은 경우가 많습니다. 따라서 채식을 강요하는 것은 경제적 여건에 따라 비현실적일 수 있습니다.

개인 선택의 존중
- 근거: 식생활은 개인의 자유와 선택에 속하는 영역입니다. 각자의 취향과 신념에 따라 고기를 먹을지 채소를 섭취할지는 존중받아야 할 문제이며, 특정한 식단을 강요하는 것은 개인의 자유를 침해할 수 있습니다.
- 주요 사례: 예를 들어, 특정 문화나 종교에서는 육식을 중요한 관습으로 여기기도 합니다. 따라서 채식을 강요하는 것은 문화적 다양성을 무시하는 일이 될 수 있습니다.

토론 사회자 멘트 요청

때로는 학생들이 직접 토론을 이끌도록 진행을 맡기는 것도 학습의 기회가 될 수 있습니다. 학생 중에 사회자를 선정하고 주도적으로 토론을 진행하게 하면, 학생들은 더욱 책임감을 느끼며 문제 해결 능력과 의사소통 기술을 키울 수 있습니다. 다음은 학생 사회자가 할 말을 요청한 내용입니다.

 나는 학생들이 스스로 토론 수업을 이끌도록 하고 싶어. 이 수업의 흐름에 맞게 **학생 사회자가 할 멘트**를 적어 줘.

 학생 사회자가 토론 수업을 원활히 이끌 수 있도록 수업의 흐름에 맞춰 적절한 멘트를 다음과 같이 정리해 보았습니다.

<토론 시작 부분>

인사 및 주제 소개

"안녕하세요, 오늘 토론의 사회를 맡은 [이름]입니다. 오늘의 토론 주제는 '채식을 해야 한다 vs 하지 않아도 된다'입니다. 이 주제에 대해 찬성과 반대로 팀을 나누어서 토론해 볼 예정입니다."

토론 규칙 안내

"먼저, 오늘의 토론 규칙에 대해 간단히 설명하겠습니다. 각 팀은 3분 동안 주장을 발표하고, 이후에는 상대 팀의 질문에 답하며 반론하는 시간을 갖습니다. 상대방의 의견을 경청하며 예의를 지켜 주시기를 바랍니다."

팀 소개

"오늘의 찬성팀과 반대팀을 소개하겠습니다. 찬성팀은 [A팀 이름]이고, 반대팀은 [B팀 이름]입니다. 각 팀의 대표는 먼저 인사해 주세요."

<토론 진행 부분>

찬성팀 주장 발표 요청

"그럼, 먼저 찬성팀의 주장을 들어보도록 하겠습니다. 찬성팀은 채식을 해야만 하는 이유를 발표해 주세요."

반대팀 주장 발표 요청

"다음으로 반대팀의 주장을 들어보겠습니다. 반대팀은 채식을 하지 않아도 되는 이유를 발표해 주세요."

반론 시간 안내

"이제 각 팀의 반론 시간을 갖겠습니다. 먼저 찬성팀이 반대팀의 주장에 대해 반론을 제시해 주세요. 시간이 2분 남았을 때 알림을 드리겠습니다."

반대팀 반론 요청

다양한 토론 형식 추천 요청

초등학생들이 주로 경험하는 것은 '찬반 토론'입니다. 그러나 다양한 토론 형식을 경험해 보면, 각기 다른 토론 형식에서의 역할을 경험하며 자신의 의견을 보다 명확하고 설득력 있게 전달하는 연습을 할 수 있습니다. 이번에는 초등학생들이 하기 적합한 토론 형식을 간략히 여덟 개 정도 추천해 달라고 해보겠습니다.

 다양한 토론 형식 중에서 **초등학생들이 하기 적합한 토론 형식을 간략하게 여덟 가지 정도 추천**해 줘.

 초등학생들에게 적합한 토론 형식 여덟 가지를 간략하게 제시해 드리겠습니다:

- 찬반 토론: 찬성과 반대로 나뉜 두 팀이 주제를 정해 토론하며 논리적 사고를 기를 수 있습니다.
- 물고기 어항 토론: 일부 학생이 중앙에서 토론하고, 나머지는 경청하다가 교대로 참여하는 형식으로, 경청과 참여를 동시에 유도합니다.
- 릴레이 토론: 각 팀의 학생들이 순서대로 주장을 발표하는 방식으로, 모든 학생이 차례대로 발언할 수 있습니다.
- 4각 토론: 학생들이 찬성, 반대, 중립 등의 선택지 중 하나를 선택해 각 그룹으로 모여 의견을 발표하는 방식입니다.
- 문제 해결 토론: 문제 상황에 대해 학생들이 해결책을 제시하고 토론을 통해 가장 좋은 해결책을 찾습니다.
- 생각의 벽 토론: 개인적으로 생각해 본 후 짝과 공유하고, 전체 앞에서 발표하는 형식으로 부담 없이 참여할 수 있습니다.
- 배심원 토론: 찬반 팀이 토론하고, 배심원 역할의 학생들이 최종적으로 설득력 있는 팀을 결정합니다.
- 카드 뒤집기 토론: 찬성과 반대가 적힌 카드를 뒤집으며, 입장에 따라 토론을 진행해 논리적 유연성을 기릅니다.

> 이 형식들은 학생들이 쉽고 재미있게 참여할 수 있도록 도와주며, 논리적 사고와 협동
> 능력을 키우는 데 효과적입니다.

저는 이 중 '생각의 벽 토론'이 흥미로워서 관련한 토론 진행 방법을 물어보도록
하겠습니다.

구체적인 토론 방법 및 발문 요청

 답변 중 **'생각의 벽 토론'**을 어떻게 진행하는지 알려 주고, 각 **단계마다 필요한 교사의
발문**도 함께 제시해 줘.

<생각의 벽 토론(Think-Pair-Share)>

진행 방법
- 주제 제시: 교사는 학생들에게 토론할 주제를 간단히 제시합니다. 예를 들어, '채식을 하는 것이
환경에 도움이 될까?'라는 주제를 제시합니다.
- 생각하기(Think): 학생들에게 주제에 대해 각자 생각할 시간을 줍니다. 학생들은 조용히 자기
생각을 정리하고, 중요한 포인트를 머릿속으로 구성하거나 간단히 메모합니다. 이 단계의 소요
시간은 1~2분 정도가 적당합니다.
- 짝과 이야기 나누기(Pair): 학생들은 짝을 지어 자신의 생각을 공유합니다. 각자의 의견을 듣
고, 짝과 의견을 나누며 더 나은 아이디어나 근거를 발전시킬 수 있습니다. 이 과정에서 친구의
생각을 통해 자신이 미처 생각하지 못한 부분을 깨달을 수 있습니다. 이 단계의 소요 시가은 약
3~5분이 적당합니다.
- 전체 발표(Share): 각 짝은 모둠에서 이야기된 내용을 학급 전체 앞에서 발표합니다. 발표는
자발적으로 손을 드는 방식으로 진행하거나, 모든 짝에게 발표 기회를 주어도 좋습니다. 이 과정
에서 교사는 학생들의 의견을 요약하거나 강조하며, 서로의 생각을 비교할 수 있도록 돕습니다.

교사의 발문 예시
- 주제 제시 후 발문: "오늘 우리가 토론할 주제는 '채식을 하는 것이 환경에 도움이 될까요?'입니
다. 먼저 각자 이 주제에 대해 잠시 생각해 봅시다. 채식이 환경에 미치는 긍정적인 효과나 부정
적인 효과가 있다면 무엇일까요?"
- 짝과 이야기 나누기 단계에서 발문: "자, 이제 여러분이 생각한 것을 짝과 나누어 봅시다. 여러

분의 짝에게 채식이 환경에 어떤 영향을 줄 수 있는지 이야기해 주세요. 서로의 의견을 잘 듣고, 추가로 궁금한 점이 있다면 질문도 해보세요."

- 전체 발표 단계에서 발문: "이제 여러분이 짝과 나눈 이야기를 학급 친구들에게도 공유해 봅시다. 어떤 짝부터 발표해 보고 싶은가요?", "채식이 환경에 미치는 긍정적인 점을 이야기해 준 팀이 있나요? 그와 반대로 부정적인 점도 이야기해 준 팀이 있으면 들어 봅시다."

이처럼 구체적인 정보가 필요하다면 후속 프롬프트를 통해 원하는 정보를 더 얻을 수 있습니다. AI가 제안한 진행 방법을 활용해 새로운 토론 형식을 수업에 다양하게 적용하면, 학생들의 토론 경험이 더욱 풍부하게 확장될 수 있습니다.

2-10 수학 스토리텔링 PPT 짜기

스토리텔링을 교육에 활용하는 것은 학습자의 참여와 이해를 높일 수 있는 매우 효과적인 방법으로 알려져 있습니다. 특히 디지털 스토리텔링은 학생들에게 흥미를 불러일으키고, 정보와 감정을 전달하는 데 있어 중요한 도구가 됩니다. 최근 연구들에 따르면 디지털 스토리텔링은 학생들의 감정적 참여, 비판적 사고 능력, 개념 이해 등 다양한 학습 성과에 긍정적인 영향을 미치고 있습니다(Wu&Chen, 2020).

초등 교사 커뮤니티인 인디스쿨에도 이와 같은 교육적 이점 때문인지 선생님들이 다양한 주제를 가진 디지털 스토리텔링 PPT를 공유해 두었으며, 저처럼 자료를 다운받아 활용하는 선생님들은 감사한 마음으로 수업에 스토리텔링 PPT를 활용하기도 합니다.

그러나 교사가 하나의 스토리텔링 PPT를 직접 제작하는 것은 창의적인 아이디어를 생각하고 구체화하는 데 엄청난 시간과 노력이 듭니다. 이럴 때는 수업에 활용하기 적합한 PPT를 만드는 데 필요한 아이디어를 AI에게 요청하면 쉽게 만들 수 있습니다. 또한 인디스쿨에 선생님들이 올려주신 PPT를 PDF 파일로 변환한 후, 이를 업로드하면 AI가 더욱 쉽게 내용을 생성해 줄 수도 있습니다.

(미리 인디스쿨에서 받아놓은 스토리텔링 PPT를 PDF로 변환하여 업로드하며) 나는 이번 **3학년 2학기 수학 '분수' 단원**의 수업을 스토리텔링 방식으로 구성할 거야. 내가 올린 예시 PPT를 보고 1차시 단원 도입에 **스토리텔링을 어떻게 적용할 수 있을지** 알려 줘. 내가 활용할 스토리는 **영화 「인사이드 아웃」**이야.

주제: 영화 「인사이드 아웃」을 통한 분수 학습 도입
장소: 라일리의 머릿속

등장인물: 라일리, 기쁨이, 슬픔이, 까칠이, 버럭이, 소심이

상황: 라일리가 새로운 학교에서 수학 숙제를 받아서 어려움을 겪고 있다. 라일리의 감정들(기쁨이, 슬픔이, 까칠이, 버럭이, 소심이)이 함께 문제를 해결하기 위해 모인다.

스토리 전개:

1.도입:

라일리의 머릿속 회의실

라일리가 분수 문제를 받고 당황한 장면을 보여 준다.

감정들이 라일리의 기억 구슬을 통해 분수에 대해 기억해 보려고 노력하는 모습.

2.분수의 필요성 이해:

기쁨이: "라일리, 분수는 아주 재미있어! 우리가 케이크를 나눌 때처럼 생각해 봐."

버럭이: "하지만 그건 왜 그렇게 복잡해? 1, 2, 3처럼 단순하게 할 수는 없어?"

까칠이: "분수는 우리 일상에서 자주 사용돼. 피자를 나눌 때, 친구들과 간식을 나눌 때 등."

3. 분수 개념 도입:

기쁨이: "라일리, 우리가 좋아하는 피자를 떠올려 봐! 만약 피자를 네 조각으로 나누면 각 조각이 피자의 1/4이 되는 거야. 이게 바로 분수란다."

소심이: "그럼, 만약 8조각으로 나누면? 각 조각은 1/8이 되는 거네."

4. 실제 문제로 연결:

라일리가 받은 분수 문제를 감정들이 해결하는 과정을 보여 준다.

기쁨이: "이제 우리가 배운 것을 사용해 보자! 라일리가 받은 문제는 이렇게 해결할 수 있어."

문제를 풀면서 각각의 감정들이 분수의 중요성을 이해하고, 라일리에게 도움을 주는 과정을 설명한다.

5. 분수의 재미와 유용성 강조:

기쁨이: "봐, 라일리! 분수는 이렇게 재미있고 유용해! 우리가 피자를 나누듯이, 분수로 많은 문제를 해결할 수 있어."

슬픔이: "이제 라일리도 분수 문제를 잘 풀 수 있을 거야. 친구들과 함께 나눌 때도 더 즐거울 거야."

6. 활동 제안:

기쁨이: "우리 친구들도 라일리처럼 분수 문제를 해결해 보는 시간을 가져볼까? 재미있는 활동을 통해 분수를 더 배워 보자!

(후략)

놀라운 점은 AI가 영화 「인사이드 아웃」의 기쁨이와 버럭이, 까칠이 등의 캐릭터를 잘 살려서 대본을 작성해 주고 있다는 것입니다. AI는 학생들이 친숙하게 느끼는 캐릭터들을 활용하여 수학이라는 다소 어려운 개념을 더 이해하기 쉽고 즐겁게 만들어 줍니다.

이 아이디어가 좋기는 하지만 실제로 학생들이 문제를 풀어 나갈 수 있도록 학생 참여형 선택지를 넣어 주면 더 좋겠습니다. 다음과 같이 프롬프트를 작성해 보겠습니다.

학생 참여형 선택지 추가 요청

 이 이야기에 3학년 학생들이 풀 수 있는 **학생 참여형 선택지를 세 가지 추가**해서 다시 제시해 줘.

 1. 피자 나누기 문제
기쁨이: "여기서 잠깐! 친구들도 우리와 함께 생각해 봐. 만약 피자를 네 조각이 아닌 여섯 조각으로 나눈다면, 각 조각은 어떻게 표현할 수 있을까?"
선택지 A: "각 조각은 1/6입니다."
선택지 B: "각 조각은 1/4입니다."
선택지 C: "각 조각은 1/8입니다."
정답: 선택지 A

2. 초콜릿 바 나누기
소심이: "이번에는 초콜릿 바를 다섯 조각으로 나누어 봅시다. 만약 라일리가 그중 두 조각을 먹는다면, 라일리가 먹은 양을 분수로 어떻게 표현할 수 있을까요?"
선택지 A: "2/5"
선택지 B: "3/5"
선택지 C: "1/5"
정답: 선택지 A

3. 나머지 피자 조각 문제
까칠이: "라일리가 여덟 조각으로 나눈 피자에서 다섯 조각을 먹고, 나머지는 친구와 나누기로 했

어요. 라일리에게 남은 피자의 양은 어떻게 표현할 수 있을까요?"

선택지 A: "5/8"

선택지 B: "3/8"

선택지 C: "1/2"

정답: 선택지 B

이러한 선택지는 학생들이 직접 이야기 속 상황에 참여하며 분수 개념을 연습할 수 있도록 설계되었습니다.

Tips

AI에게 한국 애니메이션을 소개해달라고 한다면 어떨까요? 등장인물의 성격이나 줄거리를 아는 경우도 있겠지만, 대부분은 잘 모르기 때문에 답변을 지어내기도 합니다. ChatGPT는 OpenAI라는 미국 기반의 회사이므로, 한국 애니메이션에 대한 정보가 부족하거나 잘못된 정보를 제공할 가능성이 큽니다. 그러니 질문할 때는 가급적 챗GPT가 내용을 잘 알고 있을 법한 영미권 애니메이션을 위주로 요청하거나 퍼플렉시티(https://www.perplexity.ai/)와 같은 출처를 명시해 주는 인공지능 도구를 활용하여 질문하는 것도 좋습니다.

2-11 과학 실험실 안전 수칙 학습지 만들기

과학 수업에서 실험 활동은 학생들이 직접적인 경험을 통해 과학 개념을 이해하는데 매우 중요한 역할을 합니다. 하지만 실험실 안전 수칙을 숙지하지 않으면 사고의위험이 커지므로, 학생들이 안전 수칙을 철저히 학습하는 것이 필수입니다. 이때 실험실 안전 수칙과 관련된 학습지를 제공할 수 있지만, 학생의 수준에 맞는 학습지를처음부터 만드는 일은 교사에게 부담이 됩니다. 이러한 상황에서 AI는 교사가 과학실험실 안전 수칙 학습지를 빠르고 효율적으로 준비할 수 있도록 도와줍니다.

과학 실험실 안전 수칙 학습지 요청

나는 초등학교 과학 교사야. 6학년 아이들과 실험하기 전에 살펴볼 실험실 안전 수칙에 관한 **학습지**를 만들고 싶어. 이에 대한 **내용으로 양식을 만들어 주고 서약서도 만들어 줘.**

실험실 안전 수칙 학습지

1. 실험 준비
- 실험 시작 전, 실험 내용을 충분히 이해하고 실험 계획서를 읽습니다.
- 실험에 필요한 도구와 재료를 미리 준비합니다.

2. 실험 중 안전
- 실험실에서는 반드시 보호용 안경과 실험복을 착용합니다.
- 실험 도구를 조심스럽게 다루며, 특히 뜨거운 물건이나 날카로운 도구를 사용할 때는 주의합니다.
- 화학 물질을 사용할 때는 필요한 보호 장비를 착용하고, 냄새를 맡거나 맛을 보지 않습니다.

3. 실험 후 정리
- 실험이 끝나면 사용한 도구와 재료를 정리하고, 실험대를 깨끗이 청소합니다.
- 사용한 화학 물질은 정해진 방법에 따라 처리합니다.

• 손을 깨끗이 씻고 보호 장비를 안전하게 보관합니다.

(중략)

실험실 안전 서약서

나는 실험실에서 실험할 때 안전 수칙을 지킬 것을 서약합니다. 다음의 내용을 숙지하고 지키겠습니다.

1. 실험실 안전 수칙을 철저히 따르겠습니다.

2. 실험 도구와 재료를 올바르게 사용하겠습니다.

3. 보호 장비를 항상 착용하겠습니다.

4. 실험 중에 발생할 수 있는 사고에 대비해 주의를 기울이겠습니다.

5. 긴급 상황 발생 시 침착하게 대처하고, 즉시 선생님께 알리겠습니다.

이 서약서를 읽고 이해하였으며, 실험실에서 안전하게 행동할 것을 약속합니다.

서약자: _____   날짜: _____

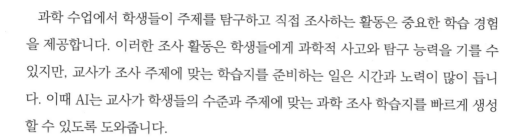

2-12 과학 조사 학습지 만들기

과학 수업에서 학생들이 주제를 탐구하고 직접 조사하는 활동은 중요한 학습 경험을 제공합니다. 이러한 조사 활동은 학생들에게 과학적 사고와 탐구 능력을 기를 수 있지만, 교사가 조사 주제에 맞는 학습지를 준비하는 일은 시간과 노력이 많이 듭니다. 이때 AI는 교사가 학생들의 수준과 주제에 맞는 과학 조사 학습지를 빠르게 생성할 수 있도록 도와줍니다.

과학 조사 학습지 요청

 나는 **4학년 과학 시간**에 '**물의 여행**' 단원에서 **물이 소중한 까닭**이 무엇인지 배우는 차시를 가르치려고 해.
학생들이 **스마트 기기**를 활용해서 관련한 내용을 직접 찾아 보고, 이를 정리해서 학습지에 작성하도록 하고 싶어. 이 학습지를 만들어줘.

주제: 물이 소중한 까닭 직접 찾아보기
이름: _____ 날짜: _____

1. 물의 역할과 중요성 찾기
스마트 기기를 이용하여 다음 질문에 대한 답을 찾아 보세요.
• 물이 우리 생활에서 어떤 역할을 하는지 찾아 보세요.
답변:
• 물이 환경에 어떤 영향을 미치는지 찾아 보세요.
답변:

2. 물의 소중함 정리하기
• 앞서 찾은 정보를 바탕으로 물이 왜 소중한지 한 문단으로 정리해 보세요.
답변:

3. 내가 실천할 수 있는 물 절약 방법

• 스마트 기기를 이용해 찾은 정보를 바탕으로, 자신이 실천할 수 있는 물 절약 방법을 작성해 보세요.

답변:

과학 신문기사 분석을 활용한 조사 학습지 요청하기

초등학교 4학년 학생들이 '기후 변화와 물 부족'을 주제로 최신 뉴스를 조사하고 분석할 수 있는 학습지를 만들어 줘. 학생들이 뉴스를 읽고 핵심 내용을 요약한 후, 자신이 생각하는 해결 방안을 정리할 수 있도록 구성해 줘.

초등학교 4학년 과학 조사 학습지: 기후 변화와 물 부족

학습 목표:

기후 변화가 물 부족에 미치는 영향을 조사한다.

뉴스를 활용하여 관련 정보를 찾고 핵심 내용을 정리한다.

물 부족 문제를 해결하기 위한 자신의 의견과 아이디어를 작성한다.

뉴스 속 과학 이야기: 기후 변화와 물 부족

1. 뉴스를 찾아 읽어 보세요!

• 스마트 기기(태블릿, 컴퓨터, 휴대폰)를 이용하여 **'기후 변화와 물 부족'**에 대한 최신 뉴스를 검색해 읽어보세요.

• 뉴스의 출처(웹사이트, 날짜, 제목)를 아래에 적어 보세요.

뉴스 제목: _____

뉴스 날짜: _____

뉴스 출처(웹사이트): _____

2. 뉴스의 핵심 내용 정리하기

• 뉴스를 읽고 중요한 내용을 정리해 보세요.

• 기후 변화가 물 부족에 어떤 영향을 미치나요?

• 뉴스에서 소개된 물 부족 문제의 원인은 무엇인가요?

• 뉴스에서 제시한 해결 방법이 있나요? 있다면 어떤 방법인가요?

2-13 과학 미니북 내용 마련하기

과학을 비롯해 다양한 교과목에서 미니북 만들기를 하면, 학생들이 직접 그림을 그리고 내용을 채우면서 배우는 교과목에 대한 깊은 이해와 창의성을 발휘할 수 있도록 돕습니다. AI를 활용하면 교사가 큰 노력을 하지 않아도 원하는 과목, 원하는 주제로 미니북을 만들 수 있습니다. 다음의 그림은 과학 시간에 활용할 수 있는 미니북의 예시입니다. 이번엔 AI에게 예시를 캡처하여 올린 후, 식물의 한살이에 대한 미니북에 들어갈 내용을 요청하겠습니다.

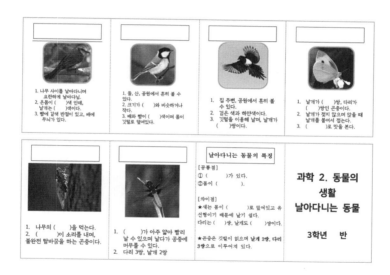

미니북 내용 요청하기

 (미니북 캡처 이미지를 업로드하며) 나는 이번에 **식물의 한살이에 대해 배우는 활동을 미니북 만들기로 진행할 거야.** 예시 이미지를 보고 **8쪽 분량에 들어갈 내용들을 각각 작성**해 줘.

식물의 한살이 미니북

이름: _____ 날짜: _____

1쪽: 씨앗

내용: 식물의 시작은 ( )에서 시작됩니다. 씨앗은 땅에 심기면 ( )하여 싹을 틔웁니다. 씨앗은 작은 크기지만, 그 안에는 ( )에 필요한 모든 정보를 담고 있습니다.

2쪽: 발아

내용: 씨앗이 싹을 틔우는 과정을 ( )라고 합니다. 발아하려면 ( ), 적당한 ( ), ( )가 필요합니다. 이 세 가지 요소가 갖추어지면 씨앗이 깨지고 싹이 나옵니다.

3쪽: 어린 식물

내용: 싹이 자라서 ( )이 됩니다. 이 시기에는 ( ), ( ), ( )이 생기고 빠르게 성장합니다. 어린 식물은 햇빛을 받으며 광합성을 합니다.

4쪽: 성장

내용: 어린 식물은 점점 자라 ( )가 됩니다. 이 시기에는 ( )이 많이 자라나고, ( )이 굵어집니다. 충분한 ( )와 ( )를 받아야 건강하게 자랄 수 있습니다.

(후략)

이처럼 AI가 미니북에 들어갈 내용들을 작성해 주면 교사는 미니북에 관련 내용들만 넣어 주고, 학생들이 직접 그림을 그리도록 칸을 만들면 완성입니다.

2-14 하루 한 장 음악 이론 학습지 만들기

고학년 아이들과 처음 진행하게 된 음악 시간, 아이들에게 "4분 음표와 8분 음표의 차이 알지?"라고 물었을 때 정적을 느껴본 경험이 있으실 겁니다. 음악 수업에서 음악 이론도 다루지만, 이를 체계적으로 가르치기란 매우 어려워서 아이들이 분명 배웠는데도 자주 잊어버리는 것 같습니다. '하루 한 장 음악 이론' 학습지는 음악 수업을 시작할 때 선생님과 함께 음악 이론에 대해 기초적인 내용부터 한 장씩 5분 동안 학습하고, 간단한 문제 풀이를 하며 개념을 이해했는지 확인하는 용도로 쓰일 수 있습니다. 생성형 AI는 이런 '생성'에 특화된 능력을 지녔으니, 잘 만들어 주는지 한번 살펴볼까요?

하루 한 장 음악 이론 학습지 목차 요청

나는 **'하루 한 장 음악 이론'**이라는 책을 만들어서 **초등학교 5학년 학생들**과 음악 시간마다 이론을 학습하고 배움을 확인하는 문제를 풀고 싶어. **기초부터** 시작할 건데, **목차를 30개** 정도 만들어 줘.

아래는 '하루 한 장 음악 이론' 책의 목차로, 기초부터 차근차근 학습할 수 있도록 30개의 주제를 제시했습니다:

1. 음의 기초 개념 이해하기: 소리와 음의 차이
2. 음이름 배우기: 도, 레, 미, 파, 솔, 라, 시
3. 높은음자리표와 낮은음자리표: 기본 개념
4. 오선지와 음표 그리기: 오선지 이해 및 음표 그리는 법
5. 음표의 종류와 길이: 온음표, 반음표, 4분 음표
6. 쉼표 배우기: 온쉼표, 반쉼표, 4분 쉼표

7. 박자와 리듬: 2/4, 3/4, 4/4 박자의 이해

8. 리듬 패턴 연습: 기본 리듬 연습하기

9. 장단 알아보기: 긴 음과 짧은 음의 차이

10. 빠르기(템포) 배우기: 천천히, 보통, 빠르게

11. 셈여림(다이내믹): 여리게(p), 세게(f)

12. 기본 악기 소리 구분하기: 타악기, 현악기, 관악기

13. 음의 높낮이 비교하기: 높은 음과 낮은 음

14. 계명창 연습: 도, 레, 미, 파, 솔, 라, 시

15. 음정 알아보기: 도-미, 도-솔 등 기본 음정 이해

16. 기본 화음 배우기: 도-미-솔의 삼화음

17. 음의 길이 비교하기: 길고 짧은 음 구별

18. 기초 악보 읽기: 간단한 멜로디 악보 읽기

19. 악상 기호 이해하기: 스타카토, 슬러

20. 리듬에 맞춰 박수 치기: 간단한 리듬 따라 하기

21. 노래의 형식: A-B-A 구조 이해

22. 반주와 멜로디 구별하기: 멜로디와 반주 차이 이해

23. 기초 계이름 읽기: 높은음자리표와 계이름

24. 악기 연주 방법: 기본 타악기 연주하기

25. 반음과 온음: 반음과 온음의 차이 간단히 이해

26. 노래의 분위기 맞추기: 느린 노래와 빠른 노래 구별하기

27. 기초 음악 용어 학습: 빠르기(템포), 셈여림(다이내믹) 등 용어 이해

28. 가사와 멜로디 연결하기: 가사에 멜로디 붙이기

29. 음악 듣기 활동: 다양한 장르의 음악 감상하기

30. 간단한 멜로디 만들기: 네 마디 멜로디 작곡

하루 한 장 음악 이론 학습지 목차 요청

AI의 응답이 꽤 괜찮습니다. 이제 학습지에 어떤 내용이 구성되어야 할지 좀 더 구체적으로 알려 주면 더 나은 학습지를 만들어 줄 듯합니다. 저는 순서를 '1. 학생들이 흥미와 관심을 가질만한 주제와 관련된 이야기, 2. 핵심 개념 설명(쉽게), 3. 관련 문제 네 개'로 제시하여 학습지를 만들어 달라고 요청했습니다.

좋아. 그러면 이제 이 목차를 가지고 하루 한 장 음악 이론 학습지를 하나씩 만들어 주는데, 순서는 **'1. 학생들이 흥미와 관심을 가질만한 주제와 관련된 이야기, 2. 핵심 개념 설명(쉽게), 3. 관련 문제 4개'**로 제시해 줘.

(제1장 생략)

제2장: 음이름 배우기

1. 오늘 배울 내용과 관련된 이야기

"우리가 노래를 부를 때 '도, 레, 미, 파, 솔, 라, 시'를 자주 들어봤죠? 그런데 이 음이름들은 어디에서 온 걸까요? 이 음들은 마치 친구들의 이름처럼 각각 다른 소리와 역할을 가지고 있답니다. 오늘은 이 멋진 음 친구들을 모두 만나 보도록 해요!"

2. 핵심 개념

도, 레, 미, 파, 솔, 라, 시

"음악에서 사용하는 음이름은 '도, 레, 미, 파, 솔, 라, 시'로 이루어져 있어요. 이 음들은 높낮이가 다르고, 서로 다른 느낌을 지녔어요. 예를 들어, '도'는 안정감이 느껴지고, '솔'은 힘찬 느낌을 주기도 해요. 이 음들이 함께 모이면 우리가 아는 멋진 노래들이 될 수 있답니다. 음이름은 음표가 어떤 소리를 낼지를 알려 주는 중요한 역할을 해요. 그리고 이 음이름들은 반복되면서 높은 음과 낮은 음으로 연결되기도 해요."

3. 문제를 풀어 보아요.

문제 1: 음악에서 사용하는 일곱 가지 음이름은 무엇인가요?

(A) 도, 레, 미, 파, 솔, 라, 시

(B) 가, 나, 다, 라, 마, 바, 사

(C) A, B, C, D, E, F, G

문제 2: '도, 레, 미, 파, 솔, 라, 시' 중에서 가장 높은 음은 무엇인가요?

(A) 도

(B) 시

(C) 라

문제 3: 음이름 중에서 가장 낮은 음은 무엇인가요?

(   )

문제 4: '도' 다음에 나오는 음이름은 무엇인가요?

(A) 파

AI 응답이 마음에 든다면, 30개의 학습지를 모두 만들어 달라고 후속 프롬프트를 작성해 봅니다. 30개의 학습지를 1분 안에 만들어 줄 것입니다.

Tips

하루 한 장 음악 이론 학습지에는 다양한 내용을 담을 수 있습니다. 예를 들어 음악의 다양한 장르(클래식, 팝, 재즈, 힙합, 국악 등 다양한 음악 장르의 특징)라던가, 유명 작곡가 소개(베토벤, 모차르트, 바흐 등 대표적인 작곡가 소개 및 대표적인 음악, 시대적 배경), 음색과 악기의 종류(현악기, 관악기, 타악기 등), 영화음악, 음악과 감정표현 등을 담아서 내용을 구성하면 훌륭한 학습지가 됩니다.

Q. 만약 AI에게 더 많은 학습지를 만들어 달라고 하면, 만들어 주나요?

A. 그럼요! 중간에 끊길 수는 있어도, '계속 생성해 줘.'와 같은 프롬프트를 작성하면 계속 이어서 100개의 학습지도 만들어 준답니다.

2-15 기초 학력 부진 학생 지도 준비하기

기초 학력이 부진한 학생들을 지도하는 것은 교사들에게 있어 상당한 도전 과제입니다. 학생마다 학습 속도와 필요 시간이 다르므로 개별화된 지도가 필요하지만, 교사의 시간과 자원은 지극히 한정되어 있어 이러한 개별 지도에는 한계가 있습니다. 이때 AI는 교사에게 매우 유용한 도구가 될 수 있습니다. AI는 학생의 학습 수준에 맞춰 맞춤형 학습 자료를 제공하고 개별 학습 경로를 설계해 줌으로써, 교사가 기초 학력 부진 학생을 효과적으로 지도할 수 있도록 돕습니다.

어려워하는 개념 설명 방법 요청

학생들이 최대공약수와 최소공배수를 혼동하고 있어, 해당 개념들을 구별해서 쉽게 설명하고 싶습니다. 이럴 때 AI에게 물어보면 다양한 개념 설명 방법을 알려 줍니다. 다음과 같이 프롬프트를 작성해 보겠습니다.

나는 **기초 학력이 부진한 학생을 지도**하고 있어. **수학 5학년에 나오는 최대공약수와 최소공배수 개념**을 가르치는데, 학생이 이 개념을 어려워 해. 내가 어떤 방식으로 설명해야 이 개념을 쉽게 이해시킬 수 있을까?

기초 학력 부진 학생에게 최대공약수와 최소공배수 개념을 쉽게 이해시키기 위해 다음과 같은 설명 방식을 활용해 보세요:

1. 실생활 예시로 접근하기

• 최대공약수: "두 명의 친구가 각각 12개와 18개의 사탕을 가지고 있어요. 이 사탕들을 서로 나누면서 같은 개수씩 가방에 담고 싶다고 해요. 이때 최대한 많은 사탕을 나눠 담으려면 몇 개씩 담아야 할까요?" 이 예시를 통해 공통으로 나누어질 수 있는 가장 큰 수를 찾는 과정을 통해 최대공약수를 설명합니다.

- 최소공배수: "두 명의 친구가 각각 4일과 6일마다 공원에 와요. 두 친구가 공원에서 다시 만나는 날은 언제일까요?" 이런 방식으로 최소공배수를 '공통으로 만나는 날'과 같은 개념으로 설명하면 쉽게 이해할 수 있습니다.

2. 도형이나 그림을 활용하기

- 직접 나누어 보는 활동: 12와 18을 각각 나누어 보면서 공약수를 찾고, 가장 큰 공약수를 동그라미로 표시하는 활동을 해보세요. 이를 통해 학생들은 시각적으로 공통된 부분을 이해할 수 있습니다.
- 칸 나누기: 사각형에 칸을 그리고 각 숫자에 해당하는 크기만큼 나누어 보면서 공약수와 공배수를 시각적으로 이해하도록 돕습니다.

3. 목록 작성하기

- 공약수와 공배수 목록 작성하기: 학생들이 각 수의 약수를 모두 나열해 보고, 공통된 약수를 표시하는 활동을 합니다. 예를 들어 12의 약수는 1, 2, 3, 4, 6, 12고, 18의 약수는 1, 2, 3, 6, 9, 18입니다. 이를 나열한 후 공통된 약수를 찾아보는 겁니다.
- 공배수 목록 비교: 공배수도 같은 방식으로 나열해 보며 첫 번째로 같은 숫자가 나오는 것을 찾도록 합니다. 예를 들어 4와 6의 공배수를 각각 나열하고, 그중에서 가장 작은 공배수를 찾는 연습을 합니다.

4. 게임으로 익히기

- 나눠 담기 게임: 학생에게 작은 물체(예: 구슬이나 블록)를 주고, 두 가지 수에 대해 최대공약수만큼 공평하게 나눠 담는 게임을 해보세요. 이를 통해 나누기의 개념을 실습하면서 최대공약수를 자연스럽게 체험할 수 있습니다.
- 공원에서 만나기 게임: 친구들이 각각 몇 걸음씩 가고 공통된 지점에서 만나는 상황을 게임으로 만들어 봅니다. 학생이 직접 걸어 보면서 몇 걸음마다 만나는지를 경험하면 최소공배수의 개념을 몸으로 체득할 수 있습니다.

5. 단계적으로 학습하기

- 먼저 약수와 배수의 개념을 확실히 이해시켜 주세요. 약수는 어떤 수를 나누어 떨어 뜨릴 수 있는 수이고, 배수는 그 수로 나눌 수 있는 큰 수라는 점을 여러 예시를 들며 설명합니다.
- 그 후에 최대공약수와 최소공배수를 각각 연습하고, 같이 비교해 보는 활동을 통해 학생이 개념을 구별할 수 있도록 돕습니다.

쉬운 개념 설명 예시 추천받기

 최대공약수와 최소공배수를 **쉽게 설명할 수 있는 예시를 각각 두 개씩** 들어줘.

 물론입니다! 아래는 최대공약수와 최소공배수를 쉽게 이해할 수 있도록 설명하는 예시 각 두 개입니다.

최대공약수의 개념 설명 예시

1. 사탕 나누기

"철수와 영희가 각각 12개와 18개의 사탕을 가지고 있어요. 이 사탕들을 똑같은 개수씩 최대한 많이 나눠 담고 싶어요. 두 사람의 사탕을 공평하게 나누려면 몇 개씩 묶을 수 있을까요? 여섯 개씩 묶는 것이 두 사람 모두 공평하게 나눌 수 있는 가장 좋은 방법이에요. 그래서 6이 12와 18의 최대공약수입니다."

2. 잔디밭 나누기

"두 개의 잔디밭이 있어요. 하나는 15m고, 다른 하나는 25m예요. 이 두 잔디밭을 최대한 큰 크기로 공평하게 나눌 때, 각 잔디밭을 5m씩 잘라야 해요. 그래서 5가 15와 25의 최대공약수입니다."

최소공배수의 개념 설명 예시

1, 기차역에서 다시 만나기

"철수와 영희가 기차를 타고 여행을 떠나요. 철수의 기차는 4분마다 지나가고, 영희의 기차는 6분마다 지나가요. 두 기차가 동시에 기차역에서 다시 만나려면 몇 분이 걸릴까요? 12분 후에 두 기차가 다시 만나요. 그래서 12가 4와 6의 최소공배수입니다."

2, 공원에서 친구 만나기

"민수와 지수는 산책하러 공원에 갔어요. 민수는 3일마다 공원에 가고, 지수는 5일마다 공원에 가요. 둘이 동시에 공원에서 만나는 날은 언제일까요? 둘은 공원에서 15일 후에 만나요. 그래서 15가 3과 5의 최소공배수입니다."

최소공배수와 최대공약수의 개념을 쉽게 설명할 수 있는 예시도 요청한 후 이를 참고하여 지도하실 수도 있습니다. 더불어 개념을 구별할 수 있도록 아주 쉬운 문항을 각각 작성해 달라고 요청할 수도 있습니다.

난이도 '하' 문항 생성 요청

 최대공약수와 최소공배수 개념을 구별할 수 있도록 **아주 쉽게 각각 다섯 문제씩** 만들어줘.

 최대공약수 문제

문제 1: 8과 12의 최대공약수는 무엇인가요?

(A) 2

(B) 4

(C) 6

힌트: 두 숫자를 공평하게 나눌 수 있는 가장 큰 수를 찾아 보세요.

정답: (B) 4

문제 2: 18과 24의 최대공약수는 무엇일까요?

(A) 6

(B) 9

(C) 12

힌트: 18과 24를 나눌 수 있는 모든 약수를 적어 보고, 그중에서 가장 큰 숫자를 고르세요.

정답: (C) 6

문제 3: 10과 15의 최대공약수는 무엇인가요?

(A) 2

(B) 5

(C) 10

힌트: 두 숫자를 모두 나눌 수 있는 가장 큰 숫자를 찾으세요.

정답: (B) 5

<참고 문헌>

Roediger III, H. L., Agarwal, P. K., McDaniel, M. A., & McDermott, K. B. (2011). Test-enhanced learning in the classroom: long-term improvements from quizzing. Journal of experimental psychology: applied, 17(4), 382.

Simkin, M. (2013). Playing Jeopardy in the Classroom: An Empirical Study. J. Inf. Syst. Educ., 24, 203-210.

Tietze, K. (2007). A bingo game motivates students to interact with course material.. American journal of pharmaceutical education, 71 4, 79 . https://doi.org/10.5688/AJ710479.

Wu, J., & Chen, D. T. V. (2020). A systematic review of educational digital storytelling. Computers & Education, 147, 103786.

3장.

학생 지도와 상담

3-1 알림장 생활지도 문구 준비하기

매일 학생들의 알림장에 적을 생활지도 문구를 준비하는 것은 학생들의 안전을 지키고 행동 규범을 가르치는 데 큰 도움이 되며, 특히 작성한 이 문구는 교사가 시행한 생활지도의 근거 중 하나로 인정됩니다. 이때 AI를 활용하면, 문구를 더욱 손쉽게 생성하여 알림장에 구체적인 근거를 남길 수 있을 것입니다.

알림장 생활지도 문구 요청하기

나는 초등학교 교사야. 우리 6학년 2반 아이들을 위해 **알림장에 생활지도 문구**를 매일 써주고 있어. 학생 안전과 생활지도에 관해 알림장에 **매일 한 줄씩 써줄 수 있는 문구들을 100개** 만들어 줘.

물론이죠! 여기 100개의 생활지도 문구를 준비했습니다. 학생들의 안전과 생활지도를 위해 매일 한 줄씩 사용할 수 있습니다.

- 오늘도 안전하게 등교합시다!
- 교실에서는 뛰지 마세요.
- 책상을 깨끗하게 유지합시다.
- 친구에게 친절하게 대하세요.
- 규칙은 지키는 것이 중요해요.
- 교실에서는 조용히 걷도록 합시다.
- 모든 물건은 제자리에 놓아요.
- 수업 시간에는 집중합시다.
- 교실을 깨끗이 사용합시다.
- 책을 사랑합시다.
- 항상 손을 씻어요.

- 복도에서 뛰지 말아요.
- 쓰레기는 쓰레기통에 버려요.
- 친구와 다투지 말아요.
- 오늘의 목표를 설정해 봅시다.

(후략)

더 구체적인 문구 요청하기

AI가 만들어 준 생활지도 문구가 너무 간단해서 알림장에 적기에는 적합하지 않아 보입니다. 좀 더 구체적인 응답을 요청해 보겠습니다.

 지금은 너무 간단해. 세 줄 정도로 왜 이와 같은 행동을 해선 안 되거나 반드시 해야만 하는지 **구체적**으로 적어 줘. 좀 더 진지한 문체면 좋을 것 같아.

 물론입니다. 좀 더 구체적이고 진지한 내용으로 구성된 생활지도 문구 100개를 준비했습니다.

- 오늘도 안전하게 등교합시다! 교통사고를 예방하기 위해 횡단보도에서는 항상 신호를 지킵시다. 등하굣길은 친구와 함께 걸으면 더욱 안전합니다.
- 교실에서는 뛰지 마세요. 교실에서 뛰다 보면 부딪히거나 넘어져서 다칠 수 있습니다. 안전을 위해 교실에서는 천천히 걸어 보아요.
- 책상을 깨끗하게 유지합시다. 깨끗한 책상은 공부에 집중할 수 있도록 도와줍니다. 사용한 물건은 제자리에 놓아 정돈된 환경을 유지합시다.
- 친구에게 친절하게 대하세요. 친절은 교우 관계를 더욱 돈독하게 합니다. 작은 배려가 더 큰 우정을 만듭니다.
- 규칙은 지키는 것이 중요합니다. 규칙은 모두의 안전과 질서를 위해 꼭 필요한 것입니다. 규칙을 지키는 습관을 통해 책임감 있는 사람이 됩시다.
- 교실에서는 조용히 걷도록 합니다. 뛰지 않고 조용히 걷는 것은 교실의 평화로운 분위기를 유지하는 데 도움이 됩니다. 학급 인원 모두의 학습 환경을 생각합시다.

(후략)

3-2 협동 놀이 아이디어 얻기

초등학교 시절은 아동의 인성 기초를 다지는 중요한 시기로, 학교는 또래와 협동하며 인성 교육을 실천할 수 있는 최적의 장소입니다(이시종 외, 2019). 협동 놀이는 교사들에게 이러한 인성 교육을 효과적으로 실현하는 데 매우 유용한 도구가 될 수 있습니다. 게다가 학생들이 서로 협력하며 공감 능력이나 팀워크, 책임감과 같은 여러 가지 중요한 사회적 기술을 배울 기회를 제공하므로 이와 관련한 아이디어를 요청할 때 AI의 도움을 받을 수 있습니다.

협동 놀이 아이디어 요청하기

나는 초등학교 4학년 담임 교사야. 학생들의 인성 교육을 위해 **협동 놀이를 통한 인성 교육**을 실시하려고 해. 이와 관련한 **10가지 아이디어**를 제안해 줘.

초등학교 4학년 학생들을 위한 협동 놀이를 통한 인성 교육 아이디어를 다음과 같이 제안합니다:

1. 협동 피라미드 쌓기
학생들이 협력하여 종이컵이나 블록을 사용해 피라미드를 쌓는 활동입니다. 팀워크와 의사소통 능력을 키울 수 있습니다.

2. 숲속의 친구들
학생들이 각자 역할을 맡아 동물이나 나무가 되어 숲을 구성하고, 함께 문제를 해결하는 놀이입니다. 상호 존중과 협동심을 기를 수 있습니다.

3. 릴레이 그림 그리기
큰 종이에 팀별로 돌아가면서 그림을 그리는 활동입니다. 창의력과 협동심을 동시에 발휘할 수 있습니다.

4. 협동 줄넘기
학생들이 줄 돌리기와 뛰어넘기로 역할을 나누고, 각 역할끼리 협력하여 줄넘기를 하는 놀이입니다. 리듬감과 협동 능력을 키울 수 있습니다.

5. 협동 퍼즐 맞추기
팀별로 큰 퍼즐을 나누어 맞추는 활동입니다. 문제 해결 능력과 팀워크를 강화할 수 있습니다.

사회정서학습(SEL)과 관련된 협동놀이 추천 요청하기

 창의적 체험활동 시간에 할 수 있는 학생들의 협력과 공감 능력을 키울 수 있는 사회정서학습 협동 놀이를 5개 추천해줘. 친구들과 협력해야만 성공할 수 있는 활동이면 좋겠어. 놀이의 진행 방법과 교사의 역할까지 설명해줘.

 창의적 체험활동: 협력과 공감 능력을 키울 수 있는 사회정서학습(SEL) 협동 놀이 5가지
아래의 놀이들은 학생들이 친구들과 협력해야만 성공할 수 있도록 설계되었으며, 공감 능력과 사회적 기술을 기르는 데 효과적이다.

1. 감정 퍼즐 맞추기
놀이 목표
- 감정을 인식하고 표현하는 능력을 키운다.
- 팀원들과 협력하여 하나의 목표를 완성한다.

진행 방법
- 교사는 다양한 감정(예: 기쁨, 슬픔, 분노, 두려움 등)이 -표현된 그림 조각들을 준비한다.
- 학생들은 4~5명씩 팀을 이루고, 퍼즐 조각을 나눠 가진다.
- 팀원들은 조각을 맞추며 감정이 표현된 그림을 완성해야 한다.
- 퍼즐을 완성한 후, 해당 감정에 대해 이야기하고, 실제 경험을 나눈다.
- 감정을 적절하게 표현하는 방법을 토론하며 마무리한다.

교사의 역할
- 퍼즐을 준비하고 각 조각에 감정과 관련된 힌트를 적어준다.
- 학생들이 감정을 표현할 때 적절한 언어를 사용할 수 있도록 돕는다.
- 감정 경험을 공유하는 과정에서 공감적인 분위기를 조성한다.

2. 협력 스토리 만들기 (후략)

3-3 학교폭력 예방 놀이 활동 계획하기

교육 현장에서 많은 선생님들이 학교폭력 예방을 위해 갖은 노력을 기울이고 계십니다. 학교폭력 예방 활동을 계획할 때 인공지능을 활용하면 좀 더 효과적으로 도움을 얻을 수 있는 부분이 있습니다. 특히 AI를 활용해서 놀이 활동을 계획하면 다양한 놀이 활동을 제안해 주며, 학생들의 상황과 맥락을 구체화해서 질문하면 보다 적합하고 더욱 효과적인 학교폭력 예방 놀이 활동을 나의 학급에 적용할 수 있습니다.

학교폭력 예방 놀이 활동 아이디어 요청하기

우리 반에 학교폭력이 자주 발생하고 있어. 학생들과 놀이를 통해 **학교폭력 예방 활동**을 하고싶어. **10가지 아이디어**를 제안해 줄 수 있을까?

학교폭력 예방을 위한 놀이 기반 활동 10가지를 제안합니다.

1. 역할 바꿔보기 (입장 체험 놀이)
- 학생들이 가상의 학교폭력 상황(언어폭력, 따돌림, 신체적 폭력 등)을 설정하고 가해자, 피해자, 방관자의 역할을 바꿔가며 연기해 봅니다.
- 활동 후 각자의 감정을 나누고, 학교폭력이 상대방에게 어떤 영향을 미치는지 토론하며 폭력의 심각성을 깨닫습니다.

2. 학교폭력 해결 카드 게임
- 다양한 학교폭력 상황이 적힌 카드를 학생들에게 나누어 준 후, 팀별로 해결 방법을 논의하고 발표하는 활동입니다.
- 이를 통해 학생들이 올바른 대처 방법을 익히고, 폭력을 예방할 수 있는 방법을 자연스럽게 학습하게 됩니다.

3. 비밀 친구 미션
- 일정 기간 동안 '비밀 친구'를 정하고, 매일 그 친구를 위해 작은 선행(응원의 쪽지 쓰기, 자리 정

리하기 등)을 실천합니다.
- 정체를 공개하는 날에는 친구가 받은 감동을 나누며 긍정적인 관계를 형성합니다.

4. 폭력 없는 학교 만들기 캠페인
- 학생들이 직접 학교폭력 예방 슬로건을 만들고, 이를 포스터나 영상으로 제작하여 캠페인을 진행합니다.
- 학생들이 자발적으로 참여함으로써 폭력 예방에 대한 주인의식을 갖게 됩니다.

5. 협력 게임 '우리의 연결고리'
- 학생들이 손을 잡고 만든 원을 절대 끊지 않고 장애물을 통과하는 활동을 진행합니다.
- 협력을 통해 문제를 해결하는 경험을 하면서 자연스럽게 친구들과의 유대감을 형성하고, 배려하는 태도를 기르게 됩니다.

6. 감정 공감 카드 놀이
- 다양한 감정이 적힌 카드를 뽑고, 자신이 경험했던 비슷한 감정을 이야기하거나 친구의 감정을 이해하려 노력하는 활동입니다.
- 이를 통해 공감 능력을 기르고, 친구의 감정을 존중하는 태도를 배울 수 있습니다.

7. 학교폭력 예방 연극 만들기
- 학생들이 직접 학교폭력과 관련된 짧은 연극을 만들고 발표하는 활동입니다.
- 역할극을 통해 폭력의 문제점을 인식하고, 이를 예방하기 위한 방안을 함께 고민할 수 있습니다.

8. 도움의 손길 네트워크
- 학생들이 '내가 힘들 때 도움을 요청할 수 있는 사람(친구, 선생님, 가족 등)'을 적고, 함께 공유하는 활동입니다.
- 자신의 지원 네트워크를 확인하며 혼자가 아님을 깨닫고, 어려움이 생겼을 때 도움을 요청하는 법을 배웁니다.

9. 폭력 예방 보드게임 만들기
- 학생들이 직접 '학교폭력 예방'을 주제로 한 보드게임을 만들고 친구들과 함께 플레이합니다.
- 예를 들어, "친구가 따돌림을 당할 때 나는 어떻게 해야 할까?", "서로 존중하는 방법은?" 등의 질문을 포함하여 게임을 구성할 수 있습니다.

10. 학교폭력 예방 선언식
- 반 친구들이 함께 '우리가 지킬 약속'을 정하고 선언하는 시간을 가집니다.
- 예를 들어, "친구를 놀리지 않기", "갈등이 생기면 대화로 해결하기", "괴롭힘을 보면 도와주기" 등의 규칙을 정하고, 이를 반 전체가 함께 서명하여 게시합니다.

3-4 학교폭력 예방 활동지 만들기

학교폭력 예방 활동과 관련하여 다양한 학교폭력 사례들을 읽어보고, 각 사례별 이야기의 주인공의 입장에서 상황을 바라보고 탐색하는 활동지가 있다면 어떨까요? AI는 5분 안에 해당 학급 학생들에게 적합한 학교폭력 예방 활동지 모음을 만들어 줄 수 있습니다. 교사는 AI가 만들어 준 응답을 한 번 검토하고, 직접 한글 활동지 시트에 옮기기만 하면 끝입니다.

학교폭력 예방 활동 활동지 주제 요청하기

 학교폭력 예방 활동지를 만들어서 학생들에게 지속적 교육을 하고 싶어. 관련 주제들을 **30가지** 정도 제안해 줘.

 학교폭력 예방을 위한 활동지에 포함할 수 있는 다양한 주제를 30가지로 확장하여 제공하겠습니다. 이 주제들은 학생들이 다양한 폭력의 형태를 인식하고, 적절하게 대응하는 방법을 배울 수 있도록 구성되어 있습니다.

1. 언어폭력의 이해와 예방
2. 사이버 폭력의 식별과 대처 방법
3. 신체적 폭력과 그 대응 전략
4. 정서적/심리적 폭력 식별 및 대처
5. 집단 따돌림의 원인과 해결책
6. 차별에 기반한 폭력과 인식 개선
7. 성폭력 예방과 대응
8. 가정 내 폭력이 미치는 영향과 이에 대한 학교의 역할
9. 종교나 성적 지향에 따른 폭력 이해
10. 경제적 차별과 폭력

활동지 요청하기

답변의 아이디어가 괜찮은 것 같습니다. 초등학교 6학년 학생들이 관심 있어 할 만한 이야기로 위에 제안해 준 주제들과 관련한 활동지를 예시로 만들어 달라고 요청해 보겠습니다.

초등학교 6학년 학생들이 **관심 있어 할 만한 이야기**를 바탕으로 해서 앞서 제안해 준 주제들로 활동지 예시를 만들어 줘. 각 활동지에는 초등학교에서 일어나는 **학교폭력 사례들**을 담아 그 사례를 같이 읽어보고 **문제**를 고민해 보는 식으로 진행할 거야.

활동지 1: 언어폭력

사례: 민준은 쉬는 시간에 운동장에서 축구를 하다가 친구가 보낸 패스를 받지 못하고 공을 놓치고 말았습니다. 이를 본 서진과 도영이는 민준에게 다가와 "너는 왜 이렇게 느려?", "넌 정말 바보 같아. 우리 팀에서 나가!"라고 말했습니다. 민준은 그 말에 상처를 받았지만, 웃으며 넘어가려 했습니다. 다음 날, 민준은 체육 시간에 줄넘기를 하다 또다시 서진과 도영의 놀림을 받게 되었습니다. 서진은 민준의 줄넘기 횟수를 세면서 "진짜 이게 최선이야? 우리 학교 학생 맞아?"라고 비웃었고, 도영은 "민준이 너는 운동 신경이 없어서 어쩔 수 없어. 그냥 포기해."라고 말했습니다. 이 말을 들은 민준이는 다른 친구들이 자신을 바라보는 시선을 느끼며 점점 움츠러들었습니다. 점심 시간, 민준은 을 먹으러 갔습니다. 서진과 도영은 같은 반 친구들과 함께 앉아 있었고 민준이 다가가자, 서진은 "여기 앉지 마. 다른 데 가서 먹어."라고 말했습니다. 민준은 다른 자리에 앉아 혼자 밥을 먹었습니다. 서진과 도영은 계속해서 민준에게 "너는 왜 혼자야? 친구도 없나 봐."라며 비웃었습니다. 민준은 집에 돌아가서도 그 말들이 머릿속에서 떠나지 않아 몹시 괴로웠습니다. 부모님에게 알릴까도 생각했지만, 문제가 커질까 봐 차마 말하지 못했습니다. 민준은 점점 학교에 가기 싫어졌고, 친구들과 어울리는 것도 피하게 되었습니다.

질문:

1. 서진과 도영이 한 말들이 민준에게 어떤 영향을 미쳤을까요?

2. 서진과 도영의 행동을 보고 다른 친구들이 느낀 감정은 무엇일까요?

3. 이런 상황에서 민준은 어떻게 대처하면 좋을까요?

4. 우리 반에서 언어폭력을 예방하기 위해 할 수 있는 일에는 무엇이 있을까요?

5. 만약 당신이 민준의 친구라면, 어떻게 도와줄 수 있을까요?

느낀점: _____

AI가 만든 활동지의 초안을 문서 파일에 옮겨 볼까요? 이제 이 내용을 발전시켜 만든 활동지를 창체 시간이나 아침 활동 시간에 활용하면 학생 지도에 효과적으로 활용할 수 있고, 생활지도의 근거로도 활용할 수 있습니다.

○○초등학교 6학년 1학기	**학교폭력 예방 활동지** 1. 언어폭력	( )반 ( )번 이름 ( )

쉬는 시간, 운동장에서 축구를 하던 중, 민준이는 패스를 잘 받지 못해 공을 놓치고 말았습니다. 이를 본 서진과 도영이는 민준이에게 다가와 "너는 왜 이렇게 느려?", "넌 정말 바보 같아, 우리 팀에서 나가"라고 말했습니다. 민준이는 그 말에 상처를 받았지만, 웃으며 넘어가려 했습니다. 다음 날, 민준이는 체육 시간에 줄넘기를 하다 또다시 서진과 도영의 놀림을 받게 되었습니다. 서진은 민준이의 줄넘기 횟수를 세면서 "진짜 이게 최선이야? 우리 초등학생 맞아?"라고 비웃었고, 도영은 "민준이, 너는 운동신경이 없어서 어쩔 수 없어, 그냥 포기해"라고 말했습니다. 이 말을 들은 민준이는 다른 친구들이 자신을 바라보는 시선을 느끼며 점점 움츠러들었습니다. 점심시간, 민준이는 밥을 먹으러 갔습니다. 서진과 도영은 같은 반 친구들과 함께 앉아 있었고, 민준이가 다가오자 서진은 "여기 앉지 마, 다른 데 가서 먹어"라고 말했습니다. 민준이는 다른 자리에 앉아 혼자 밥을 먹었습니다. 서진과 도영은 계속해서 민준이에게 "너는 왜 이렇게 혼자야? 친구도 없나 봐"라며 비웃었습니다. 민준이는 집에 돌아가서도 그 말들이 머릿속에서 떠나지 않아 괴로웠습니다. 부모님에게 말할까 생각했지만, 더 큰 문제가 될까 봐 말을 하지 못했습니다. 민준이는 점점 학교에 가기 싫어졌고, 친구들과 어울리는 것을 피하게 되었습니다.

1.서진과 도영이 한 말들이 민준이에게 어떤 영향을 미쳤을까요?

2.서진과 도영의 행동을 보고 다른 친구들이 느낀 감정은 무엇일까요?

3.민준이가 이런 상황을 어떻게 대처하면 좋을까요?

4.언어 폭력을 예방하기 위해 우리 반에서 할 수 있는 일은 무엇이 있을까요?

5.만약 당신이 민준이의 친구라면, 어떻게 도와줄 수 있을까요?

<나의 느낀점 및 다짐>

글이 너무 짧다면 해당 학년에 맞도록 더 풍부하고 긴 내용을 작성해 달라고 요청하는 것도 좋습니다.(예: 내용을 세 배로 만들어 줘.) 일종의 학교폭력의 내용이 담긴 소설을 요청하는 식입니다. 그리고 각 선생님께서 우리 학급에서 특정 학교폭력(사이버 폭력, 언어폭력 등)이 자주 일어나는 것 같다면, 특정 상황을 지정하여 학교폭력이 일어날 때의 상황과 해결 방안 등을 함께 이야기해 볼 수 있는 자료를 커스텀해서 우리 학급만의 활동지를 만드셔도 좋습니다. 만든 자료를 해당 학년의 다른 학급에도 공유한다면 더욱 좋을 것입니다.

Q. AI가 만들어 준 학교폭력 예방 활동지를 그대로 사용해도 될까요?

A. AI가 만들어 준 이야기를 검토 없이 사용하게 되면 내용의 적절성과 정확성이 충분히 확보되지 못한 활동지를 만들게 될 수 있습니다. 일부 표현이 부적절하거나 특정 상황에 대한 고려가 부족한 내용이 담길 가능성이 있습니다. 또한 학교 현장의 특성과 학생들의 감정적인 반응을 충분히 고려하지 못할 수 있어, 활동지가 역효과를 낼 수도 있습니다. 따라서 교사의 세심한 검토와 보완 과정을 거쳐 활용하는 것이 바람직합니다.

3-5   회복적 성찰문 양식 만들기

학생들을 지도하다 보면 스스로의 행동을 되돌아보는 글을 쓰는 회복적 성찰문을 써야 하는 상황이 있습니다. AI에게 회복적 성찰문의 양식을 요청하고, 요청한 내용을 바탕으로 문서를 만들면 학생을 지도할 때마다 이 양식을 활용할 수 있습니다. 특히 AI는 학생들의 학년에 맞게 제안해 주므로 학년을 특정해 입력하면 더욱 구체화한 자료를 얻을 수 있습니다.

회복적 성찰문 예시 요청하기

나는 초등학교 6학년 교사야. 교사의 안내에 불응하거나 문제 행동이 지속해서 드러나는 학생에게 회복적 성찰문을 줘서 써오라고 하고 싶어. **회복적 성찰문 예시**를 작성해 줘.

회복적 성찰문
이름: [학생 이름]   날짜: [작성 날짜]   학년/반: [학년/반]

1. 오늘 내가 한 행동은 무엇이었나요?
내가 한 행동을 구체적으로 설명해 보세요.
예: "오늘 수업 시간에 친구와 계속 이야기하고, 선생님의 지시에 따르지 않았습니다."

2. 그 행동이 왜 문제가 되었나요?
그 행동이 어떤 문제를 일으켰는지 생각해 보세요.
예: "내 행동 때문에 친구들이 수업에 집중하지 못하여 선생님께서 수업을 중단해야 했습니다."

3. 내 행동이 다른 사람에게 어떤 영향을 주었나요?
내 행동이 주변 사람들에게 어떤 영향을 미쳤는지 써 보세요.
예: "내 행동 때문에 친구들이 수업 내용을 이해하지 못했을 수 있고, 선생님께서도 수업을 제대로 진행할 수 없어 속상하셨을 것 같습니다."

4. 앞으로 어떻게 행동할 것인가요?

같은 상황이 다시 발생했을 때, 어떻게 행동할지 구체적으로 계획해 보세요.

예: "다음부터는 조용히 수업 내용에 집중하고, 선생님의 지시에 잘 따르겠습니다."

5. 이 문제를 해결하기 위해 내가 할 수 있는 일은 무엇인가요?

내가 이 문제를 해결하기 위해 실천할 수 있는 구체적인 행동을 적어 보세요.

예: "수업 후에 선생님께 사과드리고, 친구들에게도 방해해서 미안하다고 이야기하겠습니다."

(후략)

위의 회복적 성찰문 양식은 고학년에게는 적절할 것 같지만 중학년에게는 적합하지 않을 것 같습니다. 중학년에게 맞는 양식도 요청해 볼까요?

 중학년용 양식으로 좀 더 간단하고 쉬운 양식으로 다시 만들어 줘.

회복적 성찰문

이름: [학생 이름]   날짜: [작성 날짜]   학년/반: [학년/반]

1. 오늘 내가 한 행동은?

무엇을 했는지 한 줄로 적어 보세요.

예: "수업 시간에 친구와 계속 이야기했어요."

2. 왜 문제가 되었을까?

내 행동이 왜 문제가 되었는지 생각해 보세요.

예: "수업을 방해해서 친구들이 집중하지 못했어요."

3. 다른 친구에게 어떤 영향을 줬을까?

내가 한 행동이 친구에게 어떤 영향을 줬는지 적어 보세요.

예: "친구가 수업 내용을 놓쳤어요."

4. 다음에는 어떻게 할까?

같은 상황에서 다음에는 어떻게 할지 적어 보세요.

예: "수업 시간에 조용히 하고 선생님 말씀을 잘 들을 거예요."

(후략)

3-6 초기 상담 질문지 만들기

학기 초에는 학생들과 초기 상담을 진행해야 하는데, 사전에 질문지가 준비되어 있지 않으면 상담이 큰 의미 없이 끝나 버리기도 합니다. 초기상담은 학년 초에 학생들의 성향이나 관심사, 고민 등을 미리 파악할 수 있게 하는 중요한 과정이며, 이를 통해 각 학생의 특성과 무엇을 필요로 하는지를 이해하고, 그에 따른 맞춤형 지도 방법을 마련할 수 있습니다. 이 과정에서 AI를 활용하면 학년과 상황에 맞는 상담 질문지를 생성하고 효율적으로 상담을 진행할 수 있습니다.

초기 상담 자료 요청하기

나는 **초등학교 5학년**인 우리 학급의 학생들을 대상으로 **초기 상담**을 실시할 거야. 이 상담을 진행할 때 물어볼 질문지를 작성해 줘.

초기 상담 질문지

학교생활

1. 학교에서 가장 좋아하는 과목은 무엇인가요? 그 이유도 함께 적어 주세요.
2. 학교에서 가장 어려운 과목은 무엇인가요? 그 이유는 함께 적어 주세요.
3. 수업 시간 외에 학교에서 어떤 활동(예: 클럽, 운동 등)에 참여하나요?

교우 관계

1. 학교에서 가장 친한 친구는 누구인가요? 그 친구와 어떻게 친해지게 되었나요?
2. 교우 관계에서 어려움을 겪은 적이 있나요? 있다면 어떤 상황이었나요?
3. 새로운 친구를 사귀는 것이 쉬운가요, 어려운가요? 그 이유는 무엇인가요?

가정생활

1. 가족 구성원은 어떻게 되나요?(예: 부모님, 형제자매 등)
2. 가족과 함께 시간을 보낼 때 무엇을 하는 것이 가장 즐거운가요?

3. 집에서 특별히 어려움을 겪는 부분이 있나요? 있다면 무엇인가요?

개인적인 관심사

1. 취미나 특기는 무엇인가요?

2. 방과 후에 가장 즐겨 하는 활동은 무엇인가요?

3. 장래 희망이 있나요? 그 이유는 무엇인가요?

4. 최근에 읽은 책이나 본 영화 중 가장 기억에 남는 것은 무엇인가요?

(후략)

3-7 상담 내용 요약 정리하기

　　교사가 학생을 상담할 때 상담 내용을 정리하고 요약하는 상담 노트를 만드는 교사도 있지만, 때로는 상담에 집중하느라 자세한 내용이 무엇이었는지 기억하기 어려울 때가 있습니다. 이럴 때 교사가 사전에 양해를 구하고 학생이나 학부모와의 상담을 녹음한 경우라면 이 녹음본을 클로바노트(ClovaNote)를 통해 문서 파일로 변환하여 AI에 업로드할 수 있습니다. AI는 문서 파일을 분석하여 상담 내용을 요약해 주기도 하고, 학생이 가진 정서적 어려움을 식별해 주기도 합니다.

클로바노트에서 음성기록 다운받기

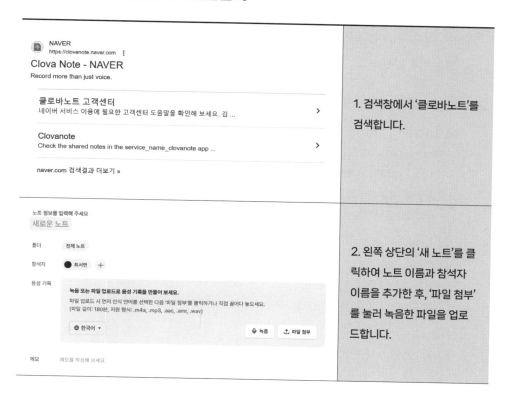

1. 검색창에서 '클로바노트'를 검색합니다.

2. 왼쪽 상단의 '새 노트'를 클릭하여 노트 이름과 참석자 이름을 추가한 후, '파일 첨부'를 눌러 녹음한 파일을 업로드합니다.

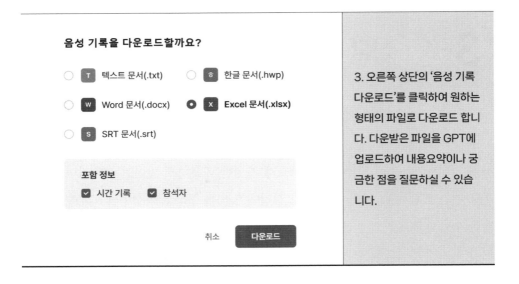

음성 기록을 다운로드할까요?

- ○ [T] 텍스트 문서(.txt)
- ○ [ㅎ] 한글 문서(.hwp)
- ○ [W] Word 문서(.docx)
- ● [X] **Excel 문서(.xlsx)**
- ○ [S] SRT 문서(.srt)

포함 정보
- ☑ 시간 기록
- ☑ 참석자

취소   다운로드

3. 오른쪽 상단의 '음성 기록 다운로드'를 클릭하여 원하는 형태의 파일로 다운로드 합니다. 다운받은 파일을 GPT에 업로드하여 내용요약이나 궁금한 점을 질문하실 수 있습니다.

상담 내용 요약 요청하기

 (상담 내용을 녹음한 후, 클로바노트를 통해 문서 파일로 변환하여 업로드하며) 이 상담은 학생 A와 관련된 상담 내용이야. **이 내용을 요약**해서 **상담 주제별로 정리해서 상담 노트**를 만들어 줘.

학생 A와의 상담 내용 요약

학교생활

- 좋아하는 과목: 수학을 가장 좋아함. 문제를 푸는 과정이 재미있다고 언급.
- 어려운 과목: 영어가 가장 어렵다고 느끼며, 단어 외우기가 힘들다고 함.
- 참여 활동: 축구 클럽에 참여 중이며, 운동을 좋아함.
- 선생님과의 관계: 대부분의 선생님들과 좋은 관계를 유지하고 있으며, 특히 담임 선생님을 좋아함.

교우 관계

- 친한 친구: 같은 반 친구인 B와 가장 친함. 1학년 때부터 함께 놀면서 친해짐.
- 관계 어려움: 특별히 큰 어려움은 없으나, 가끔 의견 충돌이 발생할 때 힘들다고 느낌.
- 새로운 친구 사귀기: 새로운 친구를 사귀는 데 어려움을 느끼며, 낯을 가리는 편.

가정생활

- 가족 구성원: 부모님과 형, 본인 이렇게 네 명의 가족으로 구성됨.

- 가족 활동: 가족과 함께 등산하는 것을 좋아하며, 주말에 자주 감.
- 가정 내 어려움: 형과의 사소한 다툼이 가끔 있으며, 부모님의 잔소리가 스트레스로 작용함.

개인적인 관심사

- 취미/특기: 축구와 그림 그리기를 좋아함.
- 방과 후 활동: 방과 후에 주로 친구들과 축구를 하거나, 그림을 그림.
- 장래 희망: 축구 선수가 되고 싶어 하며, 좋아하는 축구 선수의 경기를 자주 시청함.
- 기억에 남는 책/영화: 최근에 읽은 《해리포터》가 가장 기억에 남음.

기타

- 가장 큰 고민: 영어 공부가 어렵다는 것이 가장 큰 고민임.
- 기분 전환 방법: 축구를 하거나, 좋아하는 음악을 들으면서 기분을 푼다고 함.
- 추가 정보: 새로운 환경에서 적응하는 것이 어려우며, 특히 낯선 사람들과의 첫 만남이 부담스럽다고 함.

Tips

클로바노트(clovanote.naver.com)는 네이버에서 개발한 AI 음성 기록 관리 서비스입니다. AI를 활용하여 모든 회의나 녹음본을 기록, 요약해 주므로 클로바노트상에서 요약 기능을 활용해도 좋고, 문서 파일을 AI에게 업로드하여 나만의 상담 노트를 만드는 것도 좋습니다.

Q. 꼭 학생의 이름은 익명화해서 분석해야 하나요?

A. 네, 학생의 개인정보 보호를 위해 이름을 익명화하는 것은 필수입니다. 이름을 이니셜로 바꾸거나 가명으로 대체하는 등의 방법을 사용하여 학생의 신원이 직접적으로 드러나지 않도록 해야 합니다.

학생 정서적 어려움 파악 요청하기

상담 녹음 문서 파일을 AI에 업로드한 후, AI에게 해당 학생의 정서적 어려움으로 어떤 점이 관찰되는지 파악해 달라고 요청해 보겠습니다.

아까 내가 업로드한 걸 살펴봤을 때 A 학생의 **정서에는 어떠한 어려움이 발견**되는 것 같아?

학생 A의 정서적 어려움 요약

학생 A의 정서적 어려움을 다음과 같이 요약할 수 있습니다:

새로운 친구 사귀기: 새로운 친구를 사귀는 것이 어렵다고 느끼며, 낯을 가리는 편입니다. 이는 사회적 불안이나 새로운 상황에 대한 두려움을 나타낼 수 있습니다.

1. **형과의 다툼 및 부모님의 잔소리**: 가정 내에서 형과 사소한 다툼이 가끔 발생하며, 부모님의 잔소리가 스트레스로 작용한다고 합니다. 이는 가족 관계에서의 스트레스를 의미할 수 있습니다.
2. **영어 공부의 어려움**: 영어 공부가 어렵다는 것이 가장 큰 고민으로 나타났습니다. 이는 학업 스트레스와 관련된 정서적 부담을 반영할 수 있습니다.
3. **낯선 사람들과의 첫 만남에 대한 부담**: 새로운 환경에서 적응하는 게 어렵고, 특히 낯선 사람들과의 첫 만남이 부담스럽다고 언급했습니다. 이는 사회적 상황에서의 불안감을 나타낼 수 있습니다.
4. **요약**
   학생 A는 사회적 불안과 학업 스트레스, 가족 관계에서의 스트레스를 경험하고 있습니다. 이러한 어려움들은 학생의 전반적인 정서적 안녕에 영향을 미칠 수 있으며, 이에 대한 지속적인 관찰과 지원이 필요합니다. 상담을 통해 이러한 문제를 해결하는 데 도움을 줄 수 있는 전략을 마련하는 것이 중요합니다.

AI를 활용하면 상담의 주요 키워드, 감정 표현, 반복된 패턴 등을 분석해 학생이 겪는 어려움의 원인과 심각도를 파악할 수 있습니다. 이를 통해 교사는 해당 학생이 겪는 어려움을 더 구체적으로 파악하여 지원할 수 있으며, 학생의 심리적 안정과 학습 환경 개선에 도움을 줄 수 있습니다.

> **Tips**
>
> 학생마다 이러한 상담 내용을 요약본으로 갖고 있으면, 학생 누가 기록을 작성할 때도 유용합니다. 예를 들어 '내가 지금 올린 파일은 학생별 상담 일지를 요약한 내용이야. 누가 기록을 작성할 수 있도록 한 학생별로 날짜에 따라 5개씩 내용을 작성해 줘.'라고 AI에게 시키고, 누가 기록의 예시를 하나 업로드하면 예시에 기반하여 누가 기록을 작성해 줄 것입니다.

3-8 또래 상담 준비하기

때로는 교사보다도 또래 상담가가 친구들이 필요할 때 언제든지 고민을 나눌 수 있도록 돕는 역할을 합니다. 또래 상담은 집단 따돌림 예방에 도움을 주고(이혜미, 김광수, 2013), 자기 존중감 향상이나 자신감 배양 및 대인 관계 형성에 도움을 줍니다(오가영, 2016). 하지만 상담가 역할을 하려면 상담에 관한 기본 지식 교육이 필요합니다. 또래 상담으로 오히려 상처를 입을 수 있기 때문에 매우 계획적으로 이루어져야 합니다.

또래 상담가 교육 내용 요청하기

AI를 활용하면 또래 상담가 교육 자료를 체계적으로 제작하여 상담 상황마다 적절한 가이드를 제시할 수 있습니다. 이렇게 제작한 교육 자료를 학생에게 제공하고 스스로 상담가가 될 수 있도록 돕는다면, 더 효과적인 또래 상담이 가능합니다.

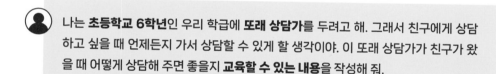

나는 **초등학교 6학년**인 우리 학급에 **또래 상담가**를 두려고 해. 그래서 친구에게 상담하고 싶을 때 언제든지 가서 상담할 수 있게 할 생각이야. 이 또래 상담가가 친구가 왔을 때 어떻게 상담해 주면 좋을지 **교육할 수 있는 내용**을 작성해 줘.

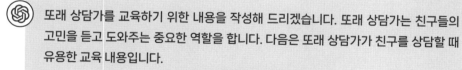

또래 상담가를 교육하기 위한 내용을 작성해 드리겠습니다. 또래 상담가는 친구들의 고민을 듣고 도와주는 중요한 역할을 합니다. 다음은 또래 상담가가 친구를 상담할 때 유용한 교육 내용입니다.

또래 상담가 교육 내용

1. 또래 상담가의 역할 이해

• 경청자: 친구의 이야기를 잘 들어 주고 공감하는 역할입니다.

• 지원자: 친구가 고민을 해결할 수 있도록 도움을 주는 역할입니다.

• 비밀 유지자: 친구의 비밀을 지켜 주는 역할입니다.

2. 기본 상담 기술

- 적극적 경청: 친구가 말할 때 눈을 맞추고 고개를 끄덕이며 관심을 보입니다.
- "응, 그래? 그랬구나. 더 말해 줄래?" (중략)

3. 상담 진행 단계
- 문제 파악: 친구가 겪고 있는 문제를 잘 이해합니다.
- "어떤 일이 있었는지 자세히 말해 줄 수 있어?"
- 감정 이해: 친구가 어떤 감정을 느끼고 있는지 물어봅니다. (중략)

4. 상황별 대응 방법
- 학교생활 고민: 학업이나 교우 관계 등 학교생활에서의 고민을 들어 줍니다.
- "공부가 힘들 때는 어떻게 하면 좀 더 편해질 수 있을까? 같이 방법을 찾아보자." (중략)

또래 상담가 상담 신청서 요청하기

또래 상담을 원한다고 해서 또래 상담가에게 당장 "나 너랑 상담할래."라고 하는 것은 어려우므로 정식으로 상담을 요청할 신청서를 GPT에게 요청해 보겠습니다.

 6학년 또래 상담가에게 상담하고 싶을 때 **상담을 신청할 수 있는 양식**을 만들어 줘.

또래 상담가 상담 신청 양식

상담 신청서

1. 이름: _____   2. 반: 6학년 _____반

3. 상담을 원하는 날짜 및 시간:

- 날짜: _____   • 시간: _____

4. 상담을 원하는 또래 상담가: _____

5. 상담하고 싶은 주제(해당하는 곳에 체크해 주세요):

- 학교생활/교우 관계/가정생활/학업 고민/정서적 어려움/기타: _____

6. 상담을 통해 얻고 싶은 것 또는 원하는 도움:

7. 추가로 하고 싶은 이야기:

8. 상담이 필요한 긴급도: 매우 급함/급함/보통/덜 급함

9. 비밀 유지에 관한 동의: 나는 이번 상담 내용을 비밀로 유지하며, 상담가는 상담 내용에 대해 다른 사람과 공유하지 않는다는 것을 이해하고 동의합니다. 예/아니오

신청자 서명: _____   날짜: _____

3-9 진로 상담 설문하기

진로 상담은 학생들이 자신의 미래와 진로에 관한 생각을 정리할 수 있도록 돕는 과정입니다. 상담 전 진로에 대한 인식을 파악하기 위해 설문을 진행하면 학생들의 관심사와 고민을 더 구체적으로 파악할 수 있습니다. 이 과정에서 AI를 활용하면 학년별 맞춤 설문지를 손쉽게 생성하고, 학생들의 답변을 분석해 진로 상담 시 필요한 자료를 체계적으로 제공할 수 있습니다.

진로 상담지 요청

나는 초등학교 **5학년 학생들의 진로 상담**을 하려고 해. 진로 상담 전에 학생들이 갖고 있는 **진로에 대한 인식**은 어떤지에 관해 설문을 진행하려고 해. **설문지 예시**를 작성해 줘.

초기 상담 질문지

1. 당신의 이름은 무엇인가요?(선택 사항)

2. 가장 좋아하는 학습 과목은 무엇인가요?(한 가지를 선택해 주세요)
- 국어, 수학, 과학, 사회, 영어, 체육, 음악, 미술, 기타: _____

3. 미래에 어떤 일을 하고 싶나요? 그 이유는 무엇인가요?

4. 미래에 어떤 일을 하고 싶은지 결정하는 데 있어 가장 중요한 것은 무엇인가요?(한 가지를 선택해 주세요)
- 내가 좋아하는 일, 돈을 많이 벌 수 있는 일, 사회에 도움이 되는 일, 부모님이 추천하는 일, 기타: _____

(후략)

학생별 추천 직업군 요청하기

이 설문지를 구글 설문이나 온라인 설문으로 제공한 후, 학생들의 데이터를 엑셀 파일로 모아 분석을 맡기려 합니다. AI에게 학생이 좋아하는 과목, 관심 직업, 미래에 어떤 일을 하고 싶은지, 그 이유까지 함께 고려해서 추천 직업군을 요청하면 교사가 생각하는 것보다 더 많은 직업을 추천해 줄 것입니다.

 학생들에게 진로 상담 설문지를 구글 설문으로 받았어. 이 데이터를 활용해서 **학생별로 추천하는 직업군을 제시**해 줄 수 있을까?

 다음은 학생별 추천 직업군과 상세 추천 이유입니다:

학생 번호	좋아하는 과목	관심 직업	미래에 하고 싶은 일과 이유	추천 직업군	추천 이유
1	과학, 수학	의사, 연구원	사회에 도움이 되는 일	의사/환경 연구원/생명공학자	과학과 수학을 좋아하고 사회 기여를 원하므로 의료 분야나 생명 과학 연구에서 전문성을 발휘할 수 있습니다.
2	체육, 사회	경찰관, 운동 선수	내가 좋아하는 일, 사회에 도움이 되는 일	스포츠 매니저/경찰관/군인	체육과 사회를 좋아하며, 체력을 활용해 리더십을 발휘할 수 있는 직업군을 추천합니다.
3	수학, 과학	프로그래머, 개발자	돈을 많이 벌 수 있는 일	AI 개발자/로봇 공학자/데이터 과학자	수학과 과학적 분석력이 뛰어나므로 미래 기술 직군인 AI 개발과 로봇 공학이 적합합니다.
4	음악, 미술	예술가, 디자이너	내가 좋아하는 일	음악 프로듀서/그래픽 디자이너/공연 기획자	예술적 감각과 창의력을 발휘할 수 있는 음악 프로듀싱이나 공연 관련 직업군을 추천합니다.
5	사회, 국어	교사, 작가	사회에 도움이 되는 일	국어 교사/출판 편집자/교육 정책가	국어와 사회를 좋아하며, 교육에 관심이 있으므로 교육 정책과 출판 관련 직업군을 추천합니다.
6	영어, 과학	의사, 외교관	부모님이 추천한 일	국제 의료진/과학 외교관/제약 연구원	영어와 과학을 활용해 글로벌 의료 활동이나 과학 외교 분야에서 활약할 수 있습니다.
7			·		
8			·		
9			·		

진로 상담 결과지 작성 요청하기

진로 상담 및 AI의 추천 직업군을 바탕으로 상담을 마무리했다면, 학생에게 상담 결과지를 제공할 수도 있습니다. AI에게 학생의 설문 내용을 바탕으로 요약 및 상담 결과 작성을 요청해 보겠습니다.

학생 번호별 **상담 결과지**를 작성해 줘. 학생이 **'좋아하는 과목, 관심 직업, 미래 직업 결정 이유'를 바탕으로 추천 직업군과 상세 설명을 포함**해 줘.

상담 결과지: 학생 1번

- 좋아하는 과목: 과학, 수학
- 관심 직업: 의사, 연구원
- 미래 직업 결정 이유: 사회에 도움이 되는 일

추천 직업군

1. 의사

설명: 의사는 환자의 건강을 진단하고 치료하며, 인류의 건강 증진에 기여합니다. 특히 학생의 과학과 수학적 사고력은 의학적 연구와 진단에 필수적인 요소입니다. 의사가 되기 위해서는 인내심, 윤리적 책임감, 소통 능력이 필요하며, 꾸준한 학습이 필수적입니다.

세부 분야: 학생이 관심 있는 분야에 따라 소아과 의사, 신경외과 의사, 또는 의학 연구자로도 진로를 설정할 수 있습니다.

2. 환경 연구원

- 설명: 환경 연구원은 기후 변화, 오염 문제를 분석하고 해결책을 제시하는 직업입니다. 학생의 과학적 탐구력을 바탕으로 실험과 데이터를 활용한 연구가 가능하며, 환경 보존과 지속 가능한 발전에 직접적으로 기여할 수 있습니다.
- 필요 역량: 비판적 사고력, 실험 설계 능력, 데이터 분석 역량.

(중략)

종합 평가

(　　　　　) 학생은 과학적 탐구심이 높고 사회적 기여를 중요한 가치로 여깁니다. 이를 고려할 때 의학 분야와 과학 연구 분야에서 학생의 역량을 충분히 발휘할 수 있을 것입니다.

Q. AI가 생성한 학생 추천 직업군과 상세설명을 학부모 상담에 활용하거나 가정에 보내도 되나요?

A. AI가 생성한 추천 직업군과 상세설명을 바로 활용하기보다는 신중한 검토가 필요합니다. AI의 추천은 학생의 개별적 특성, 관심사, 맥락을 충분히 반영하지 못할 수 있으며, 편향된 정보나 부정확한 내용이 포함될 가능성이 있습니다. 또한 정확한 진로검사지를 통한 진로 검사가 아니기 때문에 공신력 있는 결과라고 하기 어렵습니다. 또한 학생과 학부모가 AI의 추천을 절대적인 것으로 받아들일 우려가 있기 때문에, 교사나 전문가가 내용을 검토하고 보완하는 과정이 필요합니다. 따라서 AI가 제공한 내용을 참고자료로 활용하되, 학생의 실제 관심과 역량을 고려하여 개별 상담을 진행하는 것이 바람직합니다. 가정에 보낼 경우에도 "AI의 추천은 참고 자료이며, 최종적인 진로 선택은 학생의 경험과 상담을 통해 결정하는 것이 중요하다."라는 안내를 함께 제공하는 것이 좋습니다.

3-10 정서적 어려움이 있는 학생 식별하기

학교에서는 정서 행동 검사를 통해 학생의 정서적 어려움을 식별하고 도움을 주는 제도가 있습니다. 그러나 이러한 검사는 단발성으로 이루어지는 경우가 많아 때로는 검사가 유명무실하다는 생각이 들기도 합니다. 하지만 AI를 활용하면 학생들의 심리 상태를 정기적으로 점검하고 심리적 어려움을 겪는 학생들을 빠르게 식별할 수 있습니다. 온라인 설문을 통해 주기적으로 학생의 감정과 어려움을 확인하고, 이러한 데이터를 모아 패턴을 분석하면 더욱 체계적인 지원이 가능합니다.

 나는 인공지능을 활용해서 **심리적 어려움이 있는 학생들을 식별**할 거야. 일주일에 한 번씩 태블릿 PC로 설문을 보내서 이번 주 심리 상태는 어떤지, 어떤 어려움이 있는지 설문한 후에 매주 설문 자료를 모아서 데이터화할 거야. 이 작업을 위한 **설문지**를 작성해 줘.

 학생들의 심리적 어려움을 식별하기 위한 설문지를 작성해 보았습니다. 설문지는 간단하고 명확하게 구성되어 있으며, 학생 심리 상태 평가에 도움이 될 것입니다.

주간 심리 상태 설문지

학생 기본 정보

1. 이름: _____ 2. 학년: _____ 3. 반: _____ 4. 학번: _____ 5. 나이: _____

1. 이번 주 나의 전반적인 감정 상태는 어땠나요? 다음 항목에 체크해 주세요.

   매우 행복함, 행복함, 보통, 슬픔, 매우 슬픔

2. 이번 주 내가 경험한 스트레스 수준을 평가해 주세요.

   매우 낮음, 낮음, 보통, 높음, 매우 높음

3. 이번 주 나의 수면 상태는 어땠나요?(5점척도)

4. 이번 주 학교생활에 대한 만족도를 평가해 주세요.(5점척도)

5. 이번 주 나에게 있었던 주요 어려움을 선택해 주세요. 해당하는 모든 항목에 체크할 수 있습니다.

   학업 부담, 교우 관계, 가족 문제, 건강 문제, 경제적 문제, 기타: _____ (후략)

월간 심리 상태 분석 요청하기

이제 학생에게 일주일에 1회, 혹은 한 달에 1회씩 온라인 설문 상담지를 배부하고 교사가 학생의 누적 데이터를 갖고 있다면 다시 AI를 활용해서 심리적 어려움이 있는 학생들을 식별할 수 있습니다. 설문지 응답이 완료되면 데이터를 하나로 모아 학생의 이름을 익명화하여 AI에게 업로드해 분석을 요청하는 것이 좋습니다.

내가 올린 학생 설문 데이터를 활용해서 **월간 심리 상태 분석**을 해줘. 행복한 학생, 슬픈 학생, 스트레스가 높은 학생, 수면 상태가 나쁜 학생, 학교생활에 만족하지 못하는 학생이 몇 명인지 알려줘.

월간 심리 상태 분석 결과

1. 행복한 학생 수: 3명 -> 행복함을 느끼는 학생들: 학생 G, 학생 H, 학생 I
2. 슬픈 학생 수: 3명 -> 슬픔을 느끼는 학생들: 학생 A, 학생 B, 학생 C
3. 스트레스가 높은 학생 수: 4명 -> 스트레스가 높음 또는 매우 높음을 느끼는 학생들: 학생 B, 학생 C, 학생 J
4. 수면 상태가 나쁜 학생 수: 3명 -> 잘 못 잠 또는 매우 잘 못 잠을 경험한 학생들: 학생 A, 학생 C, 학생 G (후략)

위험군 학생 목록 작성 요청

학생의 누적 심리 상태 설문 데이터로 위험군인 학생을 선별할 수도 있습니다.

내가 올린 학생의 누적 심리 상태 설문 데이터를 활용해서 **위험군 학생 목록을 작성**해 줘.

위험군 학생 목록

이름	감정 상태	스트레스 수준	수면 상태	학교 생활 만족도	어려운 점	도움 필요한 부분	가장 행복한 일	감사한 일
A	행복함	매우 높음	잘 못 잠	불만족	가족 문제	심리 상담	가족과의 시간	친구의 도움
B	매우 슬픔	매우 높음	잘 못 잠	매우 불만족	경제적 어려움	경제적 지원	취미 활동	장학금

⋮

3-11 상담 프로토콜 작성하기

모든 상담에 프로토콜이 반드시 필요한 것은 아니지만, 예민한 사안이 종종 발생할 경우, 체계적인 프로토콜을 갖고 해당 학생과의 상담이 이루어지면 더 효과적일 것입니다. 이를 통해 교사는 학생의 행동 원인을 이해하고, 바람직한 행동으로 개선하도록 도울 수 있습니다. 특히 AI를 활용하면 상담 시 주제별 질문과 대응 방법을 제공해 효과적으로 대화를 이끌어 나갈 수 있습니다.

상담 프로토콜 작성 요청

 우리 학급에 자꾸 다른 사람의 몸을 만지는 학생이 있어. 그러지 말라고 해도 계속하는데 이 **학생과 상담할 때 활용하면 좋을 프로토콜**을 작성해 줘.

 다른 사람의 몸을 만지는 행동을 하는 학생과의 상담 프로토콜은 매우 신중하고 체계적으로 접근해야 합니다. 이 프로토콜은 학생의 행동을 이해하고, 적절한 경계 설정 및 올바른 행동 지도를 목적으로 합니다.

상담 프로토콜

1. 준비 단계

1.1. 환경 조성

• 조용하고 방해받지 않는 상담실 준비

• 안전하고 편안한 분위기 조성

1.2. 사전 정보 수집

• 학생의 기본 정보와 행동 패턴에 대한 정보를 미리 파악

• 교사, 부모, 동료 학생들로부터 관련된 상황과 행동에 대한 배경 정보 수집

2. 초기 상담 단계

2.1. 환영 인사

- 친근하고 부드러운 인사로 학생을 맞이함
- "안녕하세요, [학생 이름]. 오늘 이야기를 나눌 수 있어서 기뻐요."

2.2. 상담의 목적 설명

- 상담의 목적과 비밀 보장을 설명함
- "오늘은 최근에 있었던 몇 가지 행동에 관해 이야기하고 싶어요. 여기서 나눈 모든 이야기는 비밀로 유지될 거예요."

2.3. 신뢰 구축

- 학생이 편안함을 느낄 수 있도록 신뢰를 형성
- "이야기를 나누기 전에, 어떻게 지내고 있는지 궁금해요. 최근에 무슨 일이 있었나요?"

3. 본격적인 상담 단계

3.1. 행동 탐색

- 학생의 행동에 대해 구체적으로 질문
- "최근에 다른 친구의 몸을 만지는 행동을 했다고 들었어요. 그 상황에 관해 이야기해 줄 수 있나요?"
- "그때 무슨 생각을 하고 있었나요? 어떤 감정을 느꼈나요?"

(후략)

3-12 교우 관계 분석 설문하기

아동, 청소년기에 교우 관계의 중요성은 아무리 강조해도 지나치지 않습니다. 특히 교우 관계에서 소외와 외로움을 겪는 경험을 하면 고통스러운 감정을 느끼고, 이는 성인기의 심리/사회적 적응에도 영향을 미칩니다(김순복, 2011). AI를 활용한 설문지를 통해 학생들의 교우 관계 데이터를 수집하고 분석하면, 관계의 중심 학생, 소외된 학생, 그리고 갈등의 징후를 빠르게 파악할 수 있습니다.

학생 교우 관계 분석 설문지 요청하기

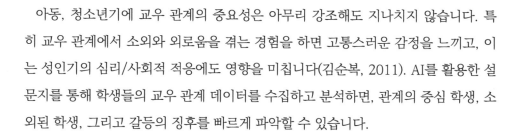

나는 우리 학급 학생들의 교우 관계를 분석하고 싶어. 초등학교 **고학년 학생들을 대상으로 교우 관계를 분석할 수 있는 설문지**를 구체적으로 만들어 줘.

학생들의 교우 관계를 분석하기 위한 구체적인 설문지 예시는 다음과 같습니다. 이 설문지는 학생들이 자신의 교우 관계를 자세히 기록할 수 있도록 구성되었습니다.

학생 교우 관계 조사 설문지

기본 정보

1. 학년: [_____]

2. 반: [_____]

3. 이름: [_____]

4. 성별: [남/여]

5. 나이: [_____]

1. 친구 명단 작성

다음 질문에 답해 주세요. 각각 최대 5명의 친구 이름을 적어 주세요.

2. 학교에서 자주 어울리는 친구들의 이름을 적어 주세요.(최대 5명)

a. [_____]

b. [_____]

c. [_____]

d. [_____]

e. [_____]

3. 각 친구와 얼마나 자주 어울리나요?(매일, 주 몇 회, 가끔, 거의 안 함)

a. [_____] - [매일/주 몇 회/가끔/거의 안 함]

b. [_____] - [매일/주 몇 회/가끔/거의 안 함]

c. [_____] - [매일/주 몇 회/가끔/거의 안 함]

d. [_____] - [매일/주 몇 회/가끔/거의 안 함]

e. [_____] - [매일/주 몇 회/가끔/거의 안 함]

4. 교우 관계의 친밀도 평가

각 친구와의 관계를 얼마나 친밀하다고 생각하고 있나요?(1~5점 척도, 1: 전혀 친밀하지 않음,
5: 매우 친밀함)

1. [_____] - [1/2/3/4/5]

2. [_____] - [1/2/3/4/5]

3. [_____] - [1/2/3/4/5]

4. [_____] - [1/2/3/4/5]

5. [_____] - [1/2/3/4/5]

(후략)

Tips

이 교우 관계 설문지는 데이터를 받아서 AI에게 교우 관계 네트워크 분석을 요청할 것이기 때문에 온라인 설문으로 만들어서 데이터를 받는 것이 편해요.

3-13 교우 관계 데이터 시각화 요청하기

앞 장에서 AI가 알려준 데이터 방식으로 학생 데이터를 정리하고 나면 데이터 시각화를 할 수 있습니다. 데이터 시각화 코드를 받으면 구글 Colab(https://colab.google/)이나 Jupyter Notebook과 같은 온라인 코딩 환경에서 실행하여 그래프나 차트 형태로 쉽게 확인할 수 있습니다. 이번 장에서는 특별히 온라인 코딩 환경을 활용하지 않아도 챗GPT 안에서 데이터 시각화를 해 보도록 하겠습니다.

데이터 시각화 코드 요청하기

데이터를 활용해서 교우 관계 네트워크 시각화를 시행하기 위해 어떻게 데이터를 정리해야 좋을지 요청해 보겠습니다.

우리 학급 20명 학생들의 익명화된 데이터야. 이 데이터를 보고 학생들의 **교우 관계를 분석한 데이터를 시각화하는 코드**를 짜려면 어떻게 데이터를 정리해야 좋을까?

1. 데이터 준비

먼저 20명의 학생들이 응답할 설문지 데이터를 바탕으로 각 학생이 지목한 친구들을 수집합니다. 이를 테이블로 정리합니다.

예시 데이터

Student	Friend1	Friend2	Friend3	Friend4	Friend5
StudentA	StudentB	StudentC	StudentD	StudentE	StudentF
StudentB	StudentC	StudentD	StudentE	StudentF	StudentG
StudentC	StudentD	StudentE	StudentF	StudentG	StudentH
...	...	...	...	...	...

2. 관계 그래프 생성

이 데이터를 바탕으로 네트워크 그래프를 생성합니다.

Python 코드 예시

다음은 파이썬을 사용하여 네트워크 그래프를 생성하는 코드입니다.

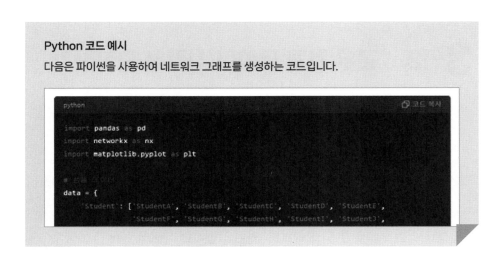

```python
import pandas as pd
import networkx as nx
import matplotlib.pyplot as plt

# 

data = {
    'Student': ['StudentA', 'StudentB', 'StudentC', 'StudentD', 'StudentE',
                'StudentF', 'StudentG', 'StudentH', 'StudentI', 'StudentJ'],
```

데이터 시각화 요청하기

AI가 알려준 데이터 정리 방식으로 학생들의 데이터를 정리했습니다. 이제 이 정리한 방식대로 데이터 시각화를 요청하면 어떻게 시각화가 이루어질까요? 먼저 AI가 말한 데이터 정리 방식에 따라 엑셀 데이터를 정리합니다.

	A	B	C	D	E	F	G	H	I	J	K	L	M
1		Friend 1	Friend 2	Friend 3	Friend 4	Friend 5	Friend 6	Friend 7	Friend 8	Friend 9	Friend 10	Friend 11	Friend 12
2	A	B	C	D	E								
3	B	G	H	I	J	K							
4	C	A	B	F	G	I	K	L	M				
5	D	A	B	E	F	G	J	K					
6	E	A	C	D	E								
7	F	B	F	G	H	I							
8	G	H	I	J	K								
9	H	I	J	K									
10	I	L											
11	J	K	A	B									
12	K	C	D	E	I	M							
13	L	G	H	I									
14	M	O	P	Q	A	C	D	E					
15	N	Q	R	S									
16	O	A	B	D	E	G	H						
17	P												
18	Q	O	I	P	S								
19	R	T	S	A	B	E							
20	S	A	B	C	D	E	G	H	I				
21	T	B	C	D	E								

엑셀 표를 보시면 학생 A는 학생 B, C, D, E를 친구로 생각하고, 학생 B는 G, H, I, J, K를 친구로 생각했다는 의미입니다. 엑셀 데이터를 업로드하면 AI가 교우 관계 네트워크를 분석해 줍니다(네트워크 그래프의 가운데 있을수록 친구들과의 연결성이 높다는 의미이며, 가장자리로 갈수록 친구와의 연결성이 적다는 의미입니다).

(엑셀 데이터를 업로드하며) 우리 학급 20명 학생들의 익명화된 데이터야. 이 데이터 를 보고 학생들의 **교우 관계 분석을 시각화**해 줘.

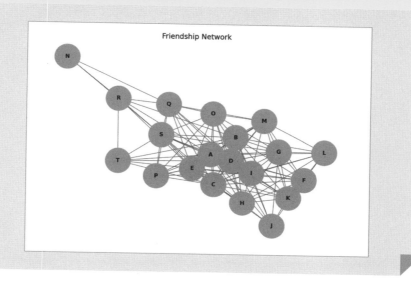

위의 네트워크 분석은 교우 관계 참고용으로 활용하면 좋습니다. 학생에게 보여주 거나, 학부모에게 직접적으로 보여주었을 때 교사가 예상치 못한 문제가 발생할 수 도 있으므로 평소 교사가 관찰하지 못하는 교우 관계를 보고 싶을 때에 한해 참고용 으로 활용하시기를 바랍니다. 특히 해석에 유의해야 하는데, 가장자리로 갈수록 교 우 관계가 부족하다는 의미는 전혀 아닙니다. 비록 가장자리에 있지만 한 명의 친구 라도 깊은 교우 관계를 맺고 있다면 문제가 되지 않을 수 있습니다. 그러므로 항상 이 그래프와 학생이 응답한 다른 교우 관계 설문을 함께 참고하여 종합적인 분석이 필요합니다.

친구 그룹 분석 요청하기

학생의 네트워크 분석 중 '친구 그룹 분석'도 AI가 해줄 수 있습니다. 특히 고학년 은 친구 그룹이 자주 바뀌기도 합니다. 교사가 친구 그룹을 파악하기 위해서는 교우 관계 설문 데이터를 업로드 후, 어떤 그룹에 속해 있는지 물어보면 고학년 교우 관계 분석에 효과적으로 활용할 수 있습니다.

 아까 올린 데이터로 친한 친구들과의 **친구 그룹을 시각화**해 주고 **분석**도 해줘.

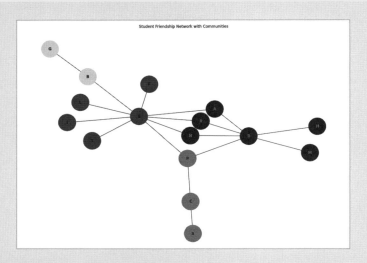

1. 커뮤니티 분석

그래프에서 노드(점)는 각 학생을 나타내며, 에지(선)는 학생들 간의 교우 관계를 나타냅니다. 색상은 서로 다른 커뮤니티를 구분합니다.

노란색 그룹: G, B

- 이 그룹은 두 명으로 구성된 작은 그룹입니다. 서로 교우 관계로 연결되어 있습니다.

파란색 그룹: E, F, I, L, T

- 이 그룹은 학생 E를 중심으로 형성된 그룹입니다. E는 이 그룹의 중심 인물로 여러 학생과 연결되어 있습니다.
- F, I, L, T는 E를 중심으로 연결되어 있으며, E를 통해 서로 간접적으로 연결된 것으로 보입니다.

보라색 그룹: A, D, H, M, N, R

- D가 중심이 되는 그룹입니다. D는 A, H, M, N, R과 직접적으로 연결되어 있어 이 그룹의 중심 역할을 하고 있습니다.
- 이 그룹은 D를 중심으로 밀접하게 연결된 구조입니다.

녹색 그룹: C, P, S

- P가 중심이 되는 그룹입니다. P는 C와 연결되어 있으며, C는 다시 S와 연결되어 있습니다.
- 이 그룹은 다른 그룹에 비해 학생 수가 적고, 상호 연결이 적습니다.

4장.

학생 평가와 채점

4-1 평가 계획서 작성하기

효과적인 학생 평가는 학습 목표와 연계된 구체적이고 체계적인 계획에 기반해야
합니다. AI를 활용하면 교사가 학기 초에 작성해야 하는 학년별 평가 기준에 맞는 평
가 계획서를 작성할 수 있습니다.

평가 계획서 내용 요청하기

AI에게 효과적으로 평가 계획을 작성해 달라고 하기 위해서는 적절한 '예시'가 있
어야 합니다. 이 예시를 학습해서 비슷하게 답변해 주기 때문입니다. 그래서 저는 평
가 계획서를 다음과 같이 하나 미리 작성한 뒤, 아래 칸의 내용은 비워서 업로드해
보겠습니다.

3학년 1학기 수학과 수업 및 평가 계획서

순	성취 기준	단원 (주제)	평가 영역	평가 요소	수업.평가 방법	평가 기준		평가 시기
1	[4수01-03] 세 자리 수의 덧셈과 뺄셈의 계산 원리를 이해하고 그 계산을 할 수 있다.	1. 덧셈과 뺄셈	수와 연산	받아올림이 두 번, 세 번 있는 세 자리 수의 덧셈하기	[원리 탐구 수업] ■ 받아올림이 두 번, 세 번 있는 세 자리 수의 덧셈 방법을 알아봄. 자리 수의 덧셈 문제를 해결함. [서술형]	매우 잘함	세 자리 수의 덧셈 방법을 알고, 이를 이용하여 문제를 정확하게 해결하여 그 과정을 설명한다.	3월
						잘함	세 자리 수의 덧셈 방법을 알고, 이를 이용하여 문제를 정확하게 해결한다.	
						보통	세 자리 수의 덧셈 방법을 알고, 이를 이용하여 문제를 해결한다.	
						노력 요함	세 자리 수의 덧셈 방법을 알지 못하고, 문제를 해결하지 못한다.	
2	[4수01-03] 세 자리 수의 덧셈과 뺄셈의 계산 원리를 이해하고 그 계산을 할 수 있다.	1. 덧셈과 뺄셈	수와 연산	받아내림이 두 번 있는 세 자리 수의 뺄셈하기				3월
3	[4수01-03] 세 자리 수의 덧셈과 뺄셈의 계산 원리를 이해하고 그 계산을 할 수 있다.	1. 덧셈과 뺄셈	수와 연산	세 자리 수의 덧셈과 뺄셈을 활용하여 문제 해결하기				3월

이 자료는 우리 학교 3학년 수학과 **평가 계획서**야. 업로드한 **예시를 보고 빈칸에 들어갈 내용들을 추천**해줘.

2	[4수01-03] 세 자리 수의 덧셈과 뺄셈의 계산 원리를 이해하고 그 계산을 할 수 있다.	1. 덧셈과 뺄셈	수와 연산	받아내림이 두번 있는 세 자리 수의 뺄셈하기	[실습 수업] 받아내림이 두 번 잇는 세 자리 수의 뺄셈 방법을 실습을 통해 학습. 세 자리 수의 뺄셈 문제를 해결함. [서술형]	매우 잘함: 세 자리 수의 뺄셈 방법을 알고, 이를 이요하여 문제를 정확하게 해결하여 그 과정을 설명한다. 잘함: 세 자리 수의 뺄셈 방법을 알고, 이를 이용하여 문제를 정확하게 해결한다. 보통: 세 자리 수의 뺄셈 방법을 알고, 이를 이용하여 문제를 해결한다. 노력 요함: 제 자리 수의 뺄셈 방법을 알지 못하고, 문제를 해결하지 못한다.	3월
3	[4수01-03] 세 자리 수의 덧셈과 뺄셈의 계산 원리를 이해하고 그 계산을 할 수 있다.	1. 덧셈과 뺄셈	수와 연산	세 자리 수의 덧셈과 뺄셈을 활용하여 문제 해결하기	[문제 해결 수업] 세 자리 수의 덧셈과 뺄셈을 활용한 문제를 해결하는 방법을 학습. 다양한 문제를 해결함. [서술형]	매우 잘함: 덧셈과 뺄셈을 활용하여 문제를 정확하게 해결하고, 그 과정을 설명한다. 잘함: 덧셈과 뺄셈을 활용하여 문제를 정확하게 해결한다. 보통: 덧셈과 뺄셈을 활용하여 문제를 해결한다. 노력 요함: 덧셈과 뺄셈을 활용하여 문제를 해결하지 못한다.	3월
4	[4수02-01] 직선, 선분, 반직선을 알고 구별할 수 있다.	1. 평면도형	도형	직선, 선분, 반직선 구별하기	[탐구 수업] 직선, 선분, 반직선을 구별하는 방법을 학습. 여러 가지 문제를 해결함. [서술형]	매우 잘함: 직선, 선분, 반직선을 벙확하게 구별하고 설명한다. 잘함: 직선, 선분, 반직선을 정확하게 구별한다. 보통: 직선, 선분, 반직선을 구별한다. 노력 요함: 직선, 선분, 반직선을 구별하지 못한다.	4월

이제 AI가 작성해 준 표를 초안 삼아 평가 계획서를 작성하면 됩니다. 만약 내용이 마음에 들지 않는다면, 원하는 내용을 구체적으로 요청하거나 AI의 표를 다듬어서 개선하는 것도 좋습니다.

4-2 수행 평가지 만들기

때로는 수행 평가지를 직접 만들어야 하는 경우가 있는데, 이럴 때 AI를 활용하면 수행 평가 문항을 자동으로 생성할 수 있습니다. AI를 이용해 수행 평가의 초안을 제작하고, 이를 바탕으로 수행 평가지를 만들면 교사의 업무가 크게 경감될 수 있습니다.

사회 수행 평가지 요청하기

먼저 AI에게 수행 평가 기준안을 업로드하고, 수업 및 평가 방법을 알려주면 관련한 수행 평가지를 쉽게 만들어 줍니다.

순	성취 기준	단원 (주제)	평가 영역	평가 요소	수업·평가 방법	평가 기준		평가 시기
1	[4사04-01] 촌락과 도시의 공통점과 차이점을 비교하고, 각각에서 나타나는 문제점과 해결 방안을 탐색한다.	1. 촌락과 도시의 생활 모습	일반 사회	촌락과 도시를 조사하고 공통점과 차이점 찾기	스마트 기기를 활용하여 촌락과 도시를 조사하고 공통점과 차이점을 찾아 보고서를 만들고 발표함	매우 잘함	촌락과 도시를 조사하고 공통점과 차이점을 세 가지 이상 찾아 구체적으로 비교하여 설명한다.	8월 4주
						잘함	촌락과 도시를 조사하고 공통점과 차이점을 두 가지 이상 찾아 비교하여 설명한다.	
						보통	촌락과 도시를 조사하고 공통점과 차이점을 한 가지씩 찾아 비교하여 설명한다.	
						노력 요함	촌락과 도시를 조사하고 공통점과 차이점을 찾으려 노력한다.	

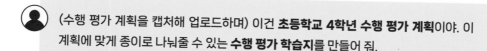

(수행 평가 계획을 캡처해 업로드하며) 이건 **초등학교 4학년 수행 평가 계획**이야. 이 계획에 맞게 종이로 나눠줄 수 있는 **수행 평가 학습지**를 만들어 줘.

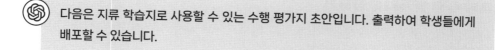

다음은 지류 학습지로 사용할 수 있는 수행 평가지 초안입니다. 출력하여 학생들에게 배포할 수 있습니다.

초등학교 4학년 사회 수행 평가지

학습 주제: 촌락과 도시의 공통점과 차이점 비교

1. 촌락과 도시의 공통점과 차이점 조사하기

촌락과 도시의 공통점을 세 가지 이상 작성하세요.

- 공통점 1: _____
- 공통점 2: _____
- 공통점 3: _____

촌락과 도시의 차이점을 세 가지 이상 작성하세요.

- 차이점 1: _____
- 차이점 2: _____
- 차이점 3: _____

2. 촌락과 도시의 문제점과 해결 방안 탐색하기

촌락에서 나타나는 문제점과 이를 해결하기 위한 방안을 작성하세요.

- 촌락의 문제점: _____
- 해결 방안: _____

도시에서 나타나는 문제점과 이를 해결하기 위한 방안을 작성하세요.

- 도시의 문제점: _____
- 해결 방안: _____

3. 조사 내용을 바탕으로 보고서 작성하기

_____

_____

_____

_____

_____

수학 수행 평가지 요청하기

앞서 나온 경우처럼 수행 평가 계획을 업로드하여 수행 평가지를 생성할 수도 있지만, 지도안이나 교과서의 내용을 업로드해 수행 평가지를 생성하는 방법도 있습니다. 이번에는 교과서의 내용을 캡처한 것을 업로드하여 수행 평가지를 생성해 보도록 하겠습니다. 다음의 4학년 수학 소수의 덧셈과 뺄셈 교과서 마지막 차시에 있는 문항을 변형하여 학생들이 배운 내용을 잘 학습하였는지 수행 평가지를 만들어 달라고 AI에게 요청해 봅시다.

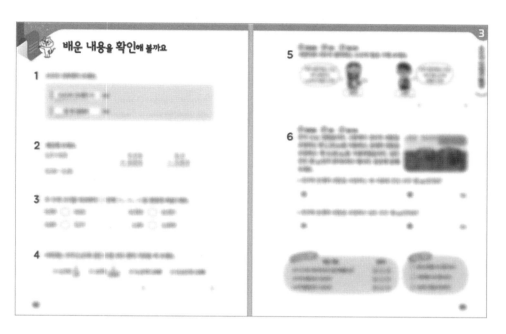

 (교과서를 캡처하며 업로드하며) 이 내용을 그대로 가져가면서 **숫자만 바꿔서 수행 평가지**를 만들어 줘.

다음 내용을 기반으로 숫자를 변경한 수행 평가지를 만들어 드리겠습니다. 숫자는 동일한 유형의 난이도를 유지하면서 변경하겠습니다.

1. 소수로 나타내어 보세요.

0.012이 25배인 수: <---오류 (학생 수준과 맞지 않음)

일 점 칠십오: <---오류 (이런 소수는 없음)

2. 계산해 보세요.

1.5 + 0.6 = (   )

3.14 + 4.56 = (   )

6.3 − 2.15 = (   )

5.78 − 1.64 = (   )

3. 두 수의 크기를 비교하여 숫자 사이에 >, =, < 를 알맞게 써 보세요.

0.75   0.77

0.354   0.359

4.58   4.62

1.035   1.034

4. 나타내는 수가 0.35와 같은 수를 모두 찾아 기호를 써 보세요.

0.35 <---오류 (0.35와 같은 수를 찾아야 하는데 0.35를 제시함)

0.035의 10배

0.35의 배 <---오류 (몇 배인지 수가 빠짐)

5. 서연이와 시우가 생각하는 소수의 합을 구해 보세요. <---오류 (문제 수준이 기존 문제와 대비해 너무 낮음)

서연: 내가 생각하는 수는 0.2입니다.

시우: 내가 생각하는 수는 0.03입니다.

두 수의 합은 얼마인가요?

(   )

6. 길이가 3.5m인 끈이 있었습니다. 고은이 친구의 선물을 포장하는 데 1.25m를 사용하고, 동생의 선물을 포장하는 데 0.85m를 사용했습니다. 남은 끈은 몇 m인지 알아보려 합니다. 문제에 답해 보세요.

• 친구와 동생의 선물을 포장하는 데 사용한 끈은 모두 몇 m인가요?

(   )m

• 친구와 동생의 선물을 포장하고 남은 끈은 몇 m인가요?

(   )m

AI의 응답을 보니 어떠신가요? 대체로 숫자를 바꾸어서 문제를 잘 만들었지만, AI가 생성해 준 응답을 평가로 활용할 때는 특히 더 조심해야 합니다. 여러 가지 오류가 발견되었는데도 충분한 검토 없이 바로 평가에 활용했다가는 큰 문제가 발생할 수 있기 때문입니다. 먼저 해당 응답에서 발생한 오류는 학생 수준과 맞지 않는 문제나 존재하지 않는 수를 만들기도 하고(일 점 칠십오), 문제 수준이 기존 문제와 대비해 너무 낮은 문제를 제시하기도 합니다. 따라서 AI를 활용해서 평가나 채점을 진행하실 때는 반드시 충분한 검토 과정을 거치셨으면 합니다.

통합 교과(계절) 수행 평가지 요청하기

AI를 활용해서 수행 평가지를 만들 때, 간단한 문장으로 이루어진 프롬프트를 통해 수행 평가지를 만들 수도 있습니다. 초등학교 2학년 통합 교과(계절)의 '봄을 안전하게' 수업에서 현장 체험 학습 안전 수칙 알아보기를 주제로 수행 평가지 작성을 요청해 보겠습니다. 우선 간단한 문장으로 프롬프트를 작성할 때는 AI가 가지고 있는 사전 지식을 확인한 후, 해당 지식을 기반으로 수행 평가지를 만들면 편리합니다.

초등학교 2학년 수준에 맞도록 현장 체험 학습을 갈 때 필요한 안전 수칙을 알려줘.

초등학교 2학년 현장 체험 학습 안전 수칙

선생님 말씀 잘 듣기

체험 학습 내내 선생님의 지시에 잘 따라야 해요.

친구들끼리 먼저 행동하거나 선생님을 떠나지 않도록 주의하세요.

다 같이 이동하기

정해진 대열을 따라 걸어요.

길을 건널 때는 반드시 선생님과 함께 손을 들고 건너요.

이름표 착용하기

항상 이름표가 잘 보이도록 달고 있어요.

혹시 길을 잃어도 이름표를 보면 선생님이나 어른들이 도와줄 수 있어요.

안전한 장소에만 머물기

위험해 보이는 장소(낭떠러지, 물가 등)에는 절대 가지 않아요.

모르는 길이나 어두운 곳으로 혼자 가지 않아요.

차량 내 안전

체험 학습 장소로 이동하는 버스 안에서는 안전벨트를 꼭 착용해요.

버스가 멈출 때까지 자리에 앉아 있어야 해요.

(후략)

AI의 응답을 보니 2학년 수준에 적절한 안전 수칙을 잘 알고 있는 것 같습니다. 이 내용을 바탕으로 수행 평가지를 만들기 위해 교사가 가장 적합한 문제를 선택할 수 있도록 10가지 유형의 수행 평가 문제를 만들어 달라고 요청하겠습니다.

앞 내용을 바탕으로 **2학년 수준에 적합한 10가지 유형의 수행 평가 문제**를 만들어 줘.

2학년 수준에 적합한 현장 체험 학습 안전 수칙 수행 평가 문제

1. 단답형
현장 체험 학습을 갈 때, 안전하게 이동하기 위해 꼭 지켜야 할 규칙 한 가지를 써 보세요.

2. OX 퀴즈
선생님이 정한 장소에서 벗어나도 괜찮다.(○ 또는 ✕로 답하세요)

3. 빈칸 채우기
"차를 타고 이동할 때는 반드시 _____를 매야 합니다."(빈칸에 들어갈 말을 써 보세요)

4. 그림 선택 문제
다음 그림 중, 현장 체험 학습을 할 때 지켜야 할 안전 행동을 나타내는 그림을 고르세요.
(보기: 신호등을 기다리는 아이 / 차도로 뛰어가는 아이 / 선생님 옆에 서 있는 아이)

5. 이유 쓰기 문제
왜 현장 체험 학습 중에 친구와 떨어지지 않아야 하는지 이유를 적어 보세요.

6. 순서 배열하기
현장 체험 학습 출발 전 준비해야 할 일을 순서대로 배열하세요.
(보기: ① 보호자에게 체험 학습 일정 알려드리기, ② 안전 수칙 배우기, ③ 준비물 챙기기)

7. 상황 제시 문제
현장 체험 학습 중에 친구가 넘어져 다쳤다면, 당신은 어떻게 행동해야 하나요?(한 문장으로 적어 보세요)

(후략)

저는 이 문제 유형 중 2번 ○✕ 퀴즈 유형과 3번 빈칸 채우기 유형을 활용해서 수행 평가지를 만들면 좋겠다고 생각합니다. 이번에는 해당 문제 구체화를 요청해 보겠습니다.

좋아. 2번과 3번 유형을 활용해서 수행 평가를 할 예정이야. **2번 문제 5개와 3번 빈칸 채우기 문제 5개**를 만들어 주고, 빈칸 채우기는 학생들이 선택할 수 있도록 **10가지 예시**를 만들어 줘.

2번 유형: O✕ 퀴즈 문제 5개

문제 1

현장 체험 학습 중에는 반드시 선생님의 지시에 따라 행동해야 한다.(O 또는 ✕)

문제 2

현장 체험 학습 장소에서는 뛰어다녀도 괜찮다.(O 또는 ✕)

문제 3

버스가 이동하는 중에는 안전벨트를 매야 한다.(O 또는 ✕)

문제 4

현장 체험 학습 도중에 모르는 사람과 대화를 해도 된다.(O 또는 ✕)

문제 5

체험 학습이 완료되면 정해진 시간에 집합 장소로 돌아가야 한다.(O 또는 ✕)

3번 유형: 빈칸 채우기 문제 5개

문제 1

"버스를 타고 이동할 때는 반드시 _____를 매야 합니다."

문제 2

"체험 학습 장소에서 선생님이 정해 준 _____를 벗어나면 안 됩니다."

문제 3

"_____를 건널 때는 좌우를 확인한 후 안전하게 건너야 합니다."

문제 4

"위험한 상황이 발생하면 곧바로 _____에게 도움을 요청해야 합니다."

문제 5

"체험 학습 중에는 _____ 행동을 하지 않고 조용히 이동해야 합니다."

빈칸 채우기 문제의 예시 답안(학생들이 선택할 수 있도록 제공)

• 안전벨트, 정해진 장소, 횡단보도, 선생님, 보호자, 뛰어다니는, 정해진 시간, 교통 신호, 친구, 정해진 규칙

답변으로 작성된 문제를 검토해 보았더니 괜찮은 것 같아 이를 바탕으로 수행 평가지를 만들어 보겠습니다.

통합 교과(계절) 수행 평가지

2학년 반 번 이름(   )

수업명	봄을 안전하게	평가일	년 월 일
과제명	현장 체험 학습 안전 수칙 알아보기	평가자	(인)

활동 과제

1. 현장 체험 학습 안전 수칙으로 알맞은 것에는 ○표, 알맞지 않은 것에는 ✕표 하여 봅시다.

(1) 현장 체험 학습 중에는 반드시 선생님의 지시에 따라 행동해야 한다. (   )

(2) 현장 체험 학습 장소에서는 뛰어다녀도 괜찮다. (   )

(3) 버스로 이동할 때는 안전벨트를 매야 한다. (   )

(4) 현장 체험 학습 중에 모르는 사람과 대화를 해도 된다. (   )

(5) 체험 학습이 완료되면 정해진 시간에 집합 장소로 돌아가야 한다. (   )

2. 다음의 문장에 알맞은 단어를 '보기'에서 골라 빈칸을 채우세요.

(1) 버스를 타고 이동할 때는 반드시 _____를 매야 합니다.

(2) 체험 학습 장소에서 선생님이 정해 준 _____를 벗어나면 안 됩니다.

(3) _____를 건널 때는 좌우를 확인한 후 안전하게 건너야 합니다.

(4) 위험한 상황이 발생하면 곧바로 _____에게 도움을 요청해야 합니다.

(5) 체험 학습 중에는 _____ 행동을 하지 않고 안전히 이동해야 합니다.

<보기>
선생님, 안전벨트, 장소, 횡단보도, 동생, 뛰어다니는, 시간, 교통 신호, 친구

4-3 수행 평가 기준안 만들기

수행 평가지와 더불어 수행 평가 기준안을 함께 만들 수 있습니다. 여러 방법이 있는데, 만들었던 수행 평가지를 업로드하여 수행 평가 기준안을 요청할 수도 있고, 수행 평가지와 수행 평가 기준안을 동시에 요청할 수도 있습니다. AI가 만들어 준 수행 평가 기준안을 토대로 평가를 계획하면 보다 편리하게 평가 계획 작업을 마무리할 수 있습니다.

수행 평가지를 업로드하여 기준안 요청하기

(수행 평가지를 캡처해서 업로드하거나 pdf 파일로 업로드하며) 이건 내가 만든 **초등 2학년의 수행 평가지**야. 이 수행 평가지를 토대로 수행 평가 기준안을 만들어 줘. 수행 평가 기준안은 '**평가 관점/평가 기준(매우 잘함/잘함/보통/노력 요함 4단계)/평가 상의 유의점/답안**'으로 구성해 줘.

수행평가 기준안

1. 평가 관점 및 배점

1. 정답 개수에 따른 평가

- 총 10문항(1번 문항 5개, 2번 문항 5개) 중 정답 개수를 기준으로 평가합니다.
- 평가 등급: 매우 잘함, 잘함, 보통, 노력 요함

2. 평가 기준

맞춘 문항 개수 (10문항 중)	평가 등급	총점(100점 만점)	설명
8~10개	매우 잘함	90~100점	대부분의 문항에서 정확한 답을 작성함.
6~7개	잘함	80~89점	정답의 대부분을 맞췄으며 내용 이해도가 높음.
4~5개	보통	70~79점	절반 정도의 정답을 맞췄으며 일부 이해 부족이 있음.
3개 이하	노력 요함	70점 미만	정답이 적어 전반적인 내용 이해 부족이 확인됨.

4. 답안

1번 문항 정답

1. ○
2. ×
3. ○
4. ×
5. ○

2번 문항 정답

1. 안전벨트
2. 장소
3. 횡단보도
4. 동생
5. 뛰어다니는

수행 평가지와 수행 평가 기준안 동시에 요청하기

AI에게 수행 평가지와 수행 평가 기준안을 각각 요청할 수도 있지만, 동시에 요청할 수도 있습니다. 다음 그림처럼 한글 파일에서 기존의 수행 평가 기준안과 수행 평가지를 동시에 캡처하여 업로드하면서 기준안과 수행 평가지를 내가 원하는 형식으로 변경해 달라고 요청하면 수행 평가지와 기준안을 동시에 보다 쉽게 생성할 수 있습니다.

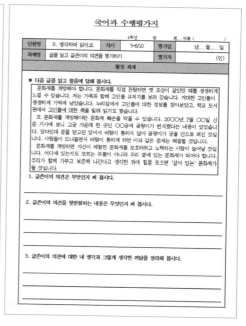

(수행 평가지와 기준안을 동시에 캡처하며 업로드하며) 나는 이 국어과 수행 평가 기준안과 수행 평가지를 수정하고 싶어. 이 수행 평가지의 글은 '문화재를 개방해야 한다'는 주장이야. **'문화재를 개방해서는 안 된다.'는 주장의 글로 바꾸고, 수행 평가 기준안과 수행 평가지를 그에 맞춰 변경**해 줘.

[수정된 수행 평가지 글]

문화재를 개방하면 여러 가지 문제가 발생할 수 있습니다. 첫째, 문화재를 개방하면 방문객이 몰리면서 문화재가 훼손될 위험이 커집니다. 그 예로, 일부 지역에서 문화재를 개방한 결과 손상이 발생했다는 사례가 있습니다.

둘째, 문화재는 보존과 관리를 위해 일정한 조건을 갖춘 상태에서만 접근이 허용되어야 합니다. 모든 사람이 자유롭게 관람할 경우, 관리 비용이 증가하고 관리가 어려워질 수 있습니다. 또한, 훼손된 문화재는 복원하는 데 오랜 시간과 높은 비용이 듭니다.

마지막으로, 문화재는 후손들에게도 물려주어야 할 중요한 유산입니다. 현재의 편리함만을 위해 개방하는 것은 미래 세대를 위해 소중히 보존해야 할 문화재의 가치를 훼손하는 행위입니다. 따라서 문화재를 개방하더라도 제한된 접근과 철저한 관리가 이루어져야 합니다.

질문

1. 글쓴이의 의견은 무엇인지 써 봅시다.

(답안 예시: 문화재를 개방해서는 안 된다.)

2. 글쓴이의 의견을 뒷받침하는 근거를 두 가지 이상 써 봅시다.

(답안 예시: 방문객으로 인한 문화재 훼손 위험 증가, 보존 및 관리의 어려움)

3. 글쓴이의 의견에 대한 자신의 생각과 그 이유를 정리해 봅시다.

수행평가 기준안

단원명

8. 생각하며 읽어요

평가 목표:

글쓴이의 의견과 근거를 파악하고 이를 논리적으로 평가할 수 있다.

평가 시기:

11월 4주

평가 유형:

지필 평가

평가 기준:

평가 기준	매우 잘함(90~100점)	잘함(80~89점)	보통(70~79점)	노력 요함(70점 미만)
글의 의견과 근거 평가	글쓴이의 의견과 근거를 정확히 파악하고 자신의 생각을 논리적으로 평가함	글쓴이의 의견과 근거를 대부분 파악하고 자신의 생각을 비교적 논리적으로 평가함	글쓴이의 의견과 근거를 일부 파악하고 자신의 생각을 간략히 평가함	글쓴이의 의견과 근거를 파악하지 못하거나 자신의 생각이 논리적이지 않음

평가상의 유의점:

1. 글쓴이의 의견과 근거를 파악했는지 여부를 중심으로 평가합니다.

2. 학생이 자신의 의견을 표현하는 데 어려움을 겪었다면, 논리적 근거를 제시하도록 피드백합니다.

3. 단순한 찬반이 아닌, 자신의 이유와 논리를 구체적으로 작성하도록 유도합니다.

4-4 서술형 평가 채점하기

AI를 활용한 서술형 평가는 교사의 채점 업무를 효율적으로 줄이고 평가의 객관성과 일관성을 높이는 데 도움을 줍니다(Bashir 외, 2021). AI는 학생들의 글을 분석하여 논리적 구조, 표현의 정확성, 키워드 사용 등을 자동으로 평가할 수 있으며, 교사의 채점 기준에 맞춰 점수를 제안합니다. 또한, 다수의 답변을 빠르게 처리하고 공정하게 비교 분석할 수 있어 대규모 평가에서도 효과적입니다.

서술형 평가 채점 기준표 작성하기

학생들이 주장하는 글을 썼을 때, 그 글의 채점을 맡기려면 우선 AI가 정확한 채점 기준을 갖도록 학습시키는 것이 필요합니다.

 나는 초등학교 학생들의 **서술형 문제 응답**을 모아서 내가 작성해 둔 평가 기준표에 따라 평가하려고 해. 주장하는 글을 쓰고 바르게 썼는지 **평가할 때의 기준표를 작성**해 줘.

주장하는 글 평가 기준표

1. 주제와 관련성(20점)
- 20점: 주제가 명확하며, 글 전체가 주제와 긴밀하게 연결되어 있다.
- 15점: 주제가 명확하나 일부 내용이 주제와 약간 벗어난다.
- 10점: 주제가 다소 불명확하며, 글의 절반 정도만 주제와 관련이 있다.
- 5점: 주제가 매우 불명확하고, 내용 대부분이 주제와 관련이 없다.
- 0점: 주제가 없거나 완전히 다른 주제를 다루고 있다.

2. 주장과 근거(30점)
- 30점: 주장이 명확하고 설득력이 있으며, 구체적이고 타당한 근거가 충분히 제시되었다.
- 25점: 주장이 명확하고 설득력이 있으나, 근거가 다소 부족하다.
- 20점: 주장은 있으나 설득력이 약하며, 근거가 부족하거나 부적절하다.

응답이 어떠신가요? 평가 기준은 잘 작성된 것 같은데, 총점이 70점인 것이 애매한 듯합니다. 총점을 100점으로 바꿔서 다시 생성을 부탁해 보겠습니다.

이 평가 기준표를 **100점 총점**으로 변경해 줘.

다음은 요청하신 평가 기준표를 총점 100점으로 변경한 버전입니다.

주장하는 글 평가 기준표(총점 100점)

1. 주제와 관련성(20점)

- 20점(20%): 주제가 명확하며, 글 전체가 주제와 긴밀하게 연결되어 있다.
- 15점(15%): 주제가 명확하지만, 일부 내용이 주제와 약간 벗어난다.
- 10점(10%): 주제가 다소 불명확하며, 글의 절반 정도만 주제와 관련이 있다.
- 5점(5%): 주제가 매우 불명확하고, 내용 대부분이 주제와 관련이 없다.
- 0점(0%): 주제가 없거나 완전히 다른 주제를 다루고 있다.

2. 주장과 근거(50점)

- 50점(50%): 주장이 명확하고 설득력이 있으며, 구체적이고 타당한 근거가 충분히 제시되었다.
- 40점(40%): 주장이 명확하고 설득력이 있으나, 근거가 다소 부족하다. (후략)

3. 글의 구조와 전개(30점)

- 30점(30%): 글의 시작, 전개, 결론이 명확하게 구분되며 자연스럽게 이어진다.
- 25점(25%): 글의 구조가 잘 잡혀 있으나, 일부 전개가 부자연스럽다.
- 20점(20%): 글의 구조가 다소 혼란스러우며, 전개가 매끄럽지 않다. (후략)

서술형 평가 채점 요청하기

AI가 답변한 아이디어가 괜찮은 것 같습니다. 이번에는 학생 A의 서술형 평가를 예시로 업로드하여 아까 작성했던 채점 기준표에 따라 잘 채점해 주는지 확인해 보겠습니다.

학생 A: 학교에서 휴대폰 사용을 허용해야 합니다.

첫째, 휴대폰은 긴급 상황에서 유용합니다. 만약 갑작스러운 몸 상태의 변화라든가 어떤 사고나 문제가 발생했을 때 부모님이나 선생님께 즉시 연락하여 대처할 수 있습니다. 둘째, 학습 도구로 활용할 수 있습니다. 수업 시간에 휴대폰을 통해 인터넷에서 정보를 검색해 추가적인 자료를 참고하거나 교육용 앱을 활용함으로써 학습에 도움이 될 수 있으며, 이런 점은 숙제를 할 때도 매우 유용합니다. 셋째, 일정 관리를 도와줍니다. 과제 제출 날짜나 시험 일정을 휴대폰에 기록해 두면 까먹는 일 없이 잘 준비할 수 있어 시간을 효율적으로 관리하는 데 큰 도움이 됩니다.

 (학생 A의 서술형 평가를 업로드하며) 이건 우리 학급 학생들이 주장하는 글에 대한 서술형 평가 데이터야. 이 글들을 **아까 작성했던 채점 기준표에 따라 채점**해 줘.

 주제와 관련성(20점)
- 주제와 내용이 명확히 일치함.
- 점수: 20점

주장과 근거(50점)
- 주장이 명확하고, 근거가 구체적이며 설득력 있음. 다만, 반대 의견에 대한 고려가 부족함.
- 점수: 45점

글의 구조와 전개(30점)
- 구조와 전개가 자연스럽지만, 결론이 부족함.
- 점수: 25점

총점: 90점
- 학생 A의 글은 명확한 주장과 설득력 있는 근거, 자연스러운 전개를 갖춘 훌륭한 글입니다. 다만, 반대 의견에 대한 고려와 결론의 부재가 약간의 감점 요인으로 작용하였습니다.

제법 잘 채점해 주는 것 같습니다. 예시 자료를 위해 학생 B의 평가도 업로드하여 잘 채점해 주는지 살펴보겠습니다.

학생 B: 학교에서 휴대폰 사용을 허용해야 합니다. 휴대폰을 쓰면 좋습니다. 수업 중에 휴대폰을 사용하면 재미있습니다. 친구들이랑 휴대폰 게임도 할 수 있습니다

 (학생 B의 서술형 평가를 업로드하며) 학생 B의 채점도 해줘.

 주제와 관련성(20점)
- 주제가 명확히 제시되어 있으나, 내용의 상당 부분이 주제와 직접적으로 관련이 없음.
- 점수: 10점

주장과 근거(50점)
- 주장은 있으나 설득력이 매우 약함. 근거(재미있다, 게임 가능하다)가 구체적이거나 타당하지 않음.
- 점수: 20점

글의 구조와 전개(30점)
- 구조가 거의 없으며 전개도 매끄럽지 않음. 결론 부재.
- 점수: 10점

총점: 40점
- 주장과 근거가 설득력이 부족하며, 글의 구조와 전개가 미흡합니다.

테스트로 두세 명의 데이터를 채점해 보고, 결과가 만족스럽다면 그때 전체 학생의 서술형 평가 채점을 맡기는 것이 안전합니다. 평가 및 채점 파트에서 계속 강조하고 싶은 것은 바로 '검토'입니다. 교사의 검토 없이 채점 결과를 바로 적용하는 것은 매우 위험하므로 반드시 AI의 채점 결과를 일일이 검토한 후에 실제 성적에 반영해야 합니다.

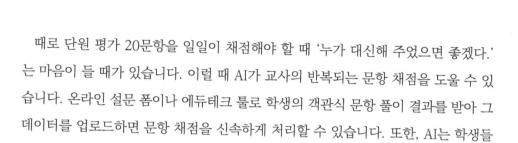

4-5 객관식 문항 채점하기

때로 단원 평가 20문항을 일일이 채점해야 할 때 '누가 대신해 주었으면 좋겠다.'는 마음이 들 때가 있습니다. 이럴 때 AI가 교사의 반복되는 문항 채점을 도울 수 있습니다. 온라인 설문 폼이나 에듀테크 툴로 학생의 객관식 문항 풀이 결과를 받아 그 데이터를 업로드하면 문항 채점을 신속하게 처리할 수 있습니다. 또한, AI는 학생들의 응답 데이터를 자동으로 처리하여 영역별 강점과 장점도 제시할 수 있습니다.

객관식 문항 채점 요청하기

 나는 학생들의 영어 단원 평가 20문항을 객관식 설문 형태로 질문해서 데이터를 받았어. **학생들 20명의 점수를 채점**해 줘. 그리고 각 학생들이 **어떤 쪽(말하기, 듣기, 쓰기, 읽기)에 강점을 가졌고, 어떤 점을 개선해야 할지 분석**해 줘.

학생 번호	말하기 1	말하기 2	말하기 3	말하기 4	말하기 5	듣기 1	듣기 2	듣기 3	듣기 4	듣기 5	쓰기 1	쓰기 2	쓰기 3	쓰기 4
1	1	1	0	1	1	0	1	1	0	1	1	0	1	0
2	0	1	1	1	0	1	0	1	1	1	0	1	0	1
3	1	1	0	1	1	1	1	0	1	0	0	1	1	1
4	0	1	1	0	1	1	1	1	1	0	1	0	1	1
5	1	1	1	1	1	1	1	1	1	1	1	1	1	1
...	...	...	...	...	...	...	...	...	...	...	...	...	...	...
20	1	1	0	1	0	0	1	0	1	0	1	0	1	0

학생 번호	총점	말하기	듣기	쓰기	읽기	강점	개선점
1	14	4	3	3	4	말하기, 읽기	듣기, 쓰기
2	10	3	4	2	1	듣기	쓰기, 읽기
3	13	4	3	3	3	말하기	듣기, 쓰기
...	...	...	...	...	...	...	...
20	11	3	2	3	3	읽기	듣기, 말하기

개인화된 피드백 요청하기

AI는 위의 응답처럼 채점도 자동으로 해주지만, 학생의 평가 결과를 기준으로 영역별 강점과 개선점 또한 분석해 줄 수 있습니다. 이번에는 AI가 분석한 것을 바탕으로 개인화된 피드백을 요청해 보도록 하겠습니다. 이 피드백을 학생들에게 전달하면 어떤 방향으로 학습할지 구체화할 수 있습니다.

이번엔 **1번부터 20번 학생들에게 줄 수 있는 개인화된 피드백을 작성**해 줘.

학생 1

총점: 14점

강점: 말하기, 읽기

개선점: 듣기, 쓰기

피드백: 말하기와 읽기에서 훌륭한 성과를 보였어요! 특히, 정확한 발음과 독해력이 인상적입니다. 듣기와 쓰기에서 조금 더 노력하면 전반적인 영어 실력이 더욱 향상될 거예요. 영어 뉴스를 듣고 요약해 보거나, 일기 쓰기를 통해 쓰기 능력을 키워 보세요.

학생 2

총점: 10점

강점: 듣기

개선점: 쓰기, 읽기

피드백: 듣기 능력이 뛰어나네요! 잘 들을 수 있는 능력은 영어 공부에 있어 중요한 요소입니다. 쓰기와 읽기에서 조금 더 연습이 필요해 보여요. 영어로 된 책을 자주 읽고, 매일 짧은 글을 써 보는 습관을 들이면 큰 도움이 될 거예요.

(후략)

4-6 과정 중심 평가하기

과정 중심 평가는 교육 과정의 성취 기준에 기반한 평가 계획에 따라 교수 학습 과정에서 학생의 변화와 성장에 대한 자료를 다각도로 수집하여 적절한 피드백을 제공하는 평가(교육부, 한국 교육 과정 평가원, 2017)입니다. 교사라면 누구나 한 번의 수행 평가로 학생을 평가하기보다 학생의 성장을 다양한 형태의 데이터로 수집하여 평가하는 것이 효과적이라고 생각하지만, 막상 이 과정 중심 평가를 교육 현장에 도입하기란 쉽지 않습니다. 실제로 교사들은 과정 중심 평가를 적용할 때 가장 어려운 점으로 '업무 과다 및 시간 부족' 문제가 가장 크다고 응답하였습니다(고현, 2019). 하지만 AI를 활용하면 교사를 도와 기존 과정 중심 평가의 한계를 뛰어넘을 수 있습니다.

포트폴리오 과정 중심 평가 분석 요청하기

가상의 포트폴리오 채점 데이터를 가지고 AI에게 과정 중심 평가 분석을 시켜보도록 하겠습니다. 총 다섯 번의 채점을 시행했다고 가정하고, 이 데이터를 업로드하여 학생들의 과정 중심 평가를 분석해 보겠습니다.

가상 포트폴리오 채점 데이터

학생 번호	포트폴리오 1	포트폴리오 2	포트폴리오 3	포트폴리오 4	포트폴리오 5
1	85	88	90	87	92
2	78	80	75	82	79
3	90	92	88	91	89
4	70	72	68	74	71
5	88	86	90	87	89
6	75	77	73	78	76
7	92	94	90	93	91
8	85	83	88	87	86
9	80	82	78	81	79
10	90	88	92	89	91
11	87	85	88	84	86

나는 학생들이 실험이 끝날 때마다 제출한 포트폴리오 채점 데이터를 5세트 가지고 있어. **학생들 20명의 과정 중심 평가를 분석**해 줘.

 학생별 평균 점수 및 분석

학생 번호	평균 점수	강점	개선점
1	88.4	꾸준한 성과, 높은 성취도	추가 심화 학습 필요
2	78.8	중간 성취도, 꾸준한 노력	더 많은 연습 필요
3	90	높은 성과, 일관된 성취도	고난도 문제 도전
4	71	기본 이해도 확보	전반적인 개선 필요
5	88	꾸준한 성과, 안정적 성취도	더 깊이 있는 연구
6	75.8	중간 성취도, 점진적 향상	꾸준한 학습 필요
7	92	탁월한 성과, 일관된 성취도	심화 학습 및 연구
8	85.8	안정적 성취도, 꾸준한 노력	추가 연습 필요
9	80	꾸준한 성과, 기본 이해도	더 많은 연습 필요
10	90	높은 성과, 일관된 성취도	고난도 문제 도전
11	86	안정적 성취도, 꾸준한 노력	추가 연습 필요

향상된 학생에 대한 개인화된 피드백 요청하기

　과정 중심 평가는 특히 학생의 성장에 집중하므로, 다섯 번의 포트폴리오 작성 기간 동안 얼마나 향상되었는지 데이터를 토대로 분석할 필요가 있습니다. 분석 결과를 바탕으로 학생들에게 지원할 개인화된 피드백을 요청해 보도록 하겠습니다.

 나는 처음보다 포트폴리오를 열심히 작성하여 **점수가 높아진 학생들에게 관련한 피드백**을 주고 싶어. **개인화된 피드백을 작성**해 줘.

 향상된 학생별 개인화된 피드백

[학생 1]

포트폴리오 점수 변화: 85 → 88 → 90 → 87 → 92

피드백:

첫 포트폴리오에 비해 마지막 포트폴리오에서 훨씬 더 높은 점수를 받았어요. 지속적인 향상을 보이며, 특히 실험 결과를 분석하고 정리하는 데 있어서 탁월한 발전을 보였습니다. 당신의 노력과 성장이 매우 인상적입니다. 앞으로도 꾸준히 학습하고, 심화 연구를 시도해 보세요. (후략)

4-7 동료 평가지 제작하고 결과 분석하기

동료 평가는 효과적인 평가 수단이 될까요? Double과 동료들(2020)이 수행한 동료 평가 관련 연구의 효과를 종합한 메타 분석 연구에 따르면, 동료 평가를 평가로 활용하는 경우, 평가를 하지 않거나 교사에 의한 평가보다 학업 성취도를 향상시키는 것으로 밝혀졌습니다. 그러나 제가 학교 현장에서 동료 평가를 실시했을 때 가장 어려웠던 점은, '이 많은 학생들의 또래 학생 평가 결과를 내가 어떻게 평가에 활용할 것인가?'였습니다. 하지만 이런 경우에도 AI는 동료 평가를 매우 수월하게 처리할 수 있도록 도와줍니다.

동료 평가지 생성 요청하기

 나는 학생들의 사회 모둠 활동에서 **학생들의 기여도가 어떤지 동료 평가를 기반으로 평가**하고 싶어. 특히 자신을 포함한 4명의 그룹원에 대한 동료 평가를 진행할 거야. '1. **참여도, 2. 협력도, 3. 기여도, 4. 창의성**'으로 나누어서 동료 평가지를 만들어 줘.

자신을 포함한 4명의 그룹원에 대해 평가할 수 있도록 동료 평가지를 구성하겠습니다. 각 항목을 구체적으로 나누어 평가할 수 있도록 하겠습니다.

<동료 평가지>

모둠 이름: _____

평가 날짜: _____

평가 지침

자신을 포함한 4명의 그룹원에 대해 각각 평가합니다.

각 항목을 1점(매우 낮음)부터 5점(매우 높음)까지 평가합니다.

공정하고 객관적으로 평가하며, 긍정적인 피드백과 건설적인 비판을 포함합니다.

평가자 이름: _____

1. 참여도

• 모둠 활동에 적극적으로 참여했는가?

이름	1점(매우 낮음)	2점(낮음)	3점(보통)	4점(높음)	5점(매우 높음)
본인	[ ]	[ ]	[ ]	[ ]	[ ]
그룹원1	[ ]	[ ]	[ ]	[ ]	[ ]
그룹원2	[ ]	[ ]	[ ]	[ ]	[ ]
그룹원3	[ ]	[ ]	[ ]	[ ]	[ ]

(중략)

동료 평가 기여도 분석 요청하기

이제 학생에게서 받은 동료 평가지를 데이터로 삼아 각 학생의 기여도를 분석해 달라고 해보겠습니다.

 (설문 결과를 업로드하며) 그룹 A에 대한 '학생 1, 학생 2, 학생 3, 학생 4'의 **동료 평가를 합산해서 기여도를 분석**해 줘.

 동료평가 합산 결과

학생번호	참여도	협력도	기여도	창의성	총합계
1	13	11	13	11	48
2	10	11	11	10	42
3	13	14	12	13	52
4	14	12	14	12	52

종합 평가

• 가장 높은 기여도: 학생 3, 학생 4(총합계 52)

• 가장 낮은 기여도: 학생 2(총합계 42)

학생 1: 전반적으로 좋은 성과를 보였으나, 협력도와 창의성에서 조금 더 발전할 여지가 있습니다.

학생 2: 안정적이지만, 참여도와 창의성에서 더욱 노력이 필요합니다.

학생 3: 모든 면에서 우수하며, 특히 협력도가 매우 높습니다.

학생 4: 참여도와 기여도가 높으며, 전반적으로 뛰어난 성과를 보입니다.

4-8 형성적 자기 평가지 준비하기

자기 평가란, 학생이 자신의 과제와 학업 능력 등에 대해 수행하는 서술적이고 평가적인 행위(Brown & Harris, 2014)입니다. Andrade(2019)의 연구에 따르면 학습이 끝난 후 최종 결과로써 자기 평가가 이루어지는 경우(종합적 평가, summative self-assessment)보다, 학습 과정 중간에 학습자가 자신의 현재 상태를 점검하는 목적으로 자기 평가를 시행하는 경우(형성적 평가, formative self-assessment)가 더 효과적이라고 합니다. 형성적 평가로 자기 평가를 실시하는 경우 지속적인 자기 점검을 통해 자기 조절 능력이 향상되기 때문입니다.

형성적 자기 평가지 요청하기

영어 수업 시간에 학생들과 대본을 만들고 직접 나와서 역할극을 하며 발표해 보는 3차시 역할극 프로젝트 수업을 진행한다고 할 때, AI를 활용해 형성적 자기 평가지를 작성해 보겠습니다.

> 나는 5학년 영어 수업 중 '13. What season do you like?' 단원에서 학생들이 영어로 대본을 짜고 직접 나와서 역할극을 한 후에 자기 평가를 실시하도록 할 거야. 총 3차시 동안 역할극 수업이 이루어질 텐데(**1차시: 역할극 대본 쓰기, 2차시: 역할극 연습하기, 3차시: 역할극 발표하기**) 3차시에 대한 **형성적 자기 평가지를 1차시, 2차시, 3차시로 나누어서 작성**해 줘.

1차시: 역할극 대본 쓰기 자기 평가지

이름: _____

조 이름: _____

날짜: _____

우리 조가 배운 주요 표현(Key Expressions)을 대본에 잘 포함했나요?

• 네.　　• 조금 포함했어요.　　• 거의 포함하지 못했어요.

대본 내용이 주제(What season do you like?)와 잘 맞았나요?

• 네.　　• 대체로 맞았어요.　　• 많이 벗어났어요.

대본을 쓰면서 어려웠던 점은 무엇인가요?

2차시: 역할극 연습하기 자기 평가지

이름: _____

조 이름: _____

날짜: _____

대사를 얼마나 잘 외웠나요?

• 모두 외웠어요.　　• 대부분 외웠어요.　　• 많이 잊어버렸어요.

발표할 때 목소리 크기와 발음이 어땠나요?

• 크고 또렷했어요.　　• 보통이었어요.　　• 작고 불분명했어요.

연습하면서 보완해야 할 점은 무엇인가요?

3차시: 역할극 발표하기 자기 평가지

이름: _____

조 이름: _____

날짜: _____

발표할 때 자신감이 있었나요?

• 아주 자신감 있었어요.　　• 조금 긴장했어요.　　• 많이 긴장했어요.

(후략)

<참고 문헌>

Double, K. S., McGrane, J. A., & Hopfenbeck, T. N. (2020). The impact of peer assessment on academic performance: A meta-analysis of control group studies. Educational Psychology Review, 32(2), 481-509.

5장.

학생 생활기록부
작성

5-1 창의적 체험 활동 평어 작성하기

학생 생활기록부 작성은 학기 말에 긴 시간을 요구하는 작업입니다. 같은 창체 활동을 한 학생에게 서로 다른 평어를 작성해 주기도 간단하지 않습니다. 참고할 예가 있으면 각 학생에 알맞는 평어를 한결 수월하게 작성할 수 있습니다.

창의적 체험 활동 평어 생성 요청하기

나는 **초등 교사**이고 생활기록부에 들어갈 학생들의 창의적 체험 활동 중 '자율 활동' 평어를 각기 다르게 적어 주고 싶어. **내가 적은 내용을 토대로 해서 10명의 학생 것을 모두 다르게** 적어줘. 그리고 **어미를 '~함', '~임'**으로 나타내줘.

🔵 **2024.09.15 성폭력 예방 교육**
학생 1: 성폭력 예방의 중요성을 이해하고, 상황별 대처 방법을 학습함.
학생 2: 성폭력 예방을 위한 다양한 사례를 통해 안전한 환경 조성 방법을 배움.
학생 3: 성폭력의 정의와 유형을 배우고, 이를 예방하기 위한 구체적인 방법을 익힘.
학생 4: 성폭력 예방 캠페인에 참여하여 친구들과 함께 안전한 학교생활을 다짐함.
학생 5: 성폭력 상황에서의 대처 방법을 롤플레잉 활동을 통해 실습해 봄. (후략)

AI의 응답을 보면 성폭력 예방 교육, 교통안전 교육, 학급 회의를 나누어서 학생 1~10명까지의 평어를 각기 다르게 제시해 주었습니다. 저는 한 학생마다 모든 종류의 평어가 동시에 들어갔으면 해서, 예시를 주고 수정을 요청해 보겠습니다.

학생 1: 성폭력 예방 교육 후, 친구들과 토론을 통해 의견을 나눔. 교통안전 수칙을 배우고, 이를 지키는 방법을 구체적으로 익힘.(**이런 식으로 학급 회의, 학교폭력 예방 교육, 재난 안전 교육도 포함**해 줘.)

알겠습니다. 10명의 학생에 대해 각 교육을 다르게 조합한 예시는 다음과 같습니다:

학생 1

- 성폭력 예방 교육 후, 친구들과 토론을 통해 의견을 나눔.
- 교통안전 수칙을 배우고, 이를 지키는 방법을 구체적으로 익힘.
- 학급 회의에서 다양한 의견을 나누며 의사소통 능력을 향상함.
- 학교폭력 예방 교육을 통해 학교 내 갈등 상황에서의 대처 방법을 학습함.
- 재난 안전 교육에서 화재 대피 요령을 배우고, 실제 상황에서의 대처 방법을 익힘. (후략)

총 다섯 가지의 교육에 대해 각기 다르게 잘 작성한 것 같습니다. 생활기록부 창의적 체험 활동 평어를 작성할 때는 실제 교육 일자를 적기도 하니, 이번에는 학교에서 했던 실제 교육 일자를 학습시켜서 날짜를 넣어 달라고 수정을 요청해 보겠습니다.

 '성폭력 예방 교육(2024.09.15)을 통해 친구들과 토론을 거치며 의견을 나누었음.'과 같은 형식으로 **날짜가 들어가도록 변경**해 줘.
(1. 2024.09.15 성폭력 예방 교육, 2. 2024. 9.17 교통안전 교육, 3. 2024.10.01. 학급 회의, 4. 2024.11.01 학교폭력 예방 교육, 5. 2024.11.23. 재난 안전 교육)

 학생 1

- 성폭력 예방 교육(2024.09.15)을 통해 친구들과 토론을 통해 의견을 나누었음.
- 교통안전 교육(2024.09.17)을 통해 교통안전 수칙을 배우고, 이를 지키는 방법을 익혔음.
- 학급 회의(2024.10.01)를 통해 다양한 의견을 나누며 의사소통 능력을 향상함.
- 학교폭력 예방 교육(2024.11.01)을 통해 학교 내 갈등 상황에서의 대처 방법을 학습하였음.
- 재난 안전 교육(2024.11.23)을 통해 화재 대피 요령을 배우고, 대처 방법을 익혔음.

> **Tips**
>
> AI를 활용한 생활기록부 작성을 운전이라고 한다면 교사로서 운전대를 내려 놓으시지 않기를 권합니다. 운전자가 운전대를 내려놓으면 차는 언젠가 사고를 일으키기 때문입니다. AI를 이용해 생활기록부 작성하는 일이 윤리적인지에 대한 논의가 있습니다. AI의 예는 초안으로 참고하되 표현과 문장은 최종적으로 교사가 전문성 있게 작성해야 합니다. 생활기록부는 단순 문서가 아니라 학생의 성장과 특성을 담는 중요 기록입니다. 교사의 고민과 성찰이 반드시 반영되어야 공정하고 의미 있는 기록이 될 수 있습니다.

5-2 수준별 평어 생성하기

AI는 참여도별로 다양한 평어를 생성해 주므로, 교사가 다양한 평어 중 학생의 상황에 맞는 평어를 선택하는 데 큰 도움을 줍니다. 이번에는 창의적 체험 활동과 수학 수준별 평어 생성을 요청해 보겠습니다.

창체 수준별 특기 사항 생성 요청하기

창의적 체험 활동 특기 사항을 작성할 때 상, 중, 하 개념으로 나누어 각각 다섯 가지씩 만들어 달라고 하면, 추후 교사가 학생의 수준에 맞추어 상, 중, 하의 내용 중에 선택하여 특기 사항을 적어줄 수 있습니다. 생성을 요청하기 전에는 반드시 구체적인 활동 내용을 예시로 제시해야 합니다.

"인공지능의 개념을 올바르게 이해하고 인공지능이 학습하는 방식을 놀이 활동으로 체험함."이라는 말을 **상, 중, 하** 수준으로 나누어 학생들의 생활기록부에 적으려고 해. 각각 '**상 다섯 가지, 중 다섯 가지, 하 다섯 가지**로 만들어 줘.

학생들의 성취도를 반영하여 '상', '중', '하'로 나누어 문장을 5가지씩 작성하였습니다.

〈상〉

- 인공지능의 개념을 깊이 이해하고, 놀이 활동을 통해 인공지능의 학습 방식을 체험함.
- 인공지능의 작동 원리를 명확히 이해하고, 놀이를 통해 학습 과정을 생성하게 체험함.
- 인공지능의 복잡한 개념을 정확하게 이해하고, 놀이 활동을 통해 학습 방법을 체험함.
- 인공지능의 이론을 완벽히 이해하고, 놀이를 통해 인공지능의 학습 방식을 능숙하게 체험함.
- 인공지능의 원리와 개념을 철저히 이해하고, 놀이 활동을 통해 이를 실질적으로 체험함.

〈중〉

- 인공지능의 개념을 이해하고, 놀이 활동을 통해 인공지능의 학습 방식을 체험함.
- 인공지능의 작동 원리를 이해하고, 놀이를 통해 학습 과정을 체험함.

- 인공지능의 기본 개념을 이해하고, 놀이를 통해 학습 방법을 경험함.
- 인공지능의 원리를 알고, 놀이 활동을 통해 학습 방식을 체험함.
- 인공지능의 기초 개념을 이해하고, 놀이를 통해 학습 과정을 경험함.

<하>

- 인공지능의 개념을 부분적으로 이해하고, 놀이 활동을 통해 학습 방식을 체험하려 노력함.
- 인공지능의 작동 원리를 부분적으로 이해하며, 놀이 활동에 참여함.
- 인공지능의 개념을 처음 접하고, 놀이 활동을 통해 이를 점진적으로 이해하려 노력함.
- 인공지능의 원리를 일부 이해하고, 놀이 활동을 통해 기초 학습 과정을 경험함.
- 인공지능의 기본 개념을 이해하기 위해 놀이 활동에 참여하며, 점진적으로 학습함.

수준별 교과 세특 생성 요청하기

과목별 수준별 세특(세부 능력 및 특기 사항) 생성을 요청할 수도 있습니다. 수행 평가의 성취 기준을 얼마나 달성했는지를 기준으로 작성하면 되므로 평가 계획에 있는 성취 기준을 업로드한 후 세특을 수준별로 생성해 달라고 요청하겠습니다.

 나는 학생들의 수학 생활 기록부를 쓰고 있어. "성취 기준: 각과 직각을 이해하고, 직각과 비교하는 활동을 통하여 예각과 둔각을 구별할 수 있다."를 바탕으로 쓰려고 해. '**매우 잘함/잘함/보통/노력 요함'으로 나누어서 다섯 가지씩 작성**해 줘.

 매우 잘함
- 각과 직각의 개념을 깊이 이해하고, 다양한 각을 정확히 구별함.
- 직각과 비교하는 활동을 능숙하게 수행하며, 예각과 둔각을 정확히 판별함.
- 각의 종류를 체계적으로 학습하고, 이를 활용해 주변에서 각을 잘 찾아냄.
- 직각, 예각, 둔각을 빠르게 구별하며, 학습에 적극적으로 참여함.
- 직각과의 비교 활동을 활용하여 예각과 둔각을 구별하는 데 전혀 어려움이 없음.

잘함
- 각과 직각의 개념을 이해하고, 예각과 둔각을 잘 구별함.
- 직각과 비교하여 예각과 둔각을 올바르게 판별함.
- 학습 활동에 꾸준히 참여하며, 각의 개념을 잘 이해함. (후략)

5-3 생활기록부 맞춤법 검사하기

생활기록부는 학생의 학업 및 교내 활동 기록을 공식적으로 담는 문서로, 그 정확성과 신뢰성이 매우 중요합니다. 그러므로 작성 과정에서 맞춤법, 문법, 표현의 일관성을 점검하는 것은 필수입니다. AI를 활용하면 문서 내 오류를 감지하고 수정 제안을 받아, 작성 내용의 표현을 더 명확하고 간결하게 개선할 수 있습니다.

수행 평가지를 업로드하여 기준안 요청하기

 나는 우리 반 학생들을 대상으로 학기 말 생활기록부 작업을 하고 있어.
맞춤법이 이상한 것을 고쳐 주고 어떤 부분을 고쳤는지 알려줘.

"성폭력 예방 교육(2024.09.15)으 통해 성폭력 피해자의 심리적 지원 방법을 익히고, 공감 능력을 향상함. 교통안전 교육(2024.09.17)을 통헤 다양한 교통사고 사례를 접하고 그에 따른 예방 방법을 학습하였음. 학급 회의(2024.10.01)를 통해 문제 해결을 위한 아이디어를 제시하였음. 학교폭력 예방 교육(2024.11.01)을 통해 친구들과의 관계 개선 방법을 배웠음. 재난 안전 교육(2024.11.23)을 통해 응급 처치 요령을 배우고, 실습을 거쳐 몸에 익혔음."

 성폭력 예방 교육(2024.09.15)을 통해 성폭력 피해자의 심리적 지원 방법을 익히고, 공감 능력을 향상함. 교통안전 교육(2024.09.17)을 통해 다양한 교통사고 사례를 접하고 그에 따른 예방 방법을 학습하였음. 학급 회의(2024.10.01)를 통해 문제 해결을 위한 아이디어를 제시하였음. 학교폭력 예방 교육(2024.11.01)을 통해 친구들과의 관계 개선 방법을 배웠음. 재난 안전 교육(2024.11.23)을 통해 응급 처치 요령을 배우고, 실습을 거쳐 몸에 익혔음.

수정한 부분은 다음과 같습니다:
1. "으 통해"를 "을 통해"로 수정하였습니다.
2. "통헤"를 "통해"로 수정하였습니다.

생활기록부 작성 시 단순한 맞춤법 검사뿐만 아니라, 문장 구조 개선, 가독성 향상, 공식 문서 스타일 적용, 의미 명확성 확보 등 다양한 요청을 함께 할 수 있습니다. 예를 들어, "맞춤법을 교정하면서 문장이 더 간결하고 자연스럽도록 다듬어 주세요.", "공식적인 문서 톤(-함, -임)을 유지하면서 긍정적인 어조를 강조해 주세요.", "생활기록부 양식에 맞게 종결 표현을 통일하고, 구어적 표현을 공식적인 표현으로 수정해 주세요." 와 같은 프롬프트를 활용하면 보다 완성도 높은 기록부를 작성할 수 있습니다. 또한, 학생의 강점과 성장을 강조하는 방향으로 내용을 보완하거나, 부적절한 표현을 수정하는 등의 요청도 함께 포함하면 더욱 효과적인 결과를 얻을 수 있습니다. **하지만 가장 중요한 점은 결국 마무리는 교사가 꼭 보셔야한다는 점입니다.** 생기부 작업이니만큼 AI에게는 검토를 요청하시고, 내용 작성과 최종 수정은 꼭 교사가 하시기를 추천드립니다.

5-4 생활기록부 긍정적 표현으로 다듬기

생활기록부에 기록되는 행동 특성 및 종합 의견은 학생의 학창 시절 평생에 걸쳐 영향을 미칠 수 있기에 교사들은 신중하게 고민합니다. 이럴 때 AI를 활용하면 작성된 문장의 톤과 표현을 분석하여 긍정적인 방향으로 개선할 수 있는지 제안받을 수 있어, 보다 균형 있고 희망적인 내용으로 작성하는 데 도움을 줄 수 있습니다.

행발 긍정적 표현으로 변환 요청하기

우리 반 학생에 대한 행동 특성 및 종합 의견이야. **부정적으로 쓰인 표현을 완곡하게 바꿔서 학생과 학부모가 읽었을 때 불쾌감이 들지 않도록** 수정해 줘.

"이 학생은 리더십 능력이 뛰어나며 규칙을 잘 준수하는 편임. 또한 창의적인 문제 해결 능력을 갖추고 있어 학업에서도 빛을 발할 것으로 기대됨. 또한 성격이 외향적이라 사회적 활동에 적극적으로 참여하며, 다양한 경험을 통해 성장할 수 있는 잠재력을 가지고 있음. **그러나 다소 수동적인 측면이 있어서 조금 더 주도적으로 행동할 수 있게 보완한다면 더 좋을 것임.**"

물론입니다. 부정적으로 쓰인 표현을 완곡하게 바꾸어 드리겠습니다.

수정된 문장

이 학생은 리더십 능력이 뛰어나며 규칙을 잘 준수하는 편임. 또한 창의적인 문제 해결 능력을 갖추고 있어 학업에서도 빛을 발할 것으로 기대됨. 또한 성격이 외향적이라 사회적 활동에 적극적으로 참여하며, 다양한 경험을 통해 성장할 수 있는 잠재력을 가지고 있음. **주도적인 면에서 성장할 여지가 있으며, 이를 보완한다면 더욱 다재다능한 학생으로 발전할 것으로 기대됨.**

이 글을 조금 더 **균형 있고 희망적인 표현**으로 수정해 줘.

 이 학생은 리더십 능력이 뛰어나며 규칙을 잘 준수하는 성실한 태도를 가지고 있음. 또한 창의적인 문제 해결 능력을 갖추고 있어 학업에서도 좋은 성과를 기대할 수 있음. 밝고 외향적인 성격으로 친구들과 원만한 관계를 형성하며, 다양한 활동에 적극적으로 참여하는 모습이 돋보임. 때때로 신중하게 상황을 살피는 모습을 보이는데, 스스로 주도적으로 도전하는 기회를 늘려간다면 더욱 성장할 것으로 기대됨. 앞으로도 자신의 강점을 살려 다양한 경험을 통해 한층 더 발전해 나가기를 기대함.

5-5 생활기록부 문체 변경하기

　생활기록부를 작성할 때의 문체는 보통 정해져 있습니다. 예를 들어 학생의 행동 특성 및 종합 의견에 "~ 학생은 긍정적인 태도를 갖고 있다."라던가, "~ 학생은 긍정적인 태도를 갖고 있습니다."와 같은 표현은 어울리지 않습니다. 보통 "~ 학생은 긍정적인 태도를 갖고 있음."과 같이 간결한 문체를 활용합니다. 생활기록부에 작성할 내용의 문체를 수정하고 싶을 때 AI를 활용하면 빠르고 손쉽게 변경할 수 있습니다.

생활기록부용 문체 변경 요청하기

 이 학생은 리더십 능력이 뛰어나며 규칙을 잘 준수하는 편이다. 또한 창의적인 문제 해결 능력을 갖추고 있어 학업에서도 빛을 발할 것으로 기대된다. 학습 성취도가 높고, 학습에 대한 열정과 끈기를 보이며, 주변 친구들과의 협업을 통해 더 큰 성취를 이룰 수 있을 것으로 여겨진다. 또한 성격이 외향적이라 사회적 활동에 적극적으로 참여하며, 다양한 경험을 통해 성장할 수 있는 잠재력을 가지고 있다. 주도적인 면에서 성장할 여지가 있으며, 이를 보완한다면 더욱 다재다능한 학생으로 발전할 것으로 기대됩니다.**(이 문장들을 '~함/~임'과 같은 간결체로 바꿔줘.)**

네, 간결체로 문장을 바꿔드리겠습니다.

이 학생은 리더십 능력이 뛰어나며 규칙을 잘 준수함. 또한 창의적인 문제 해결 능력을 갖추고 있어 학업에서도 빛을 발할 것으로 기대됨. 학습 성취도가 높고, 학습에 대한 열정과 끈기를 보임. 주변 친구들과의 협업을 통해 더 큰 성취를 이룰 수 있을 것으로 여겨짐. 또한 성격이 외향적이라 사회적 활동에 적극적으로 참여하며, 다양한 경험을 통해 성장할 수 있는 잠재력을 가짐. 주도적인 면에서 성장할 여지가 있으며, 이를 보완한다면 더욱 다재다능한 학생으로 발전할 것으로 기대됨.

수정한 글에서 **어색한 표현을 찾아 한 번 더 개선**해 줘. 문장의 흐름을 자연스럽게 정리하면서 긍정적인 뉘앙스를 강화해 줘. **'~함/~임'과 같은 간결체는 유지**해 줘. 어떤 점에 초점을 맞춰 수정했는지도 알려 줘.

 수정된 글
이 학생은 리더십이 뛰어나며 규칙을 잘 준수함. 창의적인 문제 해결 능력을 갖추고 있어 학업에서도 우수한 성과를 낼 것으로 기대됨. 학습에 대한 열정과 끈기가 돋보이며, 성취도가 높음. 친구들과 협력하는 태도가 좋아 함께하는 과정에서 더 큰 성장을 이룰 수 있을 것으로 보임. 또한 성격이 외향적이라 사회적 활동에 적극적으로 참여하며, 다양한 경험을 통해 역량을 넓혀갈 가능성이 높음. 주도적으로 행동하는 기회를 늘린다면 더욱 다방면에서 뛰어난 학생으로 발전할 것으로 기대됨.

수정 포인트
문장 연결을 자연스럽게 정리

"학습 성취도가 높고, 학습에 대한 열정과 끈기를 보임." → "학습에 대한 열정과 끈기가 돋보이며, 성취도가 높음."
중복되는 '학습' 표현을 정리하고, 흐름을 부드럽게 조정함.
더 긍정적인 표현으로 강화

"더 큰 성취를 이룰 수 있을 것으로 여겨짐." → "함께하는 과정에서 더 큰 성장을 이룰 수 있을 것으로 보임."
'여겨짐'보다는 '보임'이 더 객관적이고 자연스러운 표현이며, '성취'보다 '성장'이 협력 과정과 더 잘 어울림.
부족함을 강조하는 표현 완화

"주도적인 면에서 성장할 여지가 있으며, 이를 보완한다면 더욱 다재다능한 학생으로 발전할 것으로 기대됨."
→ "주도적으로 행동하는 기회를 늘린다면 더욱 다방면에서 뛰어난 학생으로 발전할 것으로 기대됨."
'성장할 여지'보다는 '기회를 늘린다면'이라는 방향성을 제시하여 긍정적인 느낌을 강조함.
이렇게 수정하면 간결체 문장은 유지하면서도 보다 자연스럽고 긍정적인 뉘앙스를 전달할 수 있음.

5-6 생활기록부 입력 불가 항목 점검하기

생활기록부 내용에는 평등성과 형평성 문제, 학교 교육 과정과의 연계 문제, 입시의 공정성 보장, 기재 내용의 신뢰성 유지 등의 이유로 입력이 불가한 항목들이 있습니다. 학생들의 학업과 생활을 공정하게 기록해야 하며, 특정 학생만이 참여할 수 있는 활동이나 외부 기관에서 발행된 상을 받은 내역은 형평성을 저해할 수 있기에 관련한 내용들을 기재하지 않도록 안내하고 있습니다(교육부, 2024). 적지 말아야 할 항목이 헷갈릴 경우에는 AI를 활용해서 교과 학습 발달 상황의 '세부 능력 및 특기 사항' 내용 중 입력 불가 항목이 있는지 점검해 볼 수 있습니다.

입력 불가 항목 학습 요청하기

먼저 AI에게 입력 불가 항목이 무엇인지 학습시키는 것이 필요합니다. 저는 교육부에서 배포한 생활기록부 기재 요령을 캡처하여 붙여넣기(Ctrl+V)한 후 이 내용을 우선해서 학습해 달라고 요청했습니다.

> (위의 생활기록부 기재 요령을 캡처해서 업로드하며) 먼저 이 내용을 학습해 줘. 그리고 이따가 내가 업로드하는 세특 내용을 보고 **학생별로 입력 불가 항목이 있는지 알려줘.**

> 학습을 완료했습니다. 이후 업로드해 주시는 세특 내용을 분석하여 입력 불가 항목이 있는지 확인해 드리겠습니다. 준비되시면 세특 내용을 업로드해 주세요!

입력 불가 항목 검토 요청하기

 이 학생은 다양한 설명문을 분석하며 글의 구조를 파악하는 능력이 뛰어나며, 문단의 중심 내용을 찾아 요약하는 과정을 성실히 수행함. 여행에서 느낀 점을 중심으로 기행문을 작성하며, 여정과 견문, 감상을 자연스럽게 녹여내는 데 노력함. 또한, 시에서 화자의 감정을 본인의 경험에 녹여내어 표현해 창의적인 시 감상문을 작성함. 국제 논문 발표 경험을 바탕으로 글쓰기 능력을 심화시킴. 교내 백일장 대회에서 우수한 성적을 거두었으며, 외부 문학 인증 시험에서도 높은 점수를 획득함.

 이 내용에서 입력 불가 항목은 다음과 같습니다:

1. 국제 논문 발표 경험

생활기록부에 학회 발표나 논문 투고와 같은 외부 활동 및 업적은 기재할 수 없습니다.

2. 외부 문학 인증 시험에서 높은 점수를 획득함

교내·외 인증 시험 참여 사실이나 그 성적은 생활기록부에 기재할 수 없습니다.

위 두 항목은 생활기록부 작성 지침에 따라 포함할 수 없는 내용입니다. 따라서 이 부분은 삭제하거나 다른 내용으로 대체해야 합니다.

Q. 이렇게 한 명씩 점검하다 보면 너무 오래 걸리지 않을까요?

A. 위의 방식대로 한두 명 시험 삼아 해보신 후에 나머지 학생들의 자료를 모두 복사하셔서 입력하셔도 되고, 워드 파일에 하나로 모아 한꺼번에 검토를 요청하는 것도 괜찮습니다.

5-7 나만의 생활기록부 업무지원 챗봇 만들기

최근 GetGPT나 뤼튼(wrtn)과 같은 서비스를 통해 일반인들에게도 노코드 기반 AI 앱 개발을 해볼 수 있는 길이 열려 개발 경험이 없는 사용자도 손쉽게 AI 서비스를 만들 수 있게 되었습니다. 이번에는 GetGPT를 활용하여 생활기록부 작성 업무를 지원하는 나만의 AI 챗봇 개발을 직접 도전해 보도록 하겠습니다. GetGPT는 챗GPT와 같은 언어 모델을 활용하여 작동하며, 사용자가 입력한 프롬프트를 기반으로 앱을 생성해 주기 때문에 챗봇을 매우 편리하게 개발할 수 있습니다.

GetGPT 접속하기

먼저 GetGPT 웹사이트(https://getgpt.app)에 접속하여 어떤 챗봇들이 개발되어 있는지 한번 둘러보겠습니다.

웹사이트의 첫 화면은 '마켓플레이스'입니다. 이곳은 사용자들이 만든 다양한 AI 앱을 체험할 수 있는 공간입니다.

그리고 로그인을 해주세요. 구글이나 카카오, 네이버 등으로 로그인을 시작하시면 됩니다. 그리고 '스튜디오'로 들어가서 템플릿 중 '심플 앱'을 선택합니다. 들어가면 보이는 여러 메뉴 중 '통합 앱'은 자유도가 높은 통합 템플릿이고, '심플 앱'은 하나의 결과가 나오는 템플릿이며, '문서 앱'은 여러 개의 결과물을 출력하고 싶을 때 쓰는 템플릿, '챗 앱'은 챗봇과 대화를 이어 나갈 수 있는 템플릿, 'AI와 함께 시작하기'는 원하는 콘셉트를 입력하면 자동으로 템플릿을 완성할 수 있게 해주는 템플릿입니다. 이 중 초보 AI 챗봇 개발자에게 어렵지 않은 심플 앱을 선택해 보도록 하겠습니다. 화면 하단의 '새로 만들기'를 눌러서 '빈 템플릿'을 선택합니다.

Stage 1. 챗봇의 기본 정보 입력하기

이제 수준별 평어 작성 서비스를 목적으로 챗봇을 만들어 보겠습니다. Stage 1은 기본 정보를 작성하는 단계로, 제목에는 '수준별 평어 작성 서비스'나 '세특 수준별 작성 챗봇' 등으로 적절한 이름을 넣어 줍니다. 왼쪽에 정보를 넣으면 오른쪽 화면에 실물 챗봇이 자동으로 구현된 것이 보입니다.

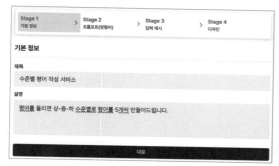

Stage 2. 프롬프트 입력하기

이제는 Stage 2로 넘어가서 프롬프트(명령어)를 입력하는 단계입니다. 사용자 입력 칸에는 '네임태그' 대신 '평어를 입력하세요.'를 입력하고, '짧은 답변' 대신에 '문장'을 입력할 수 있도록 선택합니다.

이제 프롬프트 입력란에는 다음과 같이 입력하면 됩니다. 프롬프트를 입력할 때는 역할 부여, 목적, 주요 요구 사항을 먼저 밝히고, 이어서 특별히 원하는 조건들을 상세히 적으면 더욱 좋습니다. 특히 중요한 점은 반드시 예시를 들어 주어야 한다는 점입니다. 챗봇은 예시가 있고, 자세할수록 우리가 원하는 정보를 정확하게 제시해 줄 수 있습니다.

너는 초등학교 선생님(**역할 부여**)을 도와서 학생의 생활기록부에 입력될 평어(**목적**)를 만들어 줘야 해. 프롬프트가 입력되면 수준별로 상/중/하를 나눠서 해당 평어를 5가지씩(**중요 요구 사항**) 만들어 줘. 어미는 '-함'이나 '-임'으로 끝나면 좋겠어(**특별 조건 1**). 단, '하' 단계에 해당하는 학생들의 평어는 부정적으로 표현하지는 말고 가급적 중립적인 표현을 써주되(**특별 조건 2**) 상, 중, 하가 구별되도록 적어 줘(**특별 조건 3**).

예시

<상>
- 고려 시대의 과학 기술과 문화의 우수성을 깊이 이해하고, 고려청자와 금속 활자, 팔만대장경 등의 문화유산을 구체적으로 분석하여 발표함.
- 고려 시대의 문화유산인 고려청자, 금속 활자, 팔만대장경을 철저히 분석하고, 그 우수성을 발표함.
- 고려청자와 금속 활자, 팔만대장경을 심도 있게 분석하여 고려 시대의 과학 기술과 문화의 우수성을 잘 이해하고 발표함.
- 고려 시대의 과학 기술과 문화유산을 구체적으로 분석하고, 그 우수성을 발표하여 깊은 이해를 보여줌.
- 고려청자, 금속 활자, 팔만대장경을 분석하여 고려 시대의 우수성을 발표함으로써 높은 학습 능력을 보임.

<중>
- 고려 시대의 과학 기술과 문화유산을 분석하고, 고려청자와 금속 활자, 팔만대장경의 우수성을 발표함.
- 고려청자와 금속 활자, 팔만대장경을 분석하여 고려 시대의 우수성을 이해하고 발표함.
- 고려 시대의 문화유산을 분석하여 당시 과학 기술의 우수성을 발표함.
- 고려청자, 금속 활자, 팔만대장경을 통해 고려 시대의 우수성을 분석하고 발표함.
- 고려 시대의 과학 기술과 문화유산을 분석하여 발표함으로써 이해를 높임.

<하>
- 고려 시대의 과학 기술과 문화유산을 분석하고 발표함.
- 고려청자와 금속 활자, 팔만대장경을 분석하여 발표함.

- 고려 시대의 문화유산을 분석하고, 그 결과를 발표함.
- 고려청자와 금속 활자, 팔만대장경을 분석하여 고려 시대의 우수성을 발표함.
- 고려 시대의 과학 기술과 문화유산을 분석하여 그 결과를 발표함.

Stage 3. 입력 예시 작성하기

입력 예시는 선생님들이 이 챗봇을 활용할 때 어떤 내용을 입력해야 할지 난감할 수 있으므로, 사용자가 앱을 더 쉽게 이해하고 사용할 수 있도록 예시를 미리 작성해 주는 것입니다. 다음 그림과 같이 예시용 평어를 미리 입력해 두시면 앞으로 챗봇을 이용할 선생님들이 이를 참고하여 프롬프트를 작성할 수 있을 것입니다.

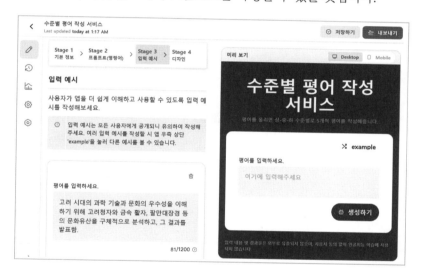

Stage 4. 챗봇 디자인하기

마지막 단계에서는 챗봇을 디자인할 수 있습니다. 디자인 단계에서는 검은색 배경 이었던 챗봇의 색상을 원하는 색상으로 변경할 수 있고, 이미지를 삽입할 수도 있습 니다. 저는 색상을 변경하고 실행 버튼은 그대로 '생성하기'로 유지하도록 하겠습니 다. 실행 버튼은 사용자가 내 챗봇에 평어를 입력한 후에 누르는 버튼으로, '만들기' 나 '챗봇 실행하기', '평어 생성하기' 등의 여러 이름으로 변경할 수 있습니다.

챗봇 테스트하기

이제 내보내기 전에 오른쪽 화면에서 챗봇을 테스트해 보도록 하겠습니다. 평어를 하나 적어 넣고, 상/중/하별로 5가지씩 잘 생성해 주는지 테스트해 보았더니 꽤 괜찮은 것 같아 이제 실제로 내보내 보도록 하겠습니다. 전체 공개를 할 경우, 내 챗봇을 모든 사용자가 사용할 수 있고, 링크가 있는 모든 사용자에게만 공개할 경우, 내가 링크를 공유한 사용자만이 챗봇을 사용할 수 있습니다. 반면 비공개로 설정할 경우, 생성자인 본인만 챗봇을 사용할 수 있습니다.

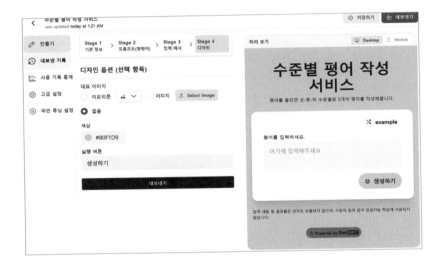

이제 선생님께서 만든 나만의 챗봇을 주변 선생님들과도 공유할 수 있고, 내가 필요 용도에 따라 여러 챗봇을 만들어 계속 활용할 수도 있습니다. 생각보다 정말 쉽죠?

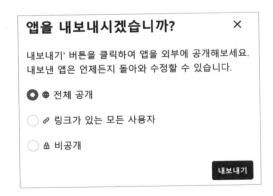

6장.

행정업무 경감

6-1 품의 자동 작성하기

교사가 K-에듀파인 시스템에서 품의를 작성하는 일은 간단하다고 여길 수도 있지만, 때로는 시간이 제법 소요되기도 합니다. 하지만 AI에게 품의를 자동으로 작성하는 프롬프트로 학습시켜 두면, 다음에 어떠한 품목으로 품의를 하더라도 AI가 작성해 준 내용으로 쉽게 품의를 작성할 수 있습니다.

품의 자동 작성 학습시키기

나는 **학교 품의 자동 작성 챗봇**을 만들고 있어. (가)/(나)/(다)/(라)를 순서대로 말할 거야. 그러면 다음의 양식에 (가), (나), (다), (라)를 넣어 줘. 그리고 (마)는 (다)의 첫 번째 단어이고, (바)는 (다)의 단어 개수에서 1을 뺀 수야. 양식을 줄게.

<양식>

제목: (가) 관련 물품 구입

관련: (가) 계획서

(가) 관련 물품을 다음과 같이 구입하고자 합니다.

가. 내역: (다)

나. 용도: (나)

다. 소요 예산: (라) 원

라. 산출 내역: (마) 외 (바)건(품의 명세서 참조)

붙임: 지출(지급) 품의서 1부. 끝.

알겠습니다. (가), (나), (다), (라)를 말씀해 주시면 해당 양식에 맞게 작성해 드리겠습니다!

품의 자동 작성 요청하기

 방송 / 학예회 방송 / 유선 마이크, 무선 마이크, 노트북 / 2500000

 제목: 방송 관련 물품 구입

관련: 방송 계획서

방송 관련 물품을 다음과 같이 구입하고자 합니다.

가. 내역: 유선마이크, 무선마이크, 노트북

나. 용도: 학예회 방송

다. 소요 예산: 2,500,000원

라. 산출 내역: 유선 마이크 외 2건(품의 명세서 참조)

붙임: 지출(지급) 품의서 1부. 끝.

Q. 이렇게 AI를 학습시켜 두면 다음에 앞서 나온 양식대로 품의 목적과 물품, 예산을 입력하면 자동으로 품의를 작성해 주나요?

A. 새 대화창을 열고 품의 목적과 물품, 예산을 입력한다고 해서 곧바로 만들어 주지는 않습니다. 대신 해당 내용으로 한번 학습을 시키고 ChatGPT에서 '아카이브에 보관'을 눌러서 나만의 품의 자동 작성 챗봇으로 활용하시면 좋습니다. 다시 품의 자동 작성 챗봇 화면으로 들어가기 위해서는 '설정'에서 '아카이브에 보관된 채팅'을 클릭하면 됩니다.

6-2 국외 자율 연수 계획서 작성하기

국외 자율 연수 계획서를 작성할 때 내용을 간단히 작성해서 제출해도 괜찮은 학교도 있지만, 연수 목적과 성취 기준을 연결해서 계획서를 작성해야 하는 학교도 있습니다. 이런 경우 성취 기준표와 연수 장소 및 목적을 연계하여 자율 연수 계획서를 작성해 달라고 요청함으로써 문서 작성 시간을 크게 단축할 수 있습니다.

기존 국외 자율 연수 계획서 학습시키기

국외 자율 연수 계획서를 내가 가는 국가에 맞도록 작성을 요청하려면 기존 국외 자율 연수 계획서의 내용을 캡처하거나 pdf로 만들어 업로드한 후 AI에게 구체적인 작성을 요청하는 것이 좋습니다.

국외 자율연수(교육공무원법제41조연수에 의한 공무외국외여행) 계획서

소 속		직 급	교사	성 명	(인)		과 목	담임
연수주제	초등 교육과정 관련 교수학습자료 수집							
연수 희망국	동유럽 헝가리, 체코							
기 간	2025. 1. 13. ~ 2025. 1. 29.(11일간)							
연수 구분	○교직단체가 주관하는 연수 ( ) ○해외 교육기관의 초청 ( ) ○개인의 교수학습자료 수집 (○) ○현지 어학연수 과정에 등록·수강( ) ○기타( )-내용기재							

연수 세부 일정(계획)

월 일	출발지	도착지	연수기관명 (방문기관 및 장소)	연수 내용	비고
1.13~1.14	인천	헝가리 부다페스트			
1.14~1.27	헝가리 부다페스트	체코 프라하	프라하 시내	[통합교과 2-2, 세계, [2슬02-01] 알고 싶은 나라를 탐구하며 다른 나라에 관심을 갖는다.] [국어 5-1, 7. 기행문을 써요 [5국03-03] 체험한 일에 대한 감상을 나타내는 글을 쓴다.] [체육 6-2, 2. 야외 활동과 안전, [6체05-05] 야외 활동에서 발생하는 안전사고의 사례를 조사하고 예방 및 대처 방법을 익혀 위험 상황에 대처한다.] [미술 6-2, 2. 어떻게 관찰하고 그릴까, [6미02-03] 다양한 자료를 활용하여 아이디어와 관련된 표현 내용을 구체화할 수 있다.]	
1.27~1.28	체코 프라하	체코 프라하	프라하 알폰스 무하 박물관	[영어 6-2, Lesson 4. When Is Your Birthday? [6영02-07] 일상생활 속의 친숙한 주제에 관해 간단히 묻거나 답할 수 있다.] -영어로 간단한 일상대화를 나눌 수 있는 소통 능력 키우기 [4미03-01] 다양한 분야의 미술작품과 미술가 알기	

(예시 국외 자율 연수 계획서를 업로드하며) 나는 국외 자율 연수를 **미국 LA 지역으로 8월 3일부터 1주일간** 갈 거야. **업로드한 연수 계획서를 보고 계획서를 작성해** 줘.

국외 자율 연수 계획서

연수 주제: 미국 LA 지역의 문화와 역사 탐방　　　연수 희망국: 미국

기 간: 2024. 8. 3. ~ 2024. 8. 10.(7일간)　　　연수 구분: 개인의 교수 학습 자료 수집

기대되는 연수 효과:
- 외국어 의사소통 능력 향상 및 다양한 문화 체험을 통해 수업에 활용
- 다양한 미술 작품과 건축 양식을 이해하여 미술 교육 자료로 활용
- 미국의 주요 역사적 및 문화적 장소 탐방을 통해 사회과 교수·학습 자료로 활용
- 미국의 과학적 탐구 및 실험 방법을 이해하여 과학 교육 자료로 활용
- 미국의 교육 시스템과 대학 연구 환경을 이해하여 교육적 시각 확장

국외 자율 연수 계획서 요청하기

AI의 응답을 보면 구체적인 연수 세부 일정이 나와 있지 않은 것을 알 수 있습니다. 성취 기준과 연관된 작성을 요청하기 위해 6학년 1학기 성취 기준표를 업로드하여 성취 기준을 다시 작성해 달라고 요청해 보겠습니다.

 (6학년 1학기 성취 기준표를 업로드하며) 지금 업로드해 주는 자료는 6학년 1학기 성취 기준표야. 내용을 참고해서 **성취 기준과 연관되도록 연수 일정을 구체적으로 작성**해 줘.

날짜	출발지	도착지	연수기관명 (방문기관 및 장소)	연수 내용	성취기준
8.3	대한민국 (인천)	미국(LA)	인천공항	- 공항에서 사용할 수 있는 간단한	[6영02-07] 일상생활 속의 친숙한 주제에 관해 간단히 묻거나 답할 수 있다
8.4	미국(LA)	미국(LA)	할리우드	- 영화 산업의 중심지 탐장 및 영화 제작 과정 이해	[6국05-01] 문학은 가치 있는 내용을 언어로 표현하여 아름다움을 느끼게 하는 활동임을 이해하고 문학 활동을 한다

⋮

이를 검토하며 작성하면 한 시간가량 걸리던 일을 10분으로 줄일 수 있습니다.

6-3 회의록 자동 작성하기

학교에는 위원회와 같은 다양한 회의가 존재합니다. 그리고 회의 내용을 문서화해야 하므로 회의록을 작성해야 하는 경우가 매우 많습니다. 이때 AI를 활용하면 회의 내용을 녹음하여 전사할 수 있습니다. AI는 회의 내용을 자동으로 요약하여 회의록을 작성해 주므로 행정 업무 시간을 크게 단축할 수 있습니다.

회의록 양식 업로드하여 학습시키기

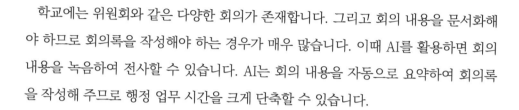

가장 먼저 해야 할 일은 회의록 양식을 업로드하는 일입니다. 회의록 양식을 먼저 업로드해 볼까요? AI는 예시의 양식이 구체적일수록 우리가 원하는 결과에 최대한 근접하게 작성해 줍니다.

이건 초등 교원 인사 자문 위원회 **회의록 양식이야. 학습해 줘.**

 네, 학습을 완료했습니다. 회의록과 관련하여 요청하고 싶은 내용이 있으시면 요청해 주세요.

회의 전사본으로 회의록 자동 작성하기

　회의록을 간편하게 작성하기 위해서는 먼저 회의 내용을 전사해야 합니다. 회의 시에 먼저 회의록을 작성하는 교사가 회의 내용 녹음에 대한 양해를 구한 후 '클로바 노트'와 같은 앱을 활용하여 녹음해 두면 회의 내용을 문서 파일이나 엑셀 파일로 변환할 수 있습니다. 저는 엑셀 파일로 텍스트 파일을 변환하고, **교사의 이름을 익명화**한 다음 회의 내용 파일을 업로드하여 AI에게 요약을 부탁하겠습니다.

 나는 초등 교원 인사 자문 위원회 회의록을 작성하고 있어. **회의 녹음본 엑셀 파일을 업로드할 테니 개조식으로 회의 내용을 요약**해 줘.

초등 교원 인사 자문 위원회 회의록
일시: ○○○○학년도 ○월 ○일

장소: 교무실

안건

• 스승의 날 유공 교원 표창 대상자 선정

참석자

• 김○○, 박○○, 이○○ 등 위원 6명 참석

회의 내용
관련: 교육과-○○○○(○○○○. ○. ○.)

안건 토의:

후보자 자격 조건 논의:

• 공적 사항 중심 평가: 교내외 활동 및 학생 지도 성과를 평가 기준으로 삼기로 함.

• 학생, 학부모, 동료 교사의 추천 의견 반영 필요성 강조.

• '책임감, 리더십, 창의성' 등 선정 기준 구체화. (후략)

6-4 방송 업무에 활용하기

잘해도 못해도 좋은 소리를 못 듣는다는 대표적인 업무가 '학교 방송 업무'입니다. 잘하는 것은 당연하고, 못할 때는 더더욱 크게 티가 나기 때문입니다. 방송 업무는 특히 방송부를 운영해야 할 때 더욱 많은 일이 생겨납니다. 방송 부원 모집을 위한 오디션부터 시작해, 대본 작성, 방송 운영까지 다양한 과정을 포함하여 많은 시간과 노력을 요구합니다. 이럴 때도 AI를 활용하면 이러한 자잘한 업무들을 효율적으로 줄일 수 있습니다.

방송 부원 선발 계획서 요청하기

 나는 초등학교 교사고 **방송 업무**를 맡았어. 그래서 방송 부원을 뽑으려고 하는데, **5~6학년 학생들을 대상으로 할 거야. 아나운서: 4명, 엔지니어: 4명, 카메라: 4명을 뽑는 방송 부원 선발 계획**을 짜줘.

방송 부원 선발 계획

목적
- 초등학교 방송 업무를 원활하게 수행하기 위해 책임감 있고 능력 있는 5~6학년 학생들을 아나운서, 엔지니어, 카메라 담당으로 선발한다.

선발 인원
- 아나운서: 4명
- 엔지니어: 4명
- 카메라: 4명

활동 계획
- 정기 모임: 매주 1회 정기 모임을 통해 활동 계획 수립 및 연습 진행

- 교육: 방송 장비 사용법, 방송 기획 및 운영에 대한 교육 실시
- 실습: 실제 방송 참여를 통한 실습 기회 제공

기타 사항

- 문의: 방송부 담당 교사에게 직접 문의
- 활동 혜택: 방송 활동 경력 인정, 우수 활동자 표창

세부 일정

단계	날짜	내용
홍보 및 안내	1주일 전	방송부원 모집 공고, 신청서 배부
신청 접수	1주일간	신청서 작성 및 제출
서류 심사	신청 접수 후 2일간	신청서 검토, 1차 합격자 선발
면접 및 실기	서류 심사 후 3일 이내	발음, 장비 사용, 카메라 조작 능력 테스트
최종 선발	면접 후 2일 이내	면접 및 테스트 결과 종합, 최종 합격자 발표

방송 부원 지원 원서 내용 요청하기

이제 계획서는 해당 내용을 초안으로 삼아 작성하면 되지만, 방송 부원 지원서 양식을 이전에 담당하신 선생님께 받지 못한 경우, 새로 맡게 된 교사가 직접 작성해야 합니다. 하지만 AI를 활용하면 1분이면 방송 부원 지원 원서를 작성할 수 있습니다.

 아나운서, 엔지니어, 카메라 담당 지원서에 들어갈 내용을 작성해 줘.

방송 부원 지원서

지원 분야: (아나운서 / 엔지니어 / 카메라 중 택 1)

1. 기본 정보

- 이름: • 학년: • 반:
- 생년월일: • 연락처: • 이메일:

2. 자기소개

- 자기소개(200자 이상):

3. 지원 동기

방송부에 지원하게 된 이유와 포부를 적어 주세요(300자 이상):

(중략)

7. 학부모 동의서
• 학부모 성명: • 서명: • 연락처:

아나운서 면접 대본과 질문 요청하기

아나운서에 지원자가 너무 많아서 선발이 필요할 것 같아. **아나운서 지원자**를 대상으로 카메라 테스트와 면접을 보려고 해. **카메라 테스트용 대본과 면접 질문**을 만들어 줘.

아나운서 지원자 카메라 테스트 대본 및 면접 질문

지대본 주제: 학교 소개 방송

대본: 안녕하세요, [학교 이름] 초등학교 [학년]학년 [이름]입니다. 오늘은 우리 학교를 소개해 드리겠습니다. 우리 학교는 [학교 설립 연도]년에 설립되었으며, 현재 [학생 수]명의 학생들이 다니고 있습니다. 우리 학교는 학습과 체험 활동을 통해 학생들이 즐겁고 유익한 시간을 보낼 수 있도록 다양한 프로그램을 운영하고 있습니다. 우선, 우리 학교의 자랑인 [특별 프로그램/행사]를 소개해 드리겠습니다. 이 프로그램은 [프로그램 설명]로, 학생들이 [프로그램의 목표와 혜택]을 배울 수 있습니다. 또한, 우리 학교는 깨끗하고 안전한 환경을 자랑합니다. 학생들이 쾌적하게 공부할 수 있도록 [학교 시설]을 잘 관리하고 있으며, [학교 안전 프로그램]를 운영하여 안전한 학교생활을 지원하고 있습니다. 마지막으로, 우리 학교의 자랑스러운 선생님들을 소개합니다. 선생님들은 항상 학생들을 사랑으로 가르치며, [특별한 교육 방법이나 프로그램]을 통해 학생들의 성장을 돕고 있습니다. 이상으로 [학교 이름] 초등학교 소개를 마칩니다. 감사합니다.

면접 질문

기본 질문
• 자기소개를 해보세요.
• 아나운서 부문에 지원한 이유는 무엇인가요?
• 아나운서로서 가장 중요한 자질은 무엇이라고 생각하나요?

경험 및 능력 질문
• 학교에서 발표나 진행을 해본 경험이 있나요? 어떤 경험이었는지 이야기해 주세요.

- 방송을 위해 발음이나 발성 연습을 어떻게 하고 있나요?
- 방송 중에 긴장하지 않고 잘 진행하기 위해 어떻게 하면 좋을까요?

(후략)

아나운서 라디오 대본 요청하기

 학교에서 점심시간에 학생들의 신청곡을 받아서 라디오를 운영하고 싶어. 방송을 위한 **아나운서용 라디오 대본**을 짜줘.

점심시간 학생 신청곡 라디오 대본

오프닝:

- 안녕하세요, [학교 이름] 초등학교 점심시간 라디오입니다! 저는 오늘 여러분과 함께할 아나운서 [이름]입니다.
- 점심시간 즐겁게 보내고 계신가요? 오늘도 여러분의 신청곡과 재미있는 이야기를 함께 나눌 예정이니 끝까지 함께 해주세요.

첫 번째 신청곡:

- 첫 번째 신청곡은 [학년/반/이름] 학생이 신청해 주신 [곡 제목]입니다. 이 노래는 [이유/사연] 때문에 신청했다고 합니다. 그럼, 함께 들어볼까요?
- [곡 제목] 듣고 오겠습니다.
- (음악 재생)

코너 소개:

- 네, 방금 들으신 곡은 [곡 제목]이었습니다. 정말 신나는 곡이었죠?
- 이번 코너는 '오늘의 퀴즈'입니다! 오늘의 퀴즈는 학교와 관련된 문제인데요, 맞추신 분들께는 작은 선물이 준비되어 있습니다. 문제 나갑니다!
- [퀴즈 문제 예시: 우리 학교가 설립된 연도는 언제일까요?]
- 정답을 아시는 분은 급식실 옆에 마련된 정답함에 정답을 적은 쪽지를 넣어 주세요. 정답자는 다음 방송에서 발표할 예정입니다.

6-5 나이스 업무에 활용하기

나이스 업무를 처리할 때는 정확한 매뉴얼을 숙지해야 합니다. 때로는 많은 매뉴얼 내용 때문에 혼동될 경우, AI에게 나이스 매뉴얼 자체를 학습시키면 관련 내용을 물어가며 업무를 추진할 수 있어 편리합니다.

나이스 매뉴얼 질문하기

(4세대 나이스 매뉴얼 PDF 파일을 업로드하며) 나는 나이스 업무를 하는 담당자야. 이 **매뉴얼을 숙지**해 줘. 나는 **학생 주소 연계**를 하려고 해. 이를 실행하는 구체적인 방법들을 **매뉴얼을 기반**으로 알려줘.

학생 주소 연계 방법

메뉴로 이동:
• 나이스 시스템에 로그인 후, 학교 정보 -> 학생 주소 연계 메뉴로 이동합니다.

학생 조회:
• 성명, 주민 등록 번호 등을 입력하여 연계할 학생을 조회합니다.

주소 입력:
• 조회된 학생의 주소 정보를 입력합니다.
• 도로명 주소나 지번 주소를 활용하여 정확히 입력합니다.
• 주소 검색 버튼을 클릭하여 주소를 검색하고 선택합니다.

주소 연계:
• 입력된 주소 정보를 저장하고 주소 연계 버튼을 클릭하여 주소를 연계합니다.

확인 및 수정:
• 연계된 주소 정보를 확인하고 필요시 수정합니다.

PDF 페이지 분량이 매우 많을 경우, AI가 모든 내용을 정확하게 학습하지 못할 가능성이 있습니다. 특히, AI가 요약하거나 응답할 때 일부 중요한 내용이 누락되거나 부정확한 정보가 포함될 수도 있으므로, AI의 응답을 그대로 신뢰하기보다는 반드시 검토하는 과정이 필요합니다. 만약 AI의 답변이 불명확하거나 매뉴얼의 특정 내용을 찾기 어려울 경우, Ctrl+F(찾기 기능) 를 활용하여 '학생 주소', '주소 연계' 등의 키워드로 직접 검색하는 것이 더욱 정확한 업무 처리를 돕습니다.

또한 AI의 답변이 최신 매뉴얼 버전을 반영하고 있는지 확인하는 것도 중요합니다. 매뉴얼이 업데이트될 경우 AI가 이전 버전의 정보를 제공할 가능성이 있으므로, 공식적인 나이스 매뉴얼을 병행하여 참고하는 것이 좋습니다. 특히, 업무상 중요한 절차나 입력 양식이 포함된 경우, AI의 안내를 참고하되 반드시 매뉴얼을 확인하고 최종적으로 직접 검증하는 습관을 가지는 것이 필요합니다.

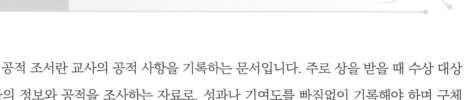

6-6 공적 조서 작성하기

　공적 조서란 교사의 공적 사항을 기록하는 문서입니다. 주로 상을 받을 때 수상 대상자의 정보와 공적을 조사하는 자료로, 성과나 기여도를 빠짐없이 기록해야 하며 구체적이며 객관적으로 기술해야 합니다. 때로는 공적 조서를 작성하는 것에 많은 시간을 투자하는 것이 부담스러운 선후배 선생님들의 경우 추천을 거절하시기도 합니다. 하지만 이럴 때 AI를 활용하게 되면 한층 더 수월하게 공적 조서를 작성할 수 있습니다.

공적 조서 초안 작성 요청하기

　먼저 AI에게 공적 조서에 들어가면 좋을 내용들을 추천해 달라고 요청해 보겠습니다.

 나는 초등학교 10년 차 교사고, **공적 조서를 작성**하고 있어. '1. 생활지도, 2. 교육 과정 운영, 3. 자기 계발, 4. 교실에서의 상담 활동, 5. 월별 학급 교육 과정을 바탕으로 이루어지는 다양한 적응 활동 지도, 6. 공교육 정상화에 기여, 7. 동료 화합에 기여'로 나누어서 공적 조서 초안을 작성해 줘.

공적 조서

1. 생활지도

일상적인 생활지도

- 아침 맞이와 귀가 지도: 매일 아침 교문 앞에서 학생들을 맞이하고, 귀가 시 교통안전을 지도하여 학생들의 안전한 등하교를 돕습니다.
- 교실 및 학교 시설의 청결 유지: 학생들과 함께 교실 및 학교 시설의 청결을 유지하며, 청소 활동을 통해 책임감과 공동체 의식을 함양합니다.

특별 생활지도 프로그램

- 주간 생활지도 주제 선정: 매주 다른 주제로 생활지도를 진행하여 학생들이 다양한 생활 습관을 익힐 수 있도록 합니다. (중략)

실제 내 교육 활동 기반 공적 조서 요청하기

앞의 응답은 초안을 구체적으로 잘 작성해 준 것 같지만, 내가 교사로서 시행하는 실제 교육 활동을 담고 있지는 않습니다. 여기서 AI에 교육 활동 내용을 좀 더 구체적으로 키워드 형식화하여 입력하면 해당 키워드를 기반으로 실제 나의 교육 활동 내용을 담은 공적 조서를 작성해 줍니다.

1. 생활지도: 기본 예절 교육 및 경필 쓰기, 다문화 학생 개별지도를 통한 학교생활 적응력 향상, 회복적 생활 교육/2. 교육 과정 운영: 프로젝트 기반 교육 과정 재구성, 협동 학습 적극 활용/3. 자기 계발: 교육학 석사 학위 취득, 교원 연수 연 80시간 이상/4. 교실에서의 상담 활동: 정기적 학생 상담 진행, 학급 내 익명 고민함 설치/5. 다양한 적응 활동: 자기 주도적 활동 지도, 전학생 대상 학교생활 적응 프로그램 운영/6. 공교육 정상화 기여: 과도한 사교육 의존을 줄이기 위한 정규 교육 과정 내에서의 창의적 학습 경험 제공, 방과 후 기초 학력 부진 학생 지도/7. 동료 화합에 기여: 교내 교사 동아리 활동 (배드민턴) 주도(**이 내용을 바탕으로 공적 조서를 구체적으로 작성해 줘.**)

6-7 연간 업무 계획 짜기

선생님 대부분은 작년에 내가 맡은 업무를 하셨던 선생님의 기안문과 첨부 문서를 바탕으로 새해의 업무를 추진합니다. 내 연간 업무의 계획을 짤 때 AI에게 작년에 담당하신 선생님께서 올리셨던 기안문 1년 치를 업로드해 학습시킨 후 도움을 요청하면 달마다 해야 하는 업무 계획을 세울 수 있습니다.

내 연간 업무 계획 짜기

먼저 업무 포털에서 작년 업무 담당자 선생님의 기안문을 검색하고 기안문을 캡처하여 AI에 업로드합니다(이때, 캡처본에 기안문의 제목과 날짜가 반드시 드러나야 합니다).

 이건 작년 내 업무를 맡았던 교사가 올렸던 기안문이야. **이 기안문을 파악해서 내가 올해 추진해야 하는 업무들을 연간 계획으로 정리해서 알려줘.**

 기안문을 바탕으로 월별 기초학력 업무를 정리해보겠습니다. 아래는 예시로 작성된 월별 업무 내용입니다.

1월
- 기초학력 진단: 새 학기를 대비하여 학생들의 기초학력을 진단하기 위한 사전 준비.
- 기초학력 보강 계획 수립: 진단 결과를 바탕으로 보충 학습 및 개별지도 계획 수립.

2월
- 기초학력 진단 검사 실시: 전교생을 대상으로 기초학력 진단 검사 실시.
- 보강 대상 학생 선정: 진단 결과를 바탕으로 기초학력 보강이 필요한 학생 선정.

3월
- 학년별 기초학력 지도 계획 수립: 각 학년별로 기초학력 지도를 위한 구체적인 계획 수립.

• 학부모 상담 및 안내: 기초학력 보강이 필요한 학생의 학부모와 상담을 통해 계획 안내.

Q. 전임자의 기안문서를 어디서 확인하나요?

A. K에듀파인의 '문서등록대장'으로 들어가서 전임자 선생님의 이름을 입력합니다. 등록일자는 전년도를 입력하고 조회 버튼을 누르면 작년도 업무담당자 선생님이 작성했던 기안문이 보입니다. 만약 전체 저장을 원할 경우 오른쪽 상단의 'PC 저장'을 눌러서 기안문을 저장해 두시면 업무처리에 편리합니다.

6-8 방과 후 업무에 활용하기

방과 후 업무에서 방과 후 수업 프로그램의 만족도 조사를 하거나 강사를 면접할 때의 면접 질문지를 작성하는 데 AI의 도움을 받을 수 있습니다. 또한 AI를 활용하여 방과 후 수업 프로그램의 만족도 조사를 분석해 학생과 학부모의 의견을 빠르게 수집하고 통계화할 수 있습니다.

방과 후 수업 프로그램 만족도 조사 설문지 요청하기

 나는 초등학교에서 방과 후 수업 프로그램 업무를 맡고 있는 교사야. 우리 학교에는 로봇 과학, 코딩, 요리, 영어, 플루트, 바이올린, 공예 교실을 운영하고 있어. **이 수업들에 대한 만족도 조사 설문지**를 만들어 줘.

방과 후 수업 만족도 조사
안녕하세요! 학생들의 방과 후 수업에 대한 만족도를 조사하기 위해 설문지를 준비했습니다. 솔직한 답변 부탁드립니다. 이 설문지는 익명으로 처리되며, 여러분의 의견은 더 나은 수업 운영에 큰 도움이 됩니다. 감사합니다.

학생 정보
1. 학년
☐ 1학년　　☐ 2학년　　☐ 3학년　　☐ 4학년　　☐ 5학년　　☐ 6학년

2. 성별
☐ 남　　☐ 여

3. 현재 듣고 있는 방과 후 수업을 모두 선택해 주세요.(해당하는 모든 수업에 체크)
☐ 로봇 과학　　☐ 코딩　　☐ 요리　　☐ 영어　　☐ 플루트　　☐ 바이올린　　☐ 공예

4. 각 수업에 대한 만족도를 평가해 주세요.(매우 만족, 만족, 보통, 불만족, 매우 불만족 중 선택)

로봇 과학

☐ 매우 만족   ☐ 만족   ☐ 보통   ☐ 불만족   ☐ 매우 불만족

코딩

☐ 매우 만족   ☐ 만족   ☐ 보통   ☐ 불만족   ☐ 매우 불만족

(중략)

5. 각 수업에 대해 좋았던 점과 개선이 필요한 점을 적어 주세요.(선택한 수업마다 작성)

로봇 과학

•좋았던 점: _____   •개선이 필요한 점: _____

코딩

•좋았던 점: _____   •개선이 필요한 점: _____

(후략)

방과 후 수업 강사 면접 질문지 요청하기

 이번에 우리 학교에서 로봇 과학과 플루트 방과 후 수업 강사 면접을 진행해야 하는데, 질문지가 없어. **강사 면접용 질문지**를 만들어 줘.

로봇 과학 방과 후 수업 강사 면접용 질문지

• 자기소개와 함께 관련된 경력에 대해 말씀해 주세요.

• 로봇 과학 강사로서의 교육 철학은 무엇인가요?

• 이전에 초등학생을 대상으로 로봇 과학 수업을 해보신 경험이 있나요? 있다면 어떤 내용을 다루셨는지 설명해 주세요.

• 로봇 과학 수업을 준비할 때 가장 중요하게 생각하는 부분은 무엇인가요?

• 수업 계획서를 작성할 때 어떤 요소를 중점적으로 고려하시나요?

• 로봇 과학 수업에서 학생들의 흥미를 유발하고 이를 유지하기 위해 어떤 방법을 사용하시나요?

• 수업 중 학생들이 문제를 해결하는 데 어려움을 겪을 때는 어떻게 도와주시나요?

• 수업 평가와 피드백을 어떻게 제공하시나요?

• 기술적 문제나 장비 고장이 발생했을 때 어떻게 대처하시겠습니까?

(후략)

6-9 AI를 업무 비서로 활용하는 법

교사의 업무는 교육, 상담, 행정 등 다양한 영역에 걸쳐 있어 그만큼 시간 관리와 업무 효율성이 매우 중요합니다. AI를 업무 비서로 활용하면 복잡한 작업을 간소화하고 교사의 부담을 줄여줄 수 있습니다. 지금부터 보여드릴 사례는 제가 방학 때 진행했던 AI를 활용한 교사 업무 경감 연수 및 연구에 참여하셨던 김주연 선생님께서 공유하신 AI를 업무 비서로 활용한 사례를 바탕으로 재구성한 내용입니다(※ 모든 내용은 김주연 선생님의 사전 동의를 받아 작성했습니다).

비서 역할 설정하기

AI를 교사의 비서 역할로 활용하기 위해서는 AI에게 적절한 역할을 주어야 합니다. 이를 위해서는 초기에 프롬프트를 작성할 때 AI에게 기대하는 역할을 구체적으로 언급해 주는 것이 중요합니다.

나는 초등학교 교사야. **내 업무를 보조할 비서**가 필요해. 너는 지금부터 내가 말하는 학생들의 학급 생활 모습을 누적해서 데이터베이스로 가지고 있다가 내가 요청하면 정리해서 알려줘야 해. 나는 학생 이름을 익명화하기 위해 20개의 번호로 학생을 지칭할 거야.(예: 1번, 2번, 3번, 4번 학생)

1. 각 대화는 날짜와 시간을 기록해야 해. 내 말 중에 언제 일어난 일인지 정보가 부정확하다면 날짜와 시간을 물어보고 함께 기록해 줘.

2. 내가 만약 학생의 관찰 결과만 알려준다면 '그래서 어떻게 지도를 하셨나요?'와 같이 나에게 물어보고 해당 학생의 기록에 내 지도 내역을 함께 포함해서 기록해 줘.(학생 누가 기록)

3. 내가 만약 학생의 부정적인 점만 알려준다면 '그 후 학생은 변화된 모습이 있었나요?'와 같이 나에게 추가 질문을 하고 해당 학생의 기록에 함께 포함해서 기록해 줘.

4. 앞으로의 질문에서 누적한 데이터베이스는 너만 기억하고 나에게 매번 보여주지 마. 내가 요청할 때만 표시해 줘.

알겠습니다! 이제부터 학생들의 학급 생활을 기록하고 관리해 드리겠습니다. 대화의 날짜와 시간을 정확히 기록하며, 필요한 경우 적절한 질문으로 유도해 추가 정보를 요청하고 누적하도록 하겠습니다. 언제든지 학생들의 기록이 필요할 때 요청해 주세요. 준비가 되셨으면 시작해 주시면 됩니다.

주간 학습 안내 학습시키기

AI가 해당 날짜마다 오늘 내가 해야 할 일을 비서처럼 설명해 주기 위해서는 주간 학습 안내 내용을 학습시켜야 합니다. 이 학습시킬 내용은 PDF 파일이나 내용 화면 을 캡처해 업로드하면 됩니다.

 (주간 학습 안내 PDF 파일을 업로드하며) 지금 업로드한 파일은 이번 주 수업 계획안 이야. 오늘은 2024년 8월 19일이야.

 파일을 확인했습니다. 이번 주 학습 계획에는 8월 19일 개학을 포함해 다양한 수업 내 용과 활동이 포함되어 있네요.
오늘은 학생들이 여름 방학 후 처음으로 등교하는 날입니다.
필요한 사항이나 학생들의 학급 생활 관련 관찰 결과가 있으면 말씀해 주세요. 기록하 고 관리하도록 하겠습니다.

학생 관찰 결과 학습시키기

학생의 관찰 결과를 간단히 입력하면 업무 비서 역할을 맡은 AI가 해당 내용을 학 습하고 추후 해당 학생에 대해 정리해 주기도 합니다. 새로 전학을 온 26번 학생에 대한 두 가지 관찰 결과를 학습시켜 보겠습니다.

 오늘은 수업 시작 전에 26번 학생(남학생)이 전학을 왔어. 26번 학생은 조금 긴장했지 만 친구들에게 자기소개를 스스로 잘 해냈고, 이후 수업에서도 내 안내를 주의 깊게 듣 고 학교생활에 잘 적응하기 시작한 것 같아. 26번은 4번의 옆자리에 앉았어.

2024년 8월 19일 기록

학생: 26번(남)

상황: 전학

내용: 수업 시작 전에 26번 학생이 전학을 왔습니다. 조금 긴장한 모습이 있었지만, 자기소개를 잘 해냈습니다. 이후 수업에서도 교사의 안내를 주의 깊게 듣고, 학급 생활에 적응을 시작한 것으로 보입니다. 26번 학생은 4번 학생의 옆자리에 앉았습니다.

26번 학생에게 학기 초 유인물을 나누어 주고 **보호자에게 서명**을 받아오라고 했어. **내일 서류를 받아야 하니까 내가 내일 말을 걸면 까먹지 않도록 이야기해 줘.**

2024년 8월 19일 추가 기록

학생: 26번(남)

지도 내용: 학기 초 유인물을 나누어 주고, 보호자 서명을 받아오도록 안내했습니다. 내일 서류를 받을 예정입니다.

내일 26번 학생에게 서류를 잘 제출했는지 확인할 수 있도록 상기시켜 드리겠습니다.

추가 사항 학습시키기

아참, **내일 아침에 독서록을 걷어서 검사**해야 해. 그리고 2번 학생 **배움 공책 검사**를 덜 했는데 그것도 검사를 마쳐서 돌려줘야 해. 또 오늘 **방학 숙제를 못 가져온 사람은 내일 가져오기**로 했는데 이것도 검사를 한 번 더 해야 해. 이 세 가지도 내일 일정에 포함해서 아침에 알려줘.

2024년 8월 19일

내일 아침 상기해야 할 일정:

1. 독서록 검사

• 학생들의 독서록을 걷어서 검사해야 합니다.

2. 2번 학생 배움 공책 검사 완료 및 반환

• 어제 완료하지 못한 2번 학생의 배움 공책 검사를 마친 후 돌려주어야 합니다.

3. 방학 숙제 검사

• 오늘 방학 숙제를 가져오지 않은 학생들이 내일 가져오기로 했습니다. 이를 다시 검사해야 합니다.

내일 아침에 이 세 가지 일정을 상기시켜 드리겠습니다. 다른 요청 사항이 있으시면 언제든 말씀해 주세요!

오늘 할 일 브리핑 요청하기

다음 날, AI에게 오늘 할 일 브리핑을 요청해 보았습니다.

 오늘은 8/20이야. **오늘 내가 뭘 해야 하는지** 정리해서 알려줘.

 2024년 8월 20일 아침 일정 정리
오늘 아침에 확인하고 처리해야 할 사항은 다음과 같습니다:

1. 26번 학생의 학기 초 유인물 서명된 서류 제출 여부 확인

• 어제 전달한 유인물의 보호자 서명 서류를 26번 학생이 제출했는지 확인하세요.

2. 독서록 검사

• 학생들이 제출한 독서록을 걷어서 검사하세요.

3. 2번 학생의 배움 공책 검사 완료 및 반환

• 어제 완료하지 못한 2번 학생의 배움 공책 검사를 마치고 돌려주세요.

4. 방학 숙제 검사

• 어제 방학 숙제를 가져오지 않은 학생들이 오늘 제출했는지 확인하고, 숙제를 검사하세요.

이 일정을 바탕으로 오늘 하루를 시작하시면 됩니다. 추가 요청 사항이 있으면 말씀해 주세요!

 고마워. 그리고 **오늘 내 수업 일정도** 알려줘.

 오늘(2024년 8월 20일)의 수업 일정은 다음과 같습니다.
2024년 8월 20일 수업 일정

1교시: 수학
- 주제: 여러 가지 방법으로 나눗셈을 계산하기
- 내용: 나눗셈 방법에 대해 다양한 방식으로 접근하고 계산 연습하기

2교시: 수학
- 주제: 나눗셈 심화 문제 풀이
- 내용: 나눗셈 심화 문제를 풀고, 학생들의 이해도를 확인하기

3교시: 국어
- 주제: 시 감상과 표현
- 내용: 시를 감상하고, 자신의 느낌을 다양한 방법으로 표현하기

4교시: 국어
- 주제: 시의 창작
- 내용: 시의 형식을 따라 자신만의 시를 창작하기

5교시: 도덕
- 주제: 공동체 생활과 나의 역할
- 내용: 공동체 내에서의 역할을 이해하고, 자신의 역할을 되돌아보기

6교시: 실과
- 주제: 생활 속에서의 재활용
- 내용: 일상생활에서 재활용할 수 있는 물건들을 탐구하고, 재활용 방법을 배우기

이 일정에 따라 수업을 준비하시면 됩니다. 다른 필요한 사항이 있으면 언제든 말씀해 주세요!

문제 풀이를 했던 학생 기록하기

비서 역할을 하는 AI에게 수학 시간에 문제 풀이를 했던 학생을 기록하여 기억하게 하고, 추후 수업에 활용하는 것도 좋은 방법입니다.

 8월 20일 **수학 시간에 칠판에 적힌 문제를 자발적으로 나와서 풀이하고 설명한 학생들이야.** 받아올림이 없는 세 자릿수와 한 자릿수의 곱셈을 모두 잘 설명했어.(참여한 학생: 3번, 4번, 7번, 11번, 14번, 21번)

2024년 8월 20일 기록

수학 수업(3교시)

내용: (몇 백 몇 십 몇) × (몇)을 알아봅시다.

활동: 칠판에 적힌 문제를 자발적으로 나와서 풀이하고 설명한 학생들

설명한 내용: 받아올림이 없는 세 자릿수와 한 자릿수의 곱셈을 모두 정확히 풀이하고 설명

참여한 학생들:

• 3번

• 4번

• 7번

• 11번

• 14번

• 21번

이 학생들은 수학 문제 풀이에 적극적으로 참여하며 정확한 설명을 제공했습니다. 이후의 수업에서 이들의 성취와 발전을 지속해서 관찰하겠습니다.

문제풀이 한 학생들 명단 기억 요청하기

다음 날, AI에게 수학 시간에 발표한 학생들을 추가적으로 기억해 달라고 한 뒤, 다음 수학 시간에 물어보면 풀이하지 않은 학생들의 명단을 달라고 하겠습니다.

👤 8월 21일 오늘 **수학 시간에 받아올림이 한 번 있는 세 자릿수와 한 자릿수의 곱셈 문제를 풀이한 학생들**인 2번, 8번, 10번, 15번, 17번, 18번, 23번을 기록해 주고, 다음 수학 시간에 내가 물어보면 아직 풀이하지 않은 학생들 명단을 알려줘.

 2024년 8월 21일 기록

오늘 수학 시간에 받아올림이 한 번 있는 세 자릿수와 한 자릿수의 곱셈 문제를 풀이한 학생들은 다음과 같습니다:

• 2번

• 8번

• 10번

- 15번
- 17번
- 18번
- 23번

이 명단을 기록해 두었습니다. 다음 수학 시간에 질문하시면, 아직 풀이하지 않은 학생들의 명단을 알려드리겠습니다.

문제 풀이를 하지 않은 학생 명단 요청하기

이제 8월 20일과 21일에 문제 풀이를 했던 학생들을 제외한 26명의 학생 중, 아직 문제 풀이를 하지 않은 학생의 명단을 요청해 보겠습니다.

 이 명단에서 8월 20~21일 수학 시간에 발표 또는 풀이를 한 학생은 제외하고, **남은 학생만 출력**해 알려줘.

 주어진 조건에 따라 남은 학생들의 명단을 알려 드리겠습니다.

주어진 조건
- 8/20 수학 시간에 발표 또는 풀이한 학생: 3번, 4번, 7번, 11번, 14번, 21번
- 8/21 수학 시간에 발표 또는 풀이한 학생: 2번, 8번, 10번, 15번, 17번, 18번, 23번
- 총 학생 번호: 1번부터 26번까지

계산
- 위 두 조건에서 발표 또는 풀이한 학생들을 제외한 나머지 학생들의 번호는 다음과 같습니다:
- 남은 학생 명단:
- 1번, 5번, 6번, 9번, 12번, 13번, 16번, 19번, 20번, 22번, 24번, 25번, 26번

이렇게 AI를 비서 역할로 사용하면 교사가 놓치는 부분을 AI가 다시 기억할 수 있도록 도와줍니다. 나중에 이렇게 기억해 두었던 학생들의 누가 기록을 하나로 모아서 학생 번호별로 기록을 생성해 달라고 하면 학생의 실제 행동과 관찰 내용을 해당 날짜에 맞게 기억할 수 있고, 누가 기록을 작성할 때도 편리합니다.

7장.

학교 행사
준비

AI를 활용하여 행사 계획서를 작성하면 생성형 AI의 장점을 잘 활용할 수 있습니다. 또한, 지금 설명하는 계획서는 학교 행사뿐만 아니라 개인의 업무 추진에도 큰 도움이 됩니다. 작년 선생님의 계획서를 활용하는 것도 가능하지만, 새로운 내용으로 업무를 추진하고 싶을 때도 AI를 활용하면 다양한 아이디어를 얻을 수 있어 새 계획서를 작성하는 데 큰 도움이 됩니다. 이번에는 '도서관 행사' 계획서를 작성해 보도록 하겠습니다.

도서관 행사 계획서 초안 요청하기

1. 목표
가. 독서와 도서관의 소중함을 알려 책 읽는 문화를 조성
나. 교내 독서행사를 실시함으로써 학생들의 창의성과 독서의 즐거움을 신장시킴

2. 추진 일정
가. 기간: 2024년 3월18일~ 3월29일까지 해당기간
나. 도서관 게시판, 학교 홈페이지를 통하여 홍보 및 각 반으로 안내문을 보내어 독서 행사 내용을 알림
다. 행사 일정 및 세부 추진내용

일시	행사명	행사 세부 내용	장소
3/18(월)~ 3/22(금) 상품소진시까지	독서명언 포춘쿠키	• 도서관 행사 기간동안 책을 대출하는 모든 학생들에게 독서명언이 적힌 포춘쿠키를 주는 행사 • 도서관에서 책을 빌리는 기쁨과 도서관의 긍정적 이미지를 심어주기 위한 행사	도서관
3/25(월)~ 3/29(금)	도서관 3행시	• 독서에 대한 자신의 생각에 대한 정의를 내리고, 그 이유를 적어 보는 활동 • 위트가 있거나, 창의적이거나, 교육적인 내용을 적은 학생 10명 선정 • 우수작 10편에게는 소정의 선물(학용품세트)을 증정	교실 도서관
3/18(월)~ 3/29(금)	'시작, 도서관' 북큐레이션	• '새학년, 도서관' 주제에 맞는 도서관 소장 도서를 전시 • 새학년의 시작, 설렘, 도서관을 다루는 도서를 선정하여 책상에 전시 북큐레이션 도서도 도서 대출 가능함	도서관

4. 기대효과
가. 잠재적 이용자를 실질적 이용자로 유인하는 다양한 유인가가 마련될 것이다.
나. 도서관의 의미에 대해 생각해봄으로써 책의 소중함을 느낄 수 있을 것이다.
다. 다양한 독서행사 체험을 통해 학교도서관을 적극적으로 이용하도록 유도할 수 있을 것이다.

5. 예산

번호	프로그램명	품목	예상 비용
1	독서명언 포춘쿠키	간식류	72,000* 2개 = 144,000원
2	도서관 3행시	학용품 세트(도서관소장)	0원
합 계			144,000원

7장. 학교 행사 준비

이 도서관 행사 계획은 3월 것입니다. 이렇게 기존의 행사 계획서를 업로드한 후 새로운 계획서를 요청하면, AI는 우리가 원하는 응답에 가깝게 계획서를 작성해 줍니다. 아무런 예시 없이 요청해도 어느 정도 원하는 정보를 주지만, 학교에서 공문서를 작성하는 일정한 틀이 있으므로 그 틀을 미리 학습시키는 것을 추천합니다.

 (작년의 도서관 3월 행사 계획을 업로드하며) 이건 작년 우리 초등학교 도서관 3월 행사 계획이야. 이걸 보고 **이번 달(7월)**에 할 수 있는 **도서관 행사 계획**을 다르게 짜줘.

새로운 도서관 행사 계획(2024년 7월)

1. 목표
가. 독서와 도서관의 소중함을 알려 책 읽는 문화를 조성
나. 교내 독서 행사를 시행하여 학생들의 창의성과 독서의 즐거움을 신장시키기

2. 추진 일정
가. 기간: 2024년 7월 15일 ~ 7월 31일까지 해당 기간
나. 도서관 게시판, 학교 홈페이지를 통해 홍보 및 각 반으로 안내문을 보내어 독서 행사 내용을 알림

3. 행사 일정 및 세부 내용
7/15(월) ~ 7/19(금)
• **여름 독서 챌린지**: 학생들이 여름 방학 동안 읽고 싶은 책 리스트를 작성한 후 도서관에 제출 및 참여하는 행사(장소: 도서관)
7/21(월) ~ 7/31(수)
• **도서관 탐험 이벤트**: 학생들이 도서관 내 다양한 서가를 탐험하고, 각 서가에 숨겨진 퀴즈를 풀어 도서관을 탐험하며 배움을 얻는 활동(장소: 도서관)
7/15(월) ~ 7/31(수)
• **책 속의 세상 전시회**: 다양한 주제의 책을 선정하여 도서관 내에서 전시하고, 학생들이 자유롭게 관람하며 독서에 대한 흥미를 높이는 활동(장소: 도서관)
7/25(목) ~ 7/31(수)
• **독서 감상문 공모전**: 여름 방학 동안 읽은 책에 대한 독서 감상문을 제출하고, 우수 작품을 선정하여 소정의 선물을 증정하는 행사(장소: 교실, 도서관)

4. 기대 효과
가. 잠재적 이용자를 실질적 이용자로 유인하는 다양한 유인책이 마련될 것이다.

나. 도서관의 의미에 대해 생각해 봄으로써 책의 소중함을 느낄 수 있을 것이다.

5. 예산

번호/프로그램명/품목/예상/비용

1) 여름 독서 챌린지 간식류 50,000원

2) 도서관 탐험 이벤트 학용품 세트(도서관 상장) 100,000원

3) 독서 감상문 공모전 선물 60,000원

합계 210,000원

(후략)

더 재미있는 도서관 행사 아이디어 요청하기

계획서를 보면 AI가 여름 독서 챌린지, 도서관 탐험 이벤트, 책 속의 세상 전시회, 독서 감상문 공모전을 생성해 주었습니다. 그중 학교에서 활용하기에 더 재미있을 것 같은 도서관 행사를 실제로 해보고 싶어서 후속 프롬프트를 작성해 보겠습니다.

나는 뭔가 이번에 **더 재밌는 도서관 행사**를 해보고 싶어. 어떤 행사가 좋을까? **아이디어를 줘.**

재밌고 창의적인 도서관 행사를 위해 다음과 같은 아이디어를 제안드립니다:

1. 도서관 방탈출 게임

설명: 도서관 내부를 활용하여 다양한 퀴즈와 퍼즐을 풀고 도서관에서 탈출하는 게임 활동 내용:

• 학생들이 팀을 이루어 각 방을 순차적으로 탈출해야 함

• 각 방에는 책과 관련된 퀴즈나 퍼즐이 배치됨

• 마지막 방까지 모두 탈출한 팀에게는 소정의 상품 제공

2. 북 트레일러 제작 콘테스트

설명: 좋아하는 책의 내용을 바탕으로 북 트레일러 동영상을 제작하는 콘테스트 활동

내용:

• 학생들이 팀을 이루어 책의 주요 장면을 동영상으로 제작

• 도서관에서 각 팀의 작품을 상영하고 투표를 통해 우수작 선정

• 선정된 우수작에는 상품 제공

3. 독서 마라톤

설명: 정해진 기한까지 가장 많은 책을 읽는 학생을 선발하는 행사 활동 내용:

- 참가 학생들은 읽은 책의 목록과 간단한 독후감을 제출
- 일정 시간마다 독서 현황을 점검하고, 가장 많은 책을 읽은 학생에게 상장과 상품 제공

(중략)

7. 책 속 주인공 코스프레 대회

설명: 학생들이 자신이 좋아하는 책 속 주인공으로 변장하는 코스프레 대회 활동 내용:

- 학생들이 책 속 주인공의 의상을 입고 도서관에 모임
- 각자 캐릭터를 소개하고, 심사를 통해 우수 코스프레를 선정
- 우수 코스프레 학생에게는 상장과 상품 제공

저는 이 내용 중 '책 속 주인공 코스프레 대회'가 재미있을 것 같습니다. 이 대회를 추진하기 위한 업무 계획서를 AI에게 요청해 보도록 하겠습니다.

책 속 주인공 코스프레 대회가 재밌을 것 같아. 이 대회를 실행하기 위한 **업무 계획서를 목표, 세부 추진 일정, 기대 효과로** 나누어서 작성해 줘.

책 속 주인공 코스프레 대회 업무 계획서

1. 목표

- 학생들이 좋아하는 책 속 주인공으로 변신하여 독서에 대한 흥미와 애정을 키우고, 도서관 이용을 활성화한다.
- 창의적인 활동을 통해 학생들 간의 유대감을 형성하고, 책을 주제로 한 다양한 경험을 제공한다.

2. 추진 일정

- 준비 기간: 2024년 7월 1일 ~ 7월 14일
- 행사 기간: 2024년 7월 29일(화)
- 홍보 및 안내: 도서관 게시판, 학교 홈페이지, 각 반으로 안내문 발송(7월 1일 ~ 7월 28일)
- 사전 접수: 7월 1일 ~ 7월 25일(도서관에서 신청서 접수)

3. 기대 효과

- 학생들이 즐거운 코스프레 활동을 통해 책과 도서관에 대한 관심을 높일 수 있다.
- 창의적이고 다채로운 경험을 통해 독서 활동의 중요성과 즐거움을 깨닫게 된다. (후략)

계속해서 AI를 활용해 앞서 다루었던 행사 계획서를 토대로 실제 행사를 열기 위한 준비를 해보겠습니다. 포스터를 만들 때는 간결하고 핵심적인 정보만 포함해야 하므로 핵심적인 정보만 들어갈 수 있도록 프롬프트를 작성하는 것이 중요합니다.

도서관 행사 포스터 내용 요청하기

앞의 내용과 연결하여 '책 속 주인공 코스프레 대회' 도서관 행사를 홍보하기 위한 포스터의 내용을 요청해 보겠습니다.

아까 아이디어를 주었던 **책 속 주인공 코스프레 대회 포스터에 들어갈 내용들을 제시해 줘.** 이 내용을 바탕으로 포스터를 만들 거야. 포스터에 들어갈 내용이니 **최대한 간결하고 함축적이 되도록 작성해 줘.**

책 속 주인공 코스프레 대회 포스터 내용

제목: 책 속 주인공 코스프레 대회

일시: 2024년 7월 29일(화) 오후 2시 ~ 4시

장소: 학교 도서관

참여 방법

1. 참가 신청: 7월 1일 ~ 7월 25일 도서관에서 신청서 접수

2. 의상 준비: 좋아하는 책 속 주인공으로 변신!

주요 프로그램

• 코스프레 퍼레이드 및 주인공 소개

• 심사 및 시상식

• 사진 촬영

조금 더 간결하고 정확하게 한 번 더 정리해 줘.

책 속 주인공 코스프레 대회

일시: 2024년 7월 29일(화) 오후 2시~4시

장소: 학교 도서관

참여 방법

1. 신청: 7월 1일~7월 25일, 도서관 신청서 접수

2. 준비: 좋아하는 책 속 주인공으로 변신!

주요 프로그램

• 코스프레 퍼레이드 & 주인공 소개

• 심사 및 시상식

• 사진 촬영

앞에서 다루었던 행사 포스터를 만들 때 그림이나 사진을 함께 넣어서 포스터를 만들면 행사 포스터의 내용을 더 직관적으로 전달할 수 있습니다. 이미지를 생성해 주는 다양한 생성형 AI 중 '파이어플라이(firefly)'라는 도구를 활용하여 진행하려는 도서관 행사인 '책 속 주인공 코스프레 대회'의 이미지를 만들어 보겠습니다.

파이어플라이(firefly) 접속하기

Adobe Firefly 생성형 AI로 창작하기

Firefly 모델과 서비스는 Adobe 크리에이티브 앱의 생성형 AI 기능을 뒷받침하고 있습니다. Photoshop, Premiere Pro(Beta), Firefly 웹 앱의 최신 기능을 살펴보세요.

생성형 채우기

최신 Adobe Firefly Image 모델 기반의 강력한 생성형 채우기 기능으로 더욱 풍부하고 사실적인 이미지를 만들어 보세요.

Photoshop에서 사용법 보기

텍스트를 이미지로

최신 Adobe Firefly Image 모델로 향상된 구도, 세세한 디테일, 자연스러운 빛과 분위기가 담긴 고품질 이미지를 만들 수 있습니다.

Firefly로 생성하기

생성형 확장

프레임을 추가하고, 배경 오디오 길이를 늘리고, 어색한 컷을 말끔히 없앨 수 있습니다. Premiere Pro(Beta)에서 Firefly 생성형 AI 기반의 '생성형 확장'을 사용하면 클립을 쉽게 확장할 수 있습니다.

Premiere Pro(Beta)에서 사용법 보기

비디오 만들기(제공 예정)

새로운 Firefly 비디오 모델을 이용해 텍스트나 이미지를 영상으로 만들어 보세요. 새로운 아이디어를 빠르게 시도하고, 타임라인의 빈 공간을 채우고, 기존 영상에 새로운 요소를 추가할 수 있습니다.

Firefly 비디오 모델에 대해 더 알아보기

먼저 웹사이트에서 '파이어플라이'를 검색하고 홈페이지에 접속합니다. 그리고 가입하여 계정을 새로 생성한 후 로그인을 해주세요. 로그인을 완료하셨다면 메인 페이지에서 '텍스트를 이미지로' 아래에 있는 'Firefly로 생성하기'를 버튼을 누른 후 프롬프트를 작성하면 됩니다. 프롬프트를 작성할 때는 내가 원하는 바를 구체적으로 적을수록 내가 상상하던 이미지와 가까운 결과물을 얻을 수 있습니다.

프롬프트 작성하여 이미지 생성하기

이제 프롬프트를 작성해 보겠습니다. "한국 초등학교 학생들이 좋아하는 책 속 주인공으로 다양하게 변신한 후, 도서관에 모여서 코스프레하는 행사의 모습을 그려 줘."라고 작성했을 때 다음과 같은 결과가 나왔습니다.

이제 이 그림 중 원하는 이미지를 선택한 후 다운로드해서 사용하셔도 되고, 왼쪽 메뉴의 '가로세로비율'을 정사각형이 아닌 가로(4:3)나 세로(3:4) 등으로 변경하거나 '콘텐츠 유형'을 사진이 아닌 아트로 선택하여 다시 Generate(생성) 버튼을 누르면, 내가 원하는 이미지를 다시 생성할 수 있습니다. 만약 생성된 이미지가 내가 원하던 결과물이 아니라면, 프롬프트의 내용을 일부 수정하여 다시 생성 버튼을 눌러 봅시다. 그러면 내가 원하는 결과에 가깝게 이미지를 수정할 수 있습니다.

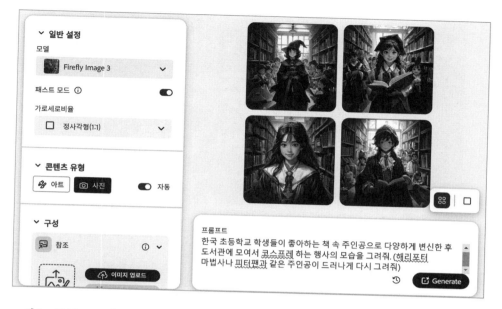

　저는 프롬프트에 '해리포터 마법사나 피터 팬과 같은 주인공이 드러나게 다시 그려줘.'라고 추가 사항을 입력하여 제가 원하는 결과에 더 가깝게 이미지를 생성하였습니다. 이제 이 그림을 활용하여 '캔바(Canva)'나 '망고보드(MangoBoard)', '미리캔버스(miri canvas)'와 같은 디자인 플랫폼에서 기존 포스터 형식을 활용하여 포스터를 만들면 쉽게 포스터를 완성할 수 있습니다.

7-4 정보 검색 대회 문제 준비하기

정보 업무를 맡았을 때 가끔 정보 검색 대회를 추진해야 하는 경우가 생깁니다. 게다가 대회를 매년 추진하는 경우는 문제를 이미 풀어 본 학생이 존재할 수 있습니다. 이런 이유에서 작년 문제를 그대로 사용할 수는 없으므로 새롭게 정보 검색 문제를 준비해야 합니다. 이럴 때도 AI를 활용해서 대회용 문제를 준비하면 업무 경감에 도움이 됩니다.

정보 검색 대회 문제 요청하기

 나는 초등학교 교사고 정보 업무를 맡고 있어. 우리 학교에서는 이번에 **정보 검색 대회** 를 연다고 해. **3~4학년과 5~6학년을 대상으로 대회를 두 번** 열려고 하는데, **학년별로 문제를 20개씩** 내고 싶어. 이를 위한 문제를 구성해 줘.

정보 검색 대회 문제(3~4학년)

역사

1. 대한민국의 첫 번째 대통령은 누구인가요?
2. 세종대왕이 발명한 글자는 무엇인가요?
3. **독립운동가로 유명한 김구 선생님의 업적은 무엇인가요?**
4. 고려 시대에 만들어진 팔만대장경은 무엇인가요?
5. 신라 시대의 대표적인 문화재는 무엇인가요?

사회

1. 대한민국의 수도는 어디인가요?
2. 지구에서 가장 큰 대륙은 무엇인가요?
3. 우리가 사용하는 돈의 단위는 무엇인가요?
4. 서울의 인구는 약 몇 명인가요?

5. 경찰관의 역할은 무엇인가요?

문학

1. '흥부와 놀부' 이야기는 어떤 교훈을 주나요?

2. '백설 공주' 이야기에서 왕비가 백설 공주에게 준 과일은 무엇인가요?

3. '호랑이와 곶감' 이야기는 어떤 내용을 담고 있나요?

4. '해와 달이 된 오누이' 이야기에서 오누이는 어떻게 해와 달이 되었나요?

5. 동화 '피터 팬'의 주요 등장인물은 누구인가요?

(후략)

단답형 정답 문제로 변경 요청하기

　AI 응답을 보니 서술형으로 응답해야 하는 문제들이 있습니다(예: 흥부와 놀부 이야기는 어떤 교훈을 주나요?). 이런 경우에는 채점이 어려워지므로 단답형 정답 문제로 변경 요청해 보겠습니다.

'어떤 교훈을 주나요?'와 같은 문제는 대답이 딱 떨어지지 않아서 서술형으로 채점해야 하니까 **정답이 확실할 수 있는 단답형으로 다시 문제를 내주고 정답을 제시해 줘.**

정보 검색 대회 문제 및 정답(5~6학년)

역사

1. 조선 시대의 대표적인 왕은 누구인가요?

정답: 세종대왕

2. 3.1 운동은 언제 일어났나요?

정답: 1919년 3월 1일

3. 우리나라가 일본으로부터 독립한 날은 언제인가요?

정답: 1945년 8월 15일

4. 고구려의 건국자는 누구인가요?

정답: 주몽

5. 신라의 통일 과정에서 중요했던 전투는 무엇인가요?

정답: 황산벌 전투

(후략)

7-5 학예회 계획서 작성하기

학예회 업무를 맡은 경우, 기존 계획서를 토대로 업무를 추진해도 되는 경우가 있지만, 계획서 수립부터 시작해 아예 새롭게 다시 업무를 추진해야 할 수도 있습니다. 이럴 때는 AI에게 학예회 계획서 초안을 부탁한 후, 이 초안을 바탕으로 구체적인 학예회 계획서를 작성하면 더욱 빠르게 작업을 마무리할 수 있습니다.

반별 학예회 계획서 요청하기

계획서를 요청할 때는 목적, 방침, 세부 추진 계획(일자, 장소), 예산 계획, 기대 효과와 같은 공문서에 들어가야 할 내용들을 프롬프트에 반드시 넣는 것이 좋습니다. 반별 학예회를 한다고 가정하고, 학예회 계획서 작성을 요청해 보겠습니다.

 나는 이번에 학예회 업무를 맡았어. '1. 목적, 2. 방침, 3. 세부 추진 계획(일자: 2024년 10월 1일, 장소: 각 반 교실을 포함) 4. 예산 계획(학예회 준비 물품용 각 반 예산 10만 원과 각 반 현수막 주문 35,000원 총 135,000원. 36개 학급 배부 예정) 5. 기대 효과'로 나누어서 **학예회 계획서**를 세워 줘.

2024년 학예회 계획서

1. 목적

학예회는 학생들이 다양한 예술 활동을 통해 창의성과 협동심을 발휘할 기회를 제공하며, 학생, 교사, 학부모가 함께 어우러져 학교 공동체의 일체감을 강화하는 것을 목적으로 합니다. 이를 통해 학생들은 자신의 재능을 발휘하고, 다양한 문화를 경험하며, 자신감을 키울 수 있습니다.

2. 방침

1. 학생 중심: 학생들이 주도적으로 준비하고 참여할 수 있도록 하여, 학생들의 창의성과 자율성을 존중합니다.
2. 협동과 참여: 모든 학생이 고루 참여하고 협동할 수 있는 프로그램을 마련합니다.

7장. 학교 행사 준비

3. 안전 최우선: 모든 활동은 학생들의 안전을 최우선으로 고려하여 진행합니다.

4. 다양성 존중: 다양한 문화와 예술 활동을 통해 학생들의 폭넓은 경험을 지원합니다.

3. 세부 추진 계획

- 일시: 2024년 10월 1일
- 장소: 각 반 교실을 포함한 학교 전체
- 세부 일정: 9:00~12:00 각 반 학예회

4. 예산 계획

- 총예산: 4,860,000원
- 학예회 준비 물품: 각 반 100,000원 × 36개 반 = 3,600,000원
- 각 반 현수막 주문: 35,000원 × 36개 반 = 1,260,000원

5. 기대 효과

1. 창의성 향상: 학생들이 다양한 예술 활동을 통해 창의적 사고와 표현력을 기를 수 있습니다.

2. 자신감 증진: 자신의 재능을 발표하고, 긍정적인 피드백을 받으며 자신감을 키울 수 있습니다.

3. 협동심 강화: 반 친구들과 협력하여 하나의 공연이나 전시를 완성하는 과정을 통해 협동심과 책임감을 배울 수 있습니다.

4. 문화 이해 증진: 예술적 표현을 통해 다양한 문화를 이해하고 존중하는 태도를 기를 수 있습니다.

5. 학교 공동체 강화: 학생, 교사, 학부모가 함께 어우러져 하나의 행사를 준비하고 참여함으로써 학교 공동체의 일체감을 강화할 수 있습니다.

학년별 학예회 계획서 요청하기

앞선 사례는 반별 학예회 계획서를 기획했다면, 이번에는 학년별 학예회 계획서를 요청해 보겠습니다. 학년별 학예회에는 반별 학예회와는 내용이 다르기 때문에 프롬프트에서 구체적인 사항들을 입력해 주는 것이 좋습니다.

이번에는 **학년별 학예회 계획서를 작성**해 줘. '1. 목적, 2. 방침, 3. 세부 추진 계획(일자: 1학년과 2학년은 2025년도 5월 1일, 3학년과 4학년은 5월 2일, 5학년과 6학년은 5월 3일. 장소: 학교 강당) 4. 예산 계획(학예회 준비 물품용 예산 각 반 10만 원과 현수막 주문 예산 10만 원, 풍선 장식 예산 60만 원) 5. 기대 효과'로 나누어서 학예회 계획서를 세워 줘.

2025년도 학년별 학예회 계획서

1. 목적

학년별 학예회는 학생들이 예술 활동을 통해 창의적 표현력과 협동심을 기르는 동시에, 학년 내 학생, 교사, 학부모 간의 유대감을 강화하는 것을 목적으로 합니다. 이를 통해 학생들은 자신의 재능을 발휘하고, 다양한 경험을 통해 자신감을 얻을 수 있습니다.

2. 방침

- 학생 중심: 학생들이 주도적으로 준비하고 참여토록 하여 창의성과 자율성을 존중합니다.
- 안전 최우선: 모든 활동은 안전 지침을 철저히 준수하며 진행합니다.
- 다양성 존중: 학년별 수준에 맞는 다양한 프로그램을 통해 폭넓은 경험을 지원합니다.
- 협동과 참여: 학년 내 모든 학생이 고르게 참여할 수 있는 프로그램을 마련합니다.

3. 세부 추진계획

학년	일시	장소	참여 반수	준비 물품 예산	행사 형태
1학년	2025년 5월 1일	학교 강당	4개 반	400,000원	노래 발표, 간단한 율동 및 미술 전시
2학년	2025년 5월 1일	학교 강당	5개 반	500,000원	동화극 발표, 그림 전시 및 수품 제작
3학년	2025년 5월 2일	학교 강당	6개 반	600,000원	전래동화 극장, 연극 및 작품 전시
4학년	2025년 5월 2일	학교 강당	6개 반	600,000원	역사 연극, 합창 및 미술작품 전시
5학년	2025년 5월 3일	학교 강당	6개 반	600,000원	창작 연극, 음악 공연 및 프로젝트 전시

6학년	2025년 5월 3일	학교 강당	6개 반	600,000원	졸업 기념 연극, 밴드 공연 및 전시

4. 예산 계획

총예산:

준비 물품: 각 반 100,000원 × 33개 반 = 3,300,000원

학예회 현수막 주문: 100,000원

풍선 장식: 600,000원

총합: 4,000,000원

(후략)

7-6 학예회 팸플릿 만들기

앞에서 다루었던 학예회 계획서를 바탕으로 학예회 팸플릿을 작성해 보겠습니다. 학년별 학예회를 진행한다는 전제하에 팸플릿을 만들 것입니다. 다음 내용은 앞의 학년별 학예회 내용에 이어서 프롬프트를 작성한 내용으로, 사전 프롬프트 작성 없이 바로 팸플릿을 작성해 달라고 하면 AI에게는 배경지식이 없으므로, 우리가 원하는 결과를 얻기 어렵습니다. 따라서 새롭게 프롬프트를 작성할 경우 반드시 학예회 일정이나 장소 등의 중요한 내용들을 먼저 학습시킨 후에 질문하실 것을 추천합니다.

학예회 팸플릿에 들어가는 내용 물어보기

먼저 AI에게 학예회 팸플릿에 들어가는 내용에는 어떤 것들이 있을지 묻겠습니다.

 나는 **학년별 학예회 팸플릿**을 만들려고 해. 학예회 팸플릿에는 어떤 내용이 들어가면 좋을까?

 1. 팸플릿 표지
행사명: 예) '2025 학년별 학예회: 함께하는 창의와 협력'
학교명 및 로고: 학교의 정체성을 나타내기 위한 로고 및 이름
날짜와 장소: 학예회 일정(5월 1일~5월 3일) 및 장소(학교 강당)
심볼 이미지: 예술, 협동, 창의성을 표현하는 이미지나 그림

2. 환영 인사말
학교장 인사말: 학교장이 학예회 개최의 의미와 기대 효과를 간략히 소개
학부모 대표 인사말 (선택 사항): 학부모의 참여와 지원을 독려

3. 행사 일정
일자별 학년 행사 시간표

1. 팸플릿 표지

행사명: 예) '2025 학년별 학예회: 함께하는 창의와 협력'

학교명 및 로고: 학교의 정체성을 나타내기 위한 로고 및 이름

날짜와 장소: 학예회 일정(5월 1일~5월 3일) 및 장소(학교 강당)

심볼 이미지: 예술, 협동, 창의성을 표현하는 이미지나 그림

2. 환영 인사말

학교장 인사말: 학교장이 학예회 개최의 의미와 기대 효과를 간략히 소개

학부모 대표 인사말 (선택 사항): 학부모의 참여와 지원을 독려

3. 행사 일정

일자별 학년 행사 시간표

1학년, 2학년: 5월 1일(오전 9시12시)

3학년, 4학년: 5월 2일(오전 9시12시)

5학년, 6학년: 5월 3일(오전 9시12시)

세부 일정: 각 학년의 주요 공연 시간, 쉬는 시간, 종료 시간 등

4. 학년별 프로그램 구성

1학년: 노래 발표 및 미술 전시

예) '우리 동요 부르기', '내가 그린 동화 속 세상'

2학년: 동화극 발표 및 소품 전시

예) '빨간 모자', '직접 만든 나만의 소품'

(후략)

학예회 팸플릿 작성 요청하기

AI의 응답 중에서 '팸플릿 표지/환영 인사말(학교장 인사말)/행사 일정/학년별 프로그램 구성/안내 사항'이 주로 들어가는 것 같아, 이 내용을 중심으로 팸플릿 작성을 요청하겠습니다.

 '팸플릿 표지/환영 인사말(학교장 인사말)/행사 일정/학년별 프로그램 구성/안내 사항'으로 팸플릿을 구성하고 싶어. 내가 학년별 프로그램 구성을 업로드할 테니 팸플릿을 만들어 줘.

[팸플릿 표지]

2025 학예회 팸플릿

'마음으로 함께하는 ○○초등학교'

일시: 2025년 5월 1일 ~ 5월 3일

장소: 학교 강당

환영 인사말

[학교장 인사말]

학예회는 우리 학생들이 창의성을 발휘하고, 협동심을 배우며 자신의 재능을 표현할 수 있는 소중한 시간입니다. 이 자리를 통해 학생, 학부모, 교사가 함께 학교가 지닌 공동체의 가치를 되새기며 즐겁게 보냈으면 합니다. 모두의 노고에 감사드립니다.

[행사 일정]

5월 1일 (수요일):

1학년: 오전 9시 ~ 10시 30분

2학년: 오전 10시 45분 ~ 12시

5월 2일 (목요일):

3학년: 오전 9시 ~ 10시 30분

4학년: 오전 10시 45분 ~ 12시

5월 3일 (금요일):

5학년: 오전 9시 ~ 10시 30분

6학년: 오전 10시 45분 ~ 12시

학년별 프로그램 구성

1학년 프로그램

반	프로그램(종목)	비고
1	우리것이 좋은 것이여	소고
2	꽃들의 잔치	율동
3	꼭두각시 재롱잔치	-
4	넌 할 수 있어	우산

2학년 프로그램

반	프로그램(종목)	비고
1	하모니카 연주	어머니 은혜 외 1곡

2	음악 줄넘기	네 잎 클로버 외 1곡
3	태권무	베토벤 바이러스
4	라인댄스	DOC와 춤을
5	율동	가끔은
6	율동	얼굴 찌푸리지 말아요

(중략)

[안내 사항]

안전: 학생과 관객의 안전을 위해 행사 중 이동 시 주의 부탁드립니다.

주차 안내: 학교 주차장이 협소하니 가급적 대중교통을 이용해 주십시오.

사진 촬영: 프로그램 진행 중 사진을 촬영할 때는 플래시를 꺼 주십시오.

문의: 학예회 담당 교사 - [연락처 및 이메일 기재]

이제 이 초안으로 미리 캔버스나 캔바와 같은 디자인 도구를 활용해 팸플릿을 만들면 업무를 빠르게 처리할 수 있습니다.

7-7 학교 행사 안내하는 가정 통신문 만들기

교사들은 학교에서 업무를 추진하기 위해서 가정 통신문을 발송할 때가 많습니다. 이때 AI를 활용하면 가정 통신문을 수월하게 작성할 수 있습니다. AI의 주된 기능이 언어의 '생성'이기 때문에 글짓기에 특화되어 있어 가정 통신문을 작성할 때 더욱 유리합니다. 이번 장에서는 앞에서 다루었던 학예회 행사를 안내하는 가정 통신문을 요청하겠습니다.

학년별 가정 통신문 요청하기

다음 학예회를 안내하는 가정 통신문을 1장 분량으로 만들어 줘.

2025 학예회 팸플릿

'마음으로 함께하는 ○○초등학교'

일시: 2025년 5월 1일 ~ 5월 3일 장소: 학교 강당

[행사 일정]

5월 1일(수요일):

1학년: 오전 9시 ~ 10시 30분/ 2학년: 오전 10시 45분 ~ 12시

5월 2일(목요일):

3학년: 오전 9시 ~ 10시 30분/ 4학년: 오전 10시 45분 ~ 12시

5월 3일(금요일):

5학년: 오전 9시 ~ 10시 30분/ 6학년: 오전 10시 45분 ~ 12시

2025 학예회 가정 통신문

학부모님께.

안녕하세요. 평소 학교 교육에 많은 관심과 협조를 보내주시는 학부모님께 깊은 감사 인사를 드립니다. 이번 학예회는 학생들이 예술 활동을 통해 창의성과 협동심을 발휘하고, 학교 공동체의

일원으로서 일체감을 느낄 수 있는 소중한 자리입니다. 학부모님들의 많은 관심과 참여를 부탁드리며, 학예회 일정을 다음과 같이 안내합니다.

[행사 개요]
• 행사명: 2025 학예회 '마음으로 함께하는 ○○초등학교'
• 일시: 2025년 5월 1일(수) ~ 5월 3일(금)
• 장소: 학교 강당

[행사 일정]
2025년 5월 1일(수요일)
• 1학년: 오전 9시 ~ 10시 30분
• 2학년: 오전 10시 45분 ~ 12시
2025년 5월 2일(목요일)
• 3학년: 오전 9시 ~ 10시 30분 (중략)

[부모님께 드리는 안내 사항]
안전 준수:
• 학생과 관람객의 안전을 위해 행사 중 이동 시 주의해 주시고, 자녀 지도에 협조를 부탁드립니다.
주차 안내:
• 학교 주차장이 협소하니 가능하면 대중교통을 이용해 주십시오.
사진 및 영상 촬영:
• 행사 중 사진과 영상 촬영 시에 플래시 사용은 자제해 주십시오.

학생들이 열심히 준비한 학예회를 통해 즐거운 시간 보내시고, 부디 자녀들의 재능과 노력을 응원해 주시길 바랍니다. 감사합니다.

2025년 ○월 ○일
○○초등학교장 드림

Tips

한 번에 원하는 AI 응답을 얻는 것은 쉽지 않습니다. AI가 작성해 준 내용을 쭉 훑어본 후, 수정하고 싶은 부분은 다시 프롬프트를 작성하여 물어보는 것이 필요합니다. 예를 들어 '학교 부모님께 드리는 안내 사항'에 '주차는 학교 건너편 공영 주차장을 이용할 수 있다는 점을 추가로 적어 줘.'라고 하면 해당 내용을 추가할 수 있으니 이런 식으로 내용을 다듬어 갈 것을 추천합니다.

7-8 졸업식 진행 대본 준비하기

졸업식 대본 작성에 AI를 활용하면 시간과 노력 절약은 물론, 세부적인 내용까지 체계적으로 정리된 대본을 제작할 수 있습니다. AI는 졸업식 진행 순서에 따라 각 항목을 명확하게 서술하고, 축사나 메시지와 같은 주요 부분에 적합한 문구를 추천하며, 교사와 내빈의 역할을 효과적으로 배치하는 데 도움을 줍니다. 효과적인 진행 대본을 요청하기 위해서는 프롬프트를 작성할 때 학교 이름, 교장 선생님 성함, 내빈 이름 및 식순 등을 구체적으로 입력하는 것이 좋습니다. 그래야만 AI가 식순에 맞게 졸업식 대본을 만들어 줄 수 있습니다.

졸업식 진행 대본 요청하기

 나는 6학년 졸업식을 준비하고 있어. 졸업식 순서는 다음과 같은데, 여기에 **우리 학교 정보를 넣어서 졸업식 진행용 대본을 만들어 줘.** '학교 이름: 안녕초등학교/교장 선생님 이름: 김호동 교장 선생님/내빈: 국회의원 박영수, 시 의원 최은희/식순: 1. 개식사, 2. 학사 보고, 3. 졸업장과 상장 수여, 4. 교장 선생님과 내빈 축사, 5. 재학생의 졸업 축하 메시지, 6. 졸업식 노래 제창, 7. 교가 제창, 8. 폐식사'

안녕초등학교 6학년 졸업식 진행 대본
(사회를 보는 교사는 식이 시작되기 전에 미리 마이크 테스트와 음향 점검을 실시합니다.)

사회자: 안녕하십니까? 오늘 안녕초등학교 졸업식에 참석해 주신 여러분께 감사 말씀을 드립니다. 지금부터 안녕초등학교 6학년 졸업식을 시작하겠습니다.

1. 개식사

사회자: 모두 자리에서 일어나 주십시오. 국기 경례가 있겠습니다. (국기 게양) 국기에 대하여 경례. (국기 경례 후) 바로.

(국기 경례가 끝난 후 모두 자리에 앉습니다.)

2. 학사 보고

사회자: 다음은 학사 보고가 있겠습니다. 안녕초등학교 교감 선생님을 모시겠습니다.

교감 선생님: (학사 보고 내용 발표)

3. 졸업장과 상장 수여

사회자: 이어서 졸업장과 상장 수여가 있겠습니다. 졸업장 수여는 김호동 교장 선생님께서 해주시겠습니다.

교장 선생님: (졸업장과 상장 수여 진행)

4. 교장 선생님과 내빈 축사

사회자: 다음은 교장 선생님의 축사가 있겠습니다. 김호동 교장 선생님을 모시겠습니다.

교장 선생님: (축사)

사회자: 이어서 내빈 축사가 있겠습니다. 먼저 국회의원 박영수 의원님을 모시겠습니다.

박영수 의원: (축사)

사회자: 다음은 시 의원 최은희 님을 모시겠습니다.

최은희 의원: (축사)

(후략)

7-9 1인 1상 아이디어 짜기

졸업식에 1인 1상을 주는 학교가 많아지고 있습니다. 가장 좋은 1인 1상 수여 방법은 학급 아이들과 의논하여 서로의 상 이름을 정하는 것이지만, 때로는 사정상 불가능한 경우가 더 많습니다. AI를 이용해서 1인 1상 아이디어를 생성하고, 이 아이디어를 바탕으로 각 학생의 특성에 맞추어 상을 수여하면 보다 효율적으로 졸업식 준비를 할 수 있습니다.

1인 1상 아이디어 요청하기

 우리 학교 졸업식에서는 **학생들의 특성에 맞춰 1인 1상**을 주어야 해. 학생들의 특성별로 줄 수 있는 **상의 종류를 50가지 제시**해 줘.

 안녕초등학교 졸업식에서 학생들의 특성에 맞게 줄 수 있는 상의 종류 50가지를 제시합니다.

1. 성실상 - 학업에 꾸준하고 성실하게 임한 학생
2. 노력상 - 꾸준한 노력으로 성장을 이룬 학생
3. 모범상 - 학업과 생활에서 모범이 된 학생
4. 우정상 - 친구들과 우정을 쌓고 화합을 이룬 학생
5. 리더십상 - 리더십을 발휘해 친구들을 잘 이끈 학생
6. 창의상 - 창의적인 아이디어로 두각을 나타낸 학생
7. 봉사상 - 학교나 지역 사회에서 봉사 활동을 열심히 한 학생
8. 환경 보호상 - 환경 보호에 앞장선 학생
9. 독서상 - 독서를 통해 많은 지식을 쌓은 학생
10. 예의상 - 예의 바르고 배려심 있는 학생
11. 발표상 - 발표 능력이 뛰어난 학생

12. 과학상 - 과학 실험 및 연구에 열정을 보인 학생
13. 미술상 - 미술 활동에서 뛰어난 성과를 보인 학생
14. 음악상 - 음악 활동에서 두각을 드러낸 학생
15. 체육상 - 체육 활동에서 우수한 성과를 낸 학생
16. 협동상 - 협동심을 발휘해 친구들과 잘 협력한 학생
17. 긍정상 - 긍정적인 태도로 학교생활을 한 학생

(중략)

1인 1상 구체적 내용 요청하기

이제 AI에게 1인 1상용 상장을 작성하기 위한 구체적인 내용 작성을 요청해 보겠습니다.

1인 1상용 상장의 구체적인 내용을 작성해 줘.

성실상

성명: (학생 이름)

귀하는 학교생활 동안 성실하게 학업에 임하고
꾸준한 노력으로 다른 사람에게 모범이 되었으므로 이에 상장을 수여합니다.
2024년 7월 17일
안녕초등학교 교장 김호동

노력상

성명: (학생 이름)

귀하는 학업 및 학교생활에서 끊임없는 노력과 열정으로 성장을 이루어
다른 사람들에게 모범이 되었으므로 이에 상장을 수여합니다.
2024년 7월 17일
안녕초등학교 교장 김호동

(후략)

교장 선생님을 위한 졸업식 송사 준비하기

대부분의 교장 선생님들은 졸업식 송사를 직접 준비하시지만, 가끔 정말 바쁜 분은 다른 선생님에게 부탁하실 수도 있습니다. 졸업식 송사는 단순한 축하 메시지가 아닌, 학생들에게 용기와 희망을 전달하는 중요한 것이므로 AI와 협력하여 송사를 작성하면 업무를 줄이면서도 의미 있는 송사를 작성할 수 있습니다.

졸업식 송사 요청하기

 교장 선생님이 학생들에게 너무 길지 않으면서 매력 있는 송사를 써달라고 부탁하셨는데, **재치가 있으면서 학생들에게 감동을 줄 수 있는 졸업식 송사**를 써줘.

안녕초등학교 졸업식 송사

사랑하는 졸업생 여러분.

오늘 우리는 여러분의 졸업을 축하하기 위해 이 자리에 모였습니다. 여러분이 걸어온 길에는 노력과 성실, 그리고 꿈을 향한 도전이 가득했습니다. 그 모든 순간이 자랑스럽고, 감사한 마음으로 여러분을 바라봅니다. 여러분이 처음 이 학교에 들어왔을 때, 우리는 모두가 함께 성장할 수 있기를 바랐습니다. 그리고 오늘, 여러분이 그 바람을 이루고 이 자리에 서 있는 모습을 보니 참으로 뿌듯합니다. 여러분은 우리 학교의 자랑이자, 희망의 상징입니다.

(중략)

어떤 상황에서도 자신을 믿고, 용기를 잃지 않기를, 그리고 항상 주변 사람들에게 사랑과 배려를 나누는 따뜻한 사람이 되기를 바랍니다. 여러분의 앞날에 행복과 성공이 가득하길 기원하며, 언제나 여러분을 응원할 것입니다.

여러분이 안녕초등학교의 졸업생이라는 사실이 언제나 자랑스러울 것입니다. 새로운 여정을 향해 나아가는 여러분에게 무한한 축복과 행운이 함께하길 바랍니다. 다시 한 번 졸업을 축하합니다. 사랑합니다.

2024년 7월 17일

안녕초등학교 교장 김호동

7-11 졸업식, 입학식 현수막 글귀 만들기

졸업식을 앞두고 졸업하는 학생들을 응원하는 현수막을 만든다고 가정한다면 어떠한 글귀를 선택할지 걱정됩니다. 한 문장을 읽고 학생들이 응원받고, 사랑받고 있다는 느낌을 받을 수 있도록 글귀를 만들 때 AI의 도움을 받을 수 있습니다. 용기를 강조하고 싶다면 프롬프트를 작성할 때 이를 강조하고, '사랑'이나 '응원' 등을 강조하고 싶다면 해당 용어와 의미를 강조하여 프롬프트를 작성하면 원하는 현수막 글귀를 추천받을 수 있습니다.

감동을 줄 수 있는 졸업식 현수막 글귀 추천받기

👤 나는 초등학교 교사야. 6학년 졸업식을 앞둔 학생들에게 전할 한 줄 정도의 글귀를 작성해서 현수막을 만들고 싶어. **은유적인 표현으로 감동을 줄 수 있는 문구들을 10가지 추천**해 줘.

🧠 은유적인 표현으로 감동을 줄 수 있는 문구를 새롭게 작성해 볼게요:

"너희는 밤하늘의 별처럼 어디서든 빛나는 존재야."

"따스한 봄바람처럼 너희의 꿈이 세상에 희망을 전하길."

"멀리 흐르는 강물처럼 끝없이 너희의 길을 찾아가렴."

"작은 씨앗에서 시작된 너희의 이야기가 세상을 숲으로 물들일 거야."

"햇살처럼 퍼져 나갈 너희의 따뜻함을 세상이 기다리고 있단다."

"너희가 남긴 흔적은 선생님의 마음에 오래도록 남을 별빛이야."

"거센 바람에도 굳건히 선 나무처럼 너희의 꿈도 단단히 자랄 거야."

"바다를 향해 흘러가는 강처럼 너희의 마음이 세상에 닿길 바라."

"너희가 피운 작은 꽃은 내일의 숲을 이루는 시작이 될 거야."

"한 줌의 빛이 온 세상을 밝히듯, 너희의 빛이 세상에 퍼질 거야."

"너희가 피운 작은 꽃은 내일의 숲을 이루는 시작이 되길."이라는 문구가 마음에 들어서 이를 바탕으로 현수막을 만들어 보겠습니다. 저는 캔바에서 적당한 양식을 골라 해당 디자인에 작성한 문구를 넣었습니다.

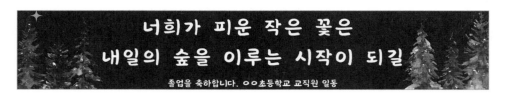

너희가 피운 작은 꽃은
내일의 숲을 이루는 시작이 되길

졸업을 축하합니다. ○○초등학교 교직원 일동

입학식 글귀 추천받기

입학식에 참여한 학생들에게도 응원의 글귀를 플루터로 뽑아서 복도에 전시할 계획이라면 AI의 도움을 받아서 다양한 글귀를 추천받을 수 있습니다.

 입학식에 참여한 어린 학생들에게 할 수 있는 **응원 문구**를 플루터로 뽑아서 복도에 전시할 거야. **10개 정도 추천**해 줘.

 입학식에 참여한 어린 학생들에게 힘과 격려를 줄 수 있는 문구 10개를 추천해 드릴게요. 이 문구들은 플루터로 출력하여 복도에 전시하기에 적합합니다.

"새로운 시작, 멋진 날이 기다리고 있어요!"

"여러분은 오늘의 주인공이에요. 마음껏 꿈꾸고 도전하세요!"

"첫걸음을 내디딘 여러분, 앞으로의 길은 반짝반짝 빛날 거예요!"

"학교는 새로운 친구와 꿈을 만나는 곳이에요. 즐거운 날들이 되길 바라요!"

"실수해도 괜찮아요. 우리는 배워가며 성장하는 중이에요!"

"모든 시작은 용기 있는 한 걸음에서 시작됩니다. 잘하고 있어요!"

"작은 도전도 멋진 성장의 시작입니다. 함께 나아가요!"

이 문구들은 어린 학생들에게 따뜻한 격려와 희망을 줄 수 있는 내용으로, 그들이 학교 생활을 긍정적으로 시작하도록 돕는 메시지입니다.

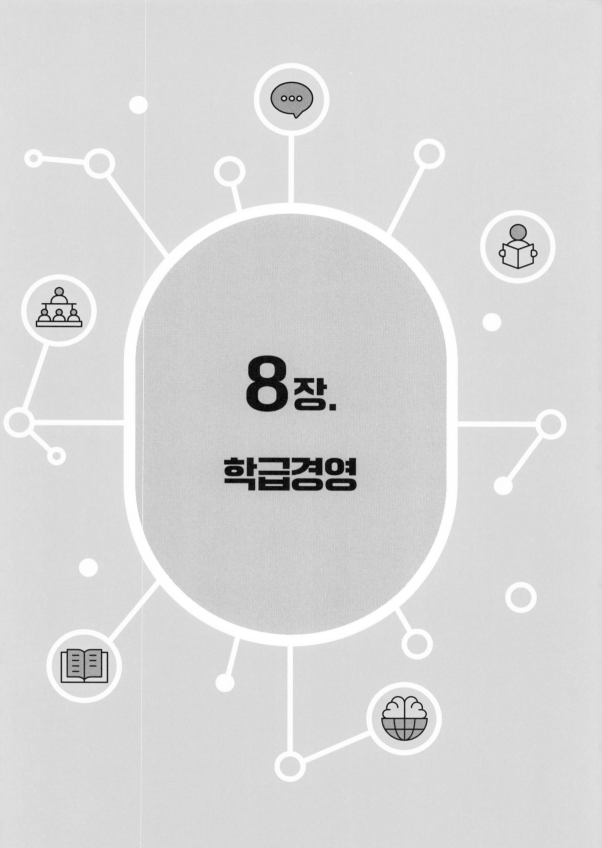

8장.

학급경영

새 학기 첫 만남 활동 준비하기

학급 경영에 있어 새 학기 3월 첫 달은 매우 중요한 시기입니다. 이 시기에 교사와 학생이 맺은 신뢰 관계는 1년 동안 지속되는 데다, 한번 형성된 학급 분위기는 쉽게 변하기 어렵기 때문입니다. 특히, 학생들과 거의 매일 함께하는 초등학교 선생님들은 새 학기 첫 만남에 어떤 활동을 할지 더욱 고민되실 것입니다. AI를 활용하여 학생들과 처음 만나는 시기에 어떠한 활동을 하면 좋을지에 대한 아이디어를 얻어 보겠습니다.

새 학기 첫 만남 활동 아이디어 요청하기

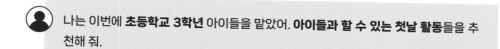

나는 이번에 **초등학교 3학년** 아이들을 맡았어. **아이들과 할 수 있는 첫날** 활동들을 추천해 줘.

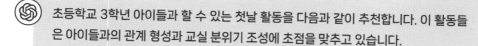

초등학교 3학년 아이들과 할 수 있는 첫날 활동을 다음과 같이 추천합니다. 이 활동들은 아이들과의 관계 형성과 교실 분위기 조성에 초점을 맞추고 있습니다.

1. 자기소개 활동

• 이름 빙고: 아이들끼리 서로 이름을 물어보고 빙고를 완성하는 활동입니다. 이를 통해 자연스럽게 서로를 알아갈 수 있습니다.
• 세 가지 질문 카드: '내가 좋아하는 것', '나의 꿈', '특별한 경험' 등의 주제로 질문 카드를 준비하고, 각자 대답을 공유합니다.

2. 교실 규칙 만들기

• 우리 교실 규칙 나무: 큰 나무 그림을 준비하고, 나뭇잎 모양의 종이에 아이들이 지키고 싶은 교실 규칙을 적어 나무에 붙입니다.
• 규칙 협의 활동: 아이들과 함께 이야기하며, 모두가 동의하는 규칙을 정합니다.

8장. 학급경영

3. 협동 게임

• 풍선 릴레이: 작은 팀을 구성하여 풍선을 터뜨리지 않고 전달하며 협력하는 게임입니다.

• 퍼즐 맞추기: 조각난 그림 퍼즐을 팀별로 맞추며 협동심을 기릅니다.

4. 미술 활동

• 꿈 그리기: 큰 종이에 아이들이 자신의 꿈을 그림으로 표현한 후, 서로의 작품을 감상합니다.

• 우리 교실 꾸미기: 아이들이 벽면이나 게시판을 꾸밀 수 있는 장식물을 만들며 참여감을 느끼게 합니다.

5. 교실 탐험 활동

• 교실 보물찾기: 교실에 다양한 물건을 숨겨두고 아이들이 함께 찾아보는 활동으로, 교실 환경에 익숙해질 수 있습니다.

• 미션 수행: 각 책상과 물건의 위치를 소개하며 미션을 완수하도록 만듭니다. (후략)

색다른 첫 만남 아이디어 요청하기

응답의 아이디어가 괜찮기는 하지만, 좀 더 새로운 새 학기 첫 만남 아이디어를 요청하고 싶다는 생각이 든다면, 다음의 프롬프트처럼 요청해 보면 좋습니다.

앞서 나온 내용들 외에 **색다른 아이디어**는 없을까? 좀 더 재밌는 새 학기 첫날 아이디어를 줘.

색다르고 재미있는 새 학기 첫날 활동 아이디어를 다음과 같이 추천합니다. 아이들에게 신선한 경험을 전하면서 학급 분위기를 활기차게 만들어 줄 수 있는 활동들입니다.

1. 타임 캡슐 만들기

활동 목표: 학기 초 자신의 모습을 기록하고, 나중에 열어보며 성장과 변화를 느끼기

활동 내용:

• 각자 올해의 목표, 좋아하는 것, 자기소개를 적은 편지 작성

• 작은 물건(스티커, 그림 등)을 선택해 함께 캡슐에 넣기

• 캡슐을 교실 한쪽에 보관하고 학기 말에 열어 보기

• 재미 요소: '미래의 나에게' 쓰는 편지 형식으로 상상력을 자극

2. 감정 풍선 터뜨리기 (후략)

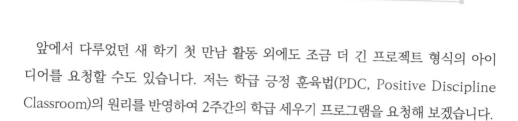

8-2 학급 세우기 프로그램 만들기

앞에서 다루었던 새 학기 첫 만남 활동 외에도 조금 더 긴 프로젝트 형식의 아이디어를 요청할 수도 있습니다. 저는 학급 긍정 훈육법(PDC, Positive Discipline Classroom)의 원리를 반영하여 2주간의 학급 세우기 프로그램을 요청해 보겠습니다.

2주간의 학급 세우기 프로그램 요청하기

 나는 학생들과 **하루에 한 차시(40분)씩 학급 긍정 훈육법을 활용**해서 학생들과 **약 2주간의 학급 세우기 프로그램**을 진행하고 싶어. 매일 진행할 수 있는 프로그램을 추천해 줘.

 학급 긍정 훈육법(PDC, Positive Discipline Classroom)의 핵심 원리(소속감, 책임감, 자기 조절, 상호 존중 등)를 반영하여 2주간의 학급 세우기 프로그램을 다음과 같이 설계했습니다. PDC의 원칙에 따라 아이들이 능동적으로 참여하고 스스로 교실 문화를 만들어 가는 데 초점을 맞추었습니다.

1주 차: 소속감과 신뢰 형성

1일차: 우리는 하나의 팀

목표: 소속감을 느끼고 학급이 하나의 팀임을 인식하기

활동:

• 이름 빙고: 서로의 이름과 흥미를 알아가며 친밀감 형성

• 공동 선언문 만들기: '우리 학급은 어떤 곳이 되고 싶은가?'를 주제로 팀별 아이디어 발표 후 선언문 작성

2일차: 존중의 시작

목표: 서로를 존중하는 태도를 배우기

활동:

• 존중 이야기 듣기: 존중을 주제로 한 짧은 동화나 사례 읽기

• 나의 존중 행동 약속: 아이들이 각자 존중하는 행동을 그림이나 글로 표현

3일차: 긍정적인 관계 형성

목표: 긍정적인 관계 형성을 위한 대화 방법 배우기

활동:

• 나 전달법 배우기: '나는 ~~해서 ~~를(을) 느꼈어' 형식으로 감정 표현 연습
• 미니 역할극: 간단한 갈등 상황을 설정하고 존중하는 대화로 해결하기

4일차: 우리의 규칙 만들기

목표: 모두가 동의하는 학급 규칙을 스스로 정하기

활동:

• 대화를 통해 우리 교실에서 중요하다고 생각하는 것 나누기
• 규칙 작성 및 장식: 모두의 의견을 반영한 규칙을 도출하고 포스터로 제작

5일차: 소속감을 강화하는 활동

목표: 학급 공동체에 대한 소속감을 강화하기

활동:

• '1년 뒤 우리 학급이 어떻게 보이길 원하는지' 그림으로 표현하기
• 목표를 달성하기 위한 실천 방법 논의
• 공동 목표 포스터 제작

2주 차: 책임감과 협력 능력 기르기

6일차: 책임감 있는 행동 배우기

목표: 책임감이 무엇인지 이해하고 실천하는 방법 익히기

활동:

• 책임감 이야기 듣기: 책임감을 주제로 한 사례나 동화 읽기
• 나의 책임 행동 정하기: 내가 학급에서 지킬 수 있는 책임감 있는 행동을 글이나 그림으로 표현하기

7일차: 역할과 책임 나누기

목표: 학급에서 맡을 역할을 정하고 공동체 일원으로서 책임감을 느끼기

활동:

• 학급 내 필요한 역할(청소 담당, 물품 정리, 친구 돕기 등) 논의
• 각자 원하는 역할 선택 및 역할 수행 약속 작성

8일차: 협력하는 방법 배우기

목표: 효과적인 협력 방법을 배우고 실습하기

활동:

- 협력 게임: 협동하지 않으면 성공할 수 없는 팀워크 게임 진행
- 협력 대화 연습: 의견이 다를 때 해결하는 방법 연습 ('나는 ~라고 생각해. 너는 어떻게 생각해?')

9일차: 학급 문제 해결 회의

목표: 학급에서 발생할 수 있는 문제를 해결하는 방법 익히기

활동:

- 가상의 학급 문제(예: 갈등, 규칙 지키기 어려운 상황) 제시 후 해결 방법 논의
- 문제 해결 회의 진행: 모두의 의견을 반영하여 해결책 도출

10일차: 함께 성장하는 학급 만들기

목표: 협력과 책임감을 바탕으로 학급 공동체의 발전을 다짐하기

활동:

- '우리 학급이 함께 성장하기 위해 할 수 있는 일'을 포스트잇에 작성하여 공유
- 협력과 책임감을 다짐하는 학급 선언문 완성 및 발표
- 학급 긍정 훈육법(PDC)을 실천하며 앞으로의 학급 생활을 기대하는 소감 나누기

이 프로그램을 통해 학생들은 소속감과 책임감을 기르며 서로를 존중하고 협력하는 방법을 배우게 됩니다.

구체적인 학급 세우기 수업 방법 요청하기

AI가 제시한 아이디어가 괜찮아서 이대로 구체적인 학급 세우기 수업 방법을 요청해 보겠습니다.

 좋아. **1일 차 프로그램부터 구체적으로 수업 방법을 설명**해 줘. 그리고 교사의 **대표적인 발문도** 예시로 들어줘.

1일 차: 우리는 하나의 팀

목표: 소속감을 느끼고 학급이 하나의 팀임을 인식하기

수업 시간: 40분

세부 수업 계획

1. 자기소개 게임: 이름 빙고(10분)

준비물: 빙고판(9칸 또는 16칸)과 펜

진행 방법:

- 학생들에게 빈 빙고 판을 나눠 줍니다.
- 칸마다 'OO를 좋아하는 사람', '여름이 좋은 사람', '동물을 좋아하는 사람' 등의 간단한 질문이 적혀 있습니다.
- 학생들이 교실을 돌아다니며 서로 질문하고 답을 들은 후, 해당 칸에 친구의 이름을 적습니다.
- 일정 시간 안에 가장 많은 칸을 채운 학생이 승리합니다(경쟁이 부담스럽지 않도록 다 같이 축하합니다).

교사 발문 예시:

- "친구들, 여러분은 지금부터 팀원이 되어 서로에 대해 알아볼 거예요. 준비됐나요?"
- "빙고 판의 질문을 보고, 친구들에게 질문해서 이름을 적어 넣어 보세요. 서로 많이 대화해 보세요!"
- "어떤 친구와 공통점이 많았나요? 이야기 나눠 볼까요?"

2. 공동 선언문 만들기(25분)

도입(5분):

- 활동 시작: 칠판에 '우리 학급은 어떤 곳이 되고 싶나요?'를 적고 아이들에게 질문합니다.

(중략)

TIP: 성공적인 첫날을 위한 포인트

따뜻한 분위기 조성: 교사는 학생들이 낯설어하지 않도록 이름을 여러 번 불러주고, 긍정적인 피드백을 자주 합니다.

활동 중심: 너무 길게 설명하지 말고, 학생들이 직접 참여할 수 있도록 간단하게 지시합니다.

공동체 의식 강조: '우리가 함께 만든 것'임을 반복적으로 상기시켜, 학생들이 학급에 대한 주인의식을 느끼도록 합니다.

Tips

학급 긍정 훈육법(PDC, Positive Discipline Classroom)에 대한 더 많은 정보나 이해하기 어려웠던 내용을 더 알아보고 싶다면 '학급 긍정 훈육법이 뭐야? 구체적으로 설명해 줘.'와 같은 프롬프트를 작성해 지속적인 AI와의 대화를 거쳐 공부할 수도 있어요.

8-3 새 학기 아이스 브레이킹 게임 고르기

학생들이 새 학기와 새로운 학급에 적응하기 위해서 게임을 통해 긴장을 풀 수 있는 시간을 가지면, 서로를 알아가고 친밀감을 형성하는 데 큰 도움이 됩니다. 이번에는 AI에게 새 학기 친구들과 서로 알아갈 수 있는 아이스 브레이킹 게임 아이디어를 요청해 보겠습니다.

아이스 브레이킹 게임 아이디어 요청하기

나는 새 학기 첫날에 학생들과 **아이스 브레이킹 게임**을 하고 싶어. 적당한 **게임 다섯 가지**를 추천해 줘.

1. 이름 릴레이

방법:

• 학생들을 원형으로 앉게 합니다.

• 첫 번째 학생이 자기 이름을 말하고, 그 다음 학생이 첫 번째 학생의 이름을 말한 후 자기 이름을 이어서 말하는 식으로 진행합니다.

• 마지막 학생은 모든 학생들의 이름을 차례로 말한 후 자신의 이름을 말합니다.

2. 공 던지기 질문 게임

방법:

• 공을 준비합니다. 공에 여러 가지 질문이 적혀 있는 종이를 붙여 놓습니다.

• 학생들이 원형으로 서고, 교사가 한 명에게 공을 던집니다.

• 공을 받은 학생은 공에 적힌 질문을 읽고 답합니다.

• 그런 다음 다른 학생에게 공을 던집니다.

3. 두 가지 진실과 한 가지 거짓말

방법:

- 각 학생이 자신에 대해 두 가지 진실과 한 가지 거짓말을 생각합니다.
- 차례로 자기소개를 하며 세 가지 문장을 말합니다.
- 나머지 학생들은 어떤 문장이 거짓말인지 맞혀봅니다.

4. 친구 빙고 게임

방법:

- 학생들에게 5×5 또는 4×4 빙고판을 나눠 줍니다.
- 각 칸에는 "고양이를 키운 적이 있는 사람", "여행을 3개국 이상 가본 사람", "오른손잡이지만 왼손으로 글씨를 쓸 수 있는 사람" 등 다양한 조건이 적혀 있습니다.
- 학생들은 교실을 돌아다니며 해당 조건에 맞는 친구를 찾아 사인을 받습니다.
- 가로, 세로, 또는 대각선 한 줄을 먼저 완성하는 학생이 승리합니다.

5. 같은 그림 찾기

방법:

- 교사가 여러 가지 그림이 그려진 카드(또는 단어 카드)를 준비합니다.
- 같은 그림이 2장씩 존재하도록 하고, 학생들에게 무작위로 한 장씩 나눠 줍니다.
- 학생들은 교실을 돌아다니며 자신과 같은 그림을 가진 친구를 찾아야 합니다.
- 같은 그림을 가진 학생과 만나면 서로 자기소개를 하고 공통점을 2가지 이상 찾아 발표합니다.

8-4 문장 완성 검사지 만들기

문장 완성 검사(SCT, Sentence Completion Test)는 여러 개의 완성되지 않은 문장을 생각나는 대로 완성하도록 하는 투사적 심리검사로, 이 심리검사에 임하는 수검자들의 태도나 감정, 갈등, 언어능력 등을 파악할 수 있습니다. 이 문장 완성 검사를 활용하여 학생들이 학교 적응을 잘하고 있는지 학급 경영에 활용하기 위해 AI에게 문장 완성 검사지를 요청해 보겠습니다.

학년 수준에 맞는 문장 완성 검사지 요청하기

 나는 우리 반 초등학생들을 대상으로 **문장 완성 검사**를 하고 싶어. **20개의 문장을 3학년 학생의 수준에 맞게** 만들어 줘.

문장 완성 검사는 아이들이 스스로의 생각과 감정을 표현할 수 있도록 돕는 좋은 방법입니다. 초등학교 3학년 학생들의 수준에 맞춘 20개의 문장을 다음과 같이 제안합니다.

1. 내가 제일 좋아하는 음식은 _____이다.
2. 방과 후에 나는 _____를(을) 하고 싶다.
3. 내가 가장 친한 친구는 _____이다.
4. 나는 _____에 대해 배우는 것이 재미있다.
5. 내가 가장 좋아하는 동물은 _____이다.
6. 주말에 나는 _____를(을) 하고 싶다.
7. 나는 가족 중에서 _____를(을) 가장 좋아한다.
8. 학교에서 내가 가장 좋아하는 과목은 _____이다.
9. 내가 가장 존경하는 사람은 _____이다.
10. 내가 무서워하는 것은 _____이다.
11. 내가 꿈꾸는 직업은 _____이다.

(후략)

답변이 쓸 만한 것 같습니다. 이 문장 완성 검사지를 3학년 학생들에게 활용하면 될 듯합니다. 이번에는 6학년 학생들을 대상으로 문장 완성 검사지를 요청해 볼까요?

 초등학교 **6학년 학생들**을 대상으로 문장 완성 검사를 하고 싶어. 총 20문항을 작성해 줘. 특히 사춘기에 접어든 학생들이니만큼 **교우 관계 부분을 더 세심히 작성**해 줘.

초등학교 6학년 수준에 맞춘 문장 완성 검사를 다음과 같이 제안합니다. 사춘기에 접어든 학생들이 자신의 감정과 교우 관계를 더욱 섬세하게 표현할 수 있도록 문장을 구성했습니다.

1. 내가 제일 좋아하는 취미는 _____이다.
2. 방과 후에 나는 주로 _____를(을) 한다.
3. 내가 가장 속마음을 잘 털어놓는 친구는 _____이다.
4. 나는 _____와(과) 더 친해지고 싶다.
5. 친구들과 다툴 때 나는 _____라고 생각한다.
6. 내가 친구를 사귈 때 가장 중요하다고 생각하는 것은 _____이다.
7. 내가 가장 힘들었던 순간에 나를 도와준 사람은 _____이다.
8. 친구가 나에게 상처를 주었을 때 나는 _____한다.
9. 내가 제일 좋아하는 학교 행사나 활동은 _____이다.
10. 나는 _____ 때문에 친구를 오해한 적이 있다.
11. 내가 가장 존경하는 사람은 _____이다.
12. 나는 나중에 _____와 같은 성격을 갖고 싶다.
13. 내가 해결하고 싶은 교우 관계 문제는 _____이다.

(후략)

> **Tips**
>
> AI가 만들어 준 초등학생 대상 문장 완성 검사지를 사용할 때는 심리학적 근거가 충분하지 않아 검사의 신뢰성과 타당성이 떨어질 수 있다는 문제가 발생할 수 있습니다. 따라서 이 검사지 자체를 진단 도구로 사용하거나 검사 결과를 토대로 학부모에게 학생의 능력이나 특성을 '진단'한다고 설명하는 행위는 삼가야 합니다. 이러한 검사는 어디까지나 참고용이나 학생의 학습 진행 상황을 이해하는 보조 도구로서만 활용하는 것이 적절합니다.

8-5 아침 활동 아이디어 짜기

아침 활동이야말로 교사의 학급 운영이 잘 드러나는 부분입니다. 아침에 학생들이 등교한 후 수업이 시작하기 전까지의 2~30분간의 자투리 시간 동안 이루어지며, 교사의 교육 방침에 따라 독서를 하거나, 과거에는 신문활용교육(NIE) 활동을 많이 하기도 했습니다. 더욱 새로운 아침 활동을 진행하고 싶으신 선생님들은 아이디어를 얻을 때 AI에게 요청할 수 있습니다.

아침 활동 아이디어 요청하기

 나는 반 아이들과 **아침 활동으로 할 것들을** 생각하고 있어. **20분 내로** 선생님의 손이 가지 않으면서 **아이들이 스스로 조용히 앉아서 활동할 수 있는 것들로 추천**해 줘.

 아침에 아이들이 스스로 조용히 앉아서 할 수 있는 20분 활동 아이디어를 추천합니다. 이 활동들은 교사의 개입 없이도 진행할 수 있으며, 학생들이 집중력과 흥미를 유지하도록 설계되었습니다.

1. 일기 쓰기
• 내용: 전날 있었던 일, 오늘 기대되는 일, 감사했던 일 등을 자유롭게 기록하게 합니다.
• 변형 아이디어: 주제를 매일 바꾸어(예: '나의 꿈', '가장 좋아하는 계절') 흥미를 유발합니다.

2. 책 읽기 또는 독서 기록
• 내용: 각자 좋아하는 책을 읽거나, 교실에 마련된 서가에서 책을 선택해 읽습니다.
• 확장 활동: 읽은 책에 대해 간단한 독서 기록(책 제목, 인상 깊은 내용)을 작성하게 합니다.

3. 퍼즐 풀기
• 내용: 논리 퍼즐(스도쿠, 미로 찾기, 숫자 퍼즐 등)을 배부하거나 교실에 배치합니다.
• 장점: 조용히 집중하면서 문제 해결 능력을 기를 수 있습니다.

4. 컬러링 활동

- 내용: 제공된 도안에 색칠하거나, 자유롭게 그림을 그리게 합니다.
- 준비물: 색연필이나 크레파스 같은 그림 재료와 함께 다양한 도안을 미리 준비합니다.

5. 오늘의 퀴즈
- 내용: 교실 앞에 간단한 퀴즈(수학, 일반 상식, 추리 문제 등)를 적어 두고 학생들이 생각해 보고 답을 작성하게 합니다.
- 변형 아이디어: 퀴즈 정답은 나중에 함께 확인하거나 주간 점수를 기록합니다.

6. 명상 또는 마음 챙김 활동
- 내용: 명상 음악을 틀고, 스스로 심호흡하거나 자신의 감정을 조용히 돌아보는 시간을 가집니다.
- 추가 요소: '오늘의 기분'을 한 단어로 표현하게 하거나 짧게 기록하게 합니다.

(후략)

구체적인 독서 기록장 내용 요청하기

AI의 응답 중 책 읽고 독서 기록을 작성하는 활동이 적당할 것 같아, 독서 기록장을 학생들에게 만들어 주려고 할 때 사용할 수 있는 내용을 AI에게 요청해 보겠습니다.

답변의 아이디어 중 아침 활동으로 실시할 **독서 기록장 예시**를 만들어 줘.

독서 기록장 예시

이름: _____

학년: 3학년

책 제목: _____

저자: _____

읽은 날짜: _____

줄거리 요약:

내가 가장 재미있었던 부분:

이 책을 읽고 느낀 점:

새롭게 알게 된 것:

친구에게 추천하고 싶은 이유:

내가 생각하는 별점: ☆☆☆☆☆(5점 만점에 몇 점인지 별을 색칠해 주세요)

8-6 하루 한 장 아침 활동 교재 만들기

AI에게 학급 경영의 일환으로 '하루 한 장 아침 활동'용 교재를 요청해 보도록 하겠습니다. 하루 한 장 아침 활동 학습지 교재에는 교사가 아이들에게 중점적으로 길러 주고 싶은 영역에 대한 내용을 포함하여(예: 일기 쓰기, 영어 단어 외우기, 한자 소개, 속담 소개, 연산 문제 연습, 간단 독서록, 창의적인 글쓰기 등) 생성을 요청합니다. 이렇게 만들어진 학습지를 통해 학생들이 자기 주도적 학습 능력을 기르고, 주어진 시간을 활용해 조용하고 차분한 학습 분위기를 조성하도록 할 수 있습니다.

하루 한 장 아침 활동 교재에 들어갈 내용 물어보기

 나는 아침 활동으로 **'하루 한장 아침 활동'**을 실시하고 싶어.
내가 만들 '하루 한장 아침 활동'에는 일기나 영어 단어 외우기, 한자 소개, 속담 소개, 창의적인 글쓰기 등을 포함하려고 해. 창의적이고 학습에 도움이 되는 아침 활동 교재에 들어갈 내용들을 **15개 추천**해 줘.

 아침 활동 교재에 포함할 수 있는 창의적이고 학습에 도움이 되는 내용들로 다음의 15가지를 추천해 드립니다:

1. 일기 쓰기: 매일의 기분, 어제 있었던 일, 또는 오늘의 목표를 적어 보는 활동
2. 영어 단어 외우기: 하루 5~10개의 간단한 영어 단어를 학습하고 문장에 활용해 보기
3. 한자 소개 및 따라 쓰기: 하루 한 글자씩 의미와 쓰임새를 배우고 따라 써 보기
4. 속담 소개와 뜻풀이: 속담 하나를 소개하고, 그 뜻을 내 경험에 비추어 보며 작문하기
5. 창의적인 글쓰기: 주제를 제시하고 짧은 글이나 이야기, 시를 작성하게 하기(예: '내가 발명한 기계', '100년 후 나의 모습')
6. 독서 퀴즈 또는 간단 독서록 작성: 읽었던 책에서 기억에 남는 장면이나 교훈을 요약해서 적기
7. 연산 문제 풀기: 간단한 덧셈, 뺄셈, 곱셈, 나눗셈 문제를 연습하는 워크시트

8. 퍼즐 풀이: 십자말풀이, 숫자 퍼즐(스도쿠), 또는 숨은그림찾기 같은 두뇌 활동

9. 명언 읽고 생각 나누기: 하루 한 문장의 명언을 읽고, 자신의 해석이나 생각을 적기

10. 미술 활동: 간단한 스케치나 색칠하기 활동 또는 주제에 맞는 그림 그리기

11. 퀴즈 풀기: 과학, 역사, 상식 등 다양한 주제의 퀴즈로 학습 흥미 유도

12. 감사 노트 작성: 오늘 감사한 일 세 가지를 적어 보는 활동

13. 문제 해결 상황 제시: 일상적인 문제를 제시하고 학생이 해결 방안을 적게 하기(예: '학교에 늦을 것 같을 때 어떻게 할까요?')

14. 환경 관련 활동: 환경 보호와 관련된 퀴즈나 일상에서 실천이 가능한 활동 적기

15. 미래 계획 그리기: '내가 꿈꾸는 직업'이나 '5년 후의 나'를 그림 또는 글로 표현하기

더 창의적인 아침 활동 교재 내용 요청하기

AI의 응답 외에도 더 창의적인 교재가 될 수 있도록 포함할 수 있는 내용이 없을지 추가로 물어보겠습니다.

 더 창의적인 활동들은 없을까? **10가지** 정도 더 추천해 줘. **학습지로 만들어 제시**할 수 있어야 해.

 더 창의적이고 학습지로 제시할 수 있는 활동 10가지를 추천합니다:

1. 상상력 그림 연결하기: 제공된 도형 몇 개를 활용해 새로운 그림을 창의적으로 완성하고, 그것이 무엇인지 설명하는 활동(예: '원을 활용해 새로운 물건을 디자인하세요.')

2. 미래 발명품 설계: '미래에 필요한 발명품'을 상상해 간단한 그림과 설명 작성. 발명품의 이름, 기능, 사용 방법을 적게 함

3. 문제 해결 미션: '내가 반장이 된다면 어떤 규칙을 만들고 싶은가?' 같은 상황을 제시하고, 해결 방법이나 아이디어를 적어 보는 활동

4. 이야기 완성하기: 짧은 이야기의 시작 부분을 제공하고, 뒷부분을 학생이 자유롭게 이어서 완성하게 함(예: '어느 날, 숲속에서 이상한 상자를 발견했는데...')

5. 세계 여행 계획 세우기: 세계 여러 나라의 기본 정보를 주고, 가고 싶은 나라를 선택해 이유와 계획을 작성(예: '어떤 음식을 먹고 싶은지, 어떤 명소를 방문할 것인지 적어보세요.')

6. 색깔로 표현하는 오늘의 기분: 다양한 색깔을 제시하고, 오늘 자신의 기분을 색깔로 표현한 뒤 그 이유를 글로 설명하는 활동

7. 새로운 직업 만들기: 아직 세상에 없는 직업을 상상하고 이름, 역할, 필요성 등을 설명하기(예: '지구 환경을 지키는 직업을 새로 만든다면?')

8. 속담 뒤집기: 제공된 속담의 내용을 반대로 바꿔 보고, 새로운 의미를 만들어 내는 활동(예: '개천에서 용 난다.' → '개천에서도 용이 날 수 없다. 그 이유는?')

9. 나만의 보물 지도 만들기: 보물 지도 형태의 활동지를 제공하고, 자신만의 상상 속 보물을 숨긴 후 그 위치를 설명(예: '내가 숨긴 보물을 찾으려면 어떤 힌트를 따라가야 할까요?')

10. 미래 신문 헤드라인 쓰기: 10년 후의 신문 헤드라인을 상상해서 작성하고, 그 이유나 배경 이야기를 적기(예: '2025년, 내가 발명한 로봇이 세계를 놀라게 만들다!')

 나는 '감사 일기 쓰기, 영어 단어 3개를 외우고 문장 속 영어 단어 바르게 넣기, 이야기 완성하기, 오늘의 읽을거리(약 10줄 정도의 비문학 글) 및 내용 파악 퀴즈' 이 4개를 아침 활동용 교재에 넣고 싶어. 초등학교 **5학년 학생**들을 대상으로 활동지를 만들어 줘.

<하루 한 장 아침 활동>

오늘의 날짜: ____년 ____월 ____일

1. 감사 일기 쓰기

오늘 감사했던 일 세 가지를 적어 보세요.

1. _____

2. _____

3. _____

2. 영어 단어 외우기

다음의 영어 단어 3개를 외우고, 단어를 활용한 문장에 올바르게 넣는 활동도 해보세요!

1. helpful(도움이 되는)

2. bright(밝은)

3. idea(아이디어)

단어를 활용한 문장 완성하기:

1. She gave me a very _____ solution to the problem.

2. The sun is shining so _____ today.

3. My teacher is always _____ when I need assistance.

3. 이야기 완성하기

다음 이야기를 읽고, 뒷부분을 자유롭게 완성해 보세요.

시작 이야기

'하늘을 보니 갑자기 이상한 구름이 모여들었어요. 그 구름은 마치 무엇인가를 말하려는 것처럼 보였죠. 그런데 구름 속에서 갑자기...'

내가 완성한 이야기

_____

_____

_____

4. 오늘의 읽을거리와 내용 파악 퀴즈

<비문학 글 예시>

'세계 여러 나라에는 독특한 문화유산이 있습니다. 예를 들어, 이탈리아에는 로마 시대의 원형 경기장인 '콜로세움'이 있고, 중국에는 세계적으로 유명한 '만리장성'이 있습니다. 문화유산은 사람들의 역사와 삶의 흔적을 보여주는 중요한 유산입니다. 따라서 우리는 이러한 유산을 잘 보존하고 다음 세대에게 전달해야 합니다. 이를 위해 각국에서는 다양한 보존 활동을 하고 있습니다.'

내용 파악 퀴즈

1. 글에서 소개된 두 가지 문화유산은 무엇인가요?

2. 문화유산은 왜 중요한가요?

3. 문화유산을 보존하기 위해 각국이 애쓰고 있는 일은 무엇인가요?

잘했어요! 오늘도 즐거운 하루를 보내세요!

AI가 전반적으로 활동지를 잘 만들어 준 듯합니다. 이제 조금만 더 내용을 다듬어서 그 내용을 기반으로 여러 개의 교재를 만들어 달라고 해 보겠습니다.

 좋아. 그런데 감사 일기는 아침 일찍 학교에 와서 쓰는 것이니 **'어제 감사했던 일 세 가지'**를 쓰는 것으로 수정해 주고, **'영어 문장 완성하기'**에는 문장 아래에 뜻도 적어서 학생들이 좀 더 쉽게 문장을 완성하고 의미를 파악할 수 있게 해줘. **비문학 글도 현재 5줄인데 10줄로 늘려 줘.** 그리고 교사용으로 비문학 글의 내용 파악 **퀴즈 정답을 함께 제시**해 줘.

 다음은 수정된 아침 활동 교재와 교사용 정답입니다.

\<하루 한 장 아침 활동\>

오늘의 날짜: ____년 ____월 ____일

1. 감사 일기 쓰기

어제 감사했던 일 세 가지를 적어 보세요.

1. _____
2. _____
3. _____

2. 영어 단어 외우기

다음의 영어 단어 3개를 외우고, 단어를 활용한 문장에 올바르게 넣는 활동도 해보세요!

1. helpful(도움이 되는)   2. bright(밝은)   3. idea(아이디어)

단어를 활용한 문장 완성하기:

1. She gave me a very _____ solution to the problem.

그녀는 문제 해결에 매우 도움이 되는 해결책을 제안했습니다.

2. The sun is shining so _____ today.

오늘은 태양이 매우 밝게 빛나고 있습니다.

3. My teacher is always _____ when I need assistance.

우리 선생님은 제가 필요할 때는 언제나 도와주십니다.

3. 이야기 완성하기

다음 이야기를 읽고, 뒷부분을 자유롭게 완성해 보세요.

시작 이야기

'하늘을 보니 갑자기 이상한 구름이 모여들었어요. 그 구름은 마치 무엇인가를 말하려는 것처럼 보였죠. 그런데 구름 속에서 갑자기...'

내가 완성한 이야기

_____
_____
_____

4. 오늘의 읽을거리와 내용 파악 퀴즈

'세계 여러 나라에는 독특한 문화유산이 있습니다. 예를 들어, 이탈리아에는 로마 시대의 원형 경기장인 '콜로세움'이 있고, 중국에는 세계적으로 유명한 '만리장성'이 있습니다. 문화유산은 사람들의 역사와 삶의 흔적을 보여주는 중요한 유산입니다.

우리나라에도 유네스코 세계 문화유산으로 등재된 많은 문화유산이 있습니다. 예를 들어, 경주의 불국사와 석굴암, 그리고 조선 시대의 왕릉들은 우리의 과거를 이해하는 데 많은 도움을 줍니다. 때문에 문화유산을 보존하는 것은 매우 중요합니다. 현대에는 환경 문제, 개발 압박, 그리고 시간의 흐름으로 인해 문화유산이 훼손될 위험이 더 커졌습니다. 따라서 각국은 이러한 유산을 보존하기 위해 법률을 제정하고, 보존 프로그램을 운영하고 연구하는 등 많은 노력을 기울이고 있습니다. 우리는 문화유산을 보호하는 것으로 우리 자신뿐 아니라 미래 세대에 소중한 가치를 전달할 수 있으므로 이러한 활동에 더욱 관심을 기울여야 합니다.'

내용 파악 퀴즈
• 글에서 소개된 두 가지의 해외 문화유산은 무엇인가요?
• 우리나라의 유네스코 세계 문화유산으로 등재된 두 가지 예를 적어 보세요.
• 문화유산을 보존하기 위해 각국이 애쓰고 있는 일 세 가지는 무엇인가요?

교사용 정답 안내
• 글에서 소개된 두 가지 해외 문화유산은 무엇인가요?
: 콜로세움, 만리장성
• 우리나라의 유네스코 세계 문화유산으로 등재된 두 가지 예를 적어 보세요.
: 불국사와 석굴암, 조선 시대의 왕릉
• 문화유산을 보존하기 위해 각국이 애쓰고 있는 일 세 가지는 무엇인가요?
: 법률 제정, 보존 프로그램 운영, 연구 진행

이제 이 양식으로 원하는 개수만큼 비슷한 스타일의 아침 활동 교재를 만들어달라고 하면 됩니다(예: 지금 만든 이 양식으로 비슷한 스타일의 아침 활동 교재를 3개 더 만들어 줘. '감사 일기 쓰기'는 모든 학습지의 양식이 똑같은 양식이므로 빼고 다른 것으로 만들어 줘). AI는 한 번에 처리할 수 있는 양의 한계가 있으므로, '30개를 만들어 줘.'라고 하면 한 번에 30개나 만들지는 못합니다. 그래서 2~3개씩 만들어 달라고 칭찬을 곁들여 가면서(좋아, 잘했어 등) 계속해서 요청하는 것이 좋습니다.

이 '나누어 요청하는' 방식으로 약 3~50개 정도의 교재를 미리 만들어 두고, 이를 미리 인쇄하거나 학급 운영비로 제본하여 나만의 학급 운영 스타일을 살린 아침 활동 교재집으로 만들어 배부하여도 좋습니다. 단, 학생들에게 제시하기 전에 면밀하게 검토한 후 교재화해야 합니다.

 창의적 체험 활동 시간이나 자투리 시간을 활용해 월에 한 번이라도 나와서 1분 스피치를 해본 학생들은 나와서 발표 연습을 전혀 하지 않은 학생과 비교해 1년이 지났을 때, 말하기 능력에서 큰 차이를 보일 것입니다. 실제로 연구에 의하면, 1분 스피치를 경험한 학생들은 스피치를 통해 발음, 어휘, 문법, 유창함 등 여러 부문에서 학생들의 말하기 능력을 향상할 수 있었다고 합니다(Apriliya 외, 2024). 1분 스피치를 할 때는 스피치 주제가 있으면 학생들이 더 효율적으로 말하기 연습을 할 수 있습니다. 이 주제를 만들기 위해 AI에게 요청해 보겠습니다.

1학년을 위한 1분 스피치 주제 요청하기

나는 초등학교 1학년 학생들과 **1분 스피치**를 주기적으로 하려고 해. 초등학교 **1학년 학생들의 흥미를 끌면서도 친구들 앞에 나와 말할 때 어렵지 않은 주제로 20가지를 추천**해 줘.

초등학교 1학년 학생들이 친구들 앞에서 즐겁게 1분 스피치를 할 수 있는 주제들을 추천합니다. 이 주제들은 아이들이 흥미를 느끼기 쉬우면서도 말하기에 부담이 적도록 구성되었습니다:

1. 내가 좋아하는 동물과 그 이유
2. 내가 가장 좋아하는 책과 그 책의 주인공
3. 내가 가장 좋아하는 게임이나 장난감
4. 내 방에 있는 가장 특별한 것
5. 내가 좋아하는 음식과 그 음식을 좋아하는 이유
6. 내가 좋아하는 계절과 그 계절에 할 수 있는 활동들
7. 내가 방문해 보고 싶은 장소
8. 내가 가장 좋아하는 영화나 TV 프로그램
9. 내가 어릴 적 좋아했던 한 가지 추억
10. 내가 가장 좋아하는 스포츠 또는 야외 활동
11. 내 친구에 대해서(특정 친구가 왜 좋은지)
12. 내가 키우고 있는 혹은 키우고 싶은 반려동물
13. 가족과 함께 했던 가장 즐거운 활동
14. 내가 좋아하는 학교 과목과 그 이유

15. 나의 취미 또는 특기   16. 내가 가진 가장 멋진 장난감

17. 내가 자랐을 때 되고 싶은 직업   18. 내가 좋아하는 영웅이나 롤모델

19. 최근에 배운 재미있는 사실   20. 내가 해본 가장 재미있는 활동

이 주제들은 간단하면서도 개인적인 경험이나 의견을 공유할 수 있게 도와줘서 학생들이 자신을 가지고 말할 수 있게 해줄 것입니다.

6학년을 위한 1분 스피치 주제 요청하기

이번에는 초등학교 **6학년 학생**들의 수준에 맞는 **1분 스피치 주제를 20가지 추천**해 줘. 학생들이 **흥미를 느낄 만한 것과 진지한 것을 적절히 섞었으면** 해.

초등학교 6학년 학생들을 위해 재미있는 주제와 진지한 주제를 적절히 섞은 1분 스피치 주제들을 제안해 드리겠습니다:

- 내가 좋아하는 가수와 그 가수의 노래가 나에게 주는 메시지
- 환경 보호를 위해 내가 실천하고 있는 일
- 나의 미래 꿈과 그 꿈을 실현하기 위한 계획
- 좋아하는 게임과 그 게임이 가르쳐 준 것
- 내가 즐겨 보는 TV 프로그램과 그 프로그램이 내게 주는 교훈
- 최근 읽은 책 중에서 가장 인상 깊었던 책과 그 이유
- 내가 겪은 어려운 상황과 그 상황에서 배운 교훈
- 코로나19가 내 일상에 미친 영향
- 기술에 의존하는 현대 사회의 장단점
- 학교에서 가장 좋아하는 프로젝트나 과제
- 수많은 외국 중 어느 나라의 문화를 배우고 싶은 지, 그 이유는 무엇인지

- 학교에서 배운 가장 중요한 교훈
- 내가 가장 존경하는 역사적 인물과 그 이유
- 대한민국의 전통 문화 중 좋아하는 것 하나와 그 문화가 왜 중요하다 생각하는지
- 가족과 함께 했던 추억 중 가장 기억에 남은 것
- 학교에서 배운 과학의 원리를 일상생활에서 어떻게 적용하고 있는지
- 인터넷을 안전하게 사용하는 방법
- 내가 가장 좋아하는 스포츠와 그 스포츠를 즐기며 배운 점
- 학교생활에서 겪는 스트레스와 그 스트레스를 관리하는 나만의 방법
- 내가 생각하는 가장 중요한 사회적 문제와 그 해결책

8-8 최적화된 자리 배치표 만들기

학급 자리 배치를 할 때 교사들은 학생들의 상호 작용이나 관계, 특정 자리에서의 학업적 특성, 신체적 어려움 등의 다양한 요소들을 고려합니다. 하지만 AI에게 눈이 나빠 앞에 앉아야 하는 학생, 마주치면 자주 싸우는 학생 등의 정보를 입력하고 자리 배치를 부탁하면 제법 합리적인 배치를 제안해 줍니다.

자리 배치 요청하기

 나는 초등학교 교사고 **5×5로 줄을 만들어서** 학생들을 앉히려고 해. 이번에 자리를 바꿀 때 **다음과 같은 요소들을 고려**해서 자리를 변경해 줘.

1. 1번과 12번은 최대한 멀리 앉혀 줘.
2. 3번과 7번은 최대한 멀리 앉혀 줘.
3. 6번과 15번은 최대한 멀리 앉혀 줘.
4. 2번, 5번, 22번은 눈이 잘 보이지 않으니 최대한 앞자리로 배치해 줘.

 학생들의 학습 환경을 최적화하기 위한 자리 배치를 도와드리겠습니다. 주어진 조건들을 하나씩 분석해 보겠습니다:

거리를 두어야 하는 학생들:

• 1번과 12번   • 3번과 7번   • 6번과 15번

앞자리에 앉아야 하는 학생들:

• 2번, 5번, 22번(시력 문제)

이 조건들을 고려하여 5×5 자리 배치를 만들어 보겠습니다:
[앞쪽]

22 2 5 15 3

13 14 4 10 11
1 16 17 19 12
18 20 24 9 6
21 8 23 7 25
[뒤쪽]

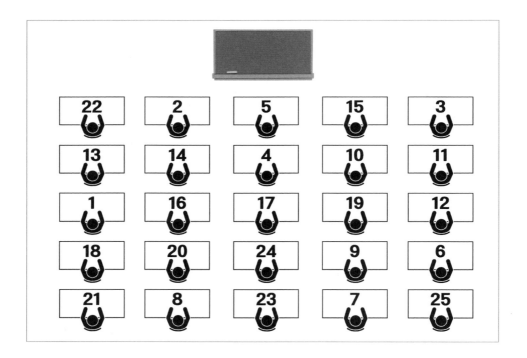

8-9 1인 1역 역할 목록 만들기

　'1인 1역'은 학급 경영에서 학생들에게 책임감을 심고 공동체 의식을 함양하기 위한 중요한 활동입니다. 교사는 학생 각자의 성향과 능력을 고려하여 역할을 배정함으로써 모든 학생이 학급 운영에 기여할 기회를 제공할 수 있습니다. 이번에는 AI에게 이 1인 1역 아이디어를 요청해 보도록 하겠습니다.

1인 1역 아이디어 요청하기

나는 초등학교 **5학년 담임 교사**야. 학급 경영의 일환으로 1인 1역을 하고 있어. **우리 학급 23명의 학생들에게 모두 역할이 배부되도록 1인 1역 역할을 제시**해 줘.

초등학교 교실에서 1인 1역을 배정하기 위해 23개의 역할을 제시해 드릴게요.
각 역할은 교실 운영에 도움이 되도록 설계되었습니다.

1. 반장: 교실 전체를 관리하고 선생님을 도와주는 역할
2. 부반장: 반장을 도와주는 역할
3. 출석부 담당자: 매일 출석을 확인하고 기록하는 역할
4. 청소 반장: 청소 구역을 나누고 점검하는 역할
5. 도서 담당자: 교실 도서 정리 및 대여 관리
6. 학습 도우미: 수업 중 필요한 교재나 자료를 나르는 역할
7. 급식 반장: 급식 당번을 정하고 관리하는 역할
8. 환경 미화 담당자: 교실 환경을 꾸미고 정리하는 역할
9. 전자 기기 담당자: 컴퓨터, 프로젝터 등 전자 기기 관리를 돕는 역할
10. 화분 관리 담당자: 교실 내 식물 관리
11. 체육 도우미: 체육 수업 준비와 정리를 돕는 역할
12. 분리수거 담당자: 쓰레기 분리수거를 책임지는 역할

(후략)

8장. 학급경영

1인 1역에 대한 설명집 요청하기

이제 AI가 제공한 1인 1역에 대한 설명집을 만들어 달라고 요청하겠습니다. 학급 앞이나 뒤편에 게시해 두면 교사가 설명을 따로 하지 않고서도 각 역할에 대해 안내할 수 있습니다.

각 역할에 대한 설명집을 5학년 수준으로 작성해 줘.

초등학교 5학년용 1인 1역 역할 설명집

반장
- 우리 반의 리더로서 친구들을 잘 이끌고 선생님이 도움이 필요할 때 돕습니다. 친구들의 의견을 모으거나 전달하는 중요한 역할입니다.

부반장
- 반장을 도와 우리 반이 잘 운영될 수 있도록 돕는 역할입니다. 반장이 없을 때는 반장을 대신해 일을 처리합니다.

출석부 담당자
- 매일 아침 친구들이 모두 잘 왔는지 확인하고 출석부에 기록합니다. 선생님께 보고도 합니다.

청소 반장
- 교실 청소가 잘 이루어지도록 청소 구역을 나누고 인원을 배치하여 점검합니다. 친구들이 깨끗한 교실을 유지할 수 있도록 돕습니다.

도서 담당자
- 교실 도서 정리와 친구들이 책을 빌리고 반납하는 과정을 돕습니다. 책이 깨끗하게 유지되도록 신경 씁니다.

학습 도우미
- 수업 중 필요한 학습 자료나 교구를 준비하거나 나르는 일을 맡습니다. 친구들이 학습에 필요한 것을 바로 사용할 수 있도록 돕습니다.

급식 반장
- 급식 당번을 정하고 친구들이 급식을 질서 있게 받을 수 있도록 돕습니다. 급식실에서 질서를 유지하는 데 중요한 역할을 합니다.

환경 미화 담당자
- 교실 환경을 예쁘게 꾸미고 깨끗하게 정리하는 일을 합니다. 계절에 맞는 꾸미기 아이디어를 낼 수도 있습니다.

(후략)

8-10 교실 자동화 방법 구안하기

알아서 척척 돌아가는 교실을 구축하여 학급을 운영하시는 선후배 선생님들이 많습니다. 특히 학생들이 책임감과 협동심을 기를 수 있도록 교육부, 환경부, 외교부 등의 다양한 부서를 조직하고 관리하게 하면 학생들은 각 부서의 역할을 맡아 협력하며 실질적인 책임을 배우게 됩니다. 새로운 학생들을 만나 교실 자동화를 통해 학급 운영을 해보시려는 선생님들이 계신다면 AI에게 다음과 같은 교실 자동화 아이디어를 요청하는 것도 좋을 것 같습니다.

교실 자동화 아이디어 요청하기

나는 우리 **학급을 자동화**하고 싶어. 교육부, 환경부, 외교부처럼 **여러 부서들을** 만들어 주고 이 부서의 역할을 지정해 줘. 그리고 학생들이 어떤 역할을 하면 좋을지 **구체적인 아이디어**를 제시해 줘.

1. 학습부

역할: 교실에서 학습과 관련된 모든 일을 관리하고 지원

- 학습 부장: 학습부 전체를 관리하고 다른 부서와 협력
- 교재 담당자: 수업에 필요한 교재와 자료를 준비하고 배분
- 학습 자료 관리자: 학습 자료를 정리하고 보관
- 질문 모음 담당자: 학생들의 질문을 모아서 선생님께 전달
- 시험 준비 담당자: 시험지를 배부하고 시험 전 필요한 준비를 도움

2. 환경부

역할: 교실의 환경을 관리하고 청결을 유지

- 환경 부장: 환경부 전체를 관리하고 청소 계획을 세움
- 청소 구역 담당자: 청소 구역을 나누고 관리

- 화분 관리 담당자: 교실 내 식물을 돌보고 관리
- 분리수거 담당자: 쓰레기 분리수거를 책임지고 관리
- 환경 미화 담당자: 교실을 꾸미고 정리

3. 정보부
역할: 교실 내 정보 관리 및 기술 지원
- 정보 부장: 정보부 전체를 관리하고 다른 부서와 협력
- 전자 기기 담당자: 컴퓨터, 프로젝터 등 전자 기기 관리
- 학급 신문 기자: 학급 소식지 작성 및 편집
- 알림판 담당자: 알림판을 정리하고 최신 정보를 업데이트
- 학급 사진사: 학급 행사 사진 촬영 및 정리

4. 생활부
역할: 교실 생활과 관련된 모든 일을 관리
- 생활 부장: 생활부 전체를 관리하고 다른 부서와 협력
- 급식 반장: 급식 당번을 정하고 관리
- 출석부 담당자: 매일 출석을 확인하고 기록
- 사물함 관리 담당자: 학생들 사물함 정리 및 점검
- 놀이 도우미: 쉬는 시간에 할 놀이를 계획하고 도움

(후략)

8-11 금융 교육에 활용하기

초등학생들에게 금융 교육을 하면 아동 소비자에게 바람직한 의사 결정 능력과 금융 관련 생활 습관을 형성시키고, 금융 생활에 필요한 합리적인 대처 능력을 기를 수 있습니다(이은승, 2007). 이번에는 다양한 금융 교육을 학급 경영에 통합하여 적용하는 방법은 무엇이 있을지 AI에게 아이디어를 얻은 다음, 더 구체적인 내용도 요청해 보겠습니다.

금융 교육 아이디어 얻기

 나는 초등학교 **4학년 교사**야. **금융 교육을 우리 학급 경영에 통합**하고 싶은데, 어떻게 하면 좋을지 아이디어를 줘.

 금융 교육을 학급 경영에 통합하는 방법으로, 실생활과 연계된 재미있는 활동을 제안합니다. 초등학교 4학년 수준에 맞춰 아이들이 금융 개념을 쉽게 이해하고 학급 경영에 참여하도록 돕는 아이디어입니다.

1. 학급 화폐 시스템 도입

내용: 가상의 학급 화폐를 만들어 학생들이 활동에 따라 벌어서 사용할 수 있게 합니다.

활동 예시:

- 숙제 완료, 도움 주기, 규칙 준수 시 보상 지급
- 학급 내 특별한 물건(스티커, 도서 대여)이나 경험(좋아하는 자리 선택)을 구매할 수 있도록 함
- 교육 효과: 금융 개념(수입, 지출, 저축) 이해 및 책임감 강화

2. 학급 은행 운영

내용: 학급 화폐를 저축하거나 대출할 수 있는 '학급 은행'을 운영합니다.

활동 예시:

- 저축 시 이자를 지급하며 장기적인 금융 계획의 중요성 교육

- 학급 물품을 빌릴 때 대출 개념을 도입해 대출 후 상환 방법 학습
- 교육 효과: 저축의 중요성과 대출의 개념을 실생활로 체험

3. 학급 예산 회의

내용: 학급 활동(예: 소풍, 생일 파티)과 관련된 예산을 학생들과 함께 계획

활동 예시:

- 학급 예산을 설정하고 지출 항목을 결정하는 토론 진행
- 학생들이 스스로 우선순위를 정하고 관리
- 교육 효과: 예산 관리 및 팀워크 경험

4. 창업 프로젝트

내용: 팀별로 가상의 창업 아이디어를 제시하고 운영합니다.

활동 예시:

- 간단한 물건(카드, 종이 접기 작품) 제작 후 판매
- 수익과 지출 계산, 적정 가격 설정 학습
- 교육 효과: 창의력, 책임감, 시장 개념 이해

5. 기부 및 사회적 금융 활동

내용: 학급 화폐의 일부를 모아 기부하거나 공동의 목표를 위해 사용하는 활동을 진행합니다.

활동 예시:

- 학급 화폐를 일정 금액 이상 저축한 학생들이 기부할 수 있는 '학급 기부금' 운영
- 학급 내 도움이 필요한 친구(예: 준비물을 깜빡한 친구를 위해 학급 화폐를 사용하여 대여) 돕기
- '가상의 비영리 단체' 운영하여 기부 프로젝트 기획
- 교육 효과: 나눔과 사회적 책임의 의미를 배우고 금융이 공동체에 미치는 영향을 이해

6. 물가 변동과 인플레이션 체험

내용: 학급 화폐의 가치를 변화시켜 실제 경제 개념을 체험할 수 있도록 합니다.

활동 예시:

- 특정 주간에는 물건 가격을 올려 인플레이션 개념을 체험하게 함.
- 학급 화폐의 가치 변화를 반영하여 학생들이 전략적으로 소비 및 저축하도록 유도
- 시장 상황에 따라 가격을 조정하여 수요와 공급 개념 이해
- 교육 효과: 물가 변동, 인플레이션, 소비자 의사 결정 과정을 체험하며 경제 개념을 자연스럽게 습득

7. 직업 역할 체험 및 급여 시스템

내용: 학급 내 다양한 역할을 정하고 학생들이 맡은 역할에 따라 급여를 받는 시스템을 운영합니다.

활동 예시:

- 학생들이 '학급 기자', '도서 관리자', '정리 도우미' 등의 역할을 맡고 활동 수행 후 학급 화폐 지급
- 역할에 따라 급여가 차등 지급되며, 추가 업무 수행 시 추가 수입 기회 제공
- 특정 직업(예: 창업가, 은행가, 회계 담당)을 맡고 학급 경제 활동 운영
- 교육 효과: 노동과 수입의 개념을 배우고 직업의 중요성을 체험

구체적인 금융 교육 아이디어 요청하기

저는 AI의 응답에서 나온 학급 화폐 시스템과 학급 은행이 재미있어 보여서 이 두 가지 아이디어에 대한 구체적인 내용을 요청해 보겠습니다.

 '학급 화폐 시스템'과 '학급 은행 운영'이 재미있어 보여. 그런데, 교사가 크게 지도하지 않아도 **자동**으로 학급 화폐 시스템과 학급 은행을 운영할 수 있으면 좋겠어. **구체적인 운영 방법을 소개**해 줘.

 1. 학급 화폐 시스템 자동화

운영 방법
- 학급 화폐 디자인 및 발행:
- 학생들과 함께 학급 화폐의 이름과 디자인을 정합니다.
- 교실에서 쉽게 복사/발행할 수 있도록 기본 템플릿을 제작합니다.

자동 적립 시스템:
- 디지털 방식: 스프레드시트(엑셀 또는 구글 시트)에서 개인 계좌를 만들어 자동으로 적립되도록 설정합니다.
- 수기 방식: 각 학생에게 지급된 화폐를 모으는 '개인 통장&카드'를 제작합니다. 이 통장은 학생들이 스스로 기록하게 합니다.

화폐 지급 기준:
- 숙제 완료, 규칙 준수, 학습 참여, 특별 임무 수행 시 화폐를 지급합니다.
- 교실에 기준표를 게시하여 학생들이 스스로 화폐를 요구하거나 받을 수 있도록 유도합니다.

2. 학급 은행 운영

운영 방법
- 학생 은행원 배치:
- 학생 중에서 2~3명을 '은행원'으로 선발합니다(일주일 또는 한 달 단위로 교체).

- 은행원은 계좌 관리, 저축, 대출 기록을 담당합니다.

저축 시스템:

- 저축 계좌를 개설하고, 저축 금액에 따라 이자(소액의 학급 화폐)를 지급합니다.
- 예: 매주 저축 금액의 10%를 이자로 지급

대출 시스템:

- 필요한 경우 학급 은행에서 화폐를 빌릴 수 있도록 대출 제도를 마련합니다.
- 대출 후 상환 일정과 이자율(예: 대출 금액의 5%)을 정하고 학생 스스로 기록하게 합니다.

은행 업무 시간 운영:

- 은행원들이 특정 시간(예: 매주 월요일 아침 10분)을 정해 저축/대출 업무를 처리합니다.
- 이 시간 동안 학생들은 대기 순서에 따라 화폐를 입출금합니다.

3. 학급 화폐 사용

운영 방법

화폐 사용처 제공:

- 학급 가게: 학생들이 좋아할 물품(스티커, 학용품, 간단한 간식 등)을 구매할 수 있는 학급 가게를 운영합니다.
- 특별 경험 구매: 좋아하는 자리로 이동하기, 10분 자유시간 얻기 등의 경험을 구매할 수 있습니다.
- 학급 이벤트: 경매 형식으로 물품을 판매하거나, 이벤트 티켓을 구매하게 합니다.

사용 기록 관리:

- 은행원들이 화폐 사용 내역을 기록합니다(디지털 방식 또는 개인 통장 기록).
- 사용 내역을 정기적으로 확인하며 투명성을 유지합니다.

(후략)

Tips

이러한 큰 규모의 학급 경영의 경우 AI와 지속적으로 대화를 주고받으며 아이디어를 구체화해 나가는 것이 좋습니다. 한 번에 내가 원하는 모든 내용을 얻기는 어렵기 때문에, '이 내용은 삭제하고, 이 내용을 넣어줘.'와 같은 프롬프트를 통해서 아이디어를 구체화해 봅시다. 교사는 교육적 맥락에 대한 전문성을 가졌고, AI는 다양한 아이디어를 줄 수 있으므로 서로 협력하면 유용하고 편리하게 학급을 경영할 수 있습니다.

8-12 　주제 글쓰기용 주제 목록 만들기

주제 글쓰기는 많은 초등 교사가 학생들에게 내주는 숙제입니다. 저도 그런 적이 많은데, 학생의 주제 글쓰기 숙제 노트를 보면 학기가 시작할 때의 글과 학년이 끝날 때의 글이 확연히 다르기 때문입니다. 특히 학교 기반의 프로그램으로서 글쓰기를 꾸준히 지도하면 학생들의 학업 성취도에도 긍정적인 효과가 있다는 기존의 연구 결과를 종합한 논문이 있었습니다(Bangert-Drowns 외, 2004). 이번에는 AI에게 학생들의 연령과 흥미를 고려한 효과적인 글쓰기 주제를 요청해 보겠습니다.

2학년 글쓰기 주제 요청하기

나는 일주일에 한 번씩 주제 글쓰기를 숙제로 내주고 있어. **초등학교 2학년 수준에 맞는 주제 글쓰기용 주제를 30가지 제안**해 줘.

1. 내가 좋아하는 동물
2. 나의 꿈과 미래에 되고 싶은 직업
3. 가장 재미있었던 여행 이야기
4. 나의 가장 친한 친구
5. 가족과 함께한 즐거운 시간
6. 내가 좋아하는 계절과 그 이유
7. 학교에서 가장 좋아하는 과목
8. 내가 만든 발명품 이야기
9. 특별한 날의 기억(생일, 명절 등)
10. 내가 좋아하는 동화나 이야기
11. 나만의 비밀 장소
12. 내가 상상하는 우주 여행

8장. 학급경영

13. 내가 키우고 싶은 반려동물
14. 우리 집에서 가장 좋아하는 방
15. 내가 참여한 운동회 이야기
16. 내가 좋아하는 음식과 그 이유

(중략)

영재 학급 글쓰기 주제 요청하기

이번에는 영재 학급을 맡고 있는 교사가 되었다고 가정하고, 5~6학년 영재 학급 학생들에게 적합한 STEAM(Science Technology Engineering Arts Mathematics, 통합적이고 창조적인 사고를 갖춘 인재를 양성하기 위해 과학과 예술 분야의 지식이나 기능 따위를 융합적으로 다루는 교육) 융합 글쓰기 주제를 요청해 보도록 하겠습니다.

 나는 **영재 학급 교사**야. 5, 6학년 영재 학급 학생들에게 **STEAM 융합 수업**을 한 후, 수업이 끝나면 일주일에 한 번씩 STEAM 관련 주제 글쓰기를 요청하고 있어. 이를 위한 **글쓰기 주제를 30가지** 알려줘.

 다음은 5, 6학년 영재 학급 학생들에게 적합한 STEAM(과학, 기술, 공학, 예술, 수학) 융합 글쓰기 주제 30가지입니다:

1. 미래 도시 설계: 나는 어떤 도시를 설계할까?
2. 내가 만든 새로운 발명품: 어떻게 작동하고 무엇을 바꿀까?
3. 환경을 지키는 아이디어: 에너지를 절약하는 방법
4. 우주 탐사: 미래에 탐사하고 싶은 행성과 이유
5. 나만의 로봇 설계도: 어떤 일을 도와줄까?
6. 교실을 더 편리하게 만드는 기술
7. 빛과 색의 비밀: 우리가 보는 세상은 어떻게 만들어질까?
8. 내가 만든 예술과 기술이 융합된 새로운 작품
9. 자율 주행 자동차의 미래: 내가 개선하고 싶은 점
10. 친환경 집 설계: 자연과 함께 사는 집

11. 내 상상 속의 인공지능(AI): 어떤 역할을 할까?

12. 음악과 수학의 연결점: 내가 찾은 패턴

13. 물과 공기의 순환을 활용한 발명품

14. 내가 만드는 가상 현실(VR) 게임의 아이디어

15. 우주 엘리베이터가 있다면 무엇이 가능할까?

16. 로봇과 인간이 함께 일하는 미래

(후략)

영재 학급 글쓰기 교육 자료 요청하기

답변의 글쓰기 주제들이 제법 괜찮은 것 듯합니다. 이제 영재 학급 학생들에게 글쓰기 숙제를 내주기 전에 어떤 방향으로 글쓰기를 해야 하는지 안내하는 교육 자료를 요청해 보겠습니다.

나는 영재 학급 학생들에게 **다음과 같은 사항들을 고려**해서 글쓰기를 하도록 지도하고 싶어. (1. 배경지식을 바탕으로 작성할 것, 2. 스스로 생각한 창의적인 아이디어를 넣을 것, 3. 이 아이디어를 적용했을 때의 결과를 예상하여 적을 것) 이 내용들을 **교육 자료**로 작성하여 영재 학급 학생들에게 배부하고 싶어. 자료를 만들어 줘.

영재 학급 STEAM 글쓰기 안내 자료

안녕하세요, 영재 학급 여러분!

STEAM 수업을 통해 여러분은 과학, 기술, 공학, 예술, 그리고 수학의 다양한 분야를 경험하고 있습니다. 이 경험을 바탕으로 글쓰기를 할 때, 여러분의 생각을 잘 표현할 수 있도록 몇 가지 지침을 안내합니다. 다음 내용을 참고하여 창의적이고 깊이 있는 글을 작성해 보세요!

1. 배경지식을 바탕으로 작성하기

• 글을 쓰기 전에 여러분이 배운 내용과 관련된 정보를 정리해 보세요.

• 예를 들어, '자율주행 자동차'를 주제로 글을 쓸 때, 자율주행 자동차의 기본 원리, 현재 기술 수준, 사회적 영향을 먼저 알아보는 것이 중요합니다.

• 질문: 이 주제와 관련하여 내가 알고 있는 정보는 무엇인가요? 부족한 정보는 어떻게 찾을 수 있을까요?

2. 창의적인 아이디어 넣기

• 배경지식을 바탕으로, 여러분이 스스로 생각한 독창적인 아이디어를 추가해 보세요.

• 예를 들어, 학교 주변에서 어린이의 안전을 지킬 수 있는 특별한 기능을 자율주행 자동차에 추가한다면 어떤 아이디어를 제안할 수 있을까요?

• 질문: 이 주제를 더 흥미롭고 유익하게 만들 수 있는 나만의 아이디어는 무엇인가요?

3. 아이디어 적용 결과 예상하기

• 여러분의 아이디어가 실제로 구현되었을 때, 어떤 결과가 나타날지 상상해 보세요.

• 긍정적인 결과뿐만 아니라 예상치 못한 문제나 한계도 생각해 보는 것이 중요합니다.

• 예시: 자율주행 자동차에 어린이 보호 기능을 추가했을 때, 사고를 줄일 수 있을까요? 혹은 추가로 드는 기술 비용은 어떻게 해결할 수 있을까요?

• 질문: 내가 제안한 아이디어가 실제로 적용되었을 때, 어떤 변화가 생길까요? 그에 따른 장점과 단점은 무엇이 있을까요?

글쓰기 예시

주제: 미래 도시 설계

1. 배경지식:

• 미래 도시에서는 에너지 효율성과 환경 친화성이 중요합니다. 예를 들어, 태양광 에너지나 스마트 교통 시스템 등이 사용될 것입니다.

2. 창의적인 아이디어:

• 도시 내 모든 건물 옥상에 태양광 패널을 설치하고, 전기 자전거 전용 도로를 설계합니다.

• 교통 정체를 줄이기 위해 드론 택시 시스템을 도입합니다.

3. 결과 예상:

• 태양광 패널로 도시 전력의 30%를 충당할 수 있습니다.

• 드론 택시를 도입하면 출퇴근 시간이 절반으로 줄어들 수 있습니다. 하지만 드론의 소음 문제를 해결해야 합니다.

글쓰기 시 주의할 점

• 배운 내용을 단순히 나열하지 말고, 여러분의 생각과 상상을 담아 보세요.

• 글의 흐름이 자연스럽도록 서론, 본론, 결론 구조를 활용하세요.

• 가능한 한 다양한 표현을 사용하고, 독자의 입장에서 읽기 쉽게 작성하세요.

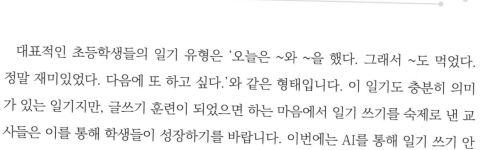

8-13 일기 쓰기 안내 자료 만들기

대표적인 초등학생들의 일기 유형은 '오늘은 ~와 ~을 했다. 그래서 ~도 먹었다. 정말 재미있었다. 다음에 또 하고 싶다.'와 같은 형태입니다. 이 일기도 충분히 의미가 있는 일기지만, 글쓰기 훈련이 되었으면 하는 마음에서 일기 쓰기를 숙제로 낸 교사들은 이를 통해 학생들이 성장하기를 바랍니다. 이번에는 AI를 통해 일기 쓰기 안내 자료를 생성하고, 이 자료를 바탕으로 교육하여 일기를 쓸 때 막연한 학생들에게 도움을 줄 수 있도록 해보겠습니다.

일기 쓰기 안내 자료 요청하기

 나는 초등 교사로서 **4학년 학생들**을 지도하는데, 일기를 너무 짧게 쓰거나, 자기 생각이 드러나지 않게 쓰거나, 글씨가 엉망인 경우가 많아서 지도가 절실히 필요한 상황이야. **일기 쓰기 안내용 자료 예시**를 만들어 줘.

초등학교 4학년 일기 쓰기 안내

1. 일기 쓰기의 목적

- 기록의 중요성: 일기를 통해 하루를 기록해 두면 나중에 다시 읽었을 때 그날을 떠올릴 수 있습니다.
- 예시: '오늘은 학교에서 새로운 수학 문제를 풀어보았다. 처음 보는 유형이라 어려웠지만, 해결하고 나니 뿌듯했다.'
- 감정 표현 연습: 자신이 그날 느낀 감정을 글로 표현해 보세요.
- 예시: '처음 문제를 보고 막막했지만, 문제를 해결하고 나니 기분이 좋았다.'

2. 일기 쓰기의 기본 구조

- 날짜와 날씨 쓰기: 일기의 시작에 날짜와 날씨를 적습니다.
- 예시: '2025년 1월 10일, 흐림'

- 하루의 주요 사건 기술: 그날 있었던 중요한 사건이나 활동을 적습니다.
- 예시: '오늘은 과학 실험으로 식물의 성장을 관찰했다. 식물이 자라는 것을 보니 신기했다.'
- 느낀 점 쓰기: 그날 배운 점이나 느낀 점을 자세히 적습니다.
- 예시: '식물이 자라기 위해서는 물과 햇빛이 필요하다는 걸 배웠다. 마치 공부를 해서 지식이 자라는 것과 비슷해서 신기했다.'

3. 좋은 일기 쓰기 팁

- 세부적으로 쓰기: 일기에 자세한 내용을 포함하면 나중에 읽었을 때 그날을 더 생생하게 기억할 수 있습니다.
- 글씨는 깔끔하게: 일기는 나중에 다시 읽기 좋도록 글씨를 깔끔하게 씁니다.
- 매일 같은 시간에 쓰기: 일기는 매일 같은 시간에 쓰는 습관을 들이면 좋습니다.

4. 일기 예시

2025년 1월 10일 금요일, 맑음

오늘은 정말 특별한 날이었다. 아침에 일어나서 창밖을 보니 해가 눈부시게 빛나고 있었다. 학교에 가는 길에는 새들이 지저귀는 소리가 들려왔다.

수학 시간에는 새로운 단원을 시작했다. 처음에는 문제들이 어려워 보였지만, 선생님이 차근차근 설명해 주셔서 이해할 수 있었다. 그 문제를 풀 때마다 조금씩 자신감이 생겼다.

점심시간에는 친구들과 함께 운동장에서 축구를 했다. 나는 골키퍼를 했는데, 친구들의 슛을 몇 번이나 막아내어서 기분이 좋았다. 우리 팀은 2대 1로 이겼다.

학교에서 돌아오는 길에는 도서관에 들렀다. 나는 과학 관련 책을 몇 권 빌려왔다. 집에 와서는 그 책들을 읽으며 저녁 시간을 보냈다.

오늘 하루는 정말 즐겁고 유익했다. 새로운 것들을 배우고 친구들과 좋은 시간을 보낼 수 있어서 행복했다. 내일도 이런 기분 좋은 일이 많았으면 좋겠다.

8-14 색다른 여름 방학 숙제 내주기

여름 방학 때는 학생들이 부담을 느끼지 않으면서도 기억에 남는 과제를 하며 보내길 바랍니다. 이를 위해 AI에게 다양한 여름 방학 숙제 아이디어를 요청할 수 있습니다.

색다른 여름 방학 숙제 아이디어 요청하기

 나는 초등학교 **6학년 학생**들을 위해 **여름 방학 숙제**를 내주려고 하는데, 학생들이 부담을 느끼지 않으면서도 **색다르고 흥미를 느낄 만한 여름 방학 숙제 10가지를 제시**하고, 그중 원하는 것 두 개만 하도록 지도하고 싶어. 이를 위한 아이디어를 10개 제시해 줘.

 네, 초등학교 6학년 학생들을 위한 색다른 여름 방학 숙제 아이디어 10가지를 다음과 같이 제안드립니다:

1. 환경 친화적 프로젝트: 집 주변에서 발견할 수 있는 재활용 가능한 물건들을 모아서 새로운 물건을 만들기. 예를 들어, 플라스틱병으로 화분 만들기나 종이 상자를 재활용하여 정리함 만들기.
2. 창작 놀이공원 디자인: 학생들이 자신만의 놀이공원을 설계하기. 놀이 기구, 테마, 입장료 등을 포함한 전체적인 계획을 세우고, 이를 그림이나 모형으로 표현하기
3. 작은 책 만들기: 자신의 여름 방학 경험을 바탕으로 짧은 이야기책을 만들어 보기. 그림과 텍스트를 포함하여 손으로 만들거나 컴퓨터로 디자인하기.
4. 가족 인터뷰: 가족 구성원 중 한 명을 선택하여 인터뷰하고, 그 사람의 어린 시절 이야기나 흥미로운 경험을 기록하기.
5. 나만의 허브 정원: 작은 화분에 허브(바질, 민트 등)를 심고, 성장 과정을 매일 기록하며 관리하는 방법 배우기.
6. 별자리 관찰하기: 여름 방학 동안 별자리 책이나 인터넷을 활용하여 밤하늘의 별자리를 찾고 관찰 일지 작성하기.
7. 나만의 요리책 만들기: 학생이 가족과 함께 요리를 해보고 자신만의 요리책을 만들기.

8. DIY 과학 실험: 집에서 할 수 있는 간단한 과학 실험을 선택하여 실험 과정과 결과를 기록하기. 예를 들어, 베이킹 소다와 식초를 이용한 화산 폭발 실험.

9. 영화 감상문 작성: 여름 방학 동안 본 영화 중 가장 인상 깊었던 작품 하나를 골라 감상문 쓰기.

10. 친환경 캠페인 포스터 만들기: 환경 보호에 대한 중요성을 알리는 포스터를 디자인하고, 그 이유와 방법을 설명하기.

이러한 활동들은 창의적이면서도 학생들에게 생각할 거리를 제공하여, 여름 방학 동안 즐겁게 참여할 수 있는 숙제로 구성되어 있습니다. 선택해서 두 개만 수행하도록 하면, 학생들이 부담 없이 관심 있는 활동에 집중할 수 있을 것입니다.

8-15 체험 학습 안전 수칙 자료 만들기

체험 학습이 언젠가부터 저희 교사들에게 큰 부담으로 다가온 지 오래입니다. 담임 교사로 체험 학습을 인솔하여 다녀올 때 교사가 짊어져야 하는 책임이 너무 크기 때문입니다. 안전 수칙을 기반으로 학생들을 안전하게 인솔하는 것은 담임 교사의 책임이 맞지만, 현재의 교육 환경은 누가 지도하든 피할 수 없는 상황임에도 불구하고 대부분 담임 교사가 모든 책임을 져야 하는 현실입니다. 가장 우선해야 할 일은 담임 교사에게 체험 학습 안전 관련 책임을 지나치게 지우지 않아야 하겠지만, 피치 못하게 체험 학습을 가야 하는 상황이라면 안전 수칙이나 안전 관련 교육 자료를 바탕으로 사전 교육을 선행하는 것이 학생과 교사의 안전을 위해 조금이나마 도움이 됩니다.

체험 학습 안전 수칙 교육 자료 요청하기

나는 내일 학생들과 에버랜드로 현장 체험 학습을 갈 것 같아. 학생들이 **현장 체험 학습을 가는 도중에, 현장에 도착했을 때, 그리고 올 때 일어날 수 있는 사고를 예방하기 위한 안전 수칙 교육 자료들**(예를 들어 옷차림, 신발 관련 내용은 삭제하고 버스, 약물, 음식물 섭취, 놀이 기구 이용 등에 관련한 내용을 특히 강조)을 최대한 구체적으로 작성해서 자료로 만들어 줘. 그리고 마지막에는 **학생이 확인했다는 서명을 할 수 있게 서명란**도 만들어 줘.

에버랜드 현장 체험 학습 안전 수칙 안내
버스 이동 시 준수 사항
- 안전벨트 착용: 버스 내에서는 항상 안전벨트를 착용해야 합니다. 이동 중에는 좌석에서 일어나지 않도록 하며, 급정거나 충돌 시 부상을 방지하기 위해 안전벨트를 바르게 착용합니다.

8장. 학급경영

- 질서 유지: 이동 중에는 큰 소리로 떠들거나 뛰어다니지 않습니다. 버스 내 질서를 유지하며, 다른 학생의 안전을 위협할 수 있는 행동을 삼갑니다.
- 긴급 상황 대비: 버스 안에 부착된 비상문 사용법을 숙지하고, 비상시에는 교사의 지시에 침착하게 따릅니다.

약물 및 건강 관리

- 약물 소지 시 보고: 알레르기나 특정 질환을 위해 약을 복용해야 하는 학생은 교사에게 사전에 알려야 하며, 약은 스스로 관리합니다.
- 건강 상태 모니터링: 체험 학습 전 각 학생의 건강 상태를 확인하고, 어지럼증이나 메스꺼움 등 이상 징후가 보이는 학생은 즉시 교사에게 알립니다.

음식물 섭취 관리

- 지정된 식사 장소 이용: 음식은 오직 지정된 장소에서만 섭취합니다. 길거리 음식 섭취를 금하고, 미리 준비한 도시락이나 공원 내 식당에서만 식사하도록 합니다.
- 식품 알레르기 주의: 식품 알레르기가 있는 학생은 교사에게 사전에 알려야 하며, 본인의 알레르기 정보를 항상 소지해야 합니다. 식사 전 성분을 확인하여 알레르기 반응을 예방합니다.

(중략)

학생 서명

- 위의 안전 수칙을 모두 읽었으며, 현장 체험 학습 중 이를 준수하겠다는 것을 확인합니다.
- 학생 이름:
- 서명:
- 날짜:

8-16 체험 학습 프로그램 활동지 만들기

초등 교사 커뮤니티인 인디스쿨(https://indischool.com/)에는 체험 학습에서 학생들이 주도적으로 활동할 수 있도록 미션 기반의 활동지나 학생들이 직접 작성하며 학습할 수 있는 활동지를 직접 만들어 배포해 주시는 천사 같은 선생님들이 계십니다. 만약 우리 학교에서 가는 체험 학습 장소가 이 선생님들이 업로드하신 체험 학습 장소와 일치한다면 그대로 자료를 활용하면 되지만, 그렇지 않은 경우는 직접 만들어야 합니다. 이번에는 AI를 이용하여 한국의 국립 중앙 박물관을 예시로 들어 프로그램 및 활동지를 요청해 보겠습니다.

체험 학습 프로그램 추천 요청하기

 3학년 현장 체험 학습을 가는데, 한국의 국립 중앙 박물관으로 가려고 해. 거기서 학생들이 **자기 주도적으로 탐색하며 활동할 수 있는 프로그램을 세 가지 추천**해 줘.

 국립 중앙 박물관에서 학생들이 자기 주도적으로 탐색하며 활동할 수 있는 프로그램을 다음과 같이 추천합니다:

1. 디지털 실감 프로그램
- 설명: 국립 중앙 박물관의 디지털 실감 영상관에서 제공하는 프로그램으로, 학생들이 역사적 유물과 유적을 3D와 VR 기술을 통해 생생하게 체험할 수 있습니다. 이를 통해 학생들은 단순한 관람을 넘어 체험형 학습을 할 수 있습니다.
- 활동: 학생들이 VR 기기를 착용하고, 박물관에서 제공하는 디지털 콘텐츠를 통해 고대 유적지나 유물들을 가상으로 탐험합니다. 각자 흥미 있는 콘텐츠를 선택하여 관람할 수 있습니다.

2. 큐레이터 따라잡기
- 설명: 학생들이 큐레이터가 되어 전시를 기획하고, 전시물을 설명하는 활동입니다. 이 프로그

램은 학생들이 유물에 대해 깊이 있게 탐구하고, 자신의 방식대로 전시를 구성해 보는 자기 주도적 학습 기회를 제공합니다.

- 활동: 학생들이 그룹을 나누어 각자 전시 주제를 정하고, 박물관에서 제공하는 자료와 유물을 바탕으로 전시 기획서를 작성합니다. 이후 그룹별로 전시 기획안을 발표하고, 토론하는 시간을 갖습니다.

3. 유물 탐정단
- 설명: 학생들이 탐정이 되어 박물관 내 유물의 숨겨진 이야기와 역사를 찾아가는 프로그램입니다. 학생들은 주어진 단서를 바탕으로 유물을 탐색하고, 그 유물의 역사적 의미와 가치를 조사합니다.
- 활동: 학생들은 각자 또는 소그룹으로 나뉘어 특정 유물에 대한 단서를 받고, 박물관을 돌아다니며 그 유물을 찾아내고 단서를 해결합니다. 모든 단서를 해결한 후, 각 팀이 조사한 내용을 발표하고 토론합니다.

유물 탐정단 프로그램 활동지 초안 요청하기

 '**유물 탐정단**'이 재미있는 것 같아. 해당 활동을 위한 **활동지 초안**을 만들어 줘.

유물 탐정단 활동지 초안
탐정의 임무:
안녕하세요, 탐정단 여러분! 오늘 여러분은 국립 중앙 박물관의 특별한 탐정이 되어 숨겨진 유물을 찾아낼 임무를 받았습니다. 단서를 잘 활용하여 유물을 찾아내고, 그 유물의 비밀을 밝혀 주세요!

미션 1: 단서 속으로!
단서 1: (힌트: 이 유물은 고대 왕조에서 사용되었습니다.)
- 유물의 이름:
- 유물이 위치한 전시관:
- 유물의 특징:
- 유물에 대한 이야기나 역사적 배경:
- 이 유물에 대해 궁금한 점을 한 가지 적어 보세요:

(중략)

미션 2: 사진 탐정!

팀원들과 함께 찾아낸 유물 옆에서 사진을 찍어 보세요. 사진마다 다음의 질문에 대한 답을 적어
주세요.

• 이 유물이 어떻게 사용되었는지 설명하세요.

• 유물에서 가장 흥미로웠던 점은 무엇인가요?

미션 3: 탐정의 보고서

각 팀이 조사한 내용을 토대로 탐정 보고서를 작성하세요.

• 유물의 중요한 점을 요약해 보세요:

• 유물에서 배운 점을 정리해 보세요:

• 추가로 조사하고 싶은 내용이 있다면 적어 보세요:

국립 중앙 박물관 소장 유물 검색하기

답변의 활동지 초안을 보니 국립 중앙 박물관에 있는 유물을 AI가 알지 못하기 때
문에 국립 중앙 박물관 홈페이지(https://www.museum.go.kr/)에서 소장품을 직
접 검색해 보겠습니다. 교육 과정과 연계한 소장품이나 학생들에게 소개하고 싶은
소장품을 검색하여 프로그램 활동지를 완성하시면 됩니다.

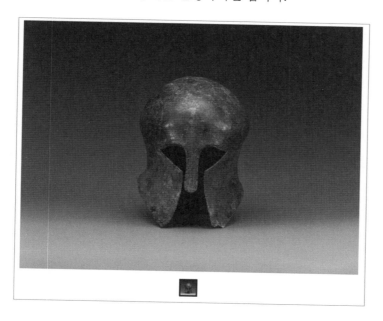

이 그림 속에 있는 청동 투구는 올림픽 마라톤 우승자 손기정 선수가 기증한 것으로, 구체적인 유물의 전시 위치와 유물에 대한 설명이 나와 있습니다. 실제 활동지에는 유물의 사진과 위치를 적어 두고, 유물의 설명을 보면서 퀴즈 형식으로 문제를 풀이할 수 있도록 활동지를 만들어 보겠습니다.

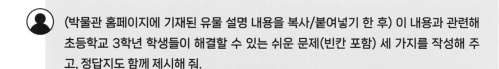

(박물관 홈페이지에 기재된 유물 설명 내용을 복사/붙여넣기 한 후) 이 내용과 관련해 초등학교 3학년 학생들이 해결할 수 있는 쉬운 문제(빈칸 포함) 세 가지를 작성해 주고, 정답지도 함께 제시해 줘.

1. 이 투구는 누가 기증했나요?
정답: 손기정

2. 이 투구는 (   ) 제전 때 승리를 기원하면서 신에게 바쳐지기 위해 만들어진 것입니다.
정답: 올림픽

3. 이 투구는 실제로 썼을 때 (   )과 (   )을 제외한 모든 부분이 가려지게 제작되었다.
정답: 눈, 입

이제 이 대화를 바탕으로 다른 유물들의 설명을 몇 개 더 넣어 실제 유물의 내용을 기반으로 한 활동지를 만들면, 더 완성도 있는 프로그램 활동지를 만들 수 있습니다.

8-17 학급 회의에 활용하기

　학급의 회장단 및 학생들과 학급 회의를 진행할 때, 바로 학급 회의를 시작하라고 하면 회의를 이끄는 회장단 학생들은 당황하기도 합니다. 어디서부터 어떤 순서로 진행해야 하는지, 무슨 말을 해야 하는지 어려워하는 경우도 많습니다. 그래서 처음에 대본과 학급 회의 서기가 활용할 수 있는 회의록 양식을 미리 만들어서 제공해 주면 학급 회의를 더욱 원활히 진행할 수 있습니다.

학급 회의 대본 요청하기

 나는 우리 반 아이들과 학급 회의를 진행할 거야. 매달 한 번씩 할 건데, **회장이 읽고 진행할 수 있는 학급 회의 대본**을 만들어 줘.

학급 회의 대본

1. 개회
회장: "안녕하세요, 여러분! 오늘의 학급 회의를 시작하겠습니다. 모두 조용히 해주시고, 회의에 집중하시기 바랍니다."

2. 출석 확인
회장: "먼저, 출석을 확인하겠습니다. 모두 자신의 이름이 불리면 '네'라고 대답해 주세요. (명단을 읽고 출석 체크) 전원 출석이 확인되었습니다."

3. 이전 회의록 검토 및 승인
회장: "다음으로, 지난 학급 회의에서 논의한 내용과 결정을 확인하겠습니다. (지난 회의록을 간략히 읽어 줌) 지난 회의록 내용에 대해 질문이나 수정할 사항이 있나요?"
(학생들 의견 듣기)
회장: "더 이상 의견이 없으면, 지난 회의록을 승인하도록 하겠습니다. 승인에 동의하는 학생은 손을 들어 주세요. (찬성 확인) 감사합니다. 회의록이 승인되었습니다."

4. 새로운 안건 논의

회장: "이제 새로운 안건을 논의하겠습니다. 이번 달 안건은 다음과 같습니다. (미리 준비한 안건 리스트 읽기) 첫 번째 안건부터 시작하겠습니다."

안건 1: (예시) 학급 체육대회 준비

회장: "첫 번째 안건은 학급 체육 대회 준비입니다. 대회에서 어떤 종목에 참가할지, 그에 따른 준비물과 필요한 사항은 무엇인지 논의하겠습니다. 먼저, 참가 종목에 대해 의견을 나눠 보겠습니다. 참가하고 싶은 종목이 있나요?" (후략)

회의록 양식 요청하기

 학급 회의에 참여한 서기가 활용할 수 있는 **회의록 양식**을 간단히 만들어 줘.

학급 회의 회의록 양식

날짜: _____

시간: _____

장소: _____

1. 개회

개회 시간: _____

2. 출석 확인

출석자 명단 및 결석자 확인

3. 새로운 안건 논의

안건 1: _____

안건 내용:

논의 사항:

결정 사항:

안건 2: _____

안건 내용:

논의 사항:

결정 사항:

(후략)

저는 중학년부터 고학년 학생들을 지도할 때 '배움 노트'를 학급 경영 및 학습 지도에 활용하는 것을 선호합니다. 학생들이 직접 자기 주도적으로 노트를 정리하는 법을 배우면 학습자가 더욱 정보에 주의를 기울이고, 기억력 향상에도 도움을 주기 때문입니다(Jansen 외, 2017). 특히, 노트 정리에 관한 33개의 연구를 종합하여 효과를 검증한 메타 분석 연구에 의하면, 노트 필기를 하고 교사나 강사의 개입을 거치며 함께 훈련하는 것이 구두 지도나 노트 필기만 하는 것보다 교육적 효과가 더 높았다고 합니다. 이제 AI를 통해 배움 노트를 작성할 때 들어가야 하는 요소나 코넬식 노트 정리 방법들을 요청해 보도록 하겠습니다.

배움 노트 내용 요청하기

나는 초등학교 교사고, 학생들에게 노트 한 권을 준비시켜서 배움 노트를 쓰도록 하고 있어. 수업 중에 배운 내용을 간단히 정리할 수 있도록 만들어서 **자기 주도적 학습**을 시키려고 해. **배움 노트에 들어가면 좋을 내용**을 추천해 줘.

배움 노트는 학생들이 수업 내용을 정리하고 자기 주도적으로 학습할 수 있는 훌륭한 도구입니다. 다음은 배움 노트에 포함하면 좋은 내용들입니다:

1. 수업 목표 및 학습 주제
• 각 수업의 목표와 주제를 적어 두어 학습 방향을 명확히 할 수 있습니다.

2. 핵심 개념 및 내용 요약
• 배운 내용을 간략하게 요약하여 핵심 개념을 다시 되새길 수 있도록 합니다.

3. 중요 용어 및 정의
• 수업에서 나온 중요 용어와 그 정의를 적어 두어 이해를 돕습니다.

4. 예시 및 그림
- 설명을 보충할 수 있는 예시나 그림을 그려 넣어 이해를 돕습니다.

5. 질문과 답변
- 수업 중에 생긴 궁금증이나 이해되지 않는 부분을 질문 형식으로 적고, 그에 대한 답변을 찾는 과정을 기록합니다.

6. 생각 및 느낌
- 배운 내용에 대한 나의 생각이나 느낌을 적어 봅니다. 이를 통해 학습에 대한 개인적인 연결 고리를 만들 수 있습니다.

코넬식 노트 정리 방법 안내 자료 요청하기

 나는 초등학교 학생들에게 배움 노트 작성 방식으로 '**코넬식 노트 정리**' **방법**을 안내해 주고 싶어. 한 장 정도의 안내 자료를 만들어 줘.

초등학교 학생들을 위한 코넬식 노트 정리 방법 안내 자료
코넬식 노트 정리 방법
- 코넬식 노트 정리는 공부를 더 효과적으로 할 수 있도록 도와주는 노트 정리 방법이에요. 이 방법을 사용하면 중요한 내용을 쉽게 기억하고 복습할 수 있어요. 코넬식 노트 정리는 세 부분으로 나누어져 있어요(노트 영역, 요약 영역, 질문 영역). 함께 어떻게 사용하는지 배워 볼까요?

1. 노트 영역(Note-Taking Area)
- 위치: 노트 페이지의 오른쪽 큰 부분을 차지해요.
- 사용 방법: 수업 중에 선생님이 설명하는 중요한 내용을 여기에 적어요. 문장을 완성하지 않아도 되고, 키워드나 간단한 문장으로 적어도 괜찮아요. 중요한 단어나 개념을 놓치지 않도록 주의하세요.

2. 질문 영역(Cue Column)
- 위치: 노트 페이지의 왼쪽 좁은 부분을 차지해요.
- 사용 방법: 수업이 끝난 후, 오른쪽 노트 영역에 적은 내용에서 중요한 점이나 기억해야 할 부분을 질문 형태로 만들어 여기에 적어요. 예를 들어, '이 사건의 원인은 무엇일까?'와 같이 적을 수 있어요. 나중에 복습할 때 이 질문들을 보고 답을 생각해 보면 좋아요.

3. 요약 영역(Summary Area)
- 위치: 노트 페이지의 맨 아랫부분을 차지해요.
- 사용 방법: 수업이 끝난 후나 집에서 복습할 때, 노트의 전체 내용을 한두 문장으로 요약해요. 중요한 점을 간단하게 정리하면 복습할 때 많은 도움이 돼요.

코넬식 노트 정리 방법의 장점
- 효율적인 학습: 중요한 내용을 빠르게 찾고 기억할 수 있어요.
- 복습 용이: 질문을 통해 스스로 테스트하며 기억을 확인할 수 있어요.
- 정리된 노트: 체계적으로 정리된 노트는 나중에 시험 공부를 할 때 유용해요.

이처럼 안내 자료를 활용해 교사가 직접 노트 정리 예시를 작성하고 시각화하여 보여준다면, 학생들이 배움 노트나 코넬식 노트 정리 방법을 적용하기가 더 쉬워질 것입니다.

배움 노트 행사 아이디어 요청하기

배움 노트 지도를 하며 늘 느끼는 것은, 학생들에게 "노트 열심히 써라."라고 매일 말해 봤자 크게 효과가 없다는 점입니다. 일부 학생들은 매일 열심히 작성하는데, 그렇지 않은 학생들도 정말 많기 때문입니다. 특히 모델링(Modeling)은 사회적 구성주의(Social Constructivism) 이론에서 매우 중요한 개념으로, 지식이나 기술을 교사나 더 유능한 또래의 행동을 보고 관찰이나 모방을 거쳐 학습하는 매우 효과적인 교수 학습 전략입니다(Vygotsky,1978). 특히, 또래의 설명은 이해에 한층 도움이 되고 학습자에게 큰 인지적 자극을 줍니다. 이러한 이론에 비추어 보았을 때, 잘 작성된 배움 노트를 전시하거나 교환하는 등의 행사는 매우 효과적인 프로그램이 될 수 있습니다.

 배움 노트를 열심히 작성한 학생들을 위해 학급 운영의 일환으로 **배움 노트 관련 행사**들을 열고 싶어. 다른 학생들의 **작품을 전시하거나 또래와 상호 작용**하며 함께 성장할 수 있는 아이디어를 **다섯 가지 제시**해 줘.

배움 노트를 통해 학생들이 서로의 작업을 전시하고 또래와 상호 작용하면서 함께 성장할 수 있는 활동 아이디어를 다음과 같이 제안합니다:

배움 노트 전시회:

- 학생들이 학기 동안 작성한 배움 노트 중에서 자신이 가장 자랑하고 싶은 페이지를 선택하여 교실 내에 전시합니다. 전시된 노트를 돌아보며 학생들이 서로의 노트를 평가하고, 긍정적인 피드백을 주는 시간을 갖습니다.

노트 피어 리뷰 세션:

- 학생들이 짝을 지어 서로의 배움 노트를 검토하고, 구체적인 피드백을 주는 활동을 진행합니다. 이를 통해 학생들은 또래의 학습 스타일을 이해하고, 자신의 노트 작성 방법을 개선할 수 있는 아이디어를 얻을 수 있습니다.

테마별 노트 만들기 챌린지:

- 특정 주제나 과목에 대한 배움 노트를 만드는 챌린지를 주최합니다. 학생들은 주어진 테마에 맞춰 창의적이고 체계적인 노트를 만들고, 완성된 노트는 교실에서 전시하여 서로의 작품을 감상합니다.

노트 작성 워크숍:

- 배움 노트 작성법에 대한 워크숍을 주최하여 학생들이 노트 작성 기술을 향상할 수 있도록 돕습니다. 워크숍에서는 효과적인 노트 작성 전략, 그래픽 오거나이저 사용법, 요약 기술 등을 학습하고, 학생들이 실습하며 직접 적용해 볼 수 있도록 합니다.

(후략)

<참고 문헌>

이은승 (2007). 금융 소비자 교육의 실태 및 활성화 방안 연구: 초등학생을 중심으로. 이화여자대학교 정책 과학 대학원 석사 학위 논문.

Apriliya, K., Nursidah, N., & Ilyas, I. (2024). THE HIGHLIGHT OF USING ONE-MINUTE TALK TECHNIQUE TO IMPROVE STUDENTS'SPEAKING SKILL. International Journal of Research on English Teaching and Applied Linguistics, 5(1), 28-41.

Bangert-Drowns, R. L., Hurley, M. M., & Wilkinson, B. (2004). The effects of school-based writing-to-learn interventions on academic achievement: A meta-analysis. Review of educational research, 74(1), 29-58.

Jansen, R. S., Lakens, D., & IJsselsteijn, W. A. (2017). An integrative review of the cognitive costs and benefits of note-taking. Educational Research Review, 22, 223-233.

Vygotsky, L. S. (1978). Mind in society: The development of higher psychological processes (Vol. 86). Harvard university press.

9장.

학부모와의
협력

새 학기 담임 교사 편지 준비하기

새 학기를 시작하며 담임 교사로서의 교육 철학과 학급 운영 방향을 전달하는 편지는 학부모와 신뢰를 구축하고 협력을 도모하는 데 중요한 소통 도구입니다. 새 학기 나의 학급 운영에 대한 편지 초안을 작성해 달라고 한 뒤, 편지를 완성할 수 있습니다.

새 학기 담임 교사 편지 초안 요청하기

👤 나는 초등학교 3학년 1반 담임 교사야. 학부모님들께 편지로 나의 학급 경영 철학과 학습 지도, 생활지도 방법들에 대해 안내하고 싶어. 1장짜리 편지를 예시로 보여줘.

💬 안녕하세요, 존경하는 3학년 1반 학부모님들께
저는 이번 학기 3학년 1반 담임을 맡게 된 [당신의 이름]입니다. 먼저, 소중한 자녀들을 돌볼 기회를 주셔서 감사합니다. 아이들이 건강하고 행복하게 학교생활하도록 최선을 다하겠습니다.

학급 경영 철학
저의 학급 경영 철학은 '함께 성장하고 함께 나누자'입니다. 아이들이 각자의 개성과 능력을 존중받으며 성장할 수 있는 환경을 만들고, 서로 배려하고 협력하는 자세를 기르도록 지도할 것입니다. 모든 아이가 자신의 가능성을 최대한 발휘할 수 있도록 격려하며, 실패를 두려워하지 않고 도전할 수 있는 용기를 심어 주고자 합니다.

학습 지도 방법
저는 다양한 학습 활동을 통해 아이들의 흥미와 참여를 이끌어 내고자 합니다. 교과 수업 외에도 프로젝트 기반 학습, 창의력 개발 활동 등을 통해 실생활에서의 문제 해결 능력을 기르도록 할 것입니다. 또한, 개별 맞춤형 지도를 통해 각 학생의 학습 속도와 이해도를 고려해 세심하게 지도하겠습니다. 이를 위해 학부모님들과의 긴밀한 소통이 중요하다고 생각합니다. 언제든지 자녀의 학습과 관련된 궁금증이나 요청 사항이 있으시면 말씀해 주세요. (중략)

3학년 1반 담임 OOO 드림.

나의 학급 운영 내용 전달하기

앞서 AI가 작성해 준 초안을 보니 학급 경영 철학, 학습 지도 방법, 생활지도 방법, 학부모님과의 협력에 대해 진짜 내 정보를 간단히 전달하면 AI가 나의 이야기를 담은 편지를 보다 잘 써줄 수 있을 것 같다는 생각이 듭니다. 그러나 AI가 작성해 준 내용은 때론 '영혼이 없다'는 생각이 들기도 합니다. AI가 작성해 준 내용은 초안으로 활용하고, 교사의 진심을 담아 편지를 마무리 하시기를 추천드립니다.

내 학급 운영 방식을 정리해 줄게. 편지를 수정해 줘.
(내 학급 경영 철학: 따뜻한 인간이 되자. 성적도 중요하지만 먼저 인간이 되어야 한다. 따뜻한 인간으로 자랄 수 있도록 지도하기/학습 지도 방법: 또래 선생님 제도, 직소 모형 활용을 통한 전문가 학습 제도, 자연을 자주 접하며 학습하기/생활지도 방법: 기본 생활 습관 지도, 아침 독서, 학급 긍정 훈육법을 통한 생활지도, 지속적인 학교폭력 예방 교육/학부모님과의 협력: 교사와 학부모 간의 신뢰 관계와 파트너십을 통한 학생 지도)

안녕하세요, 존경하는 3학년 1반 학부모님들께
이번 학기 3학년 1반의 담임을 맡게 된 [당신의 이름]입니다. 저희 반 아이들을 돌보게 되어 매우 기쁩니다. 아이들이 건강하고 행복하며, 균형 잡힌 성장을 할 수 있도록 최선을 다하겠습니다.

학급 경영 철학
제 학급 경영 철학은 '따뜻한 인간이 되자'입니다. 우리 사회에서는 성적이 중요하다는 압박이 엄청나지만, 저는 아이들이 먼저 인간으로서 따뜻함과 배려의 가치를 배울 수 있도록 지도하겠습니다. 각 학생의 개성을 존중하고 이해하면서, 그들이 서로를 배려하고 협력하는 자세를 기르도록 노력할 것입니다. 이를 통해 모든 학생이 자신의 가능성을 최대한 발휘하며 성장할 수 있도록 격려하고, 실패를 두려워하지 않는 용기를 가질 수 있도록 도울 것입니다.

학습 지도 방법
학습 방법은 학생들의 적극적인 참여와 협력을 중심으로 구성할 예정입니다. '또래 선생님 제도'를 도입하여 학생들이 서로 가르치고 배우는 경험을 통해 책임감과 리더십을 키울 수 있도록 할 것입니다. 또한, '직소 모형'을 활용한 전문가 학습을 통해 아이들이 복잡한 문제를 해결하는 과정에서 전문적인 지식을 체계적으로 습득하도록 지도하겠습니다. 그리고 자연과 함께하는 학습을 정기적으로 조직하여, 실외에서의 다양한 활동을 통해 학습의 즐거움을 느낄 수 있도록 할 계획입니다. (중략)

9-2 학습 준비물 안내장 만들기

효율적인 학급 경영과 학생들의 원활한 학습을 위해 학기 초 학부모에게 학습 준비물 안내장을 제공하는 것은 매우 중요합니다. AI가 제공하는 안내장 초안을 바탕으로 필요한 것은 넣고, 불필요한 것은 빼는 식으로 안내장을 작성하다 보면 준비물 안내장 작성을 쉽게 마무리할 수 있습니다.

학습 준비물 안내장 초안 요청하기

 나는 초등학교 3학년 학생을 가르치는 교사야. 새 학기에 처음 등교하는 학생들에게 필요한 준비물을 안내하기 위해 학부모님들께 보내드릴 학습 준비물 안내장을 만들어 줘.

 존경하는 3학년 1반 학부모님들께.

안녕하세요. 새 학기를 맞아 자녀들이 원활한 학습을 위해 필요한 준비물에 대해 안내하려 합니다. 다음 리스트를 참고하여 준비해 주시면 감사하겠습니다.

학습 준비물 안내

1. 필기 도구
• 연필(4~5자루) • 지우개 • 샤프 및 샤프심(선택 사항) • 볼펜(검정색, 파란색 각 1자루씩)
• 색연필 또는 사인펜 세트

2. 노트 및 파일
• 공책(3권 이상 준비) • 파일(A4 크기, 3개 이상) • 종합장(1권)

3.수학 학습 도구
• 자(15cm와 30cm) • 컴퍼스 • 삼각자 세트 • 계산기(간단한 기능만 있는 것으로)
(후략)

안내장 내용 수정하기

앞의 AI의 학습 준비물 안내장 초안을 보니 필요 없는 것들도 제시되어 있어 불필요한 준비물은 삭제를 부탁하고, 필요한 준비물은 넣어 달라고 하겠습니다.

 컴퍼스와 계산기는 필요하지 않아. 그리고 물티슈 2통과 두루마리 휴지, 미니 빗자루 세트를 넣어 줘. 필통은 장난감 기능이 있는 것은 제외해 달라고 적어 주고, 연필은 늘 깎아서 세 자루 이상 준비해 달라고 해줘. 채점용 빨간색 펜도 넣어 주고, 안내장을 넣어 다닐 L자 파일도 포함해 줘.

 존경하는 3학년 1반 학부모님들께.

안녕하세요. 새 학기를 맞이하여 자녀들이 원활한 학습을 위해 필요한 준비물을 안내합니다. 학습에 필요한 다양한 준비물을 준비하실 때 다음의 목록을 참고하여 주시기 바랍니다.

학습 준비물 안내

1. 필기 도구
- 연필: 항상 날카롭게 깎아서 3자루 이상 준비해 주세요.
- 지우개
- 볼펜: 검정색, 파란색 각 1자루씩
- 색연필 또는 사인펜 세트
- 채점용 빨간색 펜
- 필통: 장난감 기능이 없는 간단하고 실용적인 것으로 준비해 주세요.

2. 노트 및 파일
- 공책: 3권 이상 준비
- 파일: A4 크기, 3개 이상
- 종합장: 1권
- L자 파일: 안내장 및 서류 보관용

(후략)

새 학기를 맞아 학생들이 학교생활에 원활하게 적응할 수 있도록 학부모님들께 안내문을 전달해 두면 초등학교 1학년 동안의 학교생활이 어떻게 이루어질지 알 수 있으므로 편리합니다. 안내문은 학생들의 등교 시간과 하교 시간, 준비물 목록, 생활 규칙 등의 내용을 포함하기 때문에 학부모님들이 자녀의 학교생활을 이해하는 데 도움을 줍니다. AI를 이용해서 이러한 학교생활 안내문을 요청해 보겠습니다.

1학년 학교생활 안내문 초안 요청하기

초등학교 1학년 새 학기 첫날에 학부모님께 보낼 학급 생활 안내문도 만들어 줘. 들어가야 하는 내용은 '등하교 시간(등교 시간(8:40~8:50)(*수업 준비 및 아침 독서가 이루어지도록 8시 50분까지 등교 협조 바랍니다.), 아침 독서 시간(8:50~9:00), 하교 시간: 월/목 5교시(13:40), 수 4교시(13:00), 화/금 6교시(14:30), 수업 관련 안내 사항, 생활 관련 안내 사항, 소통 관련 안내 사항'으로 나눠서 제시해 줘.

안녕하세요, 존경하는 1학년 (   )반 학부모님들께.
새 학기가 시작됨에 따라 자녀들의 학급 생활에 대한 안내를 드리고자 합니다. 다음 내용을 참고하셔서 자녀들이 즐겁고 원활하게 학교생활을 보낼 수 있도록 협조 부탁드립니다.

등하교 시간

• 등교 시간: 8:40~8:50(* 수업 준비 및 아침 독서가 이루어지도록 8시 50분까지 등교 협조 바랍니다.)

• 아침 독서 시간: 8:50~9:00

하교 시간:

• 월, 목: 5교시(13:40)

• 수: 4교시(13:00)

- 화, 금: 6교시(14:30)

수업 관련 안내사항

- 교과 수업: 각 과목별로 필요한 준비물을 챙겨 등교할 수 있도록 지도 부탁드립니다. 특히, 매일 사용하는 필기 도구와 노트는 항상 준비되어 있어야 합니다.
- 프로젝트 활동: 다양한 주제의 프로젝트 활동이 진행될 예정입니다. 자녀가 집에서도 관련 자료를 수집하거나 준비할 수 있도록 도와주세요.
- 과제 및 숙제: 매일 주어지는 숙제는 그날 완료할 수 있도록 지도 부탁드립니다. 숙제는 아이들의 학습 이해도를 높이는 중요한 과정입니다.

생활 관련 안내 사항

- 급식: 알레르기가 있는 학생은 사전에 반드시 학교에 알려주십시오.
- 실내화: 실내에서는 실내화를 착용하게 되어 있으니, 자녀가 편안한 실내화를 준비할 수 있도록 해주세요.
- 위생 관리: 개인 위생 용품(손 세정제, 휴대용 휴지 등)을 준비해 주세요. 손 자주 씻기와 마스크 착용 등 기본적인 위생 수칙을 준수하도록 지도 부탁드립니다.
- 규칙 준수: 학교의 규칙을 잘 지킬 수 있도록 가정에서도 꾸준히 지도 부탁드립니다. 특히, 친구와 올바른 관계 맺기와 학교폭력 예방에 대해 지속적인 관심과 지도가 필요합니다.

(후략)

9-4 학부모에게 학생 강점 문자 보내기

때로는 학생들과의 긍정적인 관계 형성을 위해 학부모님께 자녀에 대한 칭찬 문자를 보내게 될 때가 있습니다. 예를 들어 한 학생에 대해 가정에서도 함께 칭찬해 줄 내용(긍정적인 변화나 특별한 행동)을 학부모님께 보내면 해당 학생의 성장에 큰 도움이 될 수 있으며, 학생의 자존감과 자신감을 높일 수 있는 중요한 계기가 되기도 합니다. 이번에는 초등교사 커뮤니티 인디스쿨의 박태은 선생님께서 공유하신 학생 강점 문자 보내기 테크닉을 활용해서 프롬프트를 작성하고, 강점 문자를 생성해 보도록 하겠습니다. (박태은 선생님의 사전 동의를 받아 작성하였습니다.)

강점 문자 요청하기

나는 학부모님께 학생이 현재 잘 하고 있는 부분에 대해 문자를 보내려고 해. '1) 의외성, 2) 순간 포착, 3) 담백하게 기술, 4) 가능성을 열어 둠, 5) 내면의 욕구 분석, 6) 바람을 넣기보다는 강점 찾기에 도움이 되었으면 합니다.'로 마무리해 줘.
내가 발견한 부분은 A 학생이 수업 중에 배가 아픈 친구를 발견하고 선생님에게 알렸던 부분이야.

안녕하세요 A 부모님.

A가 최근 수업 중에 보여준 행동에 대해 알려드리고 싶습니다. A는 수업 중에 배가 아픈 친구를 빠르게 알아차리고, 선생님에게 바로 알려주었습니다. 이 모습에서 A의 따뜻한 배려심과 책임감을 깊이 느낄 수 있었습니다. 특히, 친구의 어려움을 자신의 일과 같이 생각하고 즉시 도움을 주려는 A의 모습을 보며 매우 감동했습니다. 이러한 행동은 A가 다른 사람을 배려하고 돌볼 줄 아는 성숙한 아이로 성장하고 있다는 증거입니다. 앞으로도 A의 이런 자질이 더욱 크게 발전할 수 있도록 많은 격려와 지원 부탁드립니다. 아이의 내면에 잠재된 강점을 발견하고 키우는 일에 최선을 다하겠습니다.

감사합니다.

좋습니다. AI가 원하는 문자를 만들어 주었으므로, 이제 다른 학생의 내용도 넣어서 강점 문자 생성 챗봇으로 활용해 보겠습니다. 지금 넣을 내용은 평상시 칭찬할 내용이 많지 않은 학생인데, 오늘은 긍정적인 모습을 보였을 때 놓치지 않고 칭찬하는 문자를 요청하는 내용입니다.

 B 학생: 수업 중에 맨날 졸았는데 오늘 하루는 졸지 않고 수업에 집중했음.

 안녕하세요 학부모님.

B가 최근 수업 중에 보여준 긍정적인 변화에 대해 알려드리고 싶습니다. B는 평소에 수업 중에 자주 졸곤 했는데, 오늘은 하루 종일 졸지 않고 수업에 집중했습니다. B가 수업에 열심히 참여하는 모습을 보며 정말 기뻤고, 그 노력이 큰 의미가 있다고 생각합니다. B가 스스로 변화를 시도하고, 집중력을 발휘하는 모습을 보며 성장 가능성을 느꼈습니다. 앞으로도 B가 수업에 계속해서 집중할 수 있도록 많은 격려와 지원 부탁드립니다. 아이의 내면에 잠재된 강점을 발견하고 키워주는 키우는 일에 최선을 다하겠습니다.

감사합니다.

Q. 이 학생 강점 문자를 만들어 주는 것을 1년 내내 활용하고 싶은데, 어떻게 해야 하죠?
A. ChatGPT에서 해당 대화 내용을 '아카이브에 보관'을 클릭하여 보관하신 후, '설정'에서 '아카이브에 보관된 채팅'을 클릭하시고 계속 활용하셔도 되고, 로그인된 상태라면 특별히 지우지 않는 이상 대화가 삭제되지는 않으므로, 이름을 '학생 강점 문자 챗봇'으로 바꾸어서 계속 활용하셔도 됩니다.

9-5 학부모에게 학생 협조 문자 보내기

기분 좋게 강점 문자를 보낼 때도 있지만, 교사가 많은 신경을 쓰는 경우는 대부분 협조 문자를 보내야 할 때입니다. 학부모님들은 대부분 아이의 긍정적인 면을 듣고 싶어 하지, 부족한 부분에 대한 내용이 담긴 문자를 받고 싶어하지 않기 때문입니다. 따라서 학생 협조 문자를 보낼 때는 더욱 내용에 신경을 써서 보내야 합니다. 이번에도 인디스쿨의 박태은 선생님께서 공유하신 협조 문자 보내기 방법을 활용해서 프롬프트를 작성해 보도록 하겠습니다. (박태은 선생님의 사전 동의를 받아 작성하였습니다.)

학생 협조 문자 요청하기

나는 평소 문제 행동을 보이는 학생의 부모님께 학교에서 일어난 일에 대해 문자를 보내려고 해. 다음과 같은 내용들을 고려해서 문자를 작성해 줘.
'0. 평소의 강점 전달, 1. 객관적 상황 전달, 2. 발달 단계 인지 및 특성 전달, 3. 내면의 무의식 분석, 4. 가정 교육과 연계해 나아갈 수 있는 방향 제시'
학생 이름: C, 문제 행동: 수업 중에 자주 돌아다니고 앉으라고 해도 잘 앉지 않음.

안녕하세요, C 부모님.

C는 평소 창의적이고 활기찬 모습이 정말 돋보입니다. 오늘 수업 중 C가 자리에서 자주 일어나 돌아다니며 앉으라는 부탁을 잘 따르지 않는 상황이 있었습니다. C는 현재 발달단계에서 에너지가 넘치고 호기심이 많아 가만히 앉아 있는 것이 어려울 수 있습니다. 이런 행동은 주의를 끌고 싶거나 자신만의 방식으로 수업에 참여하고 싶은 무의식적 동기와 관련이 있을 수 있습니다.

C가 수업 시간 동안 더 잘 집중할 수 있도록 가정에서도 규칙적인 생활 습관과 충분한 신체 활동을 도와주시면 좋겠습니다. C와 대화를 통해 학교에서의 행동에 대해 함께 이야기 나누는 것도 좋은 방법입니다.

C의 발전을 위해 가정과 학교가 함께 협력하면 좋겠습니다. 추가로 논의하고 싶은 사항이 있으면

언제든지 연락 부탁드립니다.

감사합니다.

다른 학생 협조 문자 요청하기

　응답을 보니 AI가 협조 문자를 잘 생성해 주는 것 같아, 다른 학생의 협조 문자도
요청해 보겠습니다.

 D: 쉬는 시간에 계속 복도를 뛰어다님. 하지 말라고 제지해도 계속 뛰는 바람에 오늘은
친구와 부딪혀서 친구 머리에 혹이 났음.

 안녕하세요 D 부모님.

D는 평소 활기차고 에너지가 넘치는 모습이 참 인상적인 학생입니다. 오늘 쉬는 시간에 D가 복
도를 뛰어다니는 행동을 보였습니다. 여러 번 하지 말라고 제지했지만 계속 뛰었고, 결국 친구와
부딪혀 친구 머리에 혹이 나는 사고가 있었습니다.

D는 현재 발달 단계 중에서 에너지가 많고 활동적일 시기입니다. 이로 인해 가만히 있거나 행동
을 제어하는 게 어려울 수 있고, 나름대로 에너지를 발산하고자 하는 자연스러운 반응일 수 있습
니다.

D가 안전하게 에너지를 발산할 수 있도록 가정에서도 규칙적인 생활 습관을 유지하고, 충분한
신체 활동을 할 수 있도록 기회를 제공해 주시면 좋겠습니다. 또한, D와 대화를 통해 학교에서 어
떻게 해야 안전하게 행동할 수 있을지에 대해 함께 이야기 나누는 것도 중요합니다. D의 안전과
발전을 위해 가정과 학교가 함께 협력하면 좋겠습니다. 추가로 논의하고 싶은 사항이 있으면 언
제든지 연락 부탁드립니다.

감사합니다.

9-6 학부모 상담 단계별 질문 만들기

학부모 상담을 할 때 단계별 질문이나 시나리오를 미리 마련해 두면 추후 상담 시에 유용합니다. 상담에 활용할 수 있는 상담 단계별 질문을 요청해 보겠습니다.

상담 단계별 질문 요청하기

나는 초등 교사고 학부모와의 상담을 앞두고 있어. 기본적인 대화의 틀은 존중의 대화 5단계(경청-공감-정보제공(한계 제시)-대안 탐색-실천(피드백))를 따랐으면 좋겠고, '1. 인사 나누기, 2. 학생의 학교생활에 대한 가정의 이야기, 3. 가정생활 및 성격, 4. 교우 관계, 5. 학습 및 생활지도, 6. 개인 생활 및 부탁 사항, 7. 마무리'로 나누어서 학부모 상담 질문들을 작성해 주었으면 좋겠어.

학부모 상담을 위한 질문들을 단계별로 나누어 작성해 보았습니다. 다음 질문들은 존중의 대화 5단계를 기반으로 하여 작성되었습니다.

1. 인사 나누기
"안녕하세요. 만나 뵙게 되어 반갑습니다."
"오늘 이렇게 시간을 내주셔서 감사합니다."
"먼저, 아이의 근황이나 특별한 소식이 있으신가요?"

2. 학생의 학교생활에 대한 가정의 이야기
"가정에서는 아이가 학교생활을 어떻게 이야기하나요?"
"학교에서의 생활 중 특별히 관심을 가지는 부분이 있나요?"
"학교에서의 활동이나 수업에 대한 반응은 어떤가요?"

3. 가정생활 및 성격
"가정에서 아이의 성격이나 행동에 대해 어떻게 느끼시나요?"
"가정에서 특별히 중요하게 생각하는 교육적 가치가 있나요?" (후략)

9장. 학부모와의 협력

구체적인 상담 예시 요청하기

앞에서 AI가 제안해 준 질문들을 바탕으로 하여 학부모 상담의 대화가 어떤 식으로 진행될지 구체적인 예시를 요청해 보겠습니다.

앞서 한 질문을 기반으로 교사의 질문과 학부모 답변을 넣어서 구체적인 상담 예시를 작성해 줘.

학부모 상담 구체적 대화 예시

1. 인사 나누기(5분)

교사: "안녕하세요. 만나 뵙게 되어 반갑습니다. 오늘 시간을 내주셔서 정말 감사합니다. 요즘 아이가 가정에서 어떻게 지내고 있는지 궁금합니다."

학부모: "안녕하세요. 만나 뵙게 되어 반갑습니다. 아이는 잘 지내고 있어요. 학교에서의 활동을 즐기고 있는 것 같습니다."

2. 학생의 학교생활에 대한 가정의 이야기(10분)

교사: "가정에서는 아이가 학교생활을 어떻게 이야기하나요? 혹시 학교에서의 생활 중 특별히 관심을 가지는 부분이 있나요?"

학부모: "집에서는 학교에서 있었던 일들을 즐겁게 이야기해요. 친구들과 잘 지내고 있다고 하더라고요. 특히 체육 시간과 미술 시간을 좋아해요."

교사: "학교에서도 체육과 미술 시간에 적극적으로 참여하는 모습을 보입니다. 그 부분에서 아이가 정말 즐거워하는 것 같아요."

3. 가정생활 및 성격(10분)

교사: "가정에서 아이의 성격이나 행동에 대해 어떻게 느끼시나요? 아이의 강점과 약점에 대해 알고 싶습니다."

학부모: "아이의 성격은 밝고 활발한 편이에요. 하지만 가끔 집중력이 떨어질 때가 있어요. 강점은 호기심이 많고 새로운 것에 도전하는 걸 좋아한다는 점입니다."

교사: "밝고 활발한 성격 덕분에 친구들과도 잘 어울리는 것 같습니다. 학교에서 집중력을 높일 수 있도록 함께 고민해 보겠습니다."

문제 행동을 보이는 학생을 지도할 때 학부모와의 협력은 필수적입니다. 특히 긍정적 행동 지원을 시행할 때, 학부모와 교사의 긴밀한 협력은 더욱 중요한 요소입니다(손경원, 주향란, 2012). 다양한 상황에서 학부모와 상담해 본 경험이 많은 교사들은 문제 행동을 보이는 학생의 학부모와의 상담도 비교적 수월하게 이끌 수 있습니다. 하지만 신규 교사나 경력이 짧은 교사들은 이러한 상담에서 부담과 긴장을 느끼는 경우가 많습니다. 심지어 경험이 많은 선배 교사도 학부모와의 상담이 어렵다고 말하곤 합니다. 이런 경우 상담 전에 AI가 제공하는 시나리오를 보고 미리 준비하면, 더 효과적인 상담 결과를 이끌어 낼 수 있을 것입니다. AI에게 그 시나리오를 요청해 보도록 하겠습니다.

문제 행동 학생 학부모 상담 시나리오 요청하기

A 학생의 학부모와 상담을 앞두고 있어. 이 학생은 화가 나면 다른 아이들에게 욕을 자주 하곤 했어. 특히 최근에 이런 일이 세 차례 정도 있었는데, 잘 개선이 되지 않고 있는 상황이야. 해당 학생 학부모와의 상담을 위해 교사와 학생 발화 내용을 넣어서 구체적인 상담 시나리오를 작성해 줘. 또한, 상담 흐름에 따라서 주의 사항과 질문 예시도 제공해 줘.

파트 1: 상담 시작 및 분위기 조성
- 설명: 상담의 시작은 분위기를 따뜻하게 하고 학부모를 편안하게 해주는 것이 중요합니다. 초기 대화는 비공식적이고 일상적인 주제로 시작하여 상담의 긴장감을 줄입니다.
- 주의 사항: 과도한 친근함은 부모가 상담의 중요성을 간과하게 만들 수 있으므로, 적절한 균형이 필요합니다.

질문 예시:

• "요즘 어떻게 지내셨나요?"

• "오늘 날씨가 참 좋죠? 외출하기에 좋은 날씨인 것 같아요."

파트 2: 문제 행동 설명

• 설명: 학생의 문제 행동에 대해 구체적으로 설명하고, 최근에 관찰된 사례를 공유합니다. 명확하고 객관적인 사실 위주로 전달해야 합니다.

• 주의 사항: 부모가 방어적으로 변할 수 있으므로, 학생의 행동을 비난하기보다는 사실을 중립적으로 전달하고 이해를 구하는 방식을 취해야 합니다.

질문 예시:

• "최근에 A 학생이 다른 친구들에게 화를 낼 때 특정 상황이 있었나요?"

• "이런 행동이 반복되는 패턴을 보신 적이 있나요?"

파트 3: 학부모 의견 청취

• 설명: 학부모의 관점과 의견을 청취하는 것이 중요합니다. 학부모가 집에서 관찰한 행동이나 자녀의 감정 상태에 관해 이야기할 기회를 제공합니다.

• 주의 사항: 학부모의 말을 중단하지 않고 경청하는 것이 중요하며, 모든 의견을 존중하면서 진행해야 합니다.

질문 예시:

• "A 학생이 집에서 화를 낼 때 주로 어떤 반응을 보이나요?"

• "이러한 행동을 관리하기 위해 집에서 시도해 본 방법이 있으신가요?"

파트 4: 협력적 접근 제안

(후략)

학부모님 대부분은 상식적이고 친절하시지만, 아주 가끔 공격적인 학부모님들을 만날 때도 있습니다. 이런 경우 많은 교사가 감정적으로 대응하기보다 침착함을 유지하며 문제 해결에 초점을 맞추려 하지만, 때로는 공격적 성향을 지닌 학부모님과의 대화가 두려운 것도 엄연한 사실입니다. 이번 장에서는 AI가 감정적이거나 민감한 학부모님과의 상담 시나리오를 잘 작성해 주는지 앞의 대화에 이어서 프롬프트를 작성해 보도록 하겠습니다.

공격형 학부모 상담 시나리오 요청하기

> 좋아. 지금은 A 학생 학부모님이 상당히 수용적이고 문제 행동 학생에 대한 교사의 피드백을 잘 받아들이시지만, 사실 A 학생 학부모님은 좀 공격적이고 교사가 아이를 지적하는 것을 무척 싫어하셔. 이런 학부모님과 이야기를 잘 풀어갈 수 있도록 프로토콜을 작성해 줘.

> 공격적인 태도를 보이는 학부모와의 상담을 위한 상세한 대화 시나리오는 다음과 같습니다:
>
> **상담 시작 및 분위기 조성**
> 교사: "안녕하세요, 학부모님. 오늘 바쁘신 중에도 시간을 내주셔서 정말 감사합니다. A 학생이 학교에서 보여준 몇 가지 긍정적인 면들을 먼저 공유하고 싶어요. 예를 들어, A 학생이 수학 시간에 복잡한 문제를 해결한 것은 정말 인상적이었습니다."
>
> **문제 행동 설명**
> 교사: "그런데, A 학생이 때때로 격한 감정을 다루는 데 어려움을 겪는 것 같습니다. 특히, 화가 날 때 동급생들에게 상처가 될 수 있는 말을 하곤 했습니다. 이런 상황은 세 번 정도 관찰되었어요. 학교에서는 모든 학생이 안전하고 긍정적인 환경에서 배울 수 있도록 돕고자 합니다."

학부모 반응

학부모: "제 아이만 나쁘게 보는 거 아니에요? 다른 아이들도 비슷한 말을 하던데 왜 우리 아이만 지적받아야 하죠?"

문제에 대한 이해와 공감 표현

교사: "말씀하신 것처럼 다른 학생들도 때때로 비슷한 행동을 할 수 있습니다. 하지만 오늘은 A 학생에 대해 집중해서 얘기를 나누고, A 학생이 더 행복하고 생산적인 학교생활을 할 수 있도록 어떻게 도울지 모색하고 싶습니다. 모든 아이가 가끔 실수할 수 있음을 이해합니다."

해결책 모색

교사: "A 학생이 감정을 좀 더 긍정적으로 표현할 수 있도록 돕고 싶어요. 학교에서는 감정 조절 전략을 가르치는 프로그램을 제안하고 싶습니다. 이런 프로그램이 A 학생에게 도움이 될 것 같은 데, 학부모님의 의견은 어떠신가요?"

학부모 의견 청취 및 협력적 접근

학부모: "그런 프로그램이 있다면 좋겠네요. 집에서도 어떻게 도울 수 있을지 조언을 좀 받고 싶어요."

구체적인 계획 수립 및 상담 마무리

교사: "안심하셔도 좋습니다. 저희가 학교에서 진행하는 감정 조절 프로그램에 대해 자세히 안내 드리겠습니다. 집에서 실천할 수 있는 간단한 전략들도 함께 제공할게요. A 학생이 학교와 가정 에서 모두 긍정적인 변화를 경험할 수 있도록 계속해서 협력해 나갔으면 합니다."

교사: "오늘 상담에 참여해 주셔서 감사합니다. A 학생의 발전을 위해 계속 소통하며 협력해 나갈 수 있길 바랍니다. 다른 궁금하신 점이나 추가로 필요한 지원이 있으면 언제든 연락을 주십시오."

더 공격적인 학부모님과의 시나리오 요청하기

좋아. 그런데, 내가 평소에 뵙는 학부모님은 좀 더 공격적이야. 학생이 문제 행동을 보이 는 것은 학부모가 아니라 교사의 교육 잘못이고, 학교가 문제라는 식으로 상담이 흘러 가곤 해. 이 학부모님과의 시나리오를 작성해 줘.

1. 인사 나누기(5분)

교사: "안녕하세요. A 학생의 담임 교사입니다. 오늘 만나 뵙게 되어 반갑습니다. 시간을 내주셔 서 감사합니다."

학부모: "안녕하세요. 솔직히 말해서, 아이에 대해 학교에서 하시는 이야기가 좋지 않아서 마음이 편치 않습니다. 선생님께서는 제 아이를 제대로 이해하고 계신 건지 모르겠네요."

2. 문제 상황 설명 및 경청(10분)

교사: "오늘 상담을 요청한 이유는 A 학생이 최근에 화가 나면 다른 아이들에게 욕설을 하는 경우가 몇 번 있었기 때문입니다. 이 문제를 함께 해결하기 위해 학부모님의 협력이 필요합니다."

학부모: "우리 아이가 그런 행동을 할 리가 없어요. 학교에서 제대로 관리하지 못해서 생긴 문제 아닙니까? 선생님의 수업 방식이 문제인 건 아닌지요?"

3. 학생의 감정 이해 및 공감(10분)

교사: "A 학생이 학교에서 겪는 상황이 아이에게 큰 스트레스를 줄 수 있다는 점을 이해합니다. 아이의 감정을 더 잘 이해하고 도울 방법을 함께 찾아보면 좋겠습니다."

학부모: "하지만 왜 우리 아이만 지적하는 건가요? 다른 아이들도 문제가 있을 텐데요. 선생님은 우리 아이만 눈에 띄나 보죠?"

(후략)

응답을 보면 아무리 똑똑한 AI도 공격형 학부모님과의 대화에서 뚜렷한 해답을 내놓지 못하는 상황입니다. 그러면 오은영 박사님과 이 학부모님이 대화하는 상황이라면 어떨까요?(실제 오은영 박사님과의 대화가 아니기 때문에 참고삼아 확인해 보시면 됩니다.)

오은영 박사님과의 상담 시나리오 요청하기

 나는 한국의 소아 정신과 의사이자 아동 치료 전문가인 오은영 박사님과 A 학생의 학부모님(공격형)과의 대화를 보고 싶어. 위와 같은 이야기를 하는데 교사가 아닌 오은영 박사님과 같이 상담하는 걸로 예시를 보여줘.

 ### 1. 인사 나누기(5분)

오은영 박사: "안녕하세요, A 학생의 부모님. 오늘 여기까지 오시느라 고생 많으셨습니다. 우리 아이의 상황을 함께 논의할 수 있어 감사드립니다."

학부모: "안녕하세요, 박사님. 사실 학교에서 전해 듣는 소식들이 마음에 걸려서 조금 걱정이 많

습니다."

2. 문제 상황 설명 및 경청(10분)

오은영 박사: "오늘 상담의 목적은 A 학생이 최근에 겪고 있는 어려움을 파악하고, 이에 대한 해결책을 모색하기 위함입니다. A 학생이 때때로 다른 친구들에게 부적절한 언어를 사용하는 문제가 발생했다고 들었습니다."

학부모: "저희 아이가 그럴 리가 없어요. 아마도 학교에서 제대로 대처하지 못해서 그런 게 아닐까요? 선생님들이 아이들을 제대로 살피지 않는 거 같습니다."

3. 학생의 감정 이해 및 공감(10분)

오은영 박사: "A 학생이 학교생활 중 스트레스를 받고 있다는 것을 이해합니다. 그런 감정이 때로는 표출되기도 하죠. 함께 A 학생의 감정을 더 잘 이해하고, 어떻게 지원할 수 있을지 고민해보면 좋겠습니다."

학부모: "하지만 왜 항상 우리 아이만 문제가 되는 거죠? 다른 아이들도 비슷한 행동을 하는데 말이에요."

4. 구체적 해결 방안 모색(15분)

오은영 박사: "A 학생이 학교에서 좀 더 긍정적인 상호 작용을 할 수 있도록 몇 가지 전략을 제안해 드릴 수 있습니다. 감정 조절 기술을 배울 수 있는 프로그램 참여를 고려해 보시는 건 어떨까요? 이러한 프로그램은 아이가 감정을 표현하는 더 건강한 방법을 배울 수 있도록 돕습니다."

학부모: "그 프로그램이 정말로 효과가 있나요? 학교에서는 그런 것에 대해 제대로 알려주지도 않아요."

(후략)

재미로 요청해 본 오은영 박사님과의 가상 대화이지만, 학교와 교사에게 모든 책임을 전가하는 학부모와 협력적 관계를 맺고 상담을 이끌어가는 것은 오은영 박사님에게도 쉽지 않은 과제일 것입니다. 더욱이 오은영 박사님을 찾는 학부모님들은 아이의 변화를 위해 시간과 비용, 노력을 들일 의지가 있는 분들이라는 점에서 교사가 마주하는 상황과는 다른 맥락을 지녔습니다. 따라서 변화를 받아들일 준비가 되어있지 않은 학부모와의 대화 과정에서 교사의 마음이 상처받을 수 있으므로, 관리자 분들과 선배 교사, 동학년 선생님들께 꾸준히 도움을 요청하며 함께 해결 방안을 모색할 것을 추천합니다.

9-9 학부모 총회 PPT 준비하기

학부모 총회는 학급 운영의 전반적인 계획과 교사의 철학을 학부모님들께 소개하는 중요한 자리입니다. 이때, 효과적인 발표를 위해 사전에 준비된 슬라이드를 활용하면 매우 유용합니다. 학부모 총회에 활용할 수 있는 PPT 슬라이드의 초안을 요청해 보겠습니다.

학부모 총회 PPT 슬라이드 내용 요청하기

나는 학부모 총회를 앞두고 있어. 3학년 학부모를 대상으로 학급과 교사를 소개할 건데, **학부모 설명회를 위한 파워포인트 슬라이드와 스크립트**를 만들어 줘. **목차는 '담임 소개, 학급 경영관, 학습 지도 계획, 생활지도 계획, 당부 말씀, 질의응답'** 순으로 정리해 줘. 나의 관심 분야는 '독서, 민주적인 학급 운영'이고 학급 경영을 할 때 예절 교육과 기초 생활 교육을 중시해. 그리고 우리 반 학급 특색으로 미래 교육이나 프로젝트 학습을 활용한 다양한 활동들을 할 예정이야. 글쓰기 교육도 해서 학년이 끝날 때는 학급 문집도 만들 거야. 각 슬라이드에는 제목을 간단하게 넣어 주고, **슬라이드는 총 8장으로** 제작해 줘.

파워포인트 슬라이드 및 대본 스크립트

슬라이드 1: 담임 소개

내용: 선생님 사진, 이력, 교육 철학 소개

대본:

"안녕하세요, 저는 이번 학년 담임을 맡게 된 ○○○입니다. 독서와 민주적인 학급 운영을 통해 학생들이 자율적으로 참여하는 환경을 조성하는 데 중점을 두고 있습니다."

슬라이드 2: 학급 경영관

내용: 예절 교육, 기초 생활 습관, 상호 존중 문화 조성

대본:

"학급 경영에서는 예절과 기초 생활 습관의 중요성을 강조하며, 학생들이 서로 존중하고 협력하는 문화를 만들기 위해 노력하겠습니다."

슬라이드 3: 학습 지도 계획

내용: 미래 교육 중점, 프로젝트 기반 학습, 학습 동기 부여 방안

대본:

"올해는 미래 교육을 위한 기술과 지식 습득에 중점을 두며, 프로젝트 기반 학습을 통해 학생들이 실제 문제를 해결하며 학습 동기를 부여받을 수 있도록 할 계획입니다."

슬라이드 4: 생활지도 계획

내용: 일상 습관 형성, 정기적 생활지도, 정서 지원 프로그램

대본:

"학생들의 일상 습관 형성을 위해 체계적인 생활지도를 시행하고, 정서적 지원을 위한 프로그램을 운영하여 학생들이 건강하게 성장할 수 있도록 지원하겠습니다."

슬라이드 5: 당부 말씀

내용: 가정과 학교의 협력 강조, 학부모 지원의 중요성, 교육 공동체 협력 당부

대본:

"가정과 학교가 함께 협력하여 학생들이 최적의 환경에서 성장할 수 있도록 지원해 주시길 부탁드립니다. 학부모님들의 적극적인 관심과 지원이 매우 중요합니다."

9-10 학부모 총회 PPT 감마(Gamma)로 자동 생성하기

앞에서 AI가 학부모 총회에 활용할 수 있는 PPT 슬라이드의 내용을 구성해 준 것을 봤습니다. 이제는 Gamma(감마)라고 하는 AI 도구를 활용하여 자동으로 PPT를 생성해 보도록 하겠습니다.

Gamma에서 PPT 만들기

먼저 Gamma(https://gamma.app/ko)에 접속하여 로그인을 합니다. 로그인이 완료되면 '새로 만들기'를 클릭해 주세요. 그러면 세 가지의 옵션이 나오게 됩니다. 이 옵션 중 '생성'은 한 줄짜리 프롬프트를 통해 AI가 내용을 짐작해서 PPT를 생성하는 기능입니다. 또한 '파일 또는 URL 가져오기'를 클릭하면 이미 갖고 있는 파일이나 URL을 활용해서 그 안에 있는 텍스트를 기반으로 PPT를 제작해 줍니다. 마지막으로 내가 내용을 이미 가지고 있다면 '텍스트로 붙여넣기'가 더 유용할 수 있습니다. 앞 장에서 AI를 통해 PPT 슬라이드 개요를 얻었으므로, 저희는 '텍스트로 붙여넣기'를 활용해 보겠습니다.

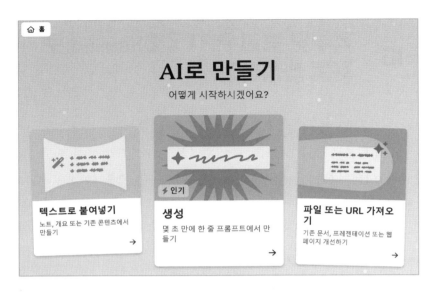

이제 앞에서 AI가 제시해 준 PPT 개요를 복사, 붙여넣기 하여 텍스트를 입력합니다. 텍스트를 입력하고 난 뒤에는 '프레젠테이션'을 선택한 뒤 '계속'을 누릅니다.

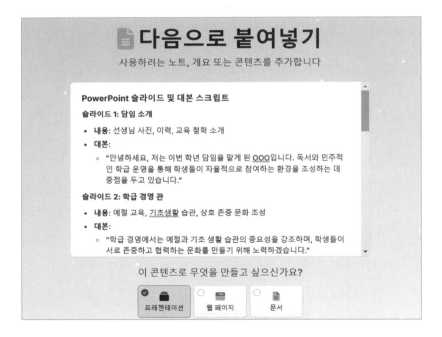

그러면 '프롬프트 편집기' 화면이 나옵니다. 이 화면에서 구체적인 설정과 프롬프트를 편집할 수 있습니다.

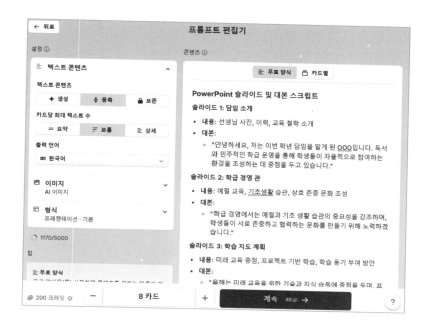

Gamma는 보통 처음 가입하면 400크레딧을 받습니다.(2025년 2월 기준) 이후 한 번 PPT를 만들 때마다 40크레딧씩 차감되며, 카드를 추가하거나 이미지를 생성하는 등의 추가 기능을 활용하면 크레딧이 또 차감됩니다. 처음에는 무료로 사용할 수 있지만, 계속해서 Gamma를 사용하여 크레딧을 모두 소모하면 유료 과금을 해야만 합니다. 이 외에도 크레딧을 벌 수 있는 수단으로는 친구를 추천하여 그 친구가 가입하게 되면, 200크레딧을 추가로 받을 수 있어 처음 가입 시 600크레딧으로 시작할 수 있게 됩니다.

이제 테마를 선택하세요. 테마는 PPT의 배경이 됩니다. 여기까지 선택이 완료되면 '생성'을 눌러주세요. 그러면 다음과 같이 PPT를 생성해 줍니다. 이 화면 자체에서 편집할 수도 있고, '파워포인트로 내보내기'를 하면 파워포인트 프로그램상에서 편집할 수도 있습니다.

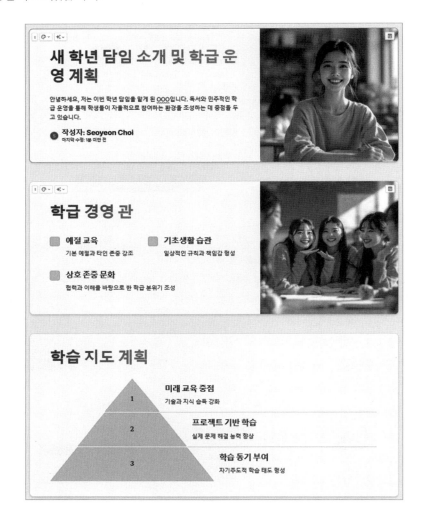

9-11 학부모님께 보낼 마무리 편지 준비하기

감사한 마음으로 1년을 지내며, 행복한 1년을 만들어 준 아이들의 학부모님께 감사의 편지를 쓰고 싶을 때가 있습니다. 이럴 때도 AI에게 편지의 초안을 요청하고, 초안을 바탕으로 마저 작성하면 학부모님께 보낼 학기 말 마무리 편지를 쉽게 완성할 수 있습니다.

학기 말 마무리 편지 요청하기

나는 초등학교 2학년 교사야. 이번 **1년을 마치면서 학부모님께 마무리 인사를 하고 싶어. 마무리 인사 편지의 초안을 따뜻한 마음과 시적 표현을 담아서** 작성해 줘.
(들어가야 할 내용: 아이들로 인해 나도 성장할 수 있었다. 아이들이 정말 예뻤고, 사랑을 주기보다 더 많이 받은 것 같다. 1년 무탈하게 보낼 수 있었던 것은 아이들과 학부모님들 덕분이다. 매일 감사하며 하루를 보냈더니 마지막이 너무 아쉽다. 언제나 가정에 평안과 행복이 가득하기를 바란다.)

친애하는 학부모님께.

벌써 한 해가 저물어 가고 있습니다. 저는 이 편지를 통해 깊은 감사의 마음을 전하고자 합니다. 지난 1년 동안 아이들과 함께 할 수 있었던 모든 순간은 저에게 큰 선물이었습니다. 아이들은 그들의 순수한 웃음과 무한한 애정으로 저의 일상에 빛나는 별빛 같은 존재가 되어 주었습니다. 그들로 인해 저 또한 많이 성장할 수 있었으며, 주기보다 받는 것이 더 많다는 것을 느꼈습니다.

아이들의 눈동자에 비친 세상은 언제나 놀랍고 아름다웠습니다. 그들의 맑고 순수한 마음이 저에게 얼마나 큰 감동을 주었는지 모릅니다. 매일 아침, 그 작은 손을 잡고 그들의 행복한 웃음소리를 들으며 하루를 시작하는 것만으로도 제 마음은 감사로 가득 찼습니다. 이 모든 게 가능했던 것은 학부모님들의 따뜻한 격려와 깊은 이해, 그리고 끊임없는 지지 덕분이었습니다.

이제 한 해를 마무리하며, 우리 모두에게 평안과 기쁨이 가득한 시간이 되기를 바랍니다. 가정마다 사랑과 웃음이 넘치고 새해에는 더욱 행복이 깃들기를 기원하며, 늘 건강과 행운이 함께 하길 바라겠습니다. 아울러 아이들의 밝은 미래를 언제나 응원하겠습니다.

다가오는 방학에도 편안한 시간을 보내시기 바라며, 우리 아이들과 다시 만날 날을 고대하겠습니다. 올 한 해·동안 보내주신 모든 사랑과 지지에 다시 한번 감사드리며, 새해 복 많이 받으세요.

진심을 담아, [교사 이름] [학교 이름] 2학년 담임

▶ Tips

AI가 생성해준 응답을 반드시 꼭 검토하고, 보조 자료로 활용하시기를 권장해드립니다. AI가 써 준 편지에는 'AI 같은 느낌'이 남아 있습니다. 진정성 있는 편지와 AI의 편지는 다를 수 밖에 없습니다. AI가 작성해 준 초안은 내용의 흐름이나 표현 등을 참고하는 참고자료로 활용하시고, 핵심 내용 작성과 편지 최종 마무리는 꼭 선생님께서 마무리하시기를 권장드립니다.

이 책에서 계속 강조했듯이, AI에게 운전대를 맡기면 교사는 방향을 잃고 결국 길을 헤매거나 사고를 겪게 됩니다. 하지만 교사가 운전대를 잡고 AI를 도구로 활용하면, 목적지까지 더 빠르고 효율적으로 도달할 수 있습니다.

AI 시대에 교사가 현명하게 AI를 활용하는 일의 핵심은 모든 것을 AI에게 맡기는 것이 아니라, AI의 한계를 명확히 이해하고 교사의 전문성을 극대화하는 방향으로 활용하는 것입니다.

교사의 전문성과 AI의 가능성을 조화롭게 결합해 사용해 나가실 모든 선생님들을 응원합니다.

<참고 문헌>
손경원, 주향란 (2012). 학교폭력 예방을 위한 인성 교육 기반 긍정적 행동 지원의 이론과 실제. 도덕 윤리과 교육, 37, 427-465.

초판 1쇄 발행 2025년 2월 28일
2쇄 발행 2025년 4월 25일

지은이 최서연

펴낸이 이형세
펴낸곳 테크빌교육㈜
테크빌교육 출판 서울시 강남구 언주로 551, 5층 | **전화** (02)3442-7783 (333)

기획편집 한아정 | **디자인** 하남선

ISBN 979-11-6346-198-2 93370
책값은 뒤표지에 있습니다.

테크빌교육 채널에서 교육 정보와 다양한 영상 자료, 이벤트를 만나세요!

티처빌 teacherville.co.kr   **티처몰** shop.teacherville.co.kr
쌤동네 ssam.teacherville.co.kr   **체더스** www.chathess.com